目次

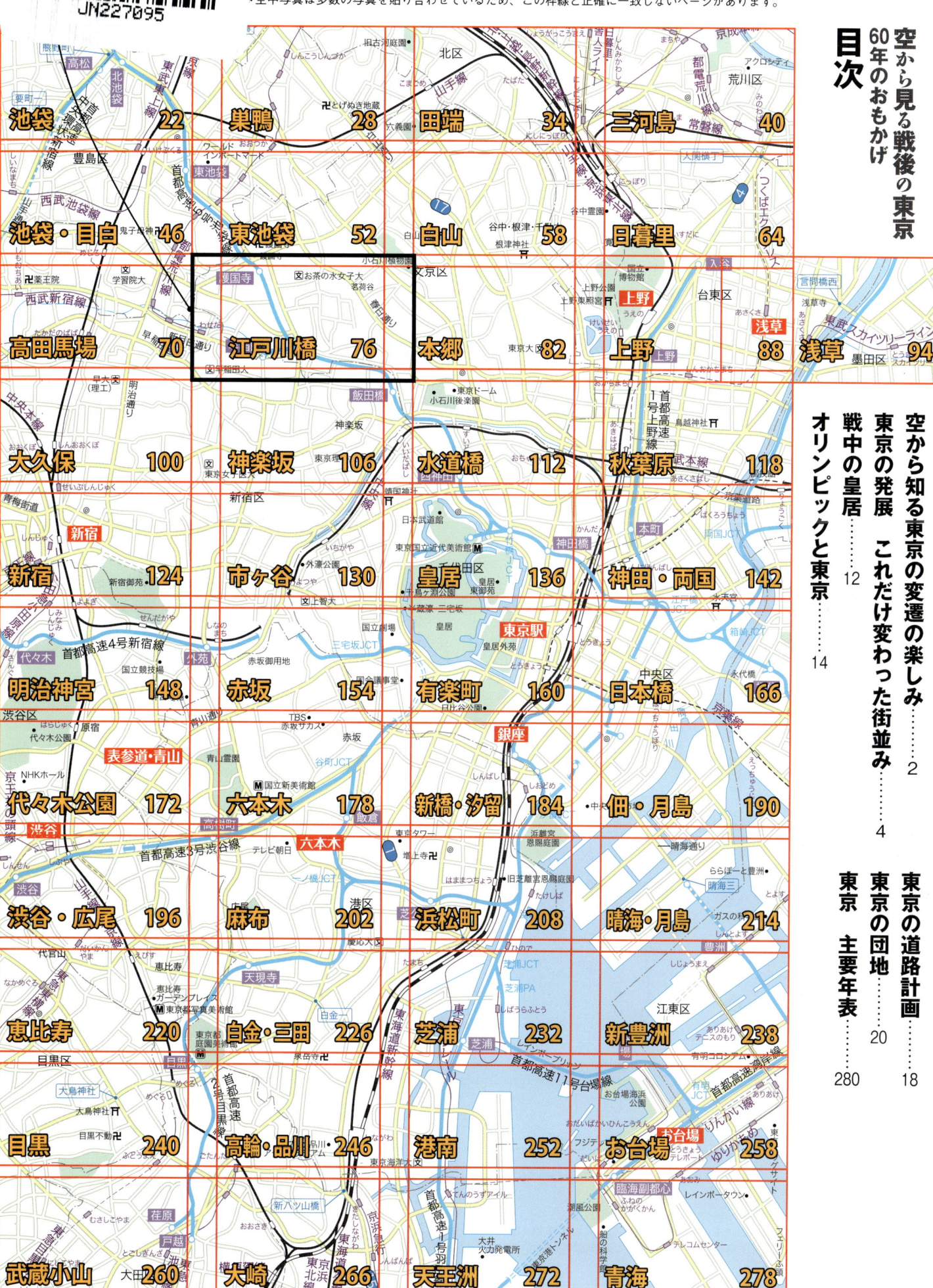

空から見る戦後の東京 60年のおもかげ

- 池袋 ……… 22
- 巣鴨 ……… 28
- 田端 ……… 34
- 三河島 ……… 40
- 池袋・目白 ……… 46
- 東池袋 ……… 52
- 白山 ……… 58
- 日暮里 ……… 64
- 高田馬場 ……… 70
- 江戸川橋 ……… 76
- 本郷 ……… 82
- 上野 ……… 88
- 浅草 ……… 94
- 大久保 ……… 100
- 神楽坂 ……… 106
- 水道橋 ……… 112
- 秋葉原 ……… 118
- 新宿 ……… 124
- 市ヶ谷 ……… 130
- 皇居 ……… 136
- 神田・両国 ……… 142
- 明治神宮 ……… 148
- 赤坂 ……… 154
- 有楽町 ……… 160
- 日本橋 ……… 166
- 代々木公園 ……… 172
- 六本木 ……… 178
- 新橋・汐留 ……… 184
- 佃・月島 ……… 190
- 渋谷・広尾 ……… 196
- 麻布 ……… 202
- 浜松町 ……… 208
- 晴海・月島 ……… 214
- 恵比寿 ……… 220
- 白金・三田 ……… 226
- 芝浦 ……… 232
- 新豊洲 ……… 238
- 目黒 ……… 240
- 高輪・品川 ……… 246
- 港南 ……… 252
- お台場 ……… 258
- 武蔵小山 ……… 260
- 大崎 ……… 266
- 天王洲 ……… 272
- 青海 ……… 278

- 空から知る東京の変遷の楽しみ ……… 2
- 東京の発展 これだけ変わった街並み ……… 4
- 戦中の皇居 ……… 12
- オリンピックと東京 ……… 14
- 東京の道路計画 ……… 18
- 東京の団地 ……… 20
- 東京 主要年表 ……… 280

本書に掲載した空中写真について

● **撮影日はそれぞれ異なります**

本書では、国土地理院が所有する空中写真を三世代に区分けして使用しました。便宜的に「2009年」「1975年」「1948年」としていますが、収録エリアを適切にカバーするため、「1975年」には1979年（飯田橋～秋葉原付近）撮影のものが、「1948年」には1947年（ほぼ北半分）撮影のものが含まれています。撮影時期の異なる写真を組み合わせて構成しているため、実際には共存していないものが同じページ内に現れていることがあります。詳細は下記をご覧ください。

● **遠近感が正しくないものがあります**

空中写真は上空から真下を撮影したものですので、遠近感があり、フィルムの四隅に記録される建物はゆがみ、外側に倒れ込んで写ります。本書はそうした空中写真を何十枚とつなぎあわせて構成されています。極力、川や海、道路、緑地などでつなぎあわせ、違和感が少なくなるように配慮していますが、建物が認識できることを優先したため、隣接する建物の向きが異なるなど、やむを得ず写り方が不自然になっている部分があります。

● **「地図」としての精度は正しくありません**

「2009年」「1975年」「1948年」それぞれほぼ同じ位置になるようにしましたが、時代によって組み合わせる写真の撮影倍率や撮影範囲が異なるため、同じ地域でもまったく同じ掲載範囲となっていません。また、多少の歪みが生じている場合がありますので、地図としての精度は正しくありません。

本書の見方

● **建物の名称**

それぞれの年代での名称を記しています。ビル名と企業名が異なる場合がありますが、わかりやすさを優先して掲載しました。企業の営業所名や支店名等は、必要に応じて記しています。

● **接収物件**

「1948年」に「接収」とあるものは、連合国軍最高司令官総司令部（GHQ）による接収（部分を含む）を一定期間受けた物件です。

● **邸宅物件**

「1948年」の邸宅名称は1943年のデータに基づいています。1948年に所有・居住していないと確認できた物件のみ「旧」を付しました。

● **通りや交差点の名称**

「2009年」を元に、「1975年」「1948年」の一部にも付してあります。1975年にはそう呼ばれていなかったものもあります。交差点名は現地に掲示されているものと、掲示はなくても地域で呼ばれているものがあります。

● **都電の停留所の名称と位置**

都電の停留所は、1948年1月～12月に存在したものを、その時点での名称で記載しています。停留所は、方向や分岐によって複数の乗り場が離れて設置されている場合がありますが、便宜的に一つだけ記しています。

本書で使用した空中写真の撮影年月日
「2009年」…2009年4月27日・28日
「1975年」…1975年1月4日～31日、1979年11月14日
「1948年」…1947年7月9日～1948年3月29日

・本書に使用した空中写真（特記以外）は、国土地理院長の承認を得て、同院撮影の空中写真を複製したものです。（承認番号　平26情複、第215号）
・本書に掲載した空中写真（特記以外）を第三者がさらに複製する場合には、国土地理院の長の承認を得なければなりません。

● **凡例**

★接収★ 第一生命館	接収物件（1948年のみ）
東京駅	駅名
数寄屋橋	都電停留所
数寄屋橋	交差点名
隅田川	河川名・池沼名
銀座通り	通り名

1948

1975

2009

空から見る戦後の東京

60年のおもかげ

竹内正浩 著

実業之日本社

空から知る東京の変遷の楽しみ

写真内ラベル:
- 東京高速道路
- 東京交通会館
- 有楽町駅
- 日本劇場
- 朝日新聞社
- 東海道新幹線

1973 丸の内

2009年(平成21年)という三つの時代の東京の姿を、あますところなく紹介している。だが、写真だけでは何が何だかわからない。そこで公共機関や地域のランドマークといった建築に関しては名称を加えて、読者の理解を助けるよう工夫した。

1948年の写真に共通するのは、戦災の傷跡である。東京は、1945年2月末から5月までの実質3カ月で焼き尽くされてしまった。そのため各地に被災者や引揚者向け住宅が建設されている。

戦後30年を迎えた1975年の写真では、高度成長期を経て発展を遂げた東京の姿を目の当たりにできる。都心部はビル建築となり、首都高速道路が整備されている。そしてあらゆる場所に官舎や社宅が建てられている。大企業が社員の人生を丸抱えしていた時代の象徴でもある。

1990年代のバブル崩壊を経て、社宅の土地は売却され、マンションや高齢者向け福祉施設に変わった。2009年の写真で気づくのは、おびただしい数のマンシ

本書を見ると、以下の言葉を実感するに違いない。「空中写真にウソはない」と。本書の写真には、接合以外の修正は加えていない。1948年(昭和23年)、1975年(昭和50年)、

2〜11ページ、20〜21ページの写真は東京都提供

画像中のラベル（位置順）:
- 新丸ビル
- 日本国有鉄道
- 東京駅
- 大丸東京店
- 三菱商事
- 丸ビル
- 三菱電機
- 三菱重工業
- 東京中央郵便局
- 山手線・京浜東北線
- 明治生命館
- 三菱銀行
- 東京都庁
- 東京會舘
- 有楽町そごう
- 帝国劇場
- 第一生命館
- 丸の内署
- 日比谷パークビル
- 皇居外苑

ヨンと、林立するタワーマンションである。2011年の東日本大震災後も、タワーマンションの建設ラッシュはとどまるところを知らない。

最近統廃合が相次いでいる学校についても網羅した。震災復興期に建設された同潤会アパートも地図範囲内はすべて掲載した。雨後の筍のように林立するタワーマンションについても記載した。このほか目立つ建物については、手を尽くして探し当てた。また、1948年の空中写真では、接収された建物を可能なかぎり記入した。三つの時代の土地用途の変遷が追えるよう、共通の土地に関してはできるだけ情報を盛り込んだつもりだ。

東京には完成がない。永遠の過渡期である。2009年の写真からさらに変貌を遂げた場所も少なくない。明治の森鷗外が喝破したように、「日本はまだ普請中」なのかもしれない。

読者は空中写真の中にそれぞれの物語を紡ぐだろう。それを可能とする仕掛けや工夫は、本書の中に凝らしたつもりである。

3

東京の発展 これだけ変わった街並み

2012

主要ラベル（上写真）: 虎ノ門ヒルズ（建設中）、元麻布ヒルズ、アークヒルズ仙石山森タワー、六本木ヒルズ森タワー、ザ・六本木東京、ミッドタウン・タワー、山王パークタワー、東急キャピトルタワー、赤坂БIZタワー、青山霊園、大臨科学省、金融庁、総理官邸、衆議院第一議員会館、衆議院第二議員会館、参議院議員会館、環境省・厚生労働省、経済産業省、東京高等裁判所、財務省、外務省、総務省、内閣府、検察庁、法務省、法務省旧本館、警視庁、国会議事堂、国土交通省、国会図書館、日比谷公園、皇居、伏見櫓、正門石橋、正門鉄橋（二重橋）、皇居外苑

1972

主要ラベル（下写真）: 東京ヒルトンホテル、国会議事堂、国会図書館、国立劇場、皇居、総理府、環境庁・経済企画庁、建設省・運輸省、外務省、人事院・自治省、警視庁、桜田門、大蔵省、農林省、最高裁判所、法務省、通商産業省、厚生省、検察庁、東京高等裁判所、東京地方裁判所、東京家庭裁判所、東京地方裁判所分室、野外大音楽堂、日比谷公園

霞が関
周辺 P.160

上の写真は、皇居外苑上空から南西方向に撮影し、下の写真は霞が関を東から撮影している。戦後期の霞が関は、各時代の建物が入り交じっている状態だった。スクラッチタイル仕上げの警視庁は1931年、人事院ビル（戦前は内務省）は1933年、大蔵省は1940年の建築。法務省と最高裁判所は、戦災を受けた明治の赤煉瓦建築の内部を補修して使用していた。

有楽町
周辺 P.160

上の写真は有楽町から皇居を南東から撮影し、下の写真は、有楽町を真南から撮影している。この30年で大きく変わったのは、都庁の跡地が東京国際フォーラムに再開発されたことと、「日劇」と親しまれた日本劇場が、朝日新聞社などとともに有楽町マリオンに変わったことだ。日本劇場の外壁を派手な映画看板が飾っている。東芝の旧ロゴも懐かしい。

汐留
周辺 P.184・208

南西方面からほぼ同アングルで撮影した旧汐留貨物駅の変貌ぶりをご覧いただきたい。浜離宮恩賜公園とともにほとんど建築物のなかった汐留に、高さ200メートルに達する屏風のような超高層ビルが林立したことで、夏の都心をクールダウンする「風の道」がふさがれたといわれる理由がわかる。超高層ビル群にタワーマンションが混じる光景は、21世紀の新しい傾向である。

西新宿
周辺 P.124

淀橋浄水場は新宿新都心へと変わった。上の写真は西新宿を南西側から撮影し、下は南東側から撮影している。かつての西新宿は、ガスタンクがランドマークで、駅前から住宅地が広がっていた。西口で変わらないのは安田生命ビルだけである。淀橋浄水場の北側の区画が濾過池で、南側の区画が沈澄池。新宿中央公園には、浄水場を造成したときの土砂で築いた富士見台が現存する。

渋谷
周辺 P.196

上の写真は、21世紀を代表するランドマークの渋谷ヒカリエが左に、セルリアンタワーが右に見える（北から南方向を撮影）。下の写真では、渋谷ヒカリエとセルリアンタワーの位置に、東急文化会館と東急電鉄本社が写っている（東から西方向を撮影）。オリンピックを前に渋谷の大改造が行われている。正面奥の円屋根は、力道山が建設したリキ・スポーツパレス。東急会館は現在の東急東横店西館。

六本木
周辺 P.178

◀六本木通りを南西に向けて撮影。六本木ヒルズはすでに完成しているが、国立新美術館は建設中で、手前の東京ミッドタウンにいたっては、防衛庁庁舎を解体して基礎工事が始まった段階。遠景には、広尾ガーデンヒルズ、代官山アドレスといった再開発ビル群が望める。

秋葉原
周辺 P.118

▼左右2枚とも、秋葉原駅からほぼ真北を撮影。日本一の青果市場だった神田市場は、中央通り沿いに並ぶ家電量販店とは、わずか路地1本を隔てて立地していた。ミナミ電気館は現在、量販店のドン・キホーテとAKB48劇場に変身している。

お台場
周辺 P.258・278

空き地だらけの埋立地に最新建築が点在していたのが十数年前のお台場だが、今では都心のリゾートとしての地位を確固たるものにしている。下の写真が撮影された1996年は、「世界都市博覧会」の開催年だった。本来であれば、写真後方の草地の部分にパビリオンが並んでいたはずである。手前の高級ホテルも都市博の集客を当て込んで立地した経緯があった。

大崎
周辺 P.266

東京都が計画した副都心の一つ、大崎駅前の新旧風景である。両方ともほぼ西から東に向けてシャッターを切っている。駅東口正面の大崎ニューシティの風景はあまり変わりないが、その南にはゲートシティ大崎の2棟のタワーが出現している。明電舎やソニーの工場が並んでいた駅西口も再開発が始まり、現在では明電舎跡がシンクパークに、ソニー工場跡がソニーシティへと変貌した。

1944

地図注記:
- 正則学園
- 錦城中
- 中央気象台
- 濠川
- 和気清麻呂像
- 内務省社会局
- 寮御厩
- 将門塚
- 侍医寮
- 大手門
- 寧館
- 警衛局皇宮警察部
- 帝室林野局
- 枢密院
- 桔梗門
- 行幸道路
- 宮城前広場
- 凱旋道路
- 楠公像
- 東京會舘
- 帝国劇場
- 第一生命館
- 丸ノ内署
- 日比谷公園
- 大正生命館

戦中の皇居

本書では終戦から3年が経過した1948年の空中写真を掲載している。大部分が戦災を受けて焼け野原となった場所である。だが、終戦の年である1945年の初めまでは、それまでの通常爆弾に代わり、油脂焼夷弾を用いた最初の本格的空襲だった。

北ノ丸の南側を東西方向に延びるのが代官町通りである。千鳥ヶ淵に面した北西の一角には、高射砲陣地がはっきりと確認できる。

大手町に並ぶ庁舎は、1940年の落雷火災後に急造されたバラック建築である。屋根に白く線が引かれているのが目につくが、これは迷彩である。大戦末期の国会議事堂の塔屋も表面が黒く塗られていた。

三番町には海軍の東郷平八郎提督の私邸があった。邸宅は乃木希典邸と同じように保存され、邸内は記念公園となった。写真右上隅の更地は、11月29日の空襲で被災した地区である。この日の空襲は、それまでの通常爆弾に代わり、油脂焼夷弾を用いた最初の本格的空襲だった。近くの上六尋常小学校は東郷尋常小学校と改められ、校舎前には東郷の立像が建てられていた。終戦直後の1946年4月に、校名を東郷から九段へと改称している。

吹上御苑の中央部に、ひっかいたように木々が帯状に途切れた場所がある。ここは昭和天皇の即位後、ゴルフ場となった。大正時代、皇族の間ではゴルフがブームで、赤坂離宮や新宿御苑、那須御用邸にもゴルフ場が造成されていたのにもゴルフ場が造成されていたのにもゴルフ場が造成されていたのである。ただ、1937年の盧溝橋事件直後以降、昭和天皇は、嗜んでいたゴルフやテニスをやめている。

ゴルフ場北端には、御文庫という名の非常用の御所が1941年末に完成していた。御文庫は地下2階に御避難所（防空壕）があり、北東の地主山麓に建設された宮中防空室との間をトンネルで結んでいた。空襲が激しくなるにつれ、天皇は御文庫で過ごすことが多くなっていたようだが、1945年5月25日の空襲で壮麗な明治宮殿が全焼すると、御文庫が御所を兼ねることになった。そして宮中防空室は、同年7月、耐弾性を高める工事が突貫工事で施された。終戦を決める御前会議が開催されたのは、この防空室である。

宮城（皇居）上空を鮮明に空への綿密な偵察飛行を実施した日本上空の撮影を主な任務とする日本上空への綿密な偵察飛行を実施していた。宮城（皇居）上空を鮮明に米軍が撮影した空中写真を掲載する。

マリアナ諸島を制圧した米軍は、1944年10月以降、空中写真の撮影を主な任務とする日本上空への綿密な偵察飛行を実施していた。

写したこの写真が撮影されたのは同年12月13日である。

宮城の北東を流れる外濠川（現在の日本橋川）は、麹町区と神田区の境界となっていた。写真右上隅の更地は、11月29日の空襲で被災した地区である。

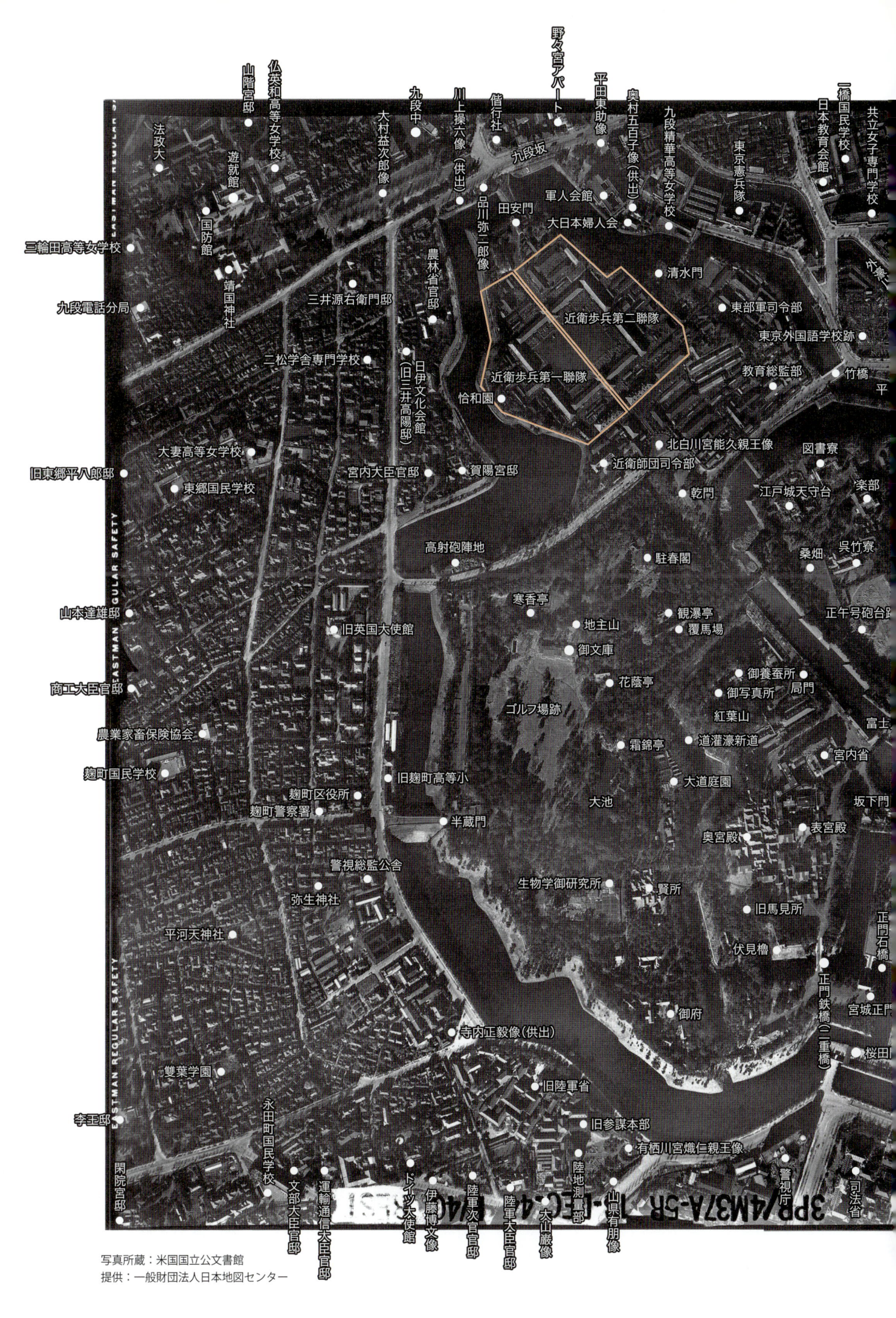

写真所蔵：米国国立公文書館
提供：一般財団法人日本地図センター

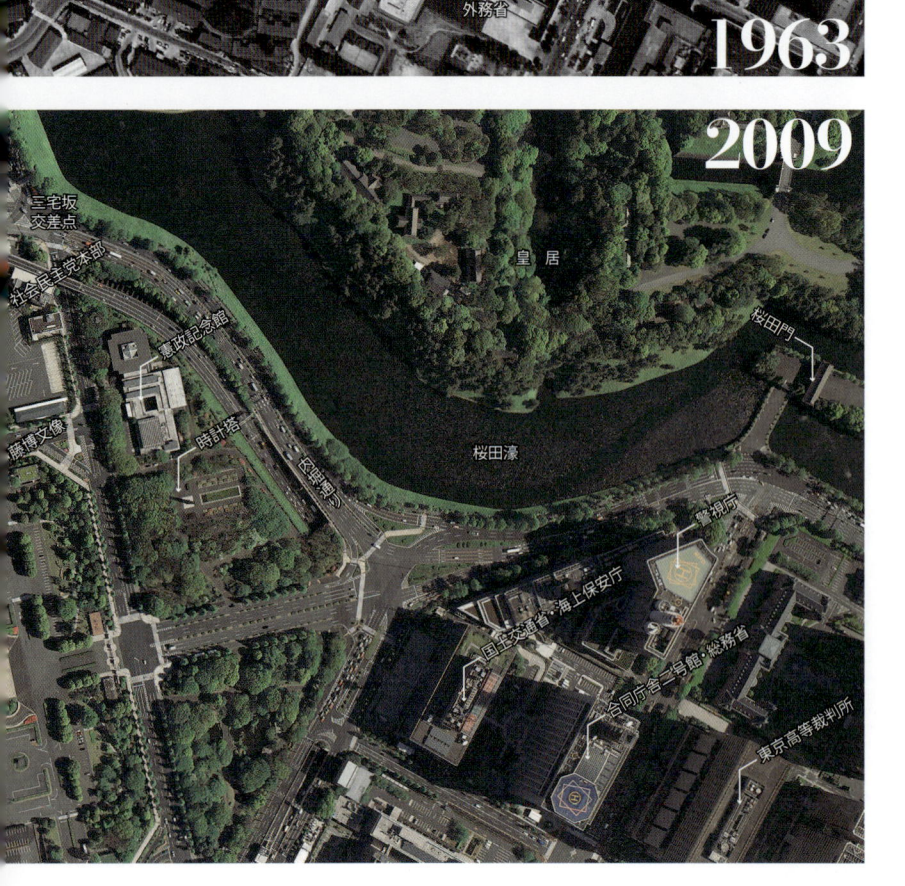

オリンピックと東京
[三宅坂―赤坂見附]

復興とともに急激に自動車が増加したため、いたるところで交通渋滞が常態化していた。東京の道路は道幅が狭く、自動車社会に対応できていなかったのである。そのため、1964年のオリンピック開催に際して、会場を結ぶ道路の建設が急務となった。その象徴となったのが首都高速道路である。突貫工事の末、オリンピックまでに一部区間が完成している。いずれも空港・都心・会場・宿舎を結ぶ路線である。

1964年8月、三宅坂ジャンクションと初台仮出入口の区間（4号新宿線）が開通している。この路線は、都心・国立競技場（神宮外苑）・選手村（代々木）を直結する、いわばオリンピックの生命線だった。「オリンピック道路」という名のもとに、一般道路も都内各所で整備されていった。その数22路線、54キロメートルに達する。

オリンピック道路の典型が「放射4号線」の青山通りである。青山通りは、中央に都電の軌道が敷設されていたため、片側1車線の狭い道路だった。オリンピック開催を契機に、起点の三宅坂から終点の渋谷駅東口までの全区間で、道幅は22メートルから40メートルへと倍増している。左の写真でも、三宅坂付近から四谷方面への工事が進んでいる様子がわかる。撮影時点では形を見せていないが、オリンピック開催直前の上の写真でも拡幅途上の様子がみてとれる。

1963

2009

15

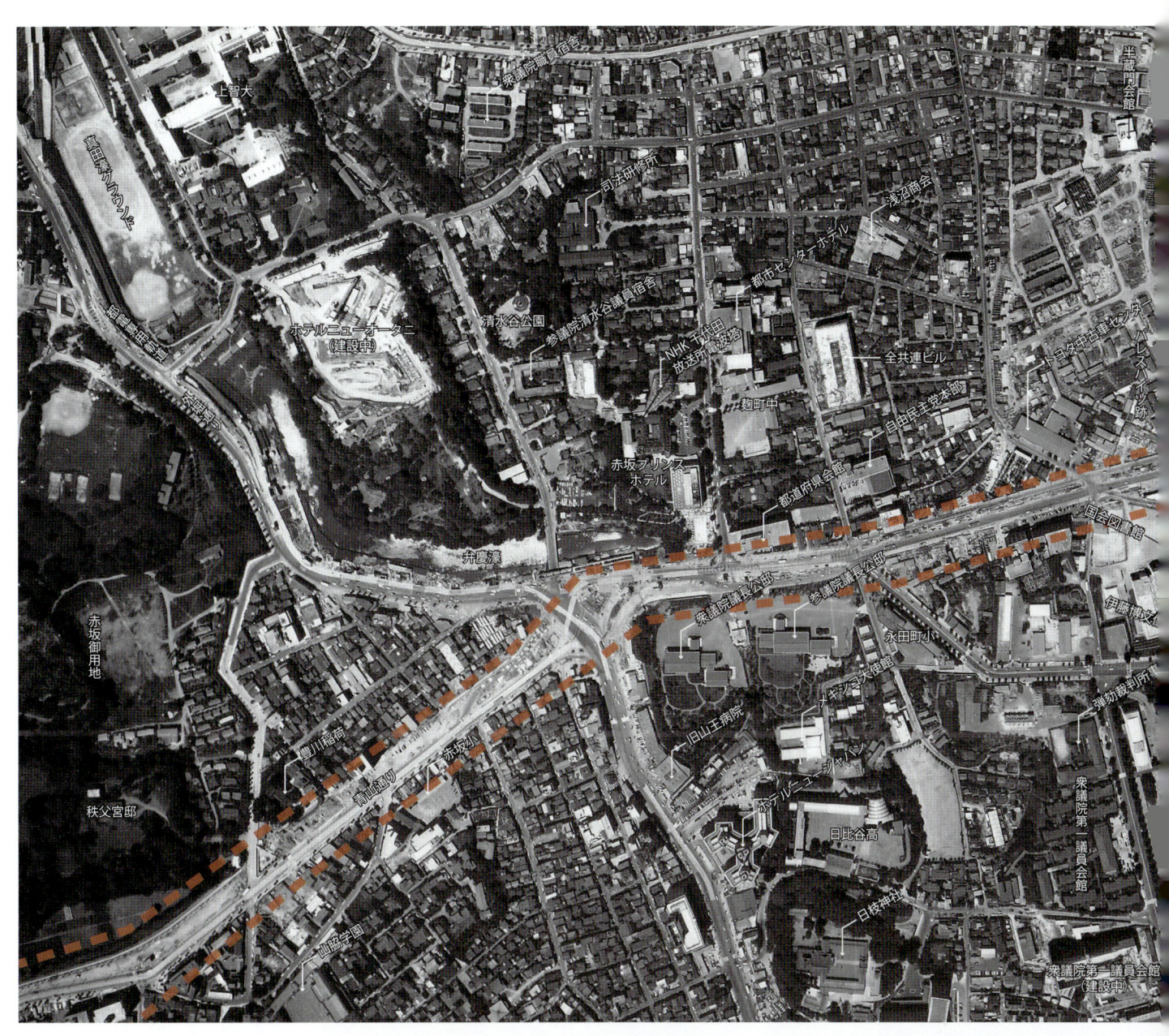

オリンピックと東京
[渋谷—池尻大橋]

オリンピック道路のなかでもとくに重視されたのが放射4号線（青山通りと玉川通り）と環状7号線である。放射4号線は、都心の国立競技場と代々木の選手村、駒沢総合競技場を結ぶ道路として、また環状7号線は、東京国際空港と各会場、さらに戸田漕艇場（埼玉県戸田市）を結ぶ路線として重視されたのである。

沿線には、代々木の選手村と世田谷の駒沢総合運動場があり、オリンピックを控えて重点的に整備されている。この区間の特徴は、単なる拡幅工事とは異なり、いたるところで新道が開削されて直線化されたことである。たとえば上の写真の渋谷駅付近は、家屋が密集していた市街地を収用して、道路を新規に造成している。

環状6号線を構成する山手通りも、現在の渋谷区松濤から目黒区青葉台付近にかけて、新道造成のための土地収用跡が歴然としている。当時、交通渋滞がひどかったのが、この環状6号線の内側だった。首都高速道路の当初計画が、一般道の環状6号線を結ぶ8本の放射路線と都心部の環状道路からなっていたのはそのためである。

それでも1960年代の東京はまだこぢんまりとしていた。現在では、玉川通りの上部を首都高速3号渋谷線が開通し、東急玉川線大橋車庫跡には、首都高速中央環状線の大橋ジャンクションが建設されている。山手通りの大深度地下を首都高速道路が貫通する時代である。

東大前駅
京王井の頭線
神泉駅
東京工業高
弘法湯
三井金属社宅
山手通り
松見坂
駒場高
第三方面交通機動隊
目黒第一中
警視庁第三機動隊
都営上目黒八丁目アパート
駒場東邦高
公務員大橋住宅
菅刈小
大坂
三菱電機世田谷工場
東急玉川線大橋車庫
目黒川
住友不動産青葉台タワー
日本NCR本社跡（渋谷ガーデンタワー予）
首都高速3号渋谷線
玉川通り（国道246号）
三菱東京UFJ銀行池尻ビル
ロクヨン通り
マレーシア大使館
クリスタルタワー
ソフラタワー
大橋ジャンクション（建設中）
山手通り
目黒川
菅刈公園
西郷山

17

東京の道路計画
[環状6・5号]

「環状6・5号」と俗称される道路があるのをご存知だろうか。まるで環状6号線（山手通り）と環7号線（環七通り）の中間地点を縫うようにルートが設定されているのだ。正式名を「都道420号鮫洲大山線」といい、品川区の八潮橋交差点と板橋区の仲宿交差点を結ぶ総延長約22・4キロメートル（全線開通時）の半環状道路である。もとは1946年に補助第26号線として計画された道路だった。途中は中野通りとなっているが、今なお数カ所で造成工事が進行している。計画から70年が経とうとしているが、全線開通の目処は立っていない。

未開通区間のひとつに、品川区豊町2丁目付近がある。鉄道をはさんだ延長665メートルの未開通区間では、すでに98パーセントの買収が完了した。1997年に着工されており、大半は更地となっているのだが、鉄道線直下の地下工事などが難航しており、これまで200億円以上の工費をかけたものの、建設は中断したままだ。

ところで、現状の都道のルートを見ると非常に興味深い事実が判明する。未開通の下神明駅付近から一方通行の小径となり、大きく迂回して北に向かい、旧国文学研究資料館（現在は「文庫の森」）の輪郭を回って南に向かうのだが、旧国文学研究資料館や戸越公園、戸越小を含むきれいに長方形を描くこの土地こそ、旧三井家別邸の輪郭だった。

この土地はもともと熊本藩主細川家の戸越屋敷だった。当初10万坪あったというが、のちに3500坪ほどになり、伊予松山藩主久松松平家の下屋敷として明治維新を迎えた。三井家別邸として明治維新を迎えたのは1890年である。

2009

道路の変遷が見比べられる地域

池袋（P.22、P.46）山手通り
高田馬場（P.70）環四通り
新橋・汐留（P.184）環状二号
芝浦・港南（P.232、252）首都高速湾岸線、ベイブリッジ
新豊洲、お台場、青海（P.238、258、278）

1918年、三井家は伝来する貴重な文物を収蔵した三井文庫を開設。1932年6月には、庭園部分の広大な敷地を、学校・公園用地として当時の荏原町に寄付している。戦後、三井文庫だった土地・建物も文部省に売却し、跡地は国文学研究資料館となった。都道の輪郭が300年前の土地利用の痕跡を残す稀有な例である。

東京の団地

かつて住宅問題は、行政の扱う範疇ではないとされていた。ところが関東大震災の復興事業を契機として、初めて公的な住宅が登場する。同潤会アパートもこの時期に誕生した公的な集合住宅である。

第2次世界大戦後、戦災被災者や引揚者や疎開者の帰還、さらには急激な人口増や東京への人口集中により、空前の住宅不足が生じることになった。不足数は戦後10年を経た1955年でも271万戸（政府試算）に達したという。そのため、日本住宅公団や東京都といった公的機関による大規模な集合住宅が続々と造成されることになった。個性的な都内の団地を紹介しよう。

光が丘団地（練馬区・板橋区）

1985

◀戦時中は成増陸軍飛行場で、終戦直後に米空軍上級士官用住宅「グラントハイツ」740棟が建設された（左は接収時代）。▲1973年に返還され、光が丘公園と団地に変貌した。公団・公社・都営合わせた戸数は約1万2000戸。上の写真は入居の始まってまもない頃に撮影された。現在はびっしりと団地が建て込んでいる。

1970

多摩ニュータウン（多摩市・稲城市・八王子市・町田市）

▼多摩ニュータウンは、1965年に計画が決定した多摩地域の4市にまたがる巨大な都市開発プロジェクト。造成開始は1967年で、1971年から入居が始まっている。写真の都営諏訪団地（多摩市）は最初期に開発されたエリア。後方に広がるなだらかな丘陵も続々と団地の棟が建ち並んだ。

1971

白鬚東団地（墨田区）

◀隅田川に沿って南北に1.2キロメートル続く建物は、防火壁を兼ねている。よく見ると屋上に黄色いものがいくつか並んでいるが、これはスプリンクラー用の水槽。各戸のベランダ上にはスプリンクラーが備えられ、大規模火災の際は水のカーテンとなって、東白鬚公園に逃れた避難民を守るよう設計されている。

1985年の写真ラベル: 隅田川貨物駅／日石隅田川油槽所／第四瑞光小／荒川第二中／航空工業高専／隅田ポンプ所／南千住自然広場／東白鬚公園／首都高速6号向島線／荒川／鐘淵中／隅田川／堤小／ネオコープ永墨田／梅若小／住友ベークライト向島工場

高島平団地（板橋区）

▶戸数約1万1000戸と旧日本住宅公団単体で最大戸数を誇る団地。もともと半分くらいの戸数の中層団地の予定だったが、土地高騰のため、大半が11〜14階という高層住宅となった。入居が始まったのは1972年で、日本列島改造ブームが起きた時期とちょうど重なっている。

桐ヶ丘団地（北区）

▼赤羽駅西側に広がる丘陵は、戦前の陸軍用地跡である。桐ヶ丘団地は、工兵築城作業場と兵器支廠赤羽火薬庫だった。1955年から入居が始まった古い団地で、約150棟が建てられている。古い住戸から順次建て替えが進んでいるが、集合住宅を象徴する給水塔は健在である。

1983年の写真ラベル: 荒川／板橋清掃工場／都営西台アパート／新河岸下水処理場／交通局志村車輌工場／新河岸川／新高島平駅／都営新河岸二丁目アパート／東京ガス板橋整圧所／新河岸小／高島第一小／高島第一中／高島平駅／都営三田線／高島第三中／赤塚公園／高島第五小／高島養護学校／高島高／首都高速5号池袋線

1963年の写真ラベル: 荒川／東北本線／第四岩淵小／赤羽駅／赤羽小／新河岸川／星美学園／赤羽台中／赤羽台団地／日東金属／国立王子病院／八幡小／北中／北区体育館予定地／北園小／北中（建設中）／日本製紙社宅／城北高／桐ヶ丘北小予定地

池袋 2009

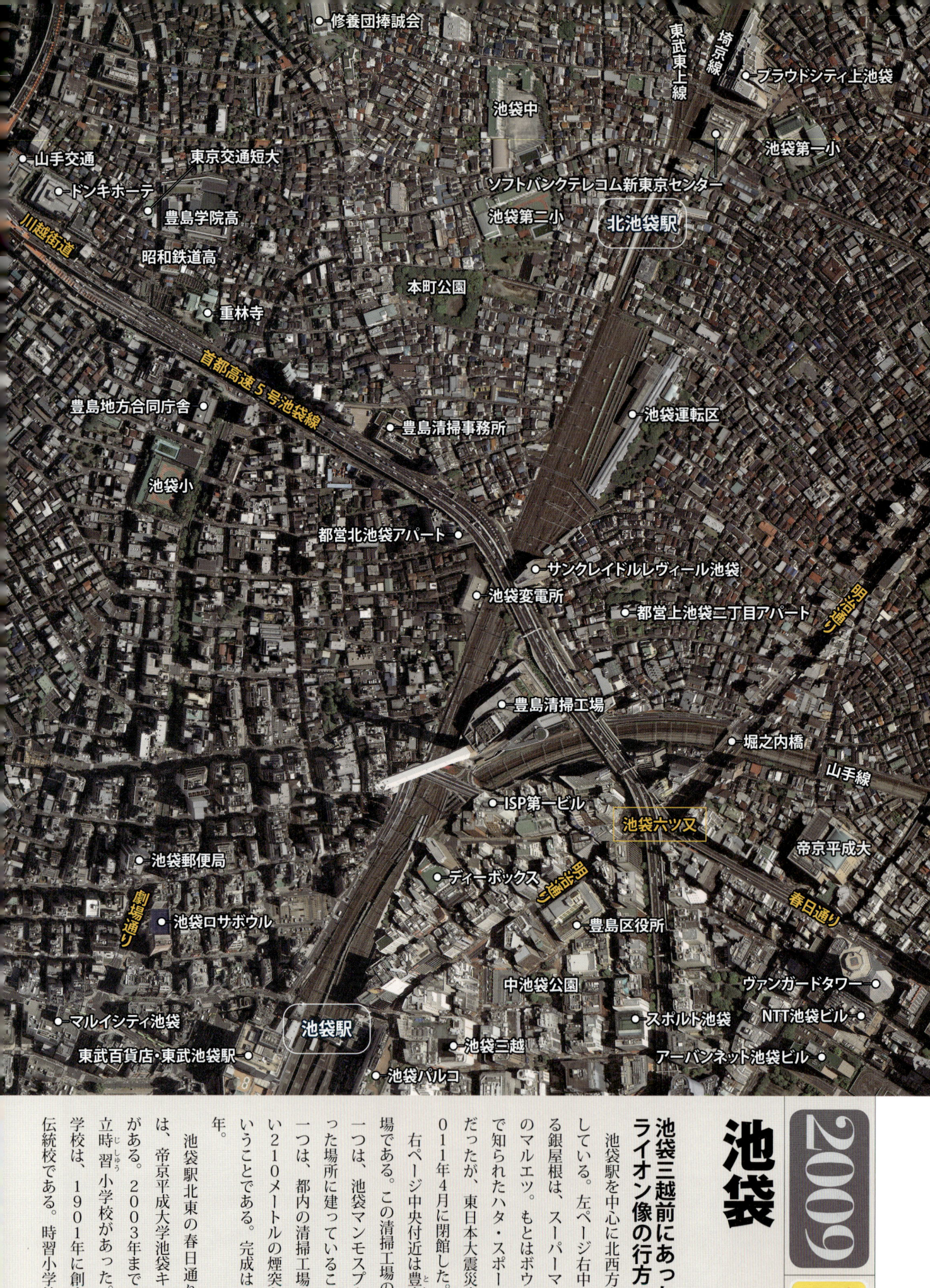

池袋三越前にあったライオン像の行方

池袋駅を中心に北西方向を撮影している。左ページ右中ほどにある銀屋根は、スーパーマーケットのマルエツ。もとはボウリング場で知られたハタ・スポーツプラザだったが、東日本大震災直後の2011年4月に閉館した。

右ページ中央付近は豊島清掃工場である。この清掃工場の特徴は、一つは、池袋マンモスプールのあった場所に建っていること、もう一つは、都内の清掃工場で最も高い210メートルの煙突をもつということである。完成は1999年。

池袋駅北東の春日通り沿いには、帝京平成大学池袋キャンパスがある。2003年までは豊島区立時習小学校があった。この小学校は、1901年に創立された伝統校である。時習小学校はその

地図上の地名

- 修養団捧誠会
- 東武東上線
- 埼京線
- プラウドシティ上池袋
- 池袋中
- 池袋第一小
- 山手交通
- 東京交通短大
- ドン・キホーテ
- 豊島学院高
- ソフトバンクテレコム新東京センター
- 池袋第二小
- 北池袋駅
- 昭和鉄道高
- 川越街道
- 本町公園
- 重林寺
- 池袋運転区
- 首都高速5号池袋線
- 豊島地方合同庁舎
- 豊島清掃事務所
- 池袋小
- 都営北池袋アパート
- サンクレイドルレヴィール池袋
- 池袋変電所
- 都営上池袋二丁目アパート
- 豊島清掃工場
- 堀之内橋
- 山手線
- ISP第一ビル
- 池袋六ツ又
- 帝京平成大
- 池袋郵便局
- ディーボックス
- 春日通り
- 明治通り
- 劇場通り
- 池袋ロサボウル
- 豊島区役所
- 中池袋公園
- ヴァンガードタワー
- マルイシティ池袋
- 池袋駅
- スポルト池袋
- NTT池袋ビル
- 東武百貨店・東武池袋駅
- 池袋三越
- アーバンネット池袋ビル
- 池袋パルコ

地図上のラベル:

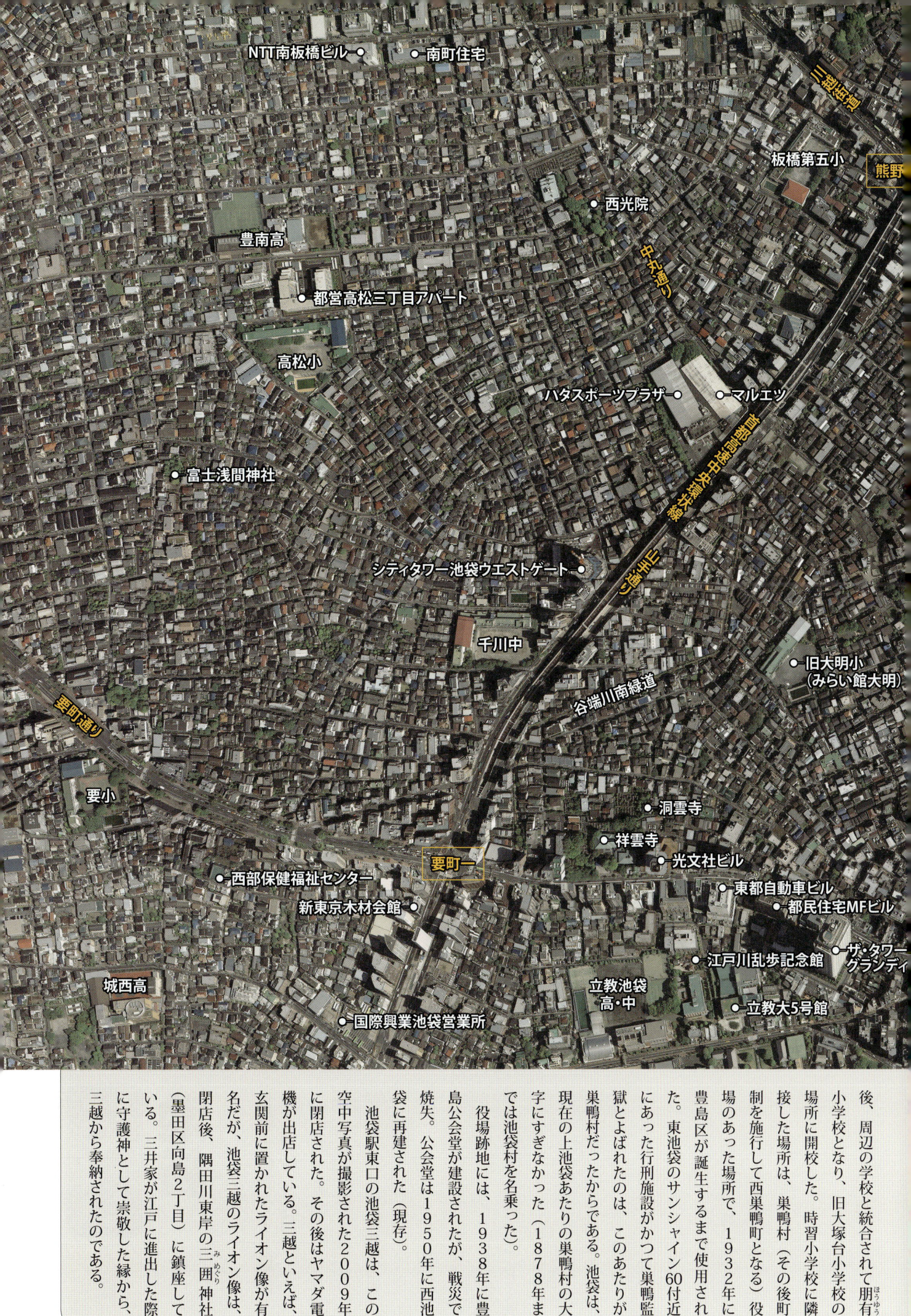

- 三環状道路
- 板橋第五小
- 熊野
- NTT南板橋ビル
- 南町住宅
- 西光院
- 豊南高
- 都営高松三丁目アパート
- 中丸通り
- 高松小
- ハタスポーツプラザ
- マルエツ
- 東武東上本線
- 富士浅間神社
- 山手通り
- シティタワー池袋ウエストゲート
- 千川中
- 旧大明小（みらい館大明）
- 要町通り
- 谷端川南緑道
- 洞雲寺
- 祥雲寺
- 要小
- 光文社ビル
- 東都自動車ビル
- 都民住宅MFビル
- 西部保健福祉センター
- 要町一
- 新東京木材会館
- 江戸川乱歩記念館
- ザ・タワーグランディ
- 城西高
- 国際興業池袋営業所
- 立教池袋高・中
- 立教大5号館

後、周辺の学校と統合されて朋有小学校となり、旧大塚台小学校の場所に開校した。時習小学校に隣接する場所が、巣鴨村（その後町制を施行して西巣鴨町となる）役場のあった場所で、1932年に豊島区が誕生するまで使用された。東池袋のサンシャイン60付近にあった行刑施設がかつて巣鴨監獄とよばれたのは、このあたりが巣鴨村だったからである。池袋は、現在の上池袋あたりの巣鴨村の大字にすぎなかった（1878年までは池袋村を名乗った）。

役場跡地には、1938年に豊島公会堂が建設されたが、戦災で焼失。公会堂は1950年に西池袋に再建された（現存）。

池袋駅東口の池袋三越は、この空中写真が撮影された2009年に閉店された。その後はヤマダ電機が出店している。三越といえば、玄関前に置かれたライオン像が有名だが、池袋三越のライオン像は、閉店後、隅田川東岸の三囲神社（墨田区向島2丁目）に鎮座している。三井家が江戸に進出した際に守護神として崇敬した縁から、三越から奉納されたのである。

池袋 1975

世界一のスケート場がオープンした日

豊島区は、かつての北豊島郡内の4町（巣鴨町・西巣鴨町・高田町・長崎町）が東京市に編入されて、1932年10月に発足した区である。この地域は近郊農村地帯だったが、関東大震災で焼失した下町からの住民移転によって大きく発展を遂げた。急速な都市化を反映してだろう、東京23区で最も緑地面積が少ない区でもある。戦後は人口密度日本一の自治体にもなっている。

山手通り沿いのハタ・スポーツプラザは、100レーンを備えたボウリング場など、時代を先取りしたスポーツ娯楽施設だった。この一郭は、戦後まで農地で、その後、材木工場を経て1963年に開館している。

この時点では、首都高速5号線は北池袋までしか開通していない。

地図上の注記

- 修養団捧誠会
- 国鉄アパート
- 東武東上線
- 赤羽線
- 東京生コン池袋工場
- 池袋中
- 池袋第一小
- 山手交通
- 池袋ハウジング
- 池袋第二小
- 豊島実業高
- 国鉄アパート
- 北池袋駅
- 東京交通短大
- 昭和鉄道高
- 都交通局寮
- 重林寺
- 首都高速5号池袋線
- 三業通り
- 池袋電車区
- 池袋第五小
- 豊島簡易裁判所
- 都営北池袋アパート
- 国鉄池袋変電所
- 富士見橋
- 都営池袋一丁目住宅
- 明治通り
- 長汐病院
- 池袋マンモスプール・池袋スケートセンター
- 下り谷橋
- 堀之内橋
- 池袋大橋
- 東京ガス池袋アパート
- 山手線
- 池袋六ツ叉
- 時習小
- トキワボウル
- 豊島区役所
- 東電池袋支社
- 春日通り
- ロサ会館
- 東京電子専門学校
- 帝都自動車
- 師範通り
- 中池袋公園
- 東池袋公園
- 池袋電話局
- 丸井西口店予定地
- 池袋三越
- 池袋パルコ
- スポーツガーデン
- 芳林堂書店
- 東武百貨店・東武池袋駅
- 池袋駅
- 山手線

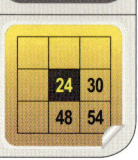

24	30
48	54

地図ラベル（上から、おおよその位置順）：

- 南板橋電話局
- 都公社南町住宅
- 森紙販売倉庫
- 旭市場
- 熊野神社
- 板橋第五小
- 熊野
- 豊南高
- 西光院
- 中丸通り
- 都営高松三丁目アパート
- 高松小
- 池袋スイムプラザ
- ハタ・スポーツプラザ
- ハタ・スポーツプラザ
- 冨士浅間神社
- 環上ゴルフセンター
- 日本香堂
- 大明小
- 千川中
- スターマンション
- 要町小
- 洞雲寺
- 祥雲寺
- 光文社
- 児童館
- 要町一
- 東都自動車
- 新東京木材商業協組 板橋市場
- キンガ堂
- 城西高
- 国際興業バス車庫
- 六号館 立教大
- 五号館
- 白雲閣
- 体育館

が、その先の高松出入口（現在の熊野町ジャンクション）あたりには橋脚が立ち、工事が進んでいる様子が見てとれる。1977年に、高松出入口を含む区間（北池袋〜高島平）が開業している。要町通りは拡幅前の細道である。

池袋駅の北、山手線と赤羽線が分岐する土地に、池袋マンモスプールができている。ここは西武鉄道が開発をすすめ、1960年にオープンした大規模な施設、当時、平方メートルでリンクの収容能力は1万人といい、「世界一広い」と銘打たれていたらしい。ボウリング場なども併設した総合レジャー施設だったが、33年後の1993年に閉鎖。

駅前の池袋パルコはもとの丸物百貨店。丸物は京都に本店をもち、全国展開を進めていたデパートである。東京進出は戦後のことで、1955年に新宿、その2年後に池袋に店舗を構えた。新宿店は1965年に閉店し、跡地は伊勢丹メンズ館になっている。池袋にあった丸物も1969年に閉店し、池袋パルコになった。

池袋 1948

林立する駅前の闇市と巨大なロータリー風景

大戦末期、都心部では大部分が空襲による被害を受けた。この写真の地域も例外ではない。大半が1945年4月14日の空襲で罹災し、残る区域も5月25日の空襲で焼けた。焼失を免れたのは、池袋の西側の山手通り沿いから西側部分など、一部にすぎない。

戦前から1960年代にかけて、東京の大交差点にもロータリー（ラウンドアバウト）が多数設けられた。右下方に見える六ツ又ロータリーは、戦前の明治通り開通とともにできた都内有数の大ロータリーである。川越街道（国道254号線）はここが基点となっている。だが、ロータリーは交差点内に車両が充満すると機能を失う。1960年代初めには姿を消し、現在では六ツ又陸橋という名だけがその痕跡を留めている。

地図中の地名・施設：
- 東武東上線
- 磐城セメント
- 池袋第一小
- 池袋中
- 東武堀之内駅（廃止）
- 山手線・赤羽線
- 池袋第二小
- 豊島実業高
- 私立豊島第一中・第二中・第三中
- 昭和鉄道高
- 重林寺
- 池袋電車区
- 川越街道
- 池袋第五小
- 池袋署
- 富士見橋
- 東鉄池袋変電所
- 池袋第七小
- 明治通り
- 山手線
- 六ツ又ロータリー
- 時習小
- 池袋三業地
- 常盤通り
- シネマ・ロサ
- 豊島区役所
- 池袋電話局
- 豊島通り
- 池袋戦災復興マーケット（豊島師範学校跡）
- 西口マーケット
- 豊島岡女子学園
- 池袋駅
- 東口マーケット

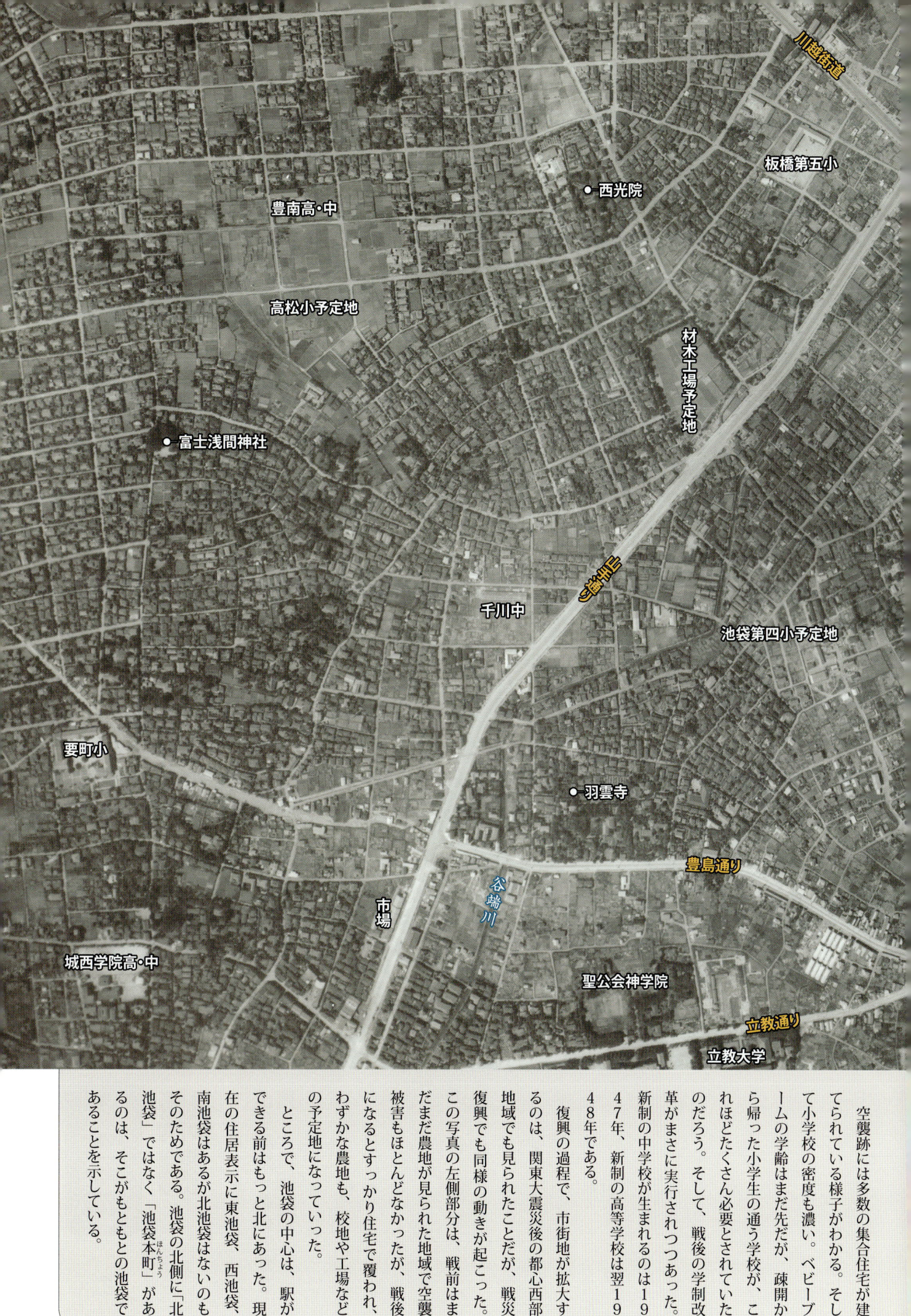

航空写真上のラベル:
- 川越街道
- 板橋第五小
- 西光院
- 豊南高・中
- 高松小予定地
- 材木工場予定地
- 富士浅間神社
- 池袋第四小予定地
- 千川中
- 要町小
- 羽雲寺
- 豊島通り
- 市場
- 谷端川
- 城西学院高・中
- 聖公会神学院
- 立教通り
- 立教大学

空襲跡には多数の集合住宅が建てられている様子がわかる。そして小学校の密度も濃い。ベビーブームの学齢はまだ先だが、疎開から帰った小学生の通う学校が、これほどたくさん必要とされていたのだろう。そして、戦後の学制改革がまさに実行されつつあった。新制の中学校が生まれるのは1947年、新制の高等学校は翌1948年である。

復興の過程で、市街地が拡大するのは、関東大震災後の都心西部地域でも見られたことだが、戦災復興でも同様の動きが起こった。この写真の左側部分は、戦前はまだまだ農地が見られた地域で空襲被害もほとんどなかったが、戦後になるとすっかり住宅で覆われ、わずかな農地も、校地や工場などの予定地になっていった。

ところで、池袋の中心は、駅ができる前はもっと北にあった。現在の住居表示に東池袋、西池袋、南池袋はあるが北池袋はないのもそのためである。池袋の北側に「北池袋」ではなく「池袋本町（ほんちょう）」があるのは、そこがもともとの池袋であることを示している。

巣鴨 2009

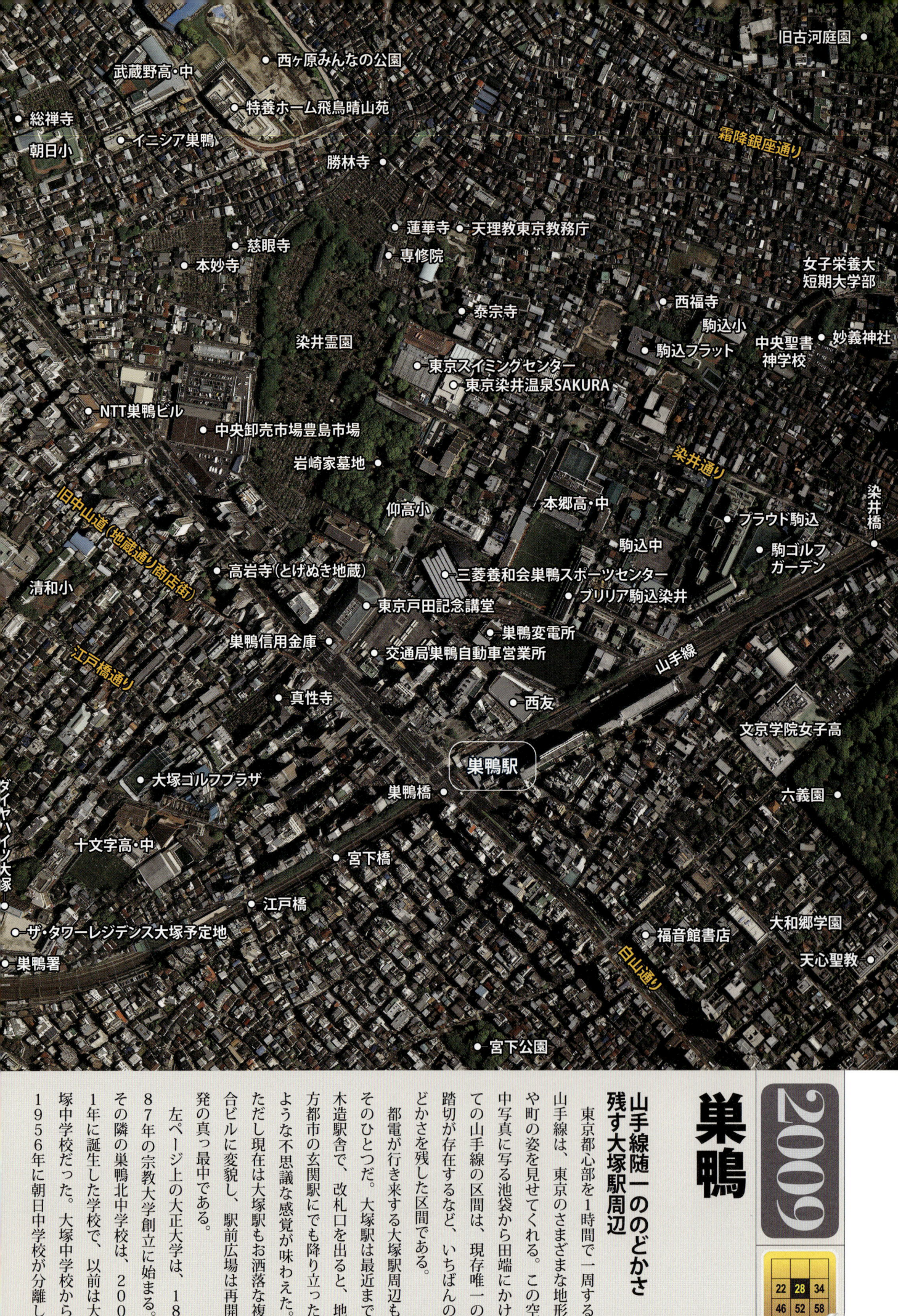

山手線随一ののどかさ残す大塚駅周辺

東京都心部を1時間で一周する山手線は、東京のさまざまな地形や町の姿を見せてくれる。この空中写真に写る池袋から田端にかけての山手線の区間は、現存唯一の踏切が存在するなど、いちばんのどかさを残した区間である。

そのひとつだ。大塚駅周辺も都電が行き来する大塚駅周辺もそのひとつだ。大塚駅は最近まで木造駅舎で、改札口を出ると、地方都市の玄関駅にでも降り立ったような不思議な感覚が味わえた。ただし現在は大塚駅もお洒落な複合ビルに変貌し、駅前広場は再開発の真っ最中である。

左ページ上の大正大学は、1887年の宗教大学創立に始まる。その隣の巣鴨北中学校は、2001年に誕生した学校で、以前は大塚中学校だった。大塚中学校から1956年に朝日中学校が分離し

地図内の注記

- 旧古河庭園
- 武蔵野高・中
- 西ヶ原みんなの公園
- 特養ホーム飛鳥晴山苑
- 総禅寺
- 朝日小
- イニシア巣鴨
- 勝林寺
- 霜降銀座通り
- 蓮華寺
- 天理教東京教務庁
- 慈眼寺
- 専修院
- 本妙寺
- 女子栄養大短期大学部
- 西福寺
- 駒込小
- 泰宗寺
- 染井霊園
- 駒込フラット
- 中央聖書神学校
- 妙義神社
- 東京スイミングセンター
- 東京染井温泉SAKURA
- NTT巣鴨ビル
- 中央卸売市場豊島市場
- 岩崎家墓地
- 染井通り
- 仰高小
- 本郷高・中
- プラウド駒込
- 駒ゴルフガーデン
- 染井橋
- 旧中山道（地蔵通り商店街）
- 高岩寺（とげぬき地蔵）
- 三菱養和会巣鴨スポーツセンター
- 駒込中
- ブリリア駒込染井
- 清和小
- 東京戸田記念講堂
- 巣鴨信用金庫
- 巣鴨変電所
- 山手線
- 江戸橋通り
- 真性寺
- 交通局巣鴨自動車営業所
- 西友
- 文京学院女子高
- 巣鴨駅
- 大塚ゴルフプラザ
- 巣鴨橋
- 六義園
- ダイヤゲイツ大塚
- 十文字高・中
- 宮下橋
- 江戸橋
- 福音館書店
- 大和郷学園
- ザ・タワーレジデンス大塚予定地
- 白山通り
- 天心聖教
- 巣鴨署
- 宮下公園

| 22 | 28 | 34 |
| 46 | 52 | 58 |

地図上のラベル（抜粋）:

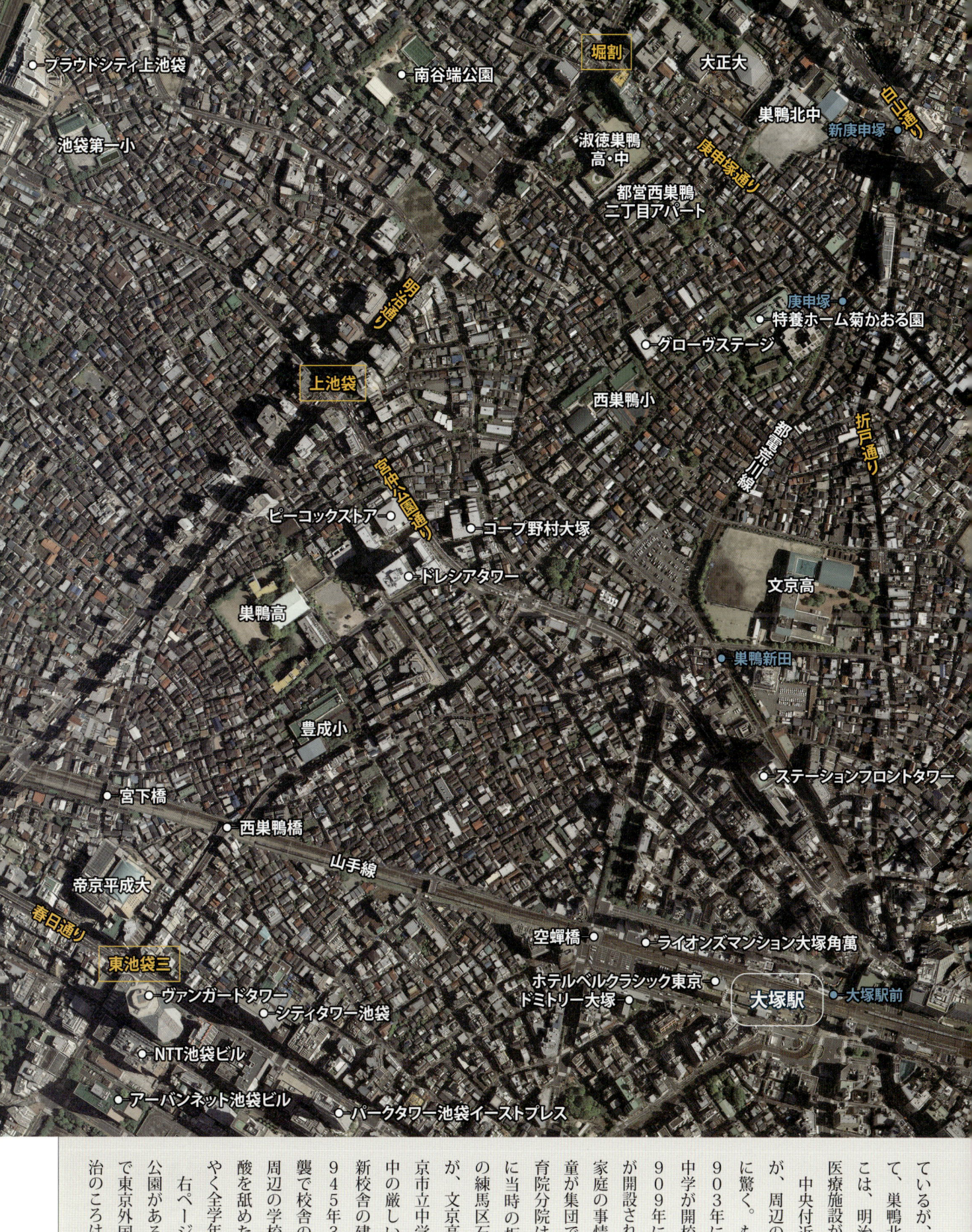

- プラウドシティ上池袋
- 池袋第一小
- 南谷端公園
- 堀割
- 大正大
- 巣鴨北中
- 白山通り
- 新庚申塚
- 淑徳巣鴨 高・中
- 都営西巣鴨二丁目アパート
- 庚申塚通り
- 明治通り
- 上池袋
- 庚申塚
- 特養ホーム菊かおる園
- グローヴステージ
- 西巣鴨小
- 都電荒川線
- 折戸通り
- 区中公園通り
- ピーコックストア
- コープ野村大塚
- ドレシアタワー
- 文京高
- 巣鴨高
- 巣鴨新田
- 豊成小
- ステーションフロントタワー
- 宮下橋
- 西巣鴨橋
- 山手線
- 帝京平成大
- 春日通り
- 空蝉橋
- ライオンズマンション大塚角萬
- 東池袋三
- ホテルベルクラシック東京
- ドミトリー大塚
- 大塚駅
- 大塚駅前
- ヴァンガードタワー
- シティタワー池袋
- NTT池袋ビル
- アーバンネット池袋ビル
- パークタワー池袋イーストプレス

ているが、生徒数減少で、統合して、巣鴨北中学校が生まれた。ここは、明治時代から保養院という医療施設が存在していた。中央付近、都立文京高校の校地が、周辺の学校と比較して広いのに驚く。もともとこの地には、1903年に浄土真宗大谷派の真宗中学が開校していた。その後、1909年に東京市養育院巣鴨分院が開設された。親がいなかったり、家庭の事情で親元から離された児童が集団で暮らす施設だった。養育院分院は、大戦中の1942年に当時の板橋区上石神井（現在の練馬区石神井台）に移転。跡地が、文京高校の前身である第三東京市立中学校にあてられた。戦時中の厳しい資材難の中、開校後も新校舎の建設が続いていたが、1945年3月4日と4月13日の空襲で校舎のすべてを焼失。戦後は周辺の学校に分散するなどして辛酸を舐めたが、1952年によって全学年が創立の地に戻った。右ページ上には西ヶ原みんなの公園がある。ここは2000年まで東京外国語大学だった場所。明治のころは火薬製造所だった。

巣鴨 1975

参詣者集めに苦労したとげ抜き地蔵と商店街

都電は、1972年までに1路線を除いて廃止された。唯一残されたのが荒川線（早稲田～三ノ輪橋）で、1942年までは王子電気軌道が経営していたことから、王子電車と呼ばれていた路線である。この空中写真でも、大塚駅を挟んで都電荒川線が南北方向に走っている。

染井霊園の東から六義園にかけては、三菱を創業した岩崎弥太郎が1878年ごろから所有していた。岩崎弥太郎は、この年、駒込をはじめ、不忍池のほとりの下谷茅町、深川（清澄庭園の土地）などに土地を買いあさっている。この時期に土地を買いあさった背景には、西南戦争終結後の政治の安定と東京再発展への期待もあったであろうが、より切実な問題は、西南戦争にともなう激しいインフレで

主な地名・施設

左上から：
- 総禅寺
- 朝日小
- 武蔵野高・中
- 郵政官舎
- 東京外国語大
- 国鉄アパート
- 旧古河庭園
- 本妙寺
- 慈眼寺
- 勝林寺
- 蓮華寺
- 専修院
- 天理教東京政務支庁
- 泰宗寺
- 三井鉱山寮
- 西福寺
- 女子栄養短大
- 中央聖書学校
- 染井霊園
- 日本興業銀行寮
- 日本郵船寮
- 妙義神社
- 東京スイミングセンター
- 駒込小
- 巣鴨電話局
- 中央卸売市場豊島市場
- 岩崎家墓地
- 三菱重工アパート
- 旧中山道（地蔵通り商店街）
- 三菱重工アパート
- 仰高小
- 本郷高・中
- 太陽神戸銀行社宅
- 清和小
- 高岩寺（とげぬき地蔵）
- 駒込中
- 国鉄アパート
- 染井橋
- 三菱ダイヤボウル
- 三菱養和会巣鴨体育館
- 専売公社寮
- 明治生命寮
- 都交通局巣鴨車庫
- 三菱スポーツクラブ巣鴨グラウンド
- 山手線
- 巣鴨体育館
- 真性寺
- 後楽園巣鴨ボウル
- マレーシア大使公邸
- 巣鴨駅
- 文京学園女子高
- 巣鴨橋
- 六義園
- 十文字高・中
- 宮下橋
- 鴨公園
- 三菱重工アパート
- 江戸橋
- 江戸橋公園
- 白山通り
- 日立プラント建設
- やまとむら幼稚園
- 巣鴨署
- 宮下公園
- 大鳥神社

24	30	36
48	54	60

地図上の注記（位置情報）:

- 東京生コン池袋工場
- 池袋第一小
- 南谷端公園
- 堀割
- 大正大
- 大塚中
- 新庚申塚
- 東光院
- 淑徳巣鴨女子高・中
- 都営西巣鴨二丁目アパート
- 都営滝野川アパート
- 庚申塚
- 大蔵省関東財務局住宅
- 都営西巣鴨第二アパート
- 国鉄西巣鴨寮
- 協和銀行寮
- 池袋第一保育園
- 新東京いすゞ
- 上池袋
- 西巣鴨小
- 大塚キャノンボウル
- ガン研付属病院
- 富士銀行寮
- 文京高
- 大塚聾学
- 巣鴨高・中商業高
- 国鉄大塚寮
- 巣鴨新田
- 豊成小
- 永田精機
- 松竹交通
- 宮下橋
- 都営北大塚二丁目アパート
- 西巣鴨橋
- 山手線
- 勤労青少年センター
- 時習小
- 空蝉橋
- 角萬
- 大塚駅前
- 大塚ビル
- 東池袋三
- 日本通運大塚営業所
- 大塚駅
- 帝都自動車
- 国鉄大塚第二寮
- 池袋電話局
- 全薬工業
- 春日通り
- 大塚台公園

染井霊園の北にある慈眼寺は、芥川龍之介や谷崎潤一郎の墓もある日蓮宗の寺院である。もとは深川本村町（現在の江東区猿江2丁目）にあったが、1912年に染井に移ってきた。

巣鴨駅から北西方向に旧中山道が延びている。細い道が旧道で、とげ抜き地蔵で知られる高岩寺も中山道沿いにある。高岩寺はもともと下谷上車坂町（現在の上野駅の東側、岩倉高等学校あたり）にあった曹洞宗の寺院だが、1891年、巣鴨の現在地に移転。空襲で建物を全焼し、現在の本堂は、1957年に再建された。明治時代の移転当時、檀家をもたなかったため、当時の住職は4のつく日を縁日とするなど、寺を維持するため、いろいろ知恵をしぼったという。門前の地蔵通り商店街も、都営地下鉄三田線が開通した1968年以降、高齢者を重視する商店街へと転換して生き残りを図った。先見の明と地道な取り組みが、現在の隆盛を生んだ好例である。

ある。資産を不動産に換えておこうという意図があったと考えられる。

巣鴨 1948

地図ラベル（上から、おおよそ北→南、西→東）：
- 武蔵野高・中
- 東京外国語大予定地
- 朝日小予定地
- 天理教会
- 駒込小予定地
- 巣鴨四丁目
- 染井霊園
- 中央卸売市場豊島分場
- 豊島郵便局
- 岩崎家墓地
- 本郷高・中
- 松平伯爵邸
- 染井橋
- 清和小予定地
- 三菱クラブ
- 高岩寺（とげぬき地蔵）
- 仰高小
- 巣鴨署
- 都電巣鴨車庫
- ★接収★
- 加藤厚太郎伯爵邸
- 巣鴨車庫前
- 巣鴨駅
- 文京学園女子高・中
- 巣鴨橋
- 六義園
- 十文字高・中
- 山手線
- 巣鴨駅前
- 啓成社
- 旧中山道
- 西丸町

日露戦争の秘密兵器を生産した火薬製造所

右上には「東京外国語大予定地」の文字が見える。ここには江戸時代、御薬園があった。1899年に海軍が御薬園跡地に火薬製造所を建設し、所長に就任した海軍技師の下瀬雅允にちなみ、海軍下瀬火薬製造所と命名された。下瀬火薬とは、下瀬雅允が発明した強力な爆薬で、砲弾、魚雷、機雷、爆雷に用いられ、日露戦争の実戦でその能力を発揮した。一説には、日本海海戦勝利の原動力の一つとなったといわれるほどだった。1914年に火薬製造所は廃止され、跡地は海軍爆薬部の火薬庫用地となったが、これも昭和初期に閉鎖されていた。麹町区竹平町にあった東京外国語学校は移転し、1944年の完全移転と時を同じくして、校名を東京外事専門学校とあらためたのである。新築したばかりの

地図上のラベル:
- 磐城セメント
- 池袋第一小
- 大正大
- 新庚申塚
- 巣鴨女子高・中
- 鴨台高・鴨台第二中
- 庚申塚
- 西巣鴨小
- 染井霊園
- 都電
- 旧癌研究所
- 文京高予定地
- 大塚聾学
- 巣鴨高・中
- 渋沢正雄邸
- 巣鴨新田
- 大塚中予定地
- 東電豊島支社
- 巣鴨中・第二中
- 永田精機（永田メリヤス機械）
- 明治通
- 時習小
- 山手線
- 大塚駅
- 大塚駅前
- パイロット万年筆
- 大塚三業社

校舎は空襲で全焼してしまい、更地となっている。このころは、練馬区にあった旧電波兵器技術専修学校の校舎で授業を行っていた。染井霊園は、昭和の初めまでは染井墓地と呼ばれていた。ここは明治のはじめ、仏教徒以外も利用できる公共墓地として東京府が指定した6霊園（ほかは、雑司ケ谷、青山、立山〔現在は青山霊園の一部〕、谷中、亀戸〔廃止〕）の一つ。東に隣接しているのが三菱財閥の岩崎家墓地。線路際の屋敷は、旧高松藩主の松平伯爵邸である。染井霊園の西には、中央卸売市場豊島分場がある。ここは明治初期に外交官として活躍した宮本小一の屋敷跡だった。左ページの渋沢正雄邸は、渋沢栄一の三男（1942年没）の邸宅。

大塚駅東を流れる千川流域は、工場地帯だった。大塚駅東の線路脇にあったパイロット万年筆大塚工場は東洋一の規模を誇っていた。このほかメリヤス機械を生産していた（戦時中は航空機の部品などの生産を行う）永田精機、義肢などの福祉器具を生産していた啓成社などがあった。

田端

2009

千川上水のおかげで造営できた六義園

駒込駅南口に広がる方形の緑地が、有名な六義園である。高台に池泉豊かな庭園を造営できたのは、徳川綱吉が築造を命じた千川上水が近くを通ったためだという。貴重な水を引くことができたのは、六義園の主が綱吉に重用された柳沢吉保だったからであろう。

六義園の右を南北に延びる街道がある。かつての岩槻街道で、現在は本郷通りの一部となっている。岩槻街道は、本郷追分から分岐する街道で、正式名は日光御成道。日光道中の脇街道だが、将軍が日光に参詣する際に使われたため、非常に格の高い街道だった。少し先の飛鳥山公園近くの西ヶ原（北区西ヶ原2丁目）には、今も一里塚が残っており、国の史跡に指定されている。

六義園の南東側には東洋文庫が

地図上の主な地名・施設

- 田端運転所
- 東京新幹線車両センター
- 京浜東北線
- 日本通運
- 田端中央診療所
- ローレル精器新町工場
- 旧新町中
- 滝野川第四小
- 東北本線
- アレックス日乃本
- 明治通り
- JR東日本東京支社
- 八洲工業
- 東京インキ
- 田端新町一
- ローレル精器東京第二研究所
- 都営田端新町二丁目アパート
- NTT田端テクノビル
- 田端駅
- 田端アスカタワー
- 滝野川第一小
- 旧道灌山中（西日暮里スタートアップオフィス）
- 尾久橋通り
- 日暮里・舎人ライナー
- 八幡神社
- 東覚寺
- 日本運輸倉庫
- 第六日暮里小
- ライオンズヒルズ田端不動坂
- JR東日本機械技術センター
- 貨物線
- 与楽寺
- 田端変電所
- 常磐線
- 日暮里・舎人ライナー 西日暮里駅
- 正覚寺
- 開成高・中
- 動坂下
- 西日暮里駅
- 坂公園
- 旧大日本製薬東京事業所
- 道灌山通り
- 青雲寺
- 諏方神社
- JR東京変電技術センター
- 動坂上
- 不忍通り
- 第一日暮里小
- 浄光寺
- 駒込病院
- よみせ通り
- 道灌山下
- 修性院

| 28 | 34 | 40 |
| 52 | 58 | 64 |

あり、その西には文京グリーンコートという複合施設がある。この場所は、以前は科研製薬の工場で、さらに歴史をさかのぼれば、理化学研究所が立地していた。

六義園の南東、本郷通りに富士神社がある。ここは比高10メートル近くの富士塚の上に社殿があるという珍しいもの。

六義園の南から東に延びる不忍通り沿いの本駒込図書館は、もとの都電の神明町車庫。1971年3月に廃止されたが、敷地の一部は神明都電車庫跡公園となり、都電6000形と貨物車の乙2号が保存されている。

右ページの右端を南北に走る尾久橋（おばし）通りの高架軌道は、東京都交通局の日暮里・舎人ライナー。日暮里駅と見沼代親水公園駅（足立区）を結ぶ2008年に開通した新交通システムである。

西日暮里駅の西には開成高校がある。関東大震災で神田淡路町の校舎が被災し、道灌山に移ってきたのである。当時このあたりは、渡辺治右衛門という土地長者が開発した渡辺町という新興住宅地だった。

田端 1975

陸奥宗光の別邸と古河家三代の物語

都立公園となった旧古河庭園が写っている。明治期、一面の畑だった土地を購入して、別邸としたのは、陸奥宗光である。陸奥は古河財閥を興した古河市兵衛と親交が深く、陸奥の次男潤吉が市兵衛の養子に入ったことで、古河家に所有が移っていた。

潤吉は早世し、古河市兵衛の実子虎之助が三代目を継ぎ、邸宅を整備した。ジョサイア・コンドル設計の瀟洒な洋館や七代目小川治兵衛が作庭した日本庭園は、虎之助が三代目の代に整備されたもの。武蔵野台地の崖線をうまく利用した立地で、洋館の建つ高台からは、富士山も遠望できた。関東大震災では約2000人の被災者を収容したこともある。

養嗣子として可愛がった市太郎（従靖・西郷従道侯爵の孫）をわ

地図内注記：
- 田端機関区
- 日本通運
- 田端操車場
- 近鉄運輸
- 東京北鉄道管理局衛生試験場
- 田端中央病院
- ローレル精器東京新工場
- 日之本米菓
- 新町中
- 滝野川第四小
- 八洲工業
- 東京インキ
- 田端新町一
- ローレル精器東京研究所
- 都営田端新町アパート
- 田端尾久電話局
- 田端駅
- 田端鉄道病院
- 尾久橋通り
- 谷野川第一小
- 八幡神社
- 東覚寺
- 田端東台アパート
- 東京食品ターミナル
- 第六日暮里小
- 与楽寺
- 田端台公園
- 相互住宅田端アパート
- 貨物線
- 住友銀行寮
- アサノ・コンクリート
- 道灌山中
- 開成中
- 正覚寺
- 動坂下
- 開成高
- 西日暮里駅
- 大日本製薬東京支社谷中分室
- 青雲寺
- 国鉄日暮里変電区
- 諏方神社
- 動坂上
- 第一日暮里小
- 浄光寺
- 修性院
- 駒込病院
- 法光寺
- 養福寺

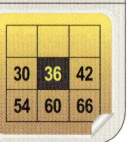

30	36	42
54	60	66

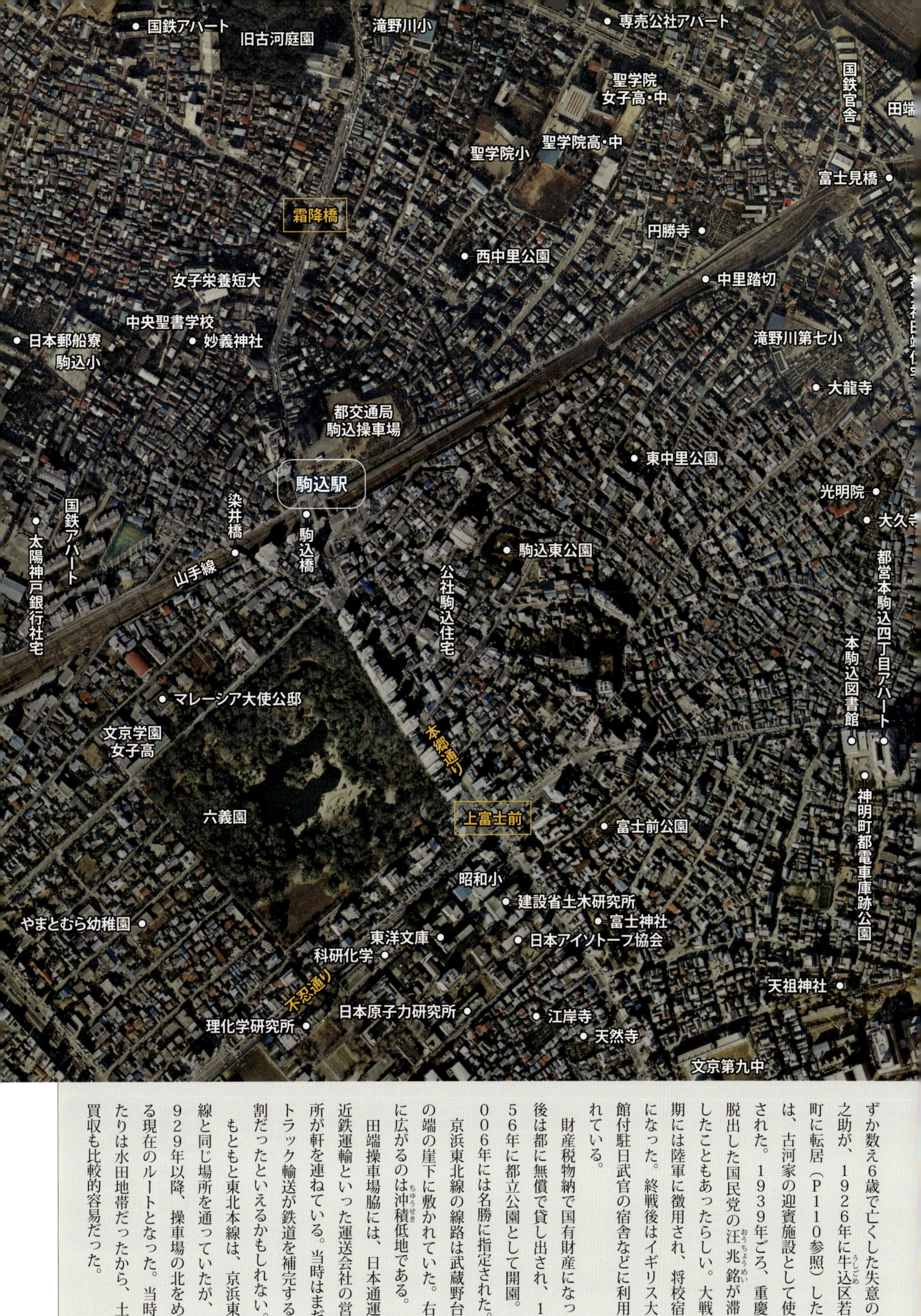

地図上の注記（おおむね上から、左→右）:

- 国鉄アパート
- 旧古河庭園
- 滝野川小
- 専売公社アパート
- 聖学院女子高・中
- 国鉄官舎
- 田端
- 聖学院小
- 聖学院高・中
- 富士見橋
- 霜降橋
- 円勝寺
- 西中里公園
- 中里踏切
- 女子栄養短大
- 中央聖書学校
- 妙義神社
- 滝野川第七小
- 日本郵船寮 駒込小
- 大龍寺
- 都交通局 駒込操車場
- 東中里公園
- 駒込駅
- 光明院
- 染井橋
- 駒込橋
- 大久〇
- 国鉄アパート
- 山手線
- 公社駒込住宅
- 駒込東公園
- 都営本駒込四丁目アパート
- 太陽神戸銀行社宅
- 本駒込図書館
- 本郷通り
- マレーシア大使公邸
- 神明町都電車庫跡公園
- 文京学園女子高
- 六義園
- 上富士前
- 富士前公園
- やまとむら幼稚園
- 昭和小
- 建設省土木研究所
- 富士神社
- 東洋文庫
- 日本アイソトープ協会
- 天祖神社
- 科研化学
- 不忍通り
- 日本原子力研究所
- 江岸寺
- 天然寺
- 理化学研究所
- 文京第九中

ずか数え6歳で亡くした失意の虎之助が、1926年に牛込区若宮町に転居（P110参照）した後は、古河家の迎賓施設として使用された。1939年ごろ、重慶を脱出した国民党の汪兆銘が滞在したこともあったらしい。大戦末期には陸軍に徴用され、将校宿舎になった。終戦後はイギリス大使館付駐日武官の宿舎などに利用されている。

財産税物納で国有財産になった後は都に無償で貸し出され、1956年に都立公園として開園、2006年には名勝に指定された。

京浜東北線の線路は武蔵野台地の端の崖下に敷かれていた。右上に広がるのは沖積低地である。田端操車場脇には、日本通運や近鉄運輸といった運送会社の営業所が軒を連ねている。当時はまだ、トラック輸送が鉄道を補完する役割だったといえるかもしれない。

もともと東北本線は、京浜東北線と同じ場所を通っていたが、1929年以降、操車場の北をめぐる現在のルートとなった。当時あたりは水田地帯だったから、土地買収も比較的容易だった。

田端 1948

岩崎久弥の才覚が荒地を高級分譲地に

三菱財閥の岩崎家は、東京随一の土地持ちでもあった。たとえば染井からつづく緑地帯も三菱の所有だった。駒込の六義園といえば、柳沢吉保の下屋敷として有名だが、岩崎家は1877年前後から、六義園に加え、隣接する加賀前田家抱屋敷や伊勢安濃津藩主藤堂家下屋敷なども含め、12万坪の広大な土地を所有していた。六義園は1938年に東京市に寄贈されたが、周囲に高々とそびえる煉瓦塀は岩崎別邸時代のものである。六義園隣接地は数十年放置されていたが、三菱の三代目となった岩崎久弥が開発に乗り出し、南西側の旧前田家抱屋敷跡は大正期に大和村（大和郷）という名の高級住宅地として分譲され、有名会社の重役や文化人が住んでいた。現在も閑静な環境で、高級住宅地だ。

地図上の注記:
- 田端操車場
- 東京鉄道管区職員田端集合所
- 滝野川第四小
- 東北本線
- 明治通り
- 東京インキ
- 田端大橋
- 田端駅
- 国鉄治療所（国鉄田端病院）
- 東台橋
- 日本繊維加工
- 野川第一小
- 童橋
- 浅香邸
- 東覚寺
- 与楽寺
- 岩崎邸
- 変電所
- 第六日暮里小
- 田端貨物線
- アサノセメント会社コンクリート工場
- 京成本線
- 常磐線
- 駒込動坂町
- 開成高・中
- 諏方神社
- 第一日暮里小
- 修性院
- 道灌山下

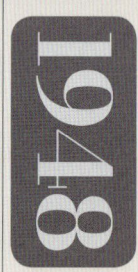

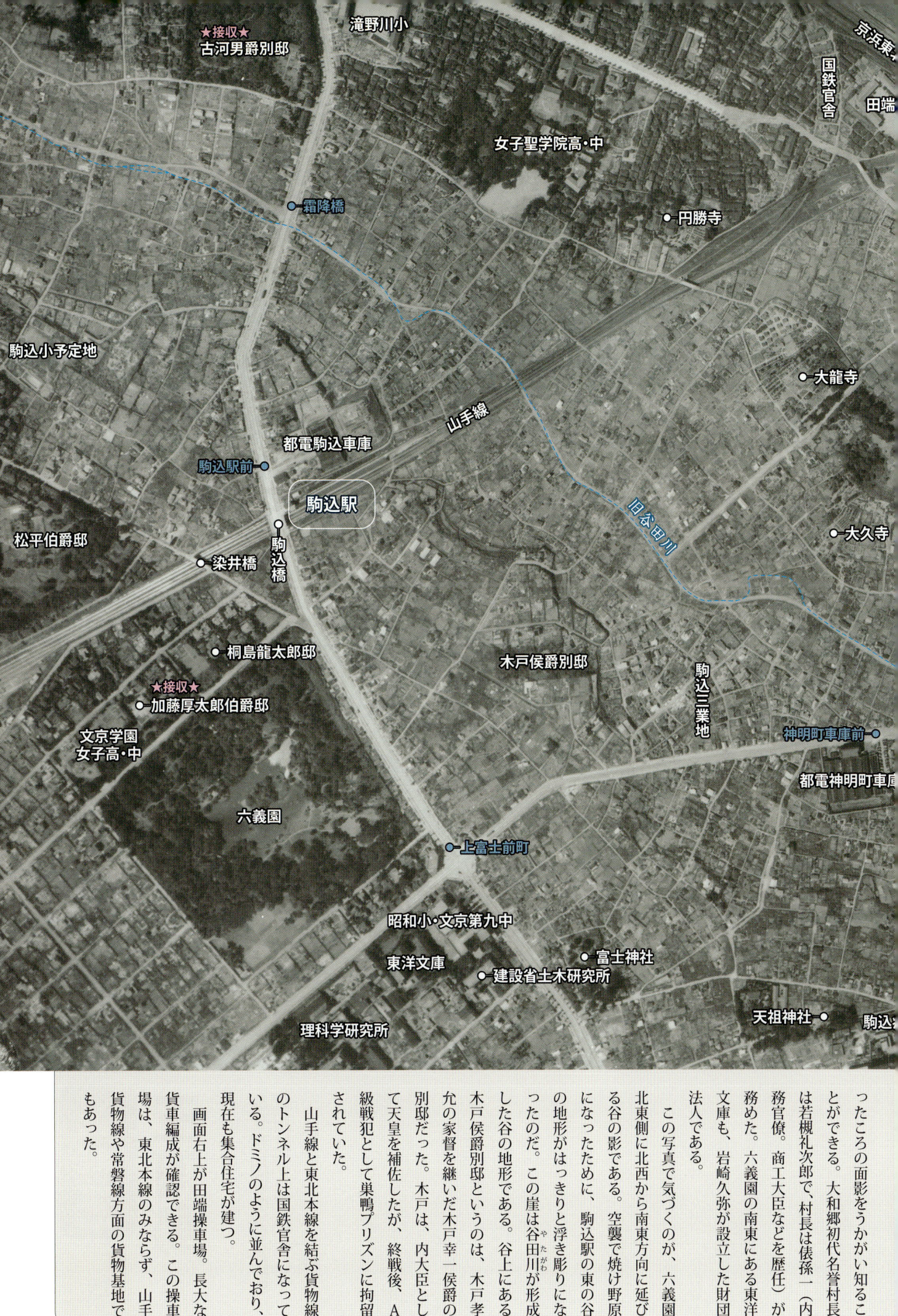

った頃の面影をうかがい知ることができる。大和郷初代名誉村長は若槻礼次郎で、村長は俵孫一（内務官僚、商工大臣などを歴任）が務めた。六義園の南東にある東洋文庫も、岩崎久弥が設立した財団法人である。

この写真で気づくのが、六義園北東側に北西から南東方向に延びる谷の影である。空襲で焼け野原になったために、駒込駅の東の谷の地形がはっきりと浮き彫りになったのだ。この崖は谷田川が形成した谷の地形である。谷上にある木戸侯爵別邸というのは、木戸孝允の家督を継いだ木戸幸一侯爵の別邸だった。木戸は、内大臣として天皇を補佐したが、終戦後、A級戦犯として巣鴨プリズンに拘留されていた。

山手線と東北本線を結ぶ貨物線のトンネル上は国鉄官舎になっている。ドミノのように並んでおり、現在も集合住宅が確認できる。

画面右上が田端操車場。長大な貨車編成が確認できる。この操車場は、東北本線のみならず、山手貨物線や常磐線方面の貨物基地でもあった。

2009 三河島

なぜ荒川区のどこにも荒川は流れていない?

この見開きのほぼ全域が標高5メートル以下の低地で、ほとんどが荒川区である。区域のどこにも荒川が通っていない荒川区が荒川を名乗る理由は、1965年まで、隅田川の下流部の呼称が荒川だったからである。現在の荒川は、「荒川放水路」と呼ばれていた。

東西方向に常磐線の線路が走っている。東は南千住へとつづき、西側は三河島から大きく左に曲がって、日暮里、上野へとつながっている。三河島を出て、まっすぐ左に向かう線路が確認できるが、これは貨物線。ただし、常磐線が開業した1886年当時は、旅客列車もこちらの線路を通って田端経由で上野と結ばれていた。三河島〜日暮里間の短絡線が開通するのは、日露戦争のさなかの1905年である。

地図内ラベル

- はいから館
- グリーンコーポ町屋
- 町屋文化センター
- 三菱電機ビルテクノサービス
- 都営荒川七丁目仲道アパート
- 荒川七丁目
- 三河島水再生センター
- ニッピ工場跡
- 京成本線
- ブランヴェールEX
- アクロタワーズ
- 隅田川
- 荒川自然公園
- サンパティエ東京
- アクロシティ
- 東京電力送電橋
- 水道局工業用水道事務所
- 荒川二丁目
- 都電荒川線
- 都営南千住六丁目第二アパート
- 荒川工業高
- クラブセレステ(建設中)
- 第二峡田小
- ライフ予定地
- 東京メードプレス
- 荒川区役所
- 大聖寺
- 荒川総合スポーツセンター
- 日商岩井南千住マンション
- 荒川公園
- 南千住署
- 南千住住宅
- サンパール荒川
- 荒川区役所前
- 瑞光小
- 荒川郵便局
- NTT荒川ビル
- 荒川第一中
- 南千住警察署入口
- 荒川署
- 円通寺
- 第三峡田小
- 荒川一中前
- 真正寺
- 第二瑞光小
- あらかわエコセンター
- サンクレール荒川ブランガーデン
- 日光街道
- 都営荒川一丁目アパート
- 第六瑞光小
- 東京アルバタワー
- 三ノ輪橋
- イトーヨーカドー
- 常磐線
- ミノワールド
- 東京メトロ日比谷線
- オリンピック
- 浄閑寺
- 明治通り
- 朝鮮第一初中級学校
- 都営東日暮里一丁目アパート

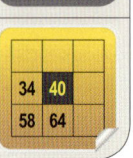

34	40
58	64

地図上のラベル（抜粋）:

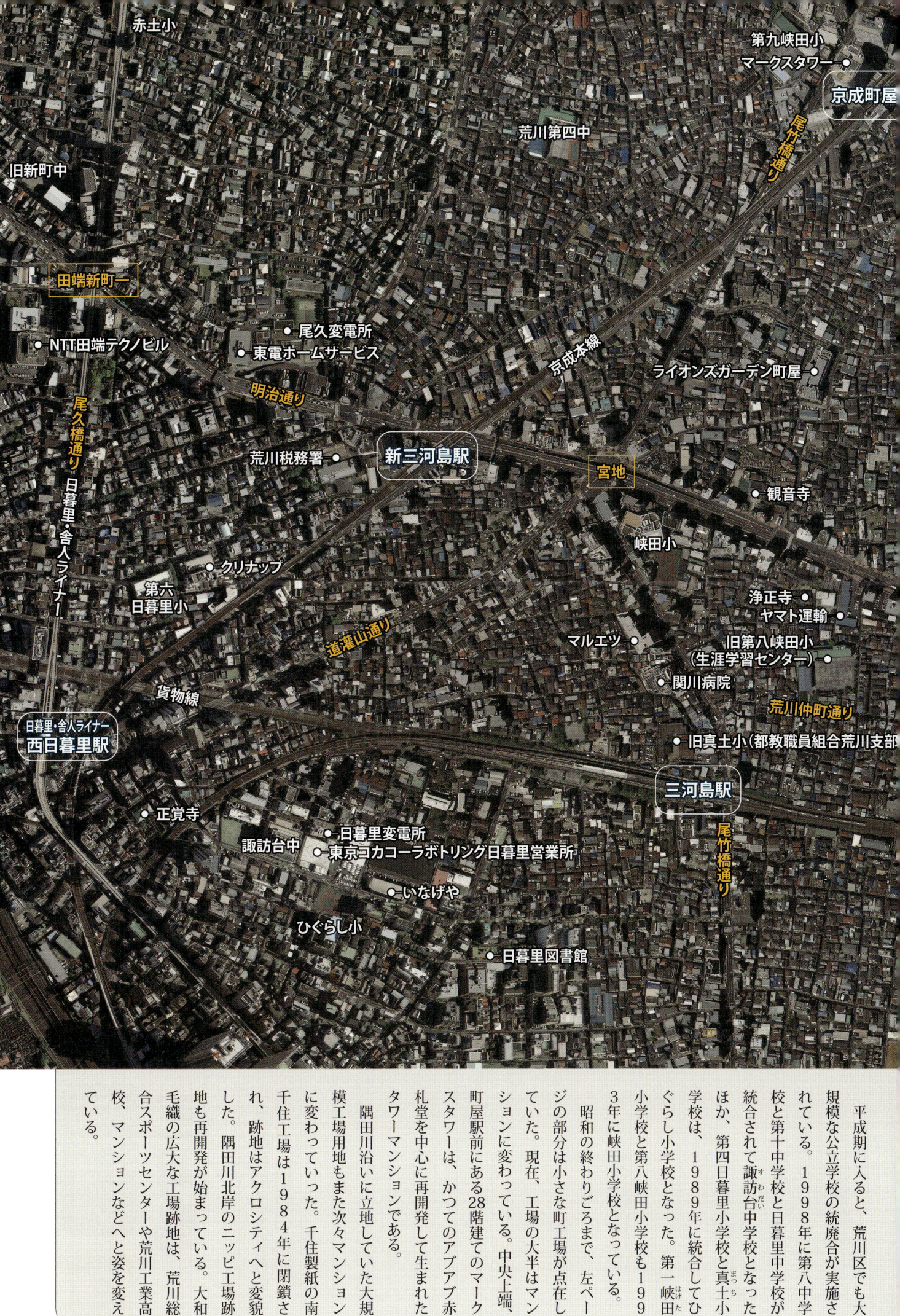

- 赤土小
- 第九峡田小
- マークスタワー
- 京成町屋
- 旧新町中
- 荒川第四中
- 尾竹橋通り
- 田端新町一
- NTT田端テクノビル
- 尾久変電所
- 東電ホームサービス
- ライオンズガーデン町屋
- 京成本線
- 明治通り
- 尾久橋通り
- 日暮里・舎人ライナー
- 荒川税務署
- 新三河島駅
- 宮地
- 観音寺
- クリナップ
- 峡田小
- 第六日暮里小
- 道灌山通り
- 浄正寺
- ヤマト運輸
- 旧第八峡田小（生涯学習センター）
- マルエツ
- 関川病院
- 荒川仲町通り
- 貨物線
- 日暮里・舎人ライナー
- 西日暮里駅
- 旧真土小（都教職員組合荒川支部）
- 三河島駅
- 正覚寺
- 諏訪台中
- 日暮里変電所
- 東京コカコーラボトリング日暮里営業所
- 尾竹橋通り
- いなげや
- ひぐらし小
- 日暮里図書館

平成期に入ると、荒川区でも大規模な公立学校の統廃合が実施されている。1998年に第八中学校と第十中学校と日暮里中学校が統合されて諏訪台中学校となったほか、第四日暮里小学校と真土小学校は、1989年に統合してひぐらし小学校となった。第一峡田小学校と第八峡田小学校も1993年に峡田小学校となっている。左ページの部分は小さな町工場が点在していた。現在、工場の大半はマンションに変わっている。中央上端、町屋駅前にある28階建のマークスタワーは、かつてのアブアブ赤札堂を中心に再開発して生まれたタワーマンションである。

隅田川沿いに立地していた大規模工場用地もまた次々マンションに変わっていった。千住製紙の南千住工場は1984年に閉鎖され、跡地はアクロシティへと変貌した。隅田川北岸のニッピ工場跡地は、再開発が始まっている。大和毛織の広大な工場跡地は、荒川総合スポーツセンターや荒川工業高校、マンションなどへと姿を変えている。

1975 三河島

大正時代の電力会社の凄まじい競争の軌跡

小規模の家屋がびっしりと建て込むなか、工場や倉庫が点在している。荒川区は工場地帯だった。

左ページやや上に東京電力の北東京変電所の施設が見えるが、ここは1913年から鬼怒川水力電気の東京変電所だった。変電所のわずか800メートル北には猪苗代水力電気の変電所が1914年に完成していた。戦前は電力会社も競争原理が働いていたのである。

電鉄会社のいくつかは電力会社の傘下から社史をスタートさせている。小田急を創業した利光鶴松も、もとは鬼怒川水力電気の社長だった。荒川界隈でも電力会社と鉄道との結びつきは深く、鬼怒川水力電気は東京市電に電力を供給し、猪苗代水力電気は王子電気軌道に電力を供給していた。中央には1967年に建設され

地名ラベル

大王寺／荒川七丁目／京成本線／日本皮革／隅田川／日本製靴／稲荷荒川線／都下水道局三河島処理場／都営三河島住宅／三河島処理場公苑／三河島処理場／都営荒川二丁目アパート／千住製紙倉庫／都営アパート／ミノワ油脂／三河島ミートプラント／東京電力送電橋／荒川一丁目／共同紙器／千住製紙／二峡田小／南千住浄水場／三河島公園／荒川工業高／名鉄運輸／南千住中／共立運送／旧東京球場／小峰紙器／荒川区役所／大聖寺／東京メードプレス／南千住署／荒川区民会館／荒川区役所前／稲荷荒川線／荒川電話局／荒川第一中／瑞光小／荒川郵便局／荒川署／円通寺／東京日産自動車販売／真正寺／第二瑞光小／第三峡田小／文昌堂倉庫／荒川保健所／都営荒川一丁目アパート／第六瑞光小／日光街道／三ノ輪橋／常磐線／イトーヨーカドー／明治通り／営団地下鉄日比谷線／鮮第一初中級学校／浄閑寺／都営東日暮里一丁目アパート

36	42
60	66

42

地図上のラベル（位置別）:

- 赤土小
- 尾久橋通り
- 第九峡田小
- 京成町屋
- 尾竹橋通り
- 新町中
- 荒川第四中
- 田端新町一
- 田端尾久電話局
- 東電北東京電力所
- 日東ハンドル製作所
- 大平製作所
- 尾竹橋通り
- 明治通り
- 新三河島駅
- 宮地
- 荒川税務署
- 観音寺
- 第一峡田小
- 浄正寺
- 第六日暮里小
- 道灌山通り
- 関川病院
- 第八峡田小
- 貨物線
- 日暮里清掃工場
- 真土小
- 三河島駅
- 正覚寺
- 三興ゴム
- 日暮里変電所
- 荒川第十中
- 三和合成工業
- 日本コカコーラボトリング
- 丸新フェルト
- 尾竹橋通り
- 常磐線
- 第四日暮里小
- 花嫁わた
- 山手・京浜東北線
- 丸善日暮里工場
- 蓮念寺

た荒川区役所の庁舎が見える。ここは1956年までは繊維工場だった。もともとラシャ、フランネル糸、フェルトを生産していた日本製絨の本社工場で、1941年10月には陸軍管理工場となり、同年11月に大日本紡績に吸収され、大日本紡績東京製絨工場となる。戦時中の空襲による被災も免れ、操業を継続したが、1956年に業界不振のため閉鎖されていた。大日本紡績は、現在のユニチカである。

右ページには、ロッテオリオンズの本拠地だった東京球場があるが、営業は1972年に終了しており、1977年に解体されている。球場の北に名鉄運輸の広大な土地が隣接しているのは、一帯が名古屋鉄道名義の土地だったからであろう。名古屋を本拠地とする名鉄は、本格的な東京進出を考え、大和毛織の工場跡地を買収していた。明治時代の工場跡地を一堂に集めた「明治村」をここにつくる計画だったといわれるがうまくいかず、その土地の大部分を永田雅一の大映が取得して球場建設に乗り出すのである。

三河島 1948

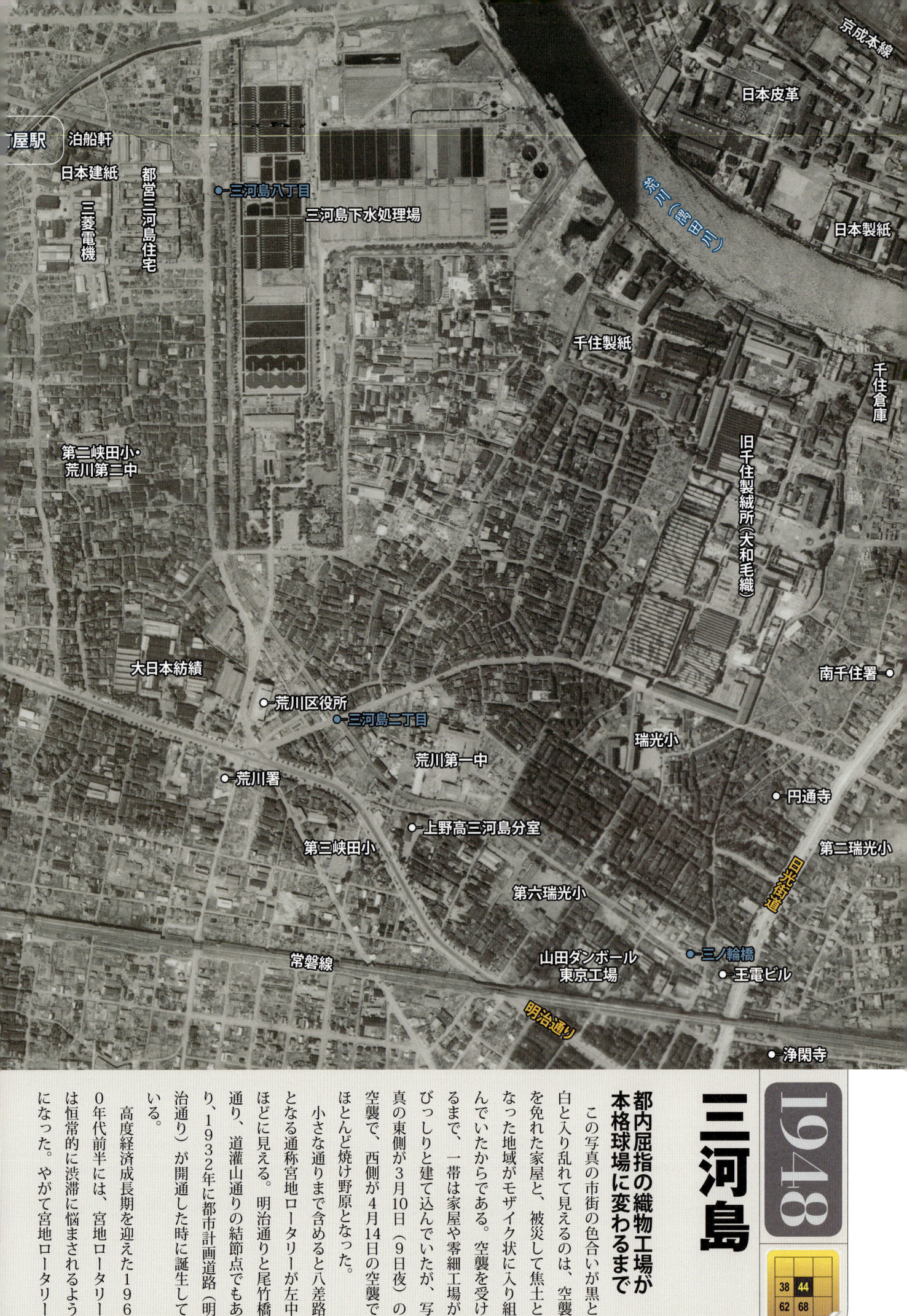

都内屈指の織物工場が本格球場に変わるまで

この写真の市街の色合いが黒と白と入り乱れて見えるのは、空襲を免れた家屋と、被災して焦土となった地域がモザイク状に入り組んでいたからである。空襲を受けるまで、一帯は家屋や零細工場がびっしりと建て込んでいたが、写真の東側が3月10日（9日夜）の空襲で、西側が4月14日の空襲でほとんど焼け野原となった。

小さな通りまで含めると八差路となる通称宮地ロータリーが左中ほどに見える。明治通りと尾竹橋通り、道灌山通りの結節点でもあり、1932年に都市計画道路（明治通り）が開通した時に誕生している。

高度経済成長期を迎えた1960年代前半には、宮地ロータリーは恒常的に渋滞に悩まされるようになった。やがて宮地ロータリーは環状になった。

地図ラベル

- 〜屋駅
- 泊船軒
- 日本建紙
- 三菱電機
- 都営三河島住宅
- 三河島八丁目
- 三河島下水処理場
- 日本皮革
- 日本製紙
- 隅田川（荒川）
- 千住製紙
- 千住倉庫
- 旧千住製絨所（大和毛織）
- 第三峡田小・荒川第三中
- 大日本紡績
- 荒川区役所
- 三河島二丁目
- 南千住署
- 荒川署
- 荒川第一中
- 瑞光小
- 円通寺
- 第三峡田小
- 上野高三河島分室
- 第二瑞光小
- 第六瑞光小
- 日光街道
- 山田ダンボール東京工場
- 三ノ輪橋
- 王電ビル
- 常磐線
- 明治通り
- 浄閑寺

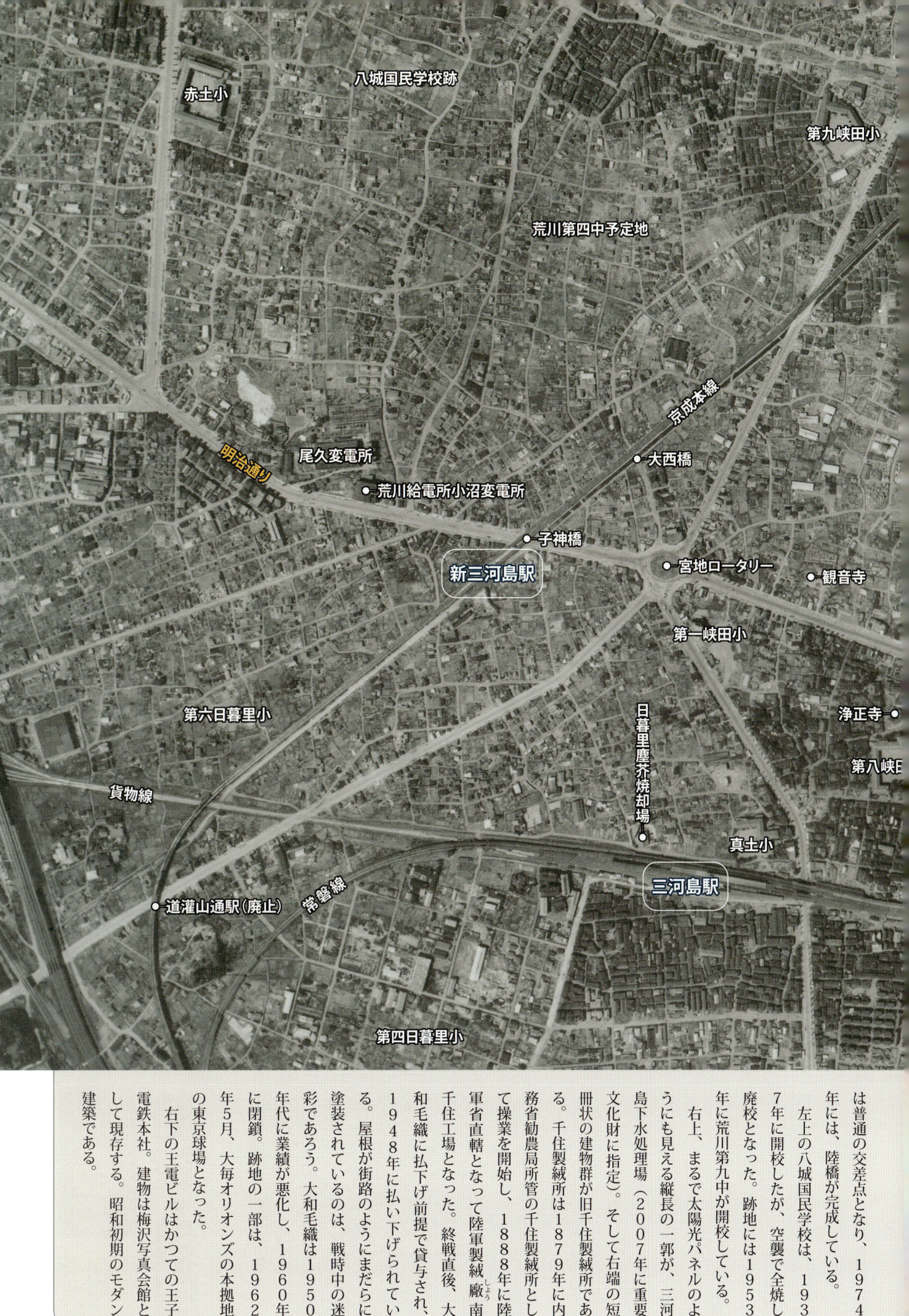

地図内ラベル:
- 赤土小
- 八城国民学校跡
- 第九峡田小
- 荒川第四中予定地
- 明治通り
- 尾久変電所
- 京成本線
- 荒川給電所小沼変電所
- 大西橋
- 子神橋
- 新三河島駅
- 宮地ロータリー
- 観音寺
- 第一峡田小
- 第六日暮里小
- 日暮里塵芥焼却場
- 浄正寺
- 第八峡田
- 貨物線
- 真土小
- 道灌山通駅（廃止）
- 常磐線
- 三河島駅
- 第四日暮里小

は普通の交差点となり、1974年には、陸橋が完成している。

左上の八城国民学校は、1937年に開校したが、空襲で全焼し廃校となった。跡地には1953年に荒川第九中が開校している。

右上、まるで太陽光パネルのようにも見える縦長の一郭が、三河島下水処理場（2007年に重要文化財に指定）。そして右端の短冊状の建物群が旧千住製絨所である。千住製絨所は1879年に内務省勧農局所管の千住製絨所として操業を開始し、1888年に陸軍省直轄となって陸軍製絨廠南千住工場となった。終戦直後、大和毛織に払下げ前提で貸与され、1948年に払い下げられている。屋根が街路のようにまだらに塗装されているのは、戦時中の迷彩であろう。大和毛織は1950年代に業績が悪化し、1962年5月、大毎オリオンズの本拠地の東京球場となった。跡地の一部は、1960年代に閉鎖。

右下の王電ビルはかつての王子電鉄本社。建物は梅沢写真会館として現存する。昭和初期のモダン建築である。

池袋・目白 2009

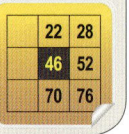

山手通りの地下を貫く世界最長のトンネル

首都高速中央環状線は、山手通りを利用して熊野町から南へと延伸していった。左ページ上端がちょうど高架橋からトンネルに変わるあたりで、ここから南は山手通りの大深度地下（深さ約30メートル）を通る山手トンネルとなる。現在の長さは高松入口から大橋ジャンクションまでの10・9キロメートルだが、最終的には18キロメートルに達し、これは関越トンネルを抜いて世界最長となる。

目白駅の西側には、「目白近衛町」を冠したマンションが目立つ。ここは昔、近衛家の広大な屋敷があった場所。近衛家といえば、五摂家筆頭で、公爵を世襲した家柄。戦前には総理大臣となった近衛文麿を輩出し、文麿もこの屋敷で育った。大正時代には敷地の大半を売却したが、その跡は、高級

地図上の主な表記

- 東武池袋駅・東武百貨店
- 池袋三越
- スポルト池袋
- NTT池袋ビル
- アーバンネット池袋ビル
- 東急ハンズ
- アムラックス
- 東池袋中央公園
- 豊島自動車練習所
- サンシャインシティプリンスホテル
- サンシャイン60
- 池袋駅
- 東京芸術劇場
- ウエストパークタワー池袋
- 池袋ルミネ
- グリーン大通り
- タイムズステーション
- 池袋署
- ホテルメトロポリタン
- 西武百貨店
- 豊島岡女子学園高・中
- ワールドインポートマートビル
- 文化会館
- 西武池袋駅
- かんぽヘルスプラザ東京跡
- アウルタワー建設中
- 南池袋公園
- 三菱UFJニコス
- 由学園
- ジュンク堂池袋本店
- 本立寺
- 池袋パークビル
- 豊島区立中央図書館
- 常在寺
- 池袋エアライズタワー
- メトロポリタン駐車場
- 旧日出小（豊島区役所予定地）
- 本教寺
- 後藤学園
- 環状5号線の1（建設中）
- 補助81号線（建設中）
- 北東製粉
- 池袋パークタワー
- 東池袋四丁目
- 武蔵野ファッションカレッジ
- 法明寺
- 都電雑司ヶ谷
- UR目白単身住宅
- 南池袋小
- 草苑保育専門学校
- オリナスふくろうの杜
- 特養ホーム池袋敬心苑
- 東京音楽大
- 崇祖堂
- 下水道局雑司ヶ谷庁舎
- 雑司ヶ谷霊園
- 鬼子母神
- 大島神社
- 本納寺
- 都電荒川線
- 清立院
- 目白駅
- 川村学園
- 明治通り
- ホテルメッツ目白
- デサントビル
- 目白小
- 鬼子母神前
- 学習院大
- 目白通り
- 目白署
- 雑司ヶ谷体育館
- 旧高田小
- 学習院高等科
- 千登世橋

22	28
46	52
70	76

地図上のラベル（上から、おおよその位置順）:

- 城西高
- 国際興業池袋営業所
- 立教池袋高・中
- 立教通り
- 西池袋公園
- 千早一
- 立教小
- 立教大
- 豊島税務署
- 池袋第三小
- 長崎一
- 西池袋中
- 長崎神社
- 金剛院
- すいどーばた美術学院
- 上り屋敷公園
- 椎名町公園
- 椎名町駅
- 西武池袋線
- 朝日マンション目白
- ソシエ南長崎
- 旧真和中
- ライオンズガーデン目白オークレジデンス
- 区立目白庭園
- 徳川黎明会
- 富士見台小
- 徳川ビレッジ
- 目白の森
- 下落合三
- 目白ビル
- 目白パレス
- 目白通り
- 前田商店
- 川村学園
- 聖母大
- 上智大目白聖母キャンパス
- ドレッセ目白近衛町プレゼンス
- グランツオーベ目白近衛町
- 聖母病院
- アーバンライフ目白駅前

住宅地となっている。右上にそびえるのがサンシャイン60。1978年に完成した60階建ての超高層ビルで、1990年に東京都庁舎が完成するまで、日本一の座を12年間守っていた。

右ページの真ん中あたり、池袋駅南東の南池袋公園とその周囲の区画整理ぶりが目立つが、ここは昭和初期まで雑木林で、根津嘉一郎が所有していたことから根津山という別称があった。戦前の池袋駅周辺は、東口は雑木林があったり、西口は鉄道教習所や師範学校が立地していたりで、大規模な繁華街は存在しなかった。池袋駅周辺が発展するのは、戦後である。

南池袋公園の右側、南池袋2丁目では、環状5号線の1（明治通りのバイパス道路）の延伸工事が始まっており、日出小の跡地には豊島区役所の移転が予定されている。すぐ右の4丁目では都市計画道路補助81号線も工事中である。目白駅前のホテルメッツ目白は、かつて日通営業所が立地していた。主な駅のそばには日通営業所が必ずあったものだが、それもすっかり昔語りとなった。

1975 池袋・目白

幕府の鷹屋敷があった江戸期の雑司ヶ谷

写真中央やや左に規則正しく並ぶ住宅は、尾張徳川侯爵邸跡地に建てられた高級賃貸住宅「徳川ハウス」である。周囲が都市化されてしまったにもかかわらず、閑静な環境を維持している一郭である。

この写真の池袋駅西口は、再開発の真っ最中だ。都心のターミナルの例にもれず、池袋駅周辺もうぼうで闇市やマーケットが立っていた。池袋駅西口には、界隈最大のマーケットが並び、あまり風紀のよくないエリアだったようである。池袋に闇市ができた理由は、交通ターミナルだったこともあるが、朝霞に進駐軍が駐屯しており、軍由来の闇物資が池袋に集まったからだという。池袋西口の闇市が姿を消すのは1962年だ。師範学校跡や鉄道教習所などの跡地に、池袋西口公園が1970

地図上の地名

- 東武百貨店
- 三越
- スポーツガーデン
- 池袋駅
- 池袋パルコ
- 東京相互銀行
- 豊島自動車練習所
- 池袋西口公園
- 西武百貨店
- 東口五差路
- 池袋副都心再開発地
- 芝浦工業大学
- 豊島郵便局
- 池袋署
- 国鉄官舎
- 豊島岡女子学園高・中
- 東京木材
- 西武池袋駅
- 西武パーキングセンター
- 南池袋公園
- 自由学園
- 常在寺
- 本立寺
- 婦人之友社
- 西武鉄道ビル
- 日本交通公社事務システム部
- 首都高速5号池袋線
- 西武運輸
- 日出小
- 本教寺
- 武蔵野調理師学院
- 鷹乃羽学園
- 草苑学園
- 法明寺
- 雑司谷中
- 雑司ヶ谷
- 公団目白アパート
- 山手線
- 雑司谷小
- 明治通り
- 東京音楽大
- 附属高
- 雑司ヶ谷霊園
- 崇祖堂
- 鬼子母神
- 大鳥神社
- 本納寺
- 清立院
- 目白駅
- 川村学園短大
- 第一勧銀寮
- 川村学園高・中
- 都電荒川線
- 下水道局寮
- 日本通運
- 目白通り
- 目白小
- 鬼子母神前
- 学習院大
- 目白署
- 目白武蔵マンション
- 高田小
- 学習院高・中
- 千登世橋

24	30
48	54
72	78

年に開園したが、周囲は空き地のままだった。本格的に整備されてゆくのは、1985年のホテルメトロポリタン（東京の国鉄系ホテルの草分け的存在）のオープンと1990年の東京芸術劇場開場まで待たなければならなかった。

池袋駅東口は、丸物を買収したパルコや西武百貨店が350メートルにわたって壁のようにつらなり、「軍艦」と称されたほどだった。当時の池袋といえば、西武鉄道と西武流通グループの総本山といった趣さえあった。

左ページの池袋第三小学校の南側の空地は、もとの大東文化大の校地。1949年に東京文政大として開校したが、1961年に板橋区に移転している。

右ページの東京音楽大学は、1907年に東洋音楽学校として設立された最古の私立音楽大学。右端には雑司ケ谷霊園が広がっている。江戸時代、墓地の北半分は、幕府の御鷹部屋があった。鷹匠をはじめ目付、同心など常時70〜80名が所属していたといわれ、鷹狩りに用いる鷹の飼育や訓練を行っていた。

写真中の地名ラベル：

- 戦災復興マーケット（豊島師範学校跡）
- 西口マーケット
- 東京第二師範学校男子部附属小
- 池袋駅
- 東口マーケット
- 連鎖商店街
- ●池袋駅前
- ★接収★ 東京拘置所（巣鴨プリズン）
- 東京鉄道局教習所
- 西武池袋駅
- 東京育英高
- 国鉄官舎
- 西武本社
- ●日出町三丁目
- 豊島岡女子学園高・中
- 自由学園
- ●本立寺
- 日出小
- 京成蹊女子高・中
- ●日出町二丁目
- 雑司ヶ谷
- 雑司谷中予定地
- 雑司谷小
- 東洋音楽学校
- 雑司ヶ谷霊園
- 明治通り
- ●鬼子母神
- 川村高・中
- 日本通運目白営業所
- 目白小
- ●鬼子母神前
- ●目白署
- 学習院
- 高田小
- ●千登世橋

1948 池袋・目白

女子学習院や大使館に使われた尾張徳川邸

池袋から目白にかけての地域が写っている。写真ではわかりづらいが、ほとんどの地域は4月14日の空襲で焼けている。それでも焼失を免れた建物はあった。たとえば、フランク・ロイド・ライトが設計にかかわった自由学園はそのひとつである。

徳川侯爵邸は、広大な邸地を森が覆っていた。当主は林学研究者としても名を馳せた徳川義親。賢侯として名を馳せた松平春嶽の子息で、尾張徳川家に養子入りした人物である。敷地の中心には、銀座服部時計店の設計を手がけた渡辺仁の手になる英国チューダー様式の西洋館が1934年に完成していた。終戦直後は青山の校舎を全焼した女子学習院が一時使用し、ベルギー大使館としても使われた建物である。1968年に八ヶ岳

	26	32
	50	56
	74	80

聖公会神学院
霜田橋
立教小 立教高・中 立教大
西郷侯爵邸
谷端川
池袋第三小
東京文政大予定地
道和中予定地
金剛院
西武武蔵野線
椎名町駅
都営住宅
上屋敷駅（休止）
真和中
富士見台小予定地
徳川侯爵邸
落合長崎郵便局・落合長崎電報局
目白駅
聖母病院
山手通り

の高原ヒュッテとして移築されている。隣接する徳川黎明会の鉄筋コンクリートの建物も現存するが、こちらも渡辺の設計で、竣工は1927年。

1949年には新制大学の制度が始まり、新たな大学が次々と設立されてゆく。たとえば立教大学の南に見える東京文政大学もそのひとつ。1923年に開校した東文化学院が前身だが、新制大学となる際、歴史ある「大東」の名を捨てて、東京文政大学とした。その後、文政大学に改称するが、講和後の1953年4月には大東文化大学とあらためている。

西武武蔵野線は、かつての武蔵野鉄道である。終戦直後の1945年9月、武蔵野鉄道の西武鉄道社長だった堤康次郎は、関連会社の西武鉄道と「食糧増産」を合併し、西武農業鉄道と社名を変更した。1947年1月に再度西武鉄道と改称している。武蔵野線が池袋線に改称したのは1952年である。徳川邸のすぐ近くには、字名にちなんだ上屋敷駅があったが、大戦末期の1945年2月に営業を休止。1953年に正式に廃止された。

2009 東池袋

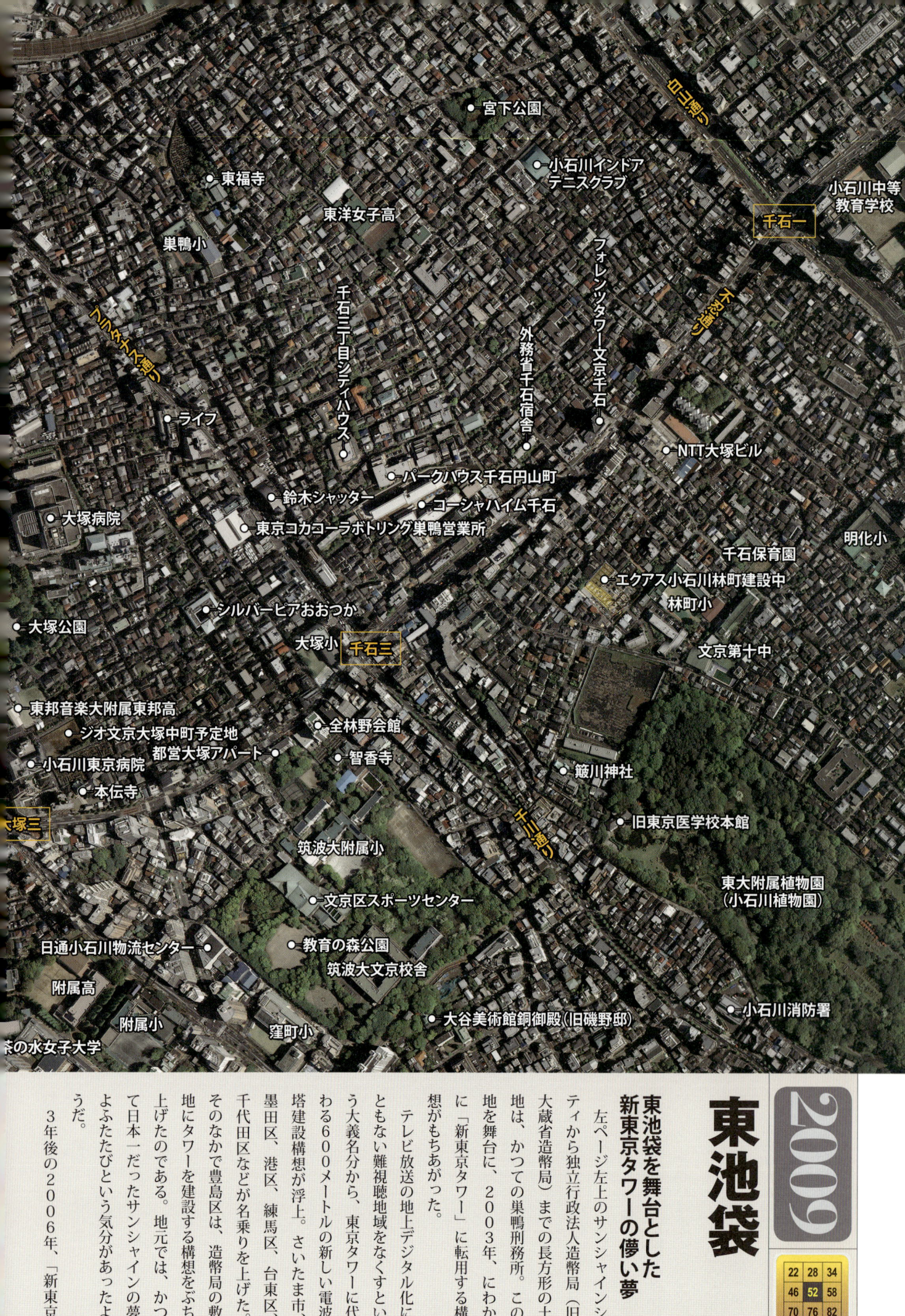

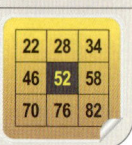

東池袋を舞台とした新東京タワーの儚い夢

左ページ左上のサンシャインシティから独立行政法人造幣局（旧大蔵省造幣局）までの長方形の土地は、かつての巣鴨刑務所。この地を舞台に、2003年、にわかに「新東京タワー」に転用する構想がもちあがった。

テレビ放送の地上デジタル化にともない難視聴地域をなくすという大義名分から、東京タワーに代わる600メートルの新しい電波塔建設構想が浮上。さいたま市、墨田区、港区、練馬区、台東区、千代田区などが名乗りを上げた。そのなかで豊島区は、造幣局の敷地にタワーを建設する構想をぶち上げたのである。地元では、かつて日本一だったサンシャインの夢をふたたびという気分があったようだ。

3年後の2006年、「新東

地図上の主な地点：
- 宮下公園
- 東福寺
- 東洋女子高
- 小石川インドアテニスクラブ
- 小石川中等教育学校
- 巣鴨小
- 千石一
- 千石三丁目シティハウス
- フォレンツタワー文京千石
- 外務省千石宿舎
- ライフ
- NTT大塚ビル
- 鈴木シャッター
- パークハウス千石円山町
- コーシャハイム千石
- 千石保育園
- 明化小
- 大塚病院
- 東京コカコーラボトリング巣鴨営業所
- エクアス小石川林町建設中
- 林町小
- 大塚公園
- シルバーピアおおつか
- 大塚小
- 千石三
- 文京第十中
- 東邦音楽大附属東邦高
- ジオ文京大塚中町予定地
- 都営大塚アパート
- 全林野会館
- 智香寺
- 簸川神社
- 旧東京医学校本館
- 小石川東京病院
- 本伝寺
- 塚三
- 筑波大附属小
- 文京区スポーツセンター
- 東大附属植物園（小石川植物園）
- 日通小石川物流センター
- 教育の森公園
- 筑波大文京校舎
- 附属高
- 大谷美術館銅御殿（旧磯野邸）
- 小石川消防署
- 附属小
- 窪町小
- お茶の水女子大学

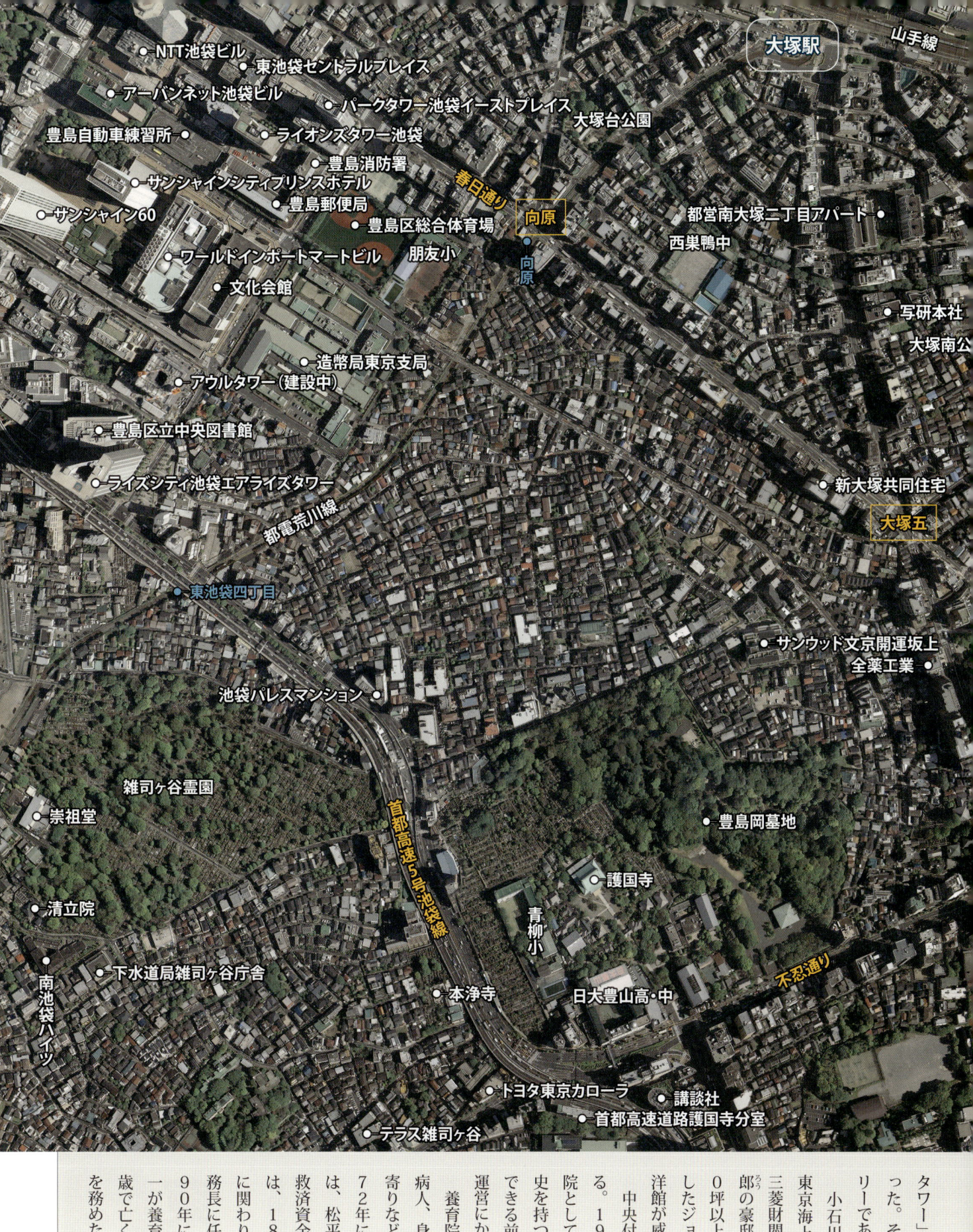

地図上のラベル（左上から概ね上→下、左→右）:

- NTT池袋ビル
- 東池袋セントラルプレイス
- 大塚駅
- 山手線
- アーバンネット池袋ビル
- パークタワー池袋イーストプレイス
- 豊島自動車練習所
- ライオンズタワー池袋
- 大塚台公園
- 豊島消防署
- 春日通り
- サンシャインシティプリンスホテル
- 豊島郵便局
- 向原
- 都営南大塚二丁目アパート
- サンシャイン60
- 豊島区総合体育場
- 向原
- 西巣鴨中
- ワールドインポートマートビル
- 朋友小
- 文化会館
- 写研本社
- 大塚南公
- 造幣局東京支局
- アウルタワー（建設中）
- 豊島区立中央図書館
- 新大塚共同住宅
- ライズシティ池袋エアライズタワー
- 都電荒川線
- 大塚五
- 東池袋四丁目
- サンウッド文京開運坂上
- 全薬工業
- 池袋パレスマンション
- 雑司ヶ谷霊園
- 崇祖堂
- 豊島岡墓地
- 首都高速5号池袋線
- 護国寺
- 清立院
- 青柳小
- 下水道局雑司ヶ谷庁舎
- 不忍通り
- 南池袋ハイツ
- 本浄寺
- 日大豊山高・中
- トヨタ東京カローラ
- 講談社
- 首都高速道路護国寺分室
- テラス雑司ヶ谷

タワー」の建設地は墨田区に決まった。それが現在の東京スカイツリーである。

小石川植物園の北西の更地は、東京海上火災の社宅跡。戦前は、三菱財閥の大番頭だった荘田平五郎の豪邸があった。敷地は400坪以上あり、1883年に完成したジョサイア・コンドル設計の洋館が威容を誇っていた。

中央付近には都立大塚病院がある。1929年に東京市立大塚病院として開設され、80年以上の歴史を持つ総合病院である。病院ができる前、この地には渋沢栄一が運営にかかわった養育院があった。

養育院は、生活に困窮した人や病人、身寄りのない子どもやお年寄りなどの保護施設として、1872年に設立された。設立の原資は、松平定信が定めた江戸の貧民救済資金にさかのぼる。渋沢栄一は、1874年から養育院の運営に関わり、1876年に養育院事務長に任命された。その後、1890年に東京市営となり、渋沢栄一が養育院長に就任する。以来91歳で亡くなるまでの約50年間院長を務めた。

1975 東池袋

音羽陸軍墓地をめぐる戦後の数奇な物語

終戦後、巣鴨プリズンとなっていた旧巣鴨刑務所跡は、再開発のさなかである。その中心施設となるサンシャイン60は、まだ基礎工事が始まったところ。かつての刑場跡で東池袋中央公園予定地は作業宿舎が並んでいる。

護国寺は、都心部で空襲を免れた唯一の大寺だった。本堂や月光殿（1928年に近江園城寺から移築）は重要文化財に指定されている。護持院や東照宮のあった旧境内東側は明治以降皇族墓地となり、西側は1873年、東京の部隊を対象とした陸軍軍人の墓地として「音羽陸軍埋葬地」（陸軍墓地）が定められ、終戦までに2400余柱が葬られた。戦後、陸軍墓地の大部分は、青柳小学校と護国寺の分譲墓地へと変わった。大塚駅の南、南大塚通り沿いに

地図ラベル

宮下公園 / 小石川インドアテニスクラブ / 千石一 / 小石川高 / 東福寺 / 東洋女子学園高・中 / 巣鴨小 / 徳川マンション / 大塚電話局 / 丸山町北住宅 / 明化小 / 大塚病院 / 鈴木シャッター工業 / 丸山町住宅 / 三菱電機小石川荘 / 東京コカコーラボトリング / 電電公社住宅 / 都監察医務院 / 林町小 / 文京第十中 / 都営大塚第二アパート / 林野庁共同宿舎 / 東京電気通信局アパート / 大塚小 / 千石三 / 東京海上寮 / 大塚電話局別館 / 電気通信局宿舎 / 第一勧銀寮 / 日通東京病院 / 大塚窪町都営住宅 / 智香寺 / 簸川神社 / 本伝寺 / 大塚三 / 出版共同受品センター / 東大理学部附属植物園（小石川植物園）/ 附属小 / 東京教育大 / 附属高 / 窪町小 / 附属中 / お茶の水女子大

24	30	36
48	54	60
72	78	84

地図上のラベル:

- 大塚駅
- 山手線
- 池袋電話局
- 豊島自動車練習所
- 郵政宿舎
- 公団東池袋三丁目アパート
- 大塚台公園
- 都営南大塚二丁目アパート
- 池袋副都心再開発地
- 向原
- 春日通り
- 大塚台小
- 西巣鴨中
- 東京木材
- 造幣局東京支局
- 大塚南
- 造幣局官舎
- 都電荒川線
- 新大塚共同住宅
- 本教寺
- 大塚五
- 東池袋四丁目
- 清水建設寮
- 全薬工業
- 雑司ヶ谷
- 公団東池袋五丁目アパート
- 南池袋パーキングエリア
- 豊島岡墓地
- 雑司ヶ谷霊園
- 崇祖堂
- 護国寺
- 西信寺
- 清立院
- 青柳小
- 第一勧銀寮
- 下水道局寮
- 不忍通り
- 首都高速5号池袋線
- 本浄寺
- 日大豊山高・中
- 音羽通り
- トヨタ新東京カローラ
- 第一図書
- 目白大学生ハイム
- 菊池寛記念館
- 首都高速道路公団職員宿舎

あった赤煉瓦の都電大塚車庫の跡地は、1971年に都営南大塚二丁目アパートになった。春日通りと不忍通りが交差するあたりに日通東京病院がある。ここは1940年に設立された東京市の小石川病院が前身。1959年からは日本通運健康保険組合東京病院として運営されたが、2007年に別の医療法人の小石川東京病院に移管されている。企業社会の曲がり角を感じさせる。

右下が植物園。その周囲に公務員住宅や銀行などの社宅が固まっているのがわかるが、これは華族や財閥関係者の豪邸跡である。

右ページ下の東京教育大学は、東京文理科大学などを包含して発足した新制大学。1973年に開校した筑波大学に吸収され、1978年に閉校。跡地は教育の森公園などになっている。

左ページ下の目白台学生ハイムと同住所に菊池寛記念館がある。ここは菊池寛の旧居跡で、当時はここが男子学生専用アパートを経営していた。現在はマンションを経て、遺族が男子学生専用アパートを建ち、「菊池寛邸跡」という案内板が立っている。

東池袋 1948

消えた巣鴨プリズンと公園になった刑場跡

池袋界隈を語るうえで、戦後史を彩った巣鴨プリズンについて触れないわけにはいかない。もともとここは、1895年に5年の歳月をかけて完成した巣鴨監獄が前身である。

ところが関東大震災で煉瓦造りの巣鴨刑務所（1922年改称）の庁舎は使用不能となった。鉄筋コンクリートで新築されることになり、敷地は狭められた。

終戦直後の1945年11月、東京拘置所（旧巣鴨刑務所）は接収され、以来巣鴨監獄と称することになった。「国際監獄」の巣鴨監獄の地が、今度は外国人による日本人収監場所となったのである。処刑された戦犯は、いわゆるA級戦犯7名を含め60名。収監されていた最後の戦犯18人が釈放されたのは、講和条約発効から6年

地図中のラベル:
- 東福寺
- 東洋女子高
- 駕籠町
- 巣鴨小
- 松浦伯爵邸
- 東京家庭学園
- 徳川伯爵邸
- 丸山町
- 川崎男爵別邸
- 明化小
- 大塚病院
- 林町小
- 前川太郎兵衛邸
- 大塚公園
- 大塚国民学校跡
- 氷川下町
- 荘田達弥邸
- 東邦音楽学校・東邦高・中
- 大塚電話局
- 東京日通病院
- 本伝寺
- 氷川神社
- 阪谷子爵邸
- 小石川消防署
- 東大理学部附属植物園
- 大塚仲町
- 東京文理科大
- 御殿町尋常小跡
- 京女子高等師範学校
- 窪町小
- 中野孝次邸（旧磯野敬邸）
- 茗渓会館
- 沢田退蔵邸

地図上のラベル:
- 山手
- 大塚駅前
- 大塚
- 大塚三
- 西巣鴨第三国民学校跡
- 豊島消防署
- 都電大塚車庫
- ★接収★ 東京拘置所（スガモ・プリズン）
- 大塚車庫前
- 向原
- 大塚台小・西巣鴨中
- 西巣鴨中予定地
- 造幣局病院
- 造幣局東京支局
- 大塚辻
- 日出町二丁目
- 大塚坂下町
- 豊島岡御陵
- 護国寺
- 大塚映画
- 陸軍共葬墓地
- 本浄寺
- 豊山高
- 護国寺前
- 青柳小
- 音羽通り

後の1958年5月である。日本返還後、巣鴨プリズンは東京拘置所となったが1962年には閉鎖され、1978年にサンシャインシティとして再開発された。北西隅にあった刑場跡地は、東池袋中央公園となった。

右ページの屋敷の主をざっと挙げると、松浦伯爵邸は肥前平戸藩主の松浦家、川崎男爵別邸は川崎八右衛門の別邸、徳川伯爵邸は一橋徳川家、荘田邸は三菱の荘田平五郎が建てた邸宅で、当時は長男が住んでいた。阪谷子爵邸は元東京市長の阪谷芳郎の邸宅。前川別邸は、実業家の前川太郎兵衛が建てた邸宅である。

本郷区と小石川区は戦後合併して文京区となった。区名に「文」が入ったのは、東京大学をはじめ、教育機関が多かったからである。音羽あたりでも高等教育機関が目立つ。東京女子高等師範学校は現在のお茶の水女子大学、東京文理科大学は東京教育大学のそれぞれ前身である。東京教育大学は、現在の筑波大学の母体となっている。

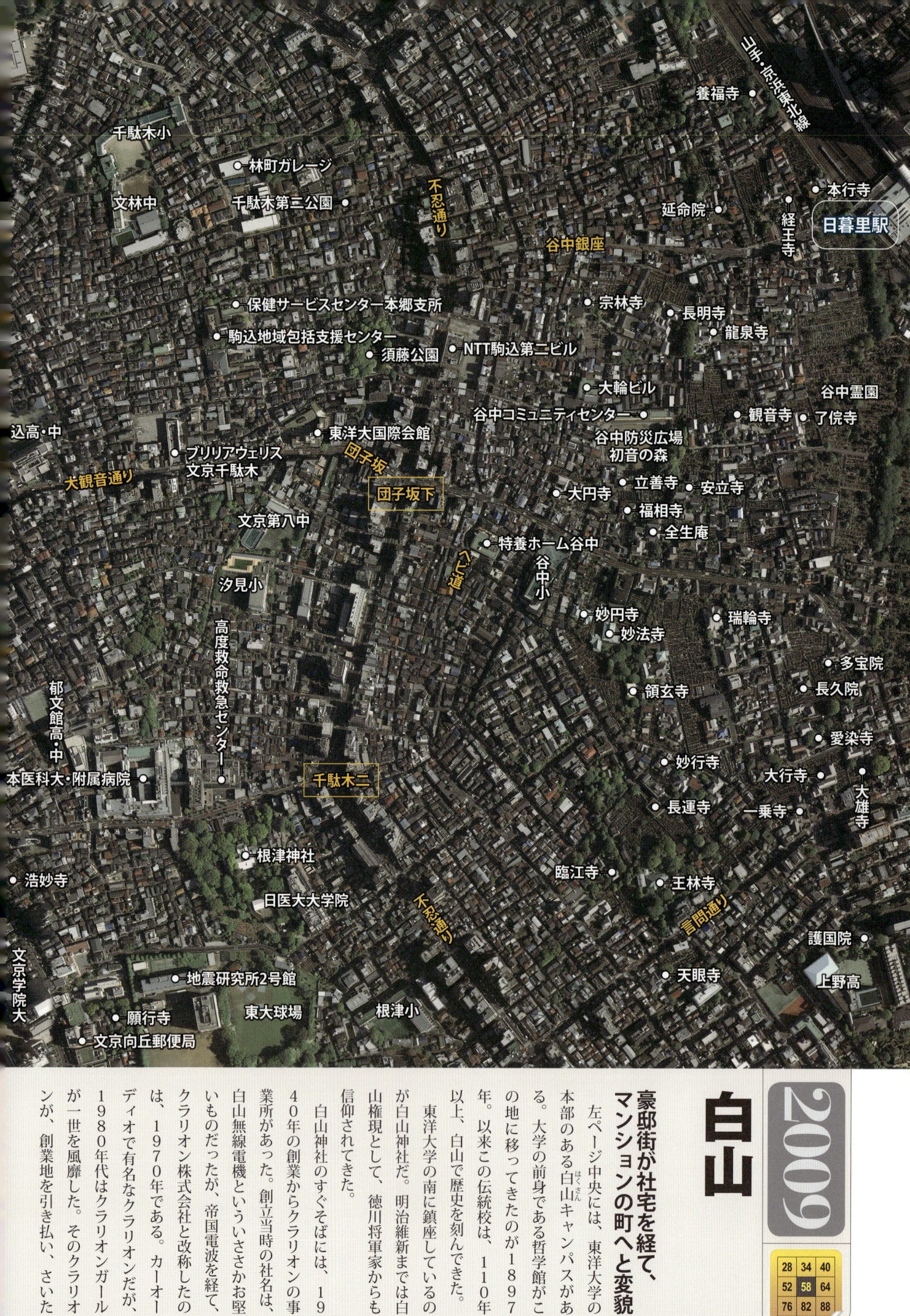

白山 2009

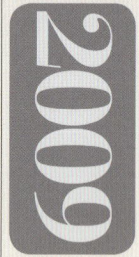

豪邸街が社宅を経て、マンションの町へと変貌

左ページ中央には、東洋大学の本部のある白山キャンパスがある。大学の前身である哲学館がこの地に移ってきたのが1897年。以来、白山で歴史を刻んだのは、110年以上、白山で歴史を刻んできた。

東洋大学の南に鎮座しているのが白山神社だ。明治維新までは白山権現として、徳川将軍家からも信仰されてきた。

白山神社のすぐそばには、1940年の創業からクラリオンの事業所があった。創立当時の社名は、白山無線電機というささやかお堅いものだったが、帝国電波を経て、クラリオン株式会社と改称したのは、1970年である。カーオーディオで有名なクラリオンだが、1980年代はクラリオンガールが一世を風靡した。そのクラリオンが、創業地を引き払い、さいた

地図中の地名・施設

- 山手・京浜東北線
- 千駄木小
- 文林中
- 林町ガレージ
- 千駄木第二公園
- 不忍通り
- 養福寺
- 本行寺
- 延命院
- 経王寺
- 日暮里駅
- 谷中銀座
- 保健サービスセンター本郷支所
- 宗林寺
- 長明寺
- 龍泉寺
- 駒込地域包括支援センター
- 須藤公園
- NTT駒込第二ビル
- 大輪ビル
- 谷中霊園
- 谷中コミュニティセンター
- 観音寺
- 了俒寺
- 込高・中
- 東洋大国際会館
- 谷中防災広場 初音の森
- 団子坂
- ブリリアウェリス文京千駄木
- 団子坂下
- 大円寺
- 立善寺
- 安立寺
- 犬観音通り
- 文京第八中
- 福相寺
- 全生庵
- ヘビ道
- 特養ホーム谷中
- 谷中小
- 汐見小
- 妙円寺
- 瑞輪寺
- 妙法寺
- 高度救命救急センター
- 領玄寺
- 多宝院
- 長久院
- 郁文館高・中
- 愛染寺
- 妙行寺
- 大行寺
- 本医科大・附属病院
- 千駄木二
- 長運寺
- 一乗寺
- 大雄寺
- 浩妙寺
- 根津神社
- 臨江寺
- 王林寺
- 日医大大学院
- 不忍通り
- 言問通り
- 護国院
- 文京学院大
- 地震研究所2号館
- 東大球場
- 根津小
- 天眼寺
- 上野高
- 願行寺
- 文京向丘郵便局

28	34	40
52	58	64
76	82	88

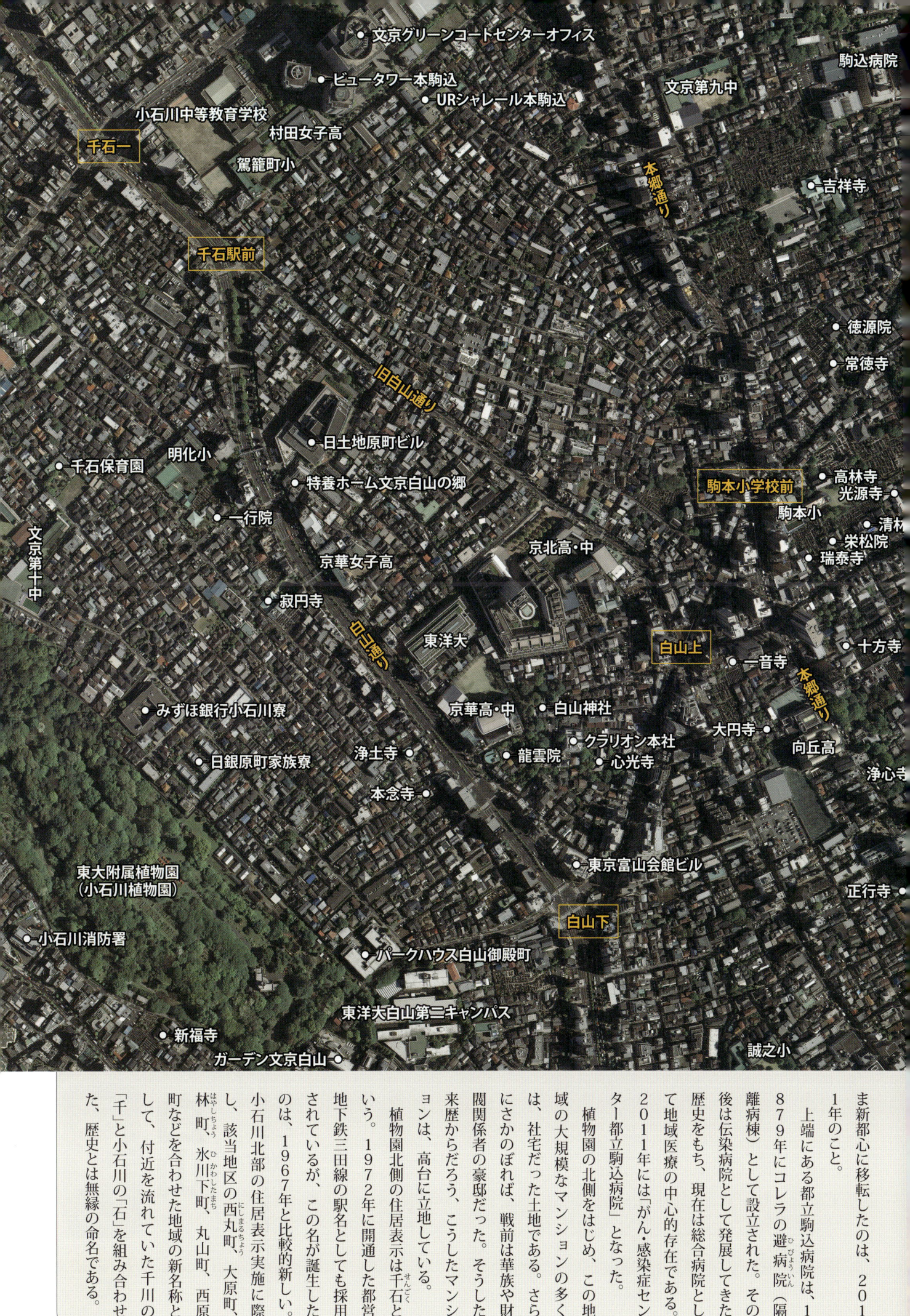

ま新都心に移転したのは、2011年のこと。

上端にある都立駒込病院は、1879年にコレラの避病院（隔離病棟）として設立された。その後は伝染病院として発展してきた歴史をもち、現在は総合病院として地域医療の中心的存在である。2011年には「がん・感染症センター都立駒込病院」となった。

植物園の北側をはじめ、この地域の大規模なマンションの多くは、社宅だった土地である。さらにさかのぼれば、戦前は華族や財閥関係者の豪邸だった。そうした来歴からだろう、こうしたマンションは、高台に立地している。

植物園北側の住居表示は千石という。1972年に開通した都営地下鉄三田線の駅名としても採用されているが、この名が誕生したのは、1967年と比較的新しい。小石川北部の住居表示実施に際し、該当地区の西丸町、林町、氷川下町、丸山町、大原町などを合わせた地域の新名称として、付近を流れていた千川の「千」と小石川の「石」を組み合わせた、歴史とは無縁の命名である。

白山 1975

空襲を生き延びたのに放火で焼けた五重塔

　白山通りの新道が工事中である。それまでの白山通りが白山神社神社の東側をまわる道幅の狭い坂道だったのに対し、新道は片側2車線のゆったりした道幅で、勾配もほとんどない。

　植物園の南東にある特徴的な建物群が司法研修所小石川分室である。ここは戦前、東京聾唖学校の校地だった。しかし空襲で校舎を焼失したため、1946年に千葉県市川市に移転している（現在の筑波大学附属聴覚特別支援学校）。司法研修所は司法研修所小石川分室として、1969年から2004年までの間、裁判所書記官研修所として使われていた。東洋大学白山第二キャンパスとなるのは、2006年以降である。

　この地域にもずいぶん集合住宅が増えているが、その大半は、か

地図中の注記（抜粋）：
- 千駄木小、文林中、警察庁住宅、日興證券アパート、千駄木第二公園
- 養福寺、本行寺、経王寺、延命院、日暮里駅
- 北海道文京会館、須藤公園、駒込電話局別館、不忍通り
- 宗林寺、長明寺、龍泉寺、谷中霊園
- 観音寺、了俒寺
- 駒込電話局、本郷図書館鷗外記念館、宮城県東京寮、団子坂、団子坂下、大円寺、安立寺
- 入学園高、文京第八中、根津製餡所、福相寺、全生庵
- 汐見小、谷中小
- 妙円寺、妙法寺、瑞輪寺
- 海蔵寺、領玄寺、多宝院、長久院、大雄寺
- 郁文館高・中、妙行寺、愛染寺、大行寺
- 長運寺、一乗寺
- 日本医科大、千駄木三、臨江寺、玉林寺、言問通り
- 浩妙寺、根津神社、日医大病院寮、不忍通り、護国院
- 地震研究所、天眼寺、上野高
- 文京学園女子短大、文京向丘郵便局、願行寺、東大球場、根津小

つての公務員住宅や銀行などの大企業の社宅である。この区域に存在した住宅の組織名をいくつか名称を挙げてみると、官公庁でいえば「最高裁判所」「日本銀行」「自衛隊」「会計検査院」「警察庁」など、民間企業では「第一勧業銀行」「日興証券」「清水建設」「三菱電機」など。従業員の生活を企業がまかなえしていた時代であった。

社宅や学校などの大規模建築の目立つ旧小石川区の地域とは異なり、右ページの旧本郷区や谷中などは、こぢんまりした建築で埋めつくされている。空襲被害を余り受けなかったことが理由であろう。右端の谷中は緑が目立つが、寺町ゆえの景観である。谷中にあった天王寺の五重塔は、惜しくも1957年に焼失した。

千駄木には、戦前から日本医科大学があった。このころの日本医科大学といえば、丸山千里博士が開発した丸山ワクチンが話題を集めた。

団子坂上の鷗外記念館は、かつての森鷗外旧宅跡。鷗外みずから「観潮楼」と名づけたように、江戸前の海が遥かに見えたという。

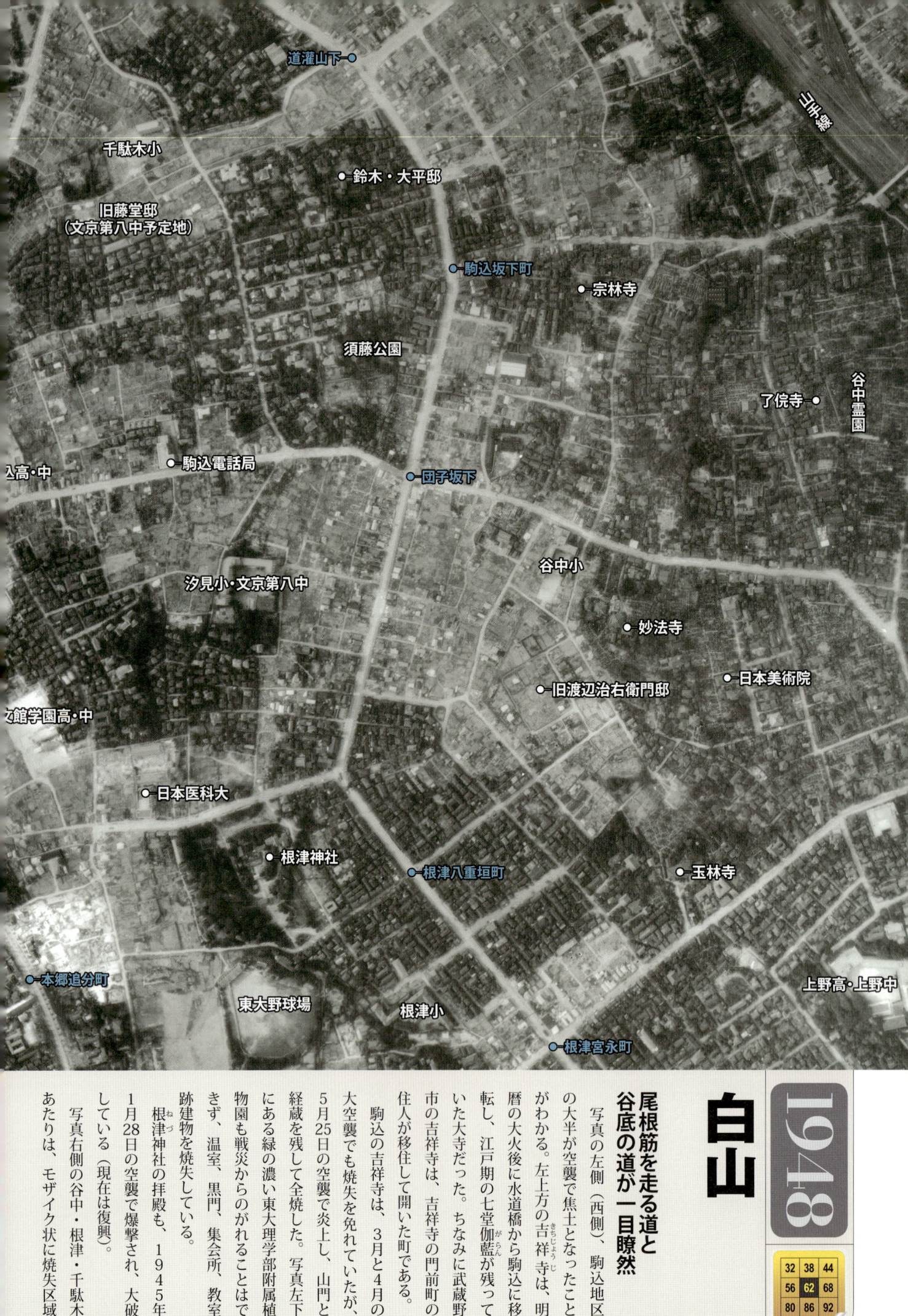

地図上のラベル（航空写真）:
- 道灌山下
- 山手線
- 千駄木小
- 鈴木・大平邸
- 旧藤堂邸（文京第八中予定地）
- 駒込坂下町
- 宗林寺
- 須藤公園
- 了俒寺
- 谷中霊園
- 入高・中
- 駒込電話局
- 団子坂下
- 谷中小
- 汐見小・文京第八中
- 妙法寺
- 旧渡辺治右衛門邸
- 日本美術院
- ╳館学園高・中
- 日本医科大
- 根津神社
- 根津八重垣町
- 玉林寺
- 本郷追分町
- 東大野球場
- 根津小
- 上野高・上野中
- 根津宮永町

白山 1948

尾根筋を走る道と谷底の道が一目瞭然

写真の左側（西側）、駒込地区の大半が空襲で焦土となったことがわかる。左上方の吉祥寺は、明暦の大火後に水道橋から駒込に移転し、江戸期の七堂伽藍が残っていた大寺だった。ちなみに武蔵野市の吉祥寺は、吉祥寺の門前町の住人が移住して開いた町である。

駒込の吉祥寺は、3月と4月の大空襲でも焼失を免れていたが、5月25日の空襲で炎上し、山門と経蔵を残して全焼した。写真左下にある緑の濃い東大理学部附属植物園も戦災でのがれることはできず、温室、黒門、集会所、教室跡建物を焼失している。

根津神社の拝殿も、1945年1月28日の空襲で爆撃され、大破している（現在は復興）。

写真右側の谷中・根津・千駄木あたりは、モザイク状に焼失区域

科学研究所
駒込病[院]
旧制第五中跡
文京第九中予定地
駕籠町
駒込署
駕籠町国民学校跡
（文京第十中予定地）
吉祥寺
吉祥寺町
目赤不動
酒井伯爵邸
勧業銀行社宅
龍光寺
高林寺
明化小
金鶏会館
大観音
京華女子中
京北高・中
寂円寺
東洋大
白山上
本郷肴町
阪谷子爵邸
京華高・中
白山神社
向丘高予定地
東大理学部附属植物園
（小石川植物園）
指ヶ谷町
白山三業地
誠之小・文京第六中

が広がっているものの、焼失を免れた地域が多かった。谷根千としても人気を集める家並みと人々のつながりが残ったことも大きかった。戦前からの家並みと人々のつながりが残ったことも大きかった。鈴木・大平邸とあるのは、三木証券を興した鈴木三樹之助と娘婿となった大平正芳の居宅。邸地跡の一部は千駄木第二公園となり、庭にあった大イチョウが枝を伸ばしている。

戦災を免れた家屋の中には、文壇デビュー直後の森鷗外が1890年から1年余り住み、夏目漱石が1903年から3年余りをすごした通称「猫の家」もあった（愛知県犬山市の明治村に移築）。また、酒井伯爵邸は旧姫路藩主の邸宅である。

この地区を走る大きな通りとしては、白山通り、本郷通り、不忍通りがあるが、いずれもうねるように曲がりくねっている。これは白山通りと不忍通りが谷底に沿って走り、本郷通りが尾根筋を走っているからである。空中写真では平坦に見えるが、実際は団子坂、動坂、無縁坂など有名な坂道の多い地域でもある。

地図ラベル（左上から）:
- 東京朝鮮第一初中級学校
- 都営東日暮里一丁目アパート
- 同潤会三ノ輪アパート
- 根岸図書館
- 三ノ輪福祉センター
- ユータカラヤ
- 三ノ輪
- 三ノ輪二
- 明治通り
- 旧日暮里中（日暮里コミュニティ）
- 東泉小
- 土手通り
- 東電大久保共同ビル
- 下谷署
- シルバーピアしたや
- 国際通り
- 金曽木小
- 旧竜泉中
- 浄閑寺通り
- 昭和通り
- 西蔵院
- 正燈寺
- 大音寺
- 西念寺
- 柏葉中
- 西徳寺
- 防災広場 根岸の里
- 台東病院
- 永称寺
- 鷲神社
- 日本コムシス
- 吉原弁財天
- NTT吉原ビル
- 英信寺
- 正覚寺
- 根岸一
- 都営入谷一丁目アパート
- 大正小
- 国際通り
- 旧坂本小
- 鬼子母神
- 特養老人ホーム浅草
- 千束小
- コンシェリア浅草
- 上野郵便局
- 駒形中
- 金竜小
- 言問通り
- サニーコート上野
- 都営下谷一丁目アパート

日暮里 2009

高層ビルに姿を変えた駄菓子屋横丁の記憶

日暮里駅前には、2004年ごろまで、通称駄菓子屋横丁とよばれた一角があった。駄菓子を扱う小さな卸問屋が軒を連ねており、正式名は日暮里菓子玩具問屋組合といったらしい。最盛期には100軒近くの店があり、遠方からやってきた駄菓子屋の主人たちが、店の開くのを待ちかねて殺到したという。

少子化が進み、駄菓子屋が町から姿を消した平成期は、学生や地域イベントで買い出しにやってくる一般客を相手にしていた。最後のころは7軒ほどまで減ってしまい、ひやかして回るだけの観光客が多かった。界隈は再開発で取り壊され、3棟の高層ビルに生まれ変わったが、新しいビルに入居する店舗は2軒にすぎない。左ページ下方には、東京国立博

34	40	
58	**64**	
82	88	94

地図ラベル（位置順）:

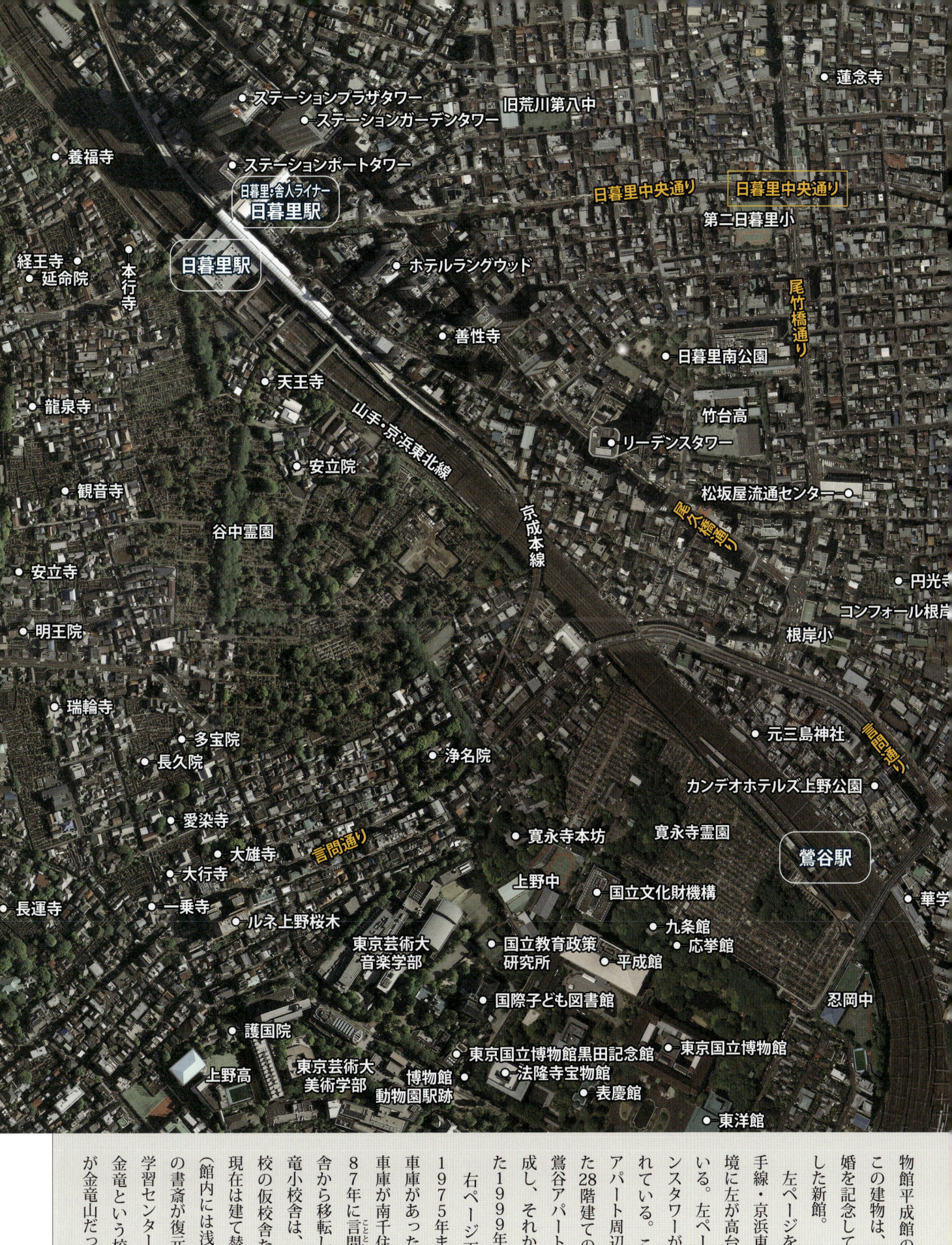

- 蓮念寺
- ステーションプラザタワー
- 旧荒川第八中
- ステーションガーデンタワー
- 養福寺
- ステーションポートタワー
- 日暮里中央通り
- 日暮里中央通り
- 第二日暮里小
- 日暮里・舎人ライナー 日暮里駅
- 経王寺
- 延命院
- 本行寺
- 日暮里駅
- ホテルラングウッド
- 尾竹橋通り
- 善性寺
- 日暮里南公園
- 龍泉寺
- 天王寺
- 山手・京浜東北線
- 竹台高
- 観音寺
- 安立院
- リーデンスタワー
- 松坂屋流通センター
- 谷中霊園
- 京成本線
- 尾久橋通り
- 安立寺
- 円光寺
- 明王院
- コンフォール根岸
- 根岸小
- 瑞輪寺
- 元三島神社
- 多宝院
- 浄名院
- カンデオホテルズ上野公園
- 長久院
- 入谷南通り
- 愛染寺
- 言問通り
- 寛永寺本坊
- 寛永寺霊園
- 大雄寺
- 上野中
- 鶯谷駅
- 大行寺
- 国立文化財機構
- 華学
- 長運寺
- 一乗寺
- 九条館
- 応挙館
- ルネ上野桜木
- 東京芸術大 音楽学部
- 国立教育政策 研究所
- 平成館
- 護国院
- 国際子ども図書館
- 忍岡中
- 上野高
- 東京芸術大 美術学部
- 博物館 動物園駅跡
- 東京国立博物館黒田記念館
- 東京国立博物館
- 法隆寺宝物館
- 表慶館
- 東洋館

物館平成館の屋根が輝いている。この建物は、皇太子徳仁親王の成婚を記念して、1999年に開館した新館。

左ページを斜めに横切るのが山手線・京浜東北線である。ここを境に左が高台、右が低地になっている。左ページ中央には、リーデンスタワーが2001年に建設されている。ここは同潤会鶯谷アパート周辺を再開発して誕生した28階建てのタワーマンション。鶯谷アパートは、1929年に完成し、それからちょうど70年経った1999年に取り壊されている。

右ページ下の金竜小学校は、1975年まで、都バスの新谷町車庫があった場所に建つ。新谷町車庫が南千住に移ったあと、1987年に言問通りの南にあった校舎から移転したのである。元の金竜小校舎は、その後も都立白鷗高校の仮校舎などに使用されたが、現在は建て替えられ、中央図書館（館内には浅草出身の池波正太郎の書斎が復元）が入る台東区生涯学習センターとなっている。なお、金竜という校名は、浅草寺の山号が金竜山だったことに因む。

1975 日暮里

国立博物館に残る建物に秘められた逸話

明治維新まで寛永寺本坊だった東京国立博物館の広い敷地にはさまざまな建築が点在している。中央に建つのが本館である。もともとコンドル設計の本館（第一号館）が建っていたが、関東大震災で大破し、渡辺仁の設計で1937年に和風の外観をもつ復興本館が完成している。

表慶館は、嘉仁親王（大正天皇）の成婚記念の奉献美術館として開館した。片山東熊が設計したネオバロック様式の建物で重要文化財に指定。表慶館と向かい合うように建つ東洋館は谷口吉郎の設計で1968年の開館。

本館裏の庭園にも建物が移築されている。九条館は、東京赤坂福吉町（現在の赤坂2丁目）にあった九条公爵邸の建物で、京都御苑内から移築した由緒がある。19

34年の九条邸移転に際して寄贈された。同じく応挙館は、愛知県大治町の明眼院書院として江戸時代に建てられ、三井の大番頭として鳴らした益田孝の御殿山邸に移築されたが、1933年に寄贈された。

東京国立博物館の北に、整然と墓石の並ぶ一郭がある。ここは戦前、寛永寺の徳川家墓地だったところ。壮麗な霊廟は空襲ですっかり焼け落ち、累代の将軍の遺体は火葬され、狭い区画に改葬された。残った区画が新たに墓地として分譲されたのである。寛永寺に葬られた将軍は、家綱（4代）、綱吉（5代）、吉宗（8代）、家治（10代）、家斉（11代）、家定（13代）の6名。代数がばらばらなのは、将軍が薨じた際、芝の増上寺と上野の寛永寺との間で、幕閣や大奥を巻き込んだ激しい綱引きが行われたためである。

右ページ上の根岸図書館周辺は、かつての都電三ノ輪車庫である。根岸図書館から奥の都営東日暮里一丁目アパート、東日暮里一丁目公園にかけては、すべて都電車庫の用地だった。

日暮里 1948

東京大空襲を境に一変した空襲対策

下町一帯を焦土と化した1945年3月10日の東京大空襲は、従来の空襲対策を大幅に変えるものであった。それまで空襲による遺体は検視が行われていたのだが、膨大な死者を出したこの空襲以降、検視などの手続きは行わず、寺院や公園などの公共用地に仮葬することが決められた。上野公園でいえば、北東隅の空き地（現在の忍岡中学校校地）などに8,391体が仮埋葬されている。これらは1950年までに掘り起こされ、整地された。跡地に忍岡中学校が移転してくるのは1956年である。

この夜の空襲では、消火活動がかえって死者を増加させたことから、以後の空襲では、人々はともかく火元から早く逃げ出すことになった。それ以後、空襲規模と較

（地図注記）
第一朝鮮聯盟小／同潤会三ノ輪アパート／都電三ノ輪車庫／三ノ輪車庫前／東泉小／金杉二丁目／根岸病院／金曽木小／坂本署／大正中予定地／龍泉寺町／下谷金杉／台東小／正燈寺／西徳寺／吉原病院／下谷中／金杉一丁目／昭和通り／鷲神社／花園池／英信寺／電所／大正小・大正中／千束町／坂本小／上野忍岡高／都バス入谷営業所／入谷町／千束小

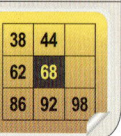

地図上の注記:
- 第三日暮里・荒川第
- 第二日暮里小
- 日暮里駅
- 第五日暮里国民学校跡
- 天王寺
- 旧吉田丹左衛門別邸（日暮里公園・竹台女子高予定地）
- 同潤会鶯谷アパート
- 安立院
- 根岸薬師寺
- 了俒寺
- 天王寺五重塔
- 谷中霊園
- 京成本線
- 寛永寺橋
- 下谷病院
- 根岸小・根岸中
- 永称寺
- 寛永寺坂駅（休止）
- 山手線
- 谷中署
- 鶯谷駅
- 大雄寺
- 寛永寺本坊
- 上野中予定地
- 徳川家霊廟
- 坂本二丁
- 東京音楽学校
- 東京薬学専門学校女子部
- 国立図書館
- 東京美術学校
- 博物館・動物園駅
- 国立博物館
- 戦災死者合葬墓地
- 上野高・上野中
- 表慶館

べて死者数が激減したのは、消火よりも避難を徹底したことが大きかった。「とにかく早く現場から離れろ」とは、東日本大震災の教訓と以降の津波避難教育を想起させる話である。

左下に見える東京音楽学校と東京美術学校は、東京芸術大学の前身である。1949年に統合して東京芸術大学として発足するまで、別組織の専門学校だった。

東京音楽学校は、1887年に設立された国立の音楽専門学校。開校から6年後の1893年には東京高等師範学校附属音楽学校となるが、1899年にふたたび独立。滝廉太郎、山田耕筰ら錚々たる作曲家、音楽家を輩出している。

東京美術学校は、東京音楽学校と同じ1887年に設立された国立の美術専門学校。横山大観、青木繁ら日本の近代美術を担った芸術家を輩出している。歴代の校長には、岡倉天心の名前も見える。

二つの学校の間には東京薬学専門学校女子部があった。ここは私立の薬学専門学校で、1949年に東京薬科大学となったが、1976年に八王子に移転した。

高田馬場 2009

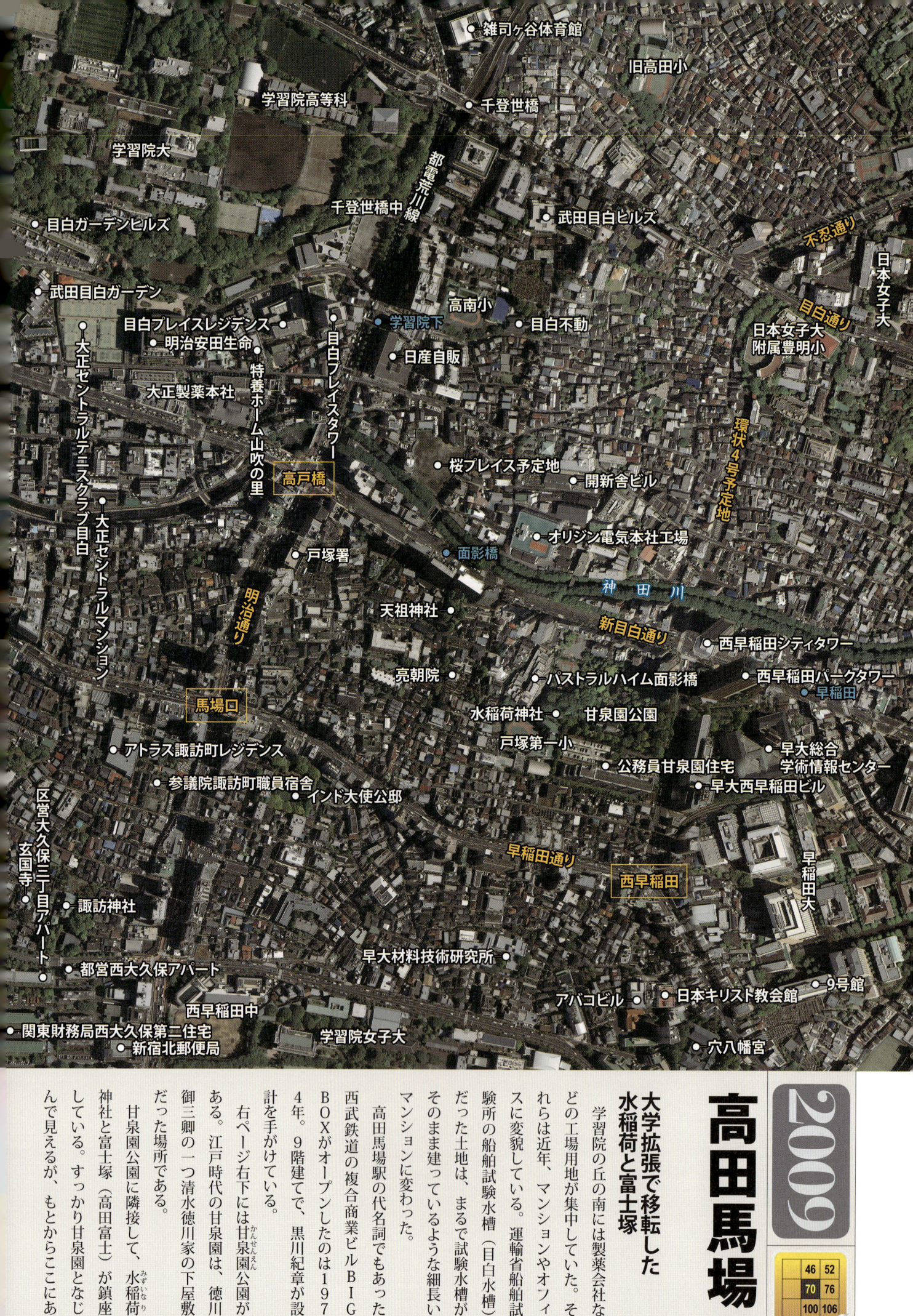

大学拡張で移転した水稲荷と富士塚

学習院の丘の南には製薬会社などの工場用地が集中していた。それらは近年、マンションやオフィスに変貌している。運輸省船舶試験所の船舶試験水槽（目白水槽）だった土地は、まるで試験水槽がそのまま建っているような細長いマンションに変わった。

高田馬場駅の代名詞でもあった西武鉄道の複合商業ビルBIG BOXがオープンしたのは1974年。9階建てで、黒川紀章が設計を手がけている。

右ページ右下には甘泉園公園がある。江戸時代の甘泉園は、徳川御三卿の一つ清水徳川家の下屋敷だった場所である。

甘泉園公園に隣接して、水稲荷神社と富士塚（高田富士）が鎮座している。すっかり甘泉園となじんで見えるが、もとからここにあ

※地図中の主な地名・施設名：
- 雑司ヶ谷体育館
- 旧高田小
- 学習院高等科
- 千登世橋
- 学習院大
- 都電荒川線
- 千登世橋中
- 武田目白ヒルズ
- 不忍通り
- 日本女子大
- 目白ガーデンヒルズ
- 目白通り
- 日本女子大附属豊明小
- 武田目白ガーデン
- 高南小
- 目白不動
- 目白プレイスレジデンス
- 学習院下
- 明治安田生命
- 日産自販
- 大正製薬本社
- 特養ホーム山吹の里
- 目白プレイスタワー
- 大正セントラルテニスクラブ目白
- 桜プレイス予定地
- 開新舎ビル
- 環状4号予定地
- 高戸橋
- 大正セントラルマンション
- オリジン電気本社工場
- 戸塚署
- 面影橋
- 神田川
- 明治通り
- 天祖神社
- 新目白通り
- 西早稲田シティタワー
- 亮朝院
- パストラルハイム面影橋
- 西早稲田パークタワー
- 馬場口
- 水稲荷神社
- 甘泉園公園
- 早稲田
- アトラス諏訪町レジデンス
- 戸塚第一小
- 早大総合学術情報センター
- 参議院諏訪町職員宿舎
- 公務員甘泉園住宅
- インド大使公邸
- 早大西早稲田ビル
- 区営大久保三丁目アパート
- 玄国寺
- 早稲田通り
- 早稲田大
- 諏訪神社
- 西早稲田
- 都営西大久保アパート
- 早大材料技術研究所
- 西早稲田中
- アパコビル
- 日本キリスト教会館
- 9号館
- 関東財務局西大久保第二住宅
- 学習院女子大
- 新宿北郵便局
- 穴八幡宮

46	52
70	76
100	106

地図上の注記（上から下、おおむね左から右へ）:

- 聖母病院
- グランツオベル目白近衛町
- ドレッセ目白近衛町
- 落合保健センター
- JA全農たまご本社
- 落合中
- おとめ山公園
- UR アーバンライフ目白駅前
- 西坂公園
- 薬王院
- 公務員住宅
- 目白日立クラブ
- HOYA本社
- 落合第四小
- 中央理美容学校
- 錦松梅
- 高田馬場住宅
- 新目白通り
- 下落合ハウス
- 西武新宿線
- 妙正寺川
- 東京富士大
- 東京美容専門学校
- 下落合駅
- 東京富士大
- 東京アニメーションカレッジ
- 三越高田馬場マンション
- 落合パークファミリア
- 神田川
- トキワパレス
- せせらぎの里公園
- 戸塚第三小
- 東京富士大
- 落合水再生センター
- 目白変電所
- 高田馬場コーポラス
- 落合中央公園
- 茶道会館
- BIG BOX
- 戸塚第二
- 高田馬場駅
- 早稲田通り
- コーシャハイム高田馬場
- 観音寺
- シチズンプラザ
- ユーキャン
- 都バス小滝橋営業所
- ニュータウン大窪
- 小滝橋郵便局
- 西戸山第二中
- 諏訪通り
- 小滝橋
- 都営百人町四丁目アパート
- 都営西大久保アパート
- 大久保第一保育園
- 都営百人町四丁目アパート
- 特養ホーム新宿けやき園
- 新宿西戸山中予定地
- 戸山公園
- 子ども家庭総合センター予定地
- 西戸山小
- 西戸山公園
- 西戸山球場

ったわけではない。50年あまり前までは、早稲田大学の隣接地（早稲田大学9号館裏）にあった。

江戸時代は高田稲荷と呼ばれており、そばには富士塚があった。信仰を集めていたのが、神木の大ムクノキで、1702年に霊水が湧いて、その水で眼を洗ったところ、眼病がたちまち治ったことから大評判となった。しかしこの巨樹も、1945年5月の大空襲で社殿とともに焼失した（根本部分は神社に保管）。

1946年、社殿は復興したが、新校舎を建設したかった早稲田大学との土地交換の話がまとまり、1963年に現在地に遷座している（当時、甘泉園の土地は早稲田大学が所有していた）。富士塚も現在地に復元されており、普段は非公開だが、7月の富士講の山開きの日だけは入り口が開扉されて、登拝できる。

右端近くに更地のつづく一郭がある。ここは環状4号予定地である。神田川の南の西早稲田交差点から日本女子大学附属豊明小学校の地下をトンネルで通して、不忍通りと直結する工事が進んでいる。

高田馬場 1975

学習院下の低地は製薬工場地帯だった

妙正寺川と合流するあたりまで、早稲田あたりから神田川が流れている。写真の左右はわかりづらいが、川の両側はそうとう急峻な谷となっている。いちばん左に見えるのが、1964年に稼働を開始した落合下水処理場（現在は落合水再生センター）と落合中央公園。下水処理場で処理された水は、西新宿や中野坂上のビルのトイレ用水として活用されるほか、渋谷川、目黒川、呑川の$_{のみがわ}$上流に送水している。現時に渋谷駅南口の並木橋以南を流れている渋谷川の水は、落合水再生センターの処理水である。

落合中央公園の北、妙正寺川沿いにある建物が、学徒援護会東京学生会館である。ここは、北ノ丸の旧近衛歩兵第一聯隊兵営にあった同名施設の代替施設で、196

主な地点：
- 水道局用地
- 高田小
- 千登世橋
- 学習院大
- 都電荒川線
- 高田中
- 武田薬品寮
- 不忍通り
- 造船技術センター
- 武田薬品
- 大正製薬
- 中外製薬
- 学習院下
- 高南小
- 目白不動
- 目白通り
- 豊明小
- 桜楓学園
- 日本タイプライター跡（安田生命事務センター予定地）
- 土屋製作所
- 豊明幼稚園
- 大正製薬
- 西沢平和堂
- 高戸橋
- 白十字
- 氷川神社
- 南蔵院
- 開新舎
- 高田橋
- 大同病院
- 源水橋
- 曙橋
- オリジン電気
- 戸田平橋
- 戸塚署
- 面影橋
- 富田染工芸
- 斉藤楽器
- 明治通り
- 面影橋
- 三島橋
- 仲之橋
- 原田マンション
- 天祖神社
- 豊橋
- 新目白通り（建設中）
- 亮朝院
- 都営面影橋住宅
- 甘泉園公園
- 早稲田
- 馬場口
- 水稲荷神社
- 諏訪町住宅
- 戸山小売市場
- 戸塚第一小
- 公務員住宅
- 安部球場
- 諏訪町保育園
- 山手YMCA
- インド大使公邸
- 玄国寺
- 早稲田通り
- 西早稲田
- 早稲田大
- 諏訪神社
- ワセダボウル
- 都営西大久保アパート
- 早大鋳物研究所
- 戸塚第三中
- ヘレンケラー学園
- 学習院女子短大
- アバコ・ブライダルホール
- 9号館
- 穴八幡宮

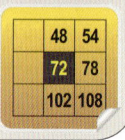

48	54
72	78
102	108

地図上の注記（上から、おおよその位置順）

聖母病院　三越寮
富士紡績社宅　西坂公園　落合中　下落合住宅　下落合住宅　森永乳業新宿工場　日立目白クラブ
薬王院　おとめ山公園　山手線
氷川橋　落合第四小　電電公社住宅　三宝製薬　オーシャンボ
落合橋　山楽ホテル　新目白通り　加藤精工　氷川神社　エステー化学工業　都公社高田馬場住宅
妙正寺川　千代久保橋　西武新宿線
学徒援護会東京学生会館　下落合駅　辰巳橋　新宿区中央図書館　トキワパレス
新堀橋　東洋印刷所　目白変電所　清水川橋　神高橋
せせらぎ橋　戸塚第二小　落合橋　西武新宿線　高塚橋
神田川　宮田橋　富士短大　田島橋
戸塚ハイツ
落合中央公園　都営戸塚町四丁目アパート　西武高田馬場駅
郵政省管理地　高田馬場駅　BIG BOX
落合下水処理場　茶道会館　戸塚第二小
久保前橋　早稲田予備校　早稲田通り　都公社戸塚住宅
観音寺
都交通局小滝橋営業所　シチズンボウル　三和銀行寮
国鉄宿舎　日本通信教育連盟
小滝橋　西戸山第二中
新宿高等看護学院　都営戸山アパート　西戸山中　国鉄戸山ヶ原アパート
西戸山小　都営西大久保四丁目

5年に開館している。完全な自治寮ではなかったようだが、北ノ丸時代のルールを引き継ぎ、大学ごとに分会が組織されて、部屋数と定員が割り振られていた。時代の変遷とともに、寮としての使命を終えたと認識され、寮生募集は1986年度が最後となり、1989年からは「東京学生交流会館」と名称を変え、留学生を主対象とした寮施設となった。2007年ごろに閉鎖され、取り壊されている。

学習院大学の丘の下あたりは製薬工場地帯となっていた。武田薬品、大正製薬、中外製薬といった国内最大手の製薬会社の工場が、学習院の丘の下にずらりと並ぶ様は壮観である。神田川沿いには、森永乳業、エステー化学、白十字、オリジン電気といった有名企業の工場も散見できる。1975年になっても、こうした町場の大小の工場でさまざまなモノが作られていた。大戦末期の1945年、山手地区で真っ先に狙われたのがこの付近の神田川（当時の名称は旧神田上水）沿いだったのも、流域の工場が目標だった。

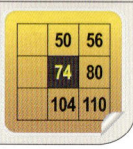

航空写真の注記（上→下、左→右におおよそ）:

- 高田小
- 千登世橋
- 学習院
- 明治通り
- 運輸省船舶試験所
- 都電荒川線
- 田石鹸工場
- 中外製薬本社
- 学習院下
- 高南小
- 武田薬品工業東京工場
- 大日本紡績
- 小布施六郎邸
- 大正製薬本社
- 日本タイプライター
- 三信製織
- 高田橋
- 高戸橋
- 神田上水（神田川）
- 戸田平橋
- 源水橋
- 曙橋
- 面影橋
- 面影橋
- 三島橋
- 仲之橋
- 豊橋
- 早稲田
- 甘泉園
- 区設戸塚市場
- 戸塚第一小・戸塚第二中
- 戸塚球場
- 南部伯爵邸
- 戸塚署
- 早稲田大
- 早稲田大学鋳物研究所
- 水稲荷神社

1948 高田馬場

神田川の両岸に広がる更地に隠された理由

目白台の南側は、比高20〜30メートルにも達する断崖が広がっていた。今はマンションなどの建物で覆われているため、突然現れる急坂に肝をつぶすが、焼け野原になっていた終戦直後は、目白台の崖と、その先の谷底を神田上水（現在の神田川）が流れている様子が手に取るように眺められた。

ここは、1945年4月14日（山手線東側）と5月25日（山手線西側）の空襲ですっかり焼け野原になった。しかし、神田上水両岸が帯状に更地になっているのは、空襲のせいではなかった。じつは神田上水と妙正寺川の合流点の落合あたりから、砲兵工廠のあった小石川後楽園までの東西5キロは、建物疎開が実施されており、延焼を防ぐ防火帯が形成されていたのである。

地図上のラベル（おおむね上から、左→右の順）:

- 徳川男爵別邸
- 薬王院
- 落合第四小・落合中
- 相馬子爵邸
- 学習院昭和寮
- 妙正寺川
- 西武村山線
- 大黒ブドー酒
- 森永乳業
- 下落合駅
- 新堀橋
- 滝沢橋
- 落合橋
- 大世学院高・中
- 清水川橋
- 神高橋
- 東京ゴム
- 神田上水（神田川）
- 田島橋
- 山手自動車教習所
- 国土地図
- 戸塚第三小
- 宮田橋
- 東電目白変電所
- 神田上水（神田川）
- 神田上水旧流
- 久保前橋
- 高田馬場駅
- 西武高田馬場駅
- 山手製氷
- 戸塚第二
- 都バス小滝橋営業所
- シチズン時計淀橋工場
- 小菅弘邸
- 山手線
- 小滝橋
- 明徳学園
- 豊多摩病院
- 西戸山中予定地
- 西戸山小予定地

学習院の丘の真下に、長さ200メートルもある細長い建物が見えるが、これが運輸省船舶試験所の船舶試験水槽（目白水槽）。1916年に設立された逓信省管船局船用品検査所が前身である。その後1927年に逓信省管船局船舶試験所と改称。1950年には運輸省船舶技術研究所の一部となり、1963年に運輸省船舶技術研究所が発足。1967年、目白水槽を引き継いで、財団法人日本造船技術センターが設立されている。

高田馬場4丁目にはボウリングなどが楽しめるシチズンプラザがあるが、かつてこの場所にはシチズン時計淀橋工場があった。1918年に設立された尚工舎時計研究所が前身（1930年にシチズン時計に発展）。1945年8月、長野県飯田市に工場を疎開するが、ほどなく終戦となった。戦後は田無工場で部品製造を行い、淀橋工場では組み立てと検品が行われていたが、ボウリングブームが日本中を席巻した1971年12月、ボウリングレーンを完備したシチズンプラザとして生まれ変わった。

江戸川橋 2009

首都高速10号線の痕跡をとどめる道路

中央付近、江戸川橋から音羽方向へと向かう首都高速5号線から分岐し、神田川に沿って長く延びた早稲田出口が確認できる。単なる出入り口であれば、ここだけ400メートル以上長く延ばす必要は感じない。ではなぜこんなに長く延びた出口を建設する必要があったのか。それはここが幻の路線「首都高速10号線」の痕跡だからである。

ここでいう首都高速10号線は、文京区関口水道町から練馬区上石神井2丁目にいたる13・9キロメートルの路線（10号晴海線とは異なる）。中央環状線と外郭環状道路を東西に結び、関越自動車道と首都高速道路網とを結ぶ路線として計画された。具体的には、江戸川橋で5号線から分岐し、その後落合で中央環状線と接続し

地図内ラベル（抜粋）:

- お茶の水女子大附属小
- 窪町小
- 大谷美術館銅御殿（旧磯野邸）
- 小石川消防署
- 小石川植物園
- 跡見学園高・中
- UR大塚三丁目住宅
- 音羽中
- 都交通局巣鴨営業所大塚支所
- 文京第一中
- 播磨坂清掃事務所
- 跡見女子大
- 三井住友銀行寮研修所
- 茗荷谷駅
- 竹早テニスコート
- 小石川図書館
- 拓殖大
- 貞静学園高
- 宗慶寺
- 共同印刷
- 小石川パークタワー
- 拓殖大
- 播磨坂
- エーザイ本社
- 都営小日向二丁目アパート
- NTT小石川社宅
- 小日向台町小
- 小石川郵便局
- 東京学芸大附属竹早小 附属竹早中
- 茗台中
- 春日通り
- みずほフィナンシャルグループ茗荷谷研修所
- 東京メトロ小石川車両基地
- 竹早高
- 公務員小日向住宅
- コーシャハイム小日向
- 東京メトロ丸ノ内線
- マチュリティ小石川
- 善仁寺
- 国際仏教学大学院大
- 称名寺
- 金富小
- 公務員水道住宅
- 江戸川橋
- 旧文京第五中
- 江戸川橋体育館
- 大阪屋東京支店
- 川口アパートメント
- 国交省春日町宿舎
- トーハン春日町ビル
- 都民住宅ドミール大江
- 慶昌堂印刷
- 太洋社
- 印刷博物館
- 玉露園本社
- 目白通り
- 首都高速5号池袋線
- 水道町ビル
- 三晃印刷
- 神田川
- トッパン小石川ビル
- アクロポリス東京
- 大曲
- 三協紙器製本
- 光陽社
- トーハン本社
- 伝久寺
- 手塚製本所
- 江戸川小
- アトラス江戸川アパートメント

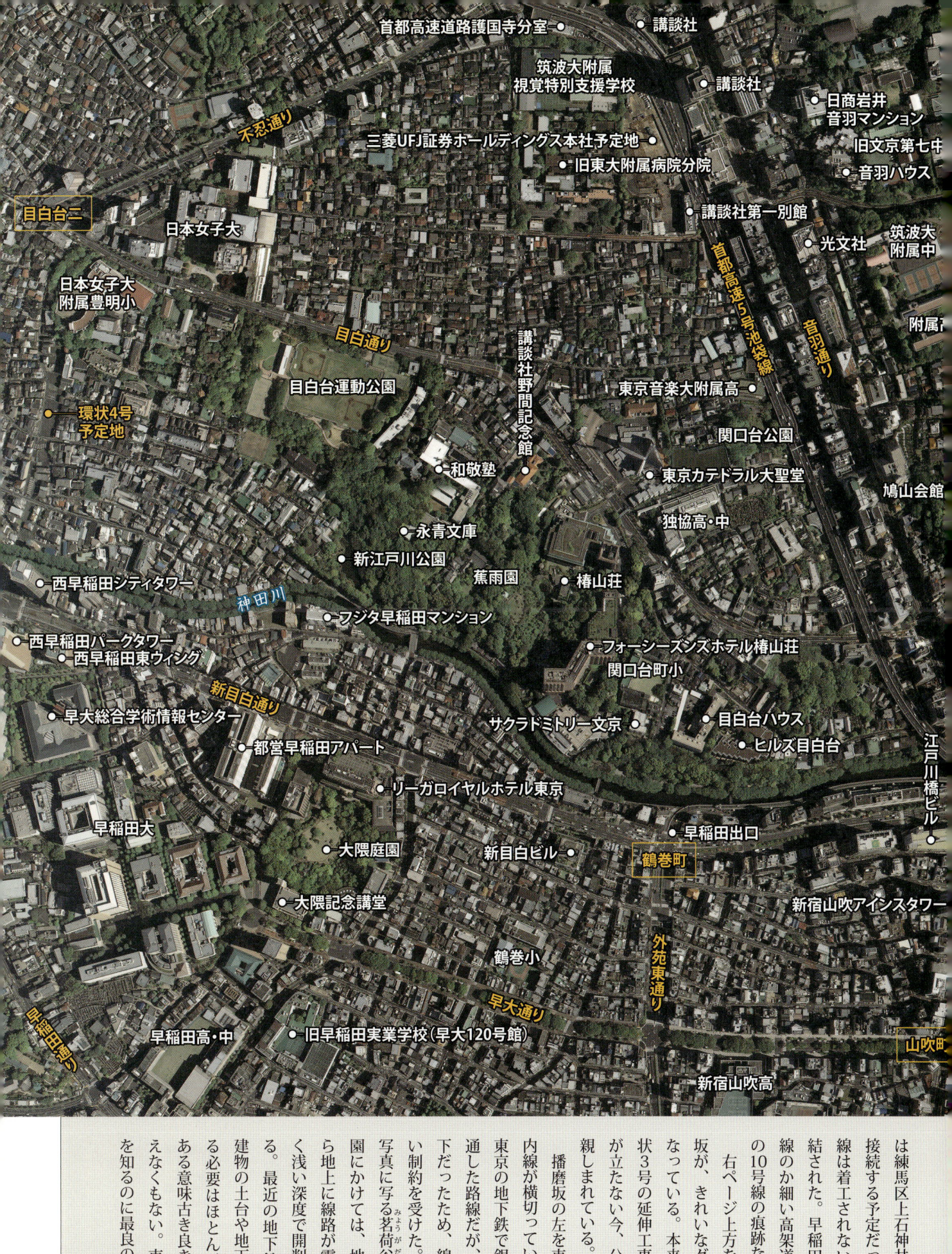

地図上のラベル（おおむね上から、位置順）:

- 首都高速道路護国寺分室
- 講談社
- 筑波大附属視覚特別支援学校
- 講談社
- 日商岩井音羽マンション
- 不忍通り
- 三菱UFJ証券ホールディングス本社予定地
- 旧東大附属病院分院
- 旧文京第七中
- 音羽ハウス
- 目白台三
- 日本女子大
- 講談社第一別館
- 光文社
- 筑波大附属中
- 日本女子大附属豊明小
- 附属
- 目白通り
- 首都高速5号池袋線
- 環状4号予定地
- 目白台運動公園
- 講談社野間記念館
- 東京音楽大附属高
- 音羽通り
- 関口台公園
- 和敬塾
- 東京カテドラル大聖堂
- 鳩山会館
- 永青文庫
- 独協高・中
- 西早稲田シティタワー
- 新江戸川公園
- 蕉雨園
- 椿山荘
- 神田川
- フジタ早稲田マンション
- 西早稲田パークタワー
- 西早稲田東ウィング
- フォーシーズンズホテル椿山荘
- 関口台町小
- 新目白通り
- 早大総合学術情報センター
- サクラドミトリー文京
- 目白台ハウス
- 都営早稲田アパート
- ヒルズ目白台
- リーガロイヤルホテル東京
- 江戸川橋ビル
- 早稲田大
- 大隈庭園
- 新目白ビル
- 早稲田出口
- 鶴巻町
- 新宿山吹アイシスタワー
- 大隈記念講堂
- 外苑東通り
- 鶴巻小
- 早大通り
- 早稲田通り
- 早稲田高・中
- 旧早稲田実業学校（早大120号館）
- 新宿山吹高
- 山吹町

は練馬区上石神井で外郭環状線に接続する予定だった。しかし10号線は着工されないまま、計画は凍結された。早稲田出口までの1車線のか細い高架道路こそが、当初の10号線の痕跡なのである。

右ページ上方を左右に走る播磨坂が、きれいなグリーンベルトとなっている。本来の目的だった環状3号の延伸工事がまったく目処が立たない今、公園道路となって親しまれている。

播磨坂の左を東京メトロの丸ノ内線が横切っている。丸ノ内線は、東京の地下鉄で銀座線に次いで開通した路線だが、着工時期が占領下だったため、線路規格などに強い制約を受けた。そのため、空中写真に写る茗荷谷駅付近から後楽園にかけては、地下鉄といいながら地上に線路が露出している。ご く浅い深度で開削されたからである。

最近の地下鉄工事のように、建物の土台や地下構築物に気を配る必要はほとんどなかったから、ある意味古き良き時代だったといえなくもない。東京の地形の凹凸を知るのに最良の路線でもある。

江戸川橋 1975

小日向台下の道路は神田上水の流路だった

左ページのちょうど北半分が目白台である。そして、目白台のへりとなっている崖下を神田川が流れている様子がよくわかる。神田川の北側が緑で彩られていることも印象的だが、戦前は豪邸が集中していたエリアだった。なかでもいちばん広い邸地を誇っていたのが細川邸である。ここは現在、細川家に伝わる文物を管理する永青文庫のほか、和敬塾、国家公務員共済組合連合会の目白運動場、新江戸川公園に敷地が分割された。

中央付近、音羽通りが一直線に走る様子が見える。戦後の都市計画道路のようにも見えるが、護国寺の門から真正面に延びる創建当初からの古い門前通りである。道の両側は崖になっており、この通りは谷底道路なのである。

右ページの中ほどは小日向あた

主な地物

- 東大理学部附属植物園
- 窪町小
- 茗溪会館
- 同潤会大塚女子アパート
- 新福寺
- お茶の水女子大
- 跡見学園高・中
- 都交通局大塚営業所
- 文京第一中
- 竹早公園
- 村田女子商業高
- 跡見短大
- 茗荷谷駅
- 共同印刷グラウンド
- 三井銀行研修所
- 春日通り
- 環状3号
- 播磨坂
- 共同印刷
- 外務省研修所
- 貞静学園
- 善仁寺
- 徳雲寺
- エーザイ
- 拓殖大
- 伝明寺
- エーザイ研究開発所
- 清華寮
- 学芸大附属竹早小
- 都営小日向アパート
- 都公社茗荷谷アパート
- 小日向郵政宿舎
- 学芸大附属竹早中
- 関東電気通信局寮
- 茗台中
- 小日向台町小
- 営団小石川車輌工場
- 竹早高
- 第一勧銀研修所
- 第一勧銀アパート
- 都公社第六天町住宅
- 大蔵省官舎
- 出版健保会館
- 小日向公務員住宅
- 善仁寺
- 称名寺
- 金富小
- 川口アパートメント
- 還国寺
- 本法寺
- 巻石通り
- 東販文京営業所
- はなみず橋
- 文京第五中
- 日輪寺
- 水道宿舎
- 江戸川橋
- 掃部橋
- 住友銀行寮
- 首都高速5号池袋線
- 古川橋
- 大阪屋東京支店
- 石切橋
- 太洋社
- 凸版印刷
- 目白通り
- 神田川
- 西江戸川橋
- 小桜橋
- 凸版印刷
- 大江紙工業
- 中の橋
- 旧東販江戸川営業所
- 三晃印刷
- 白鳥橋
- ニッポンレンタカー
- 加藤製本
- 大曲
- 東京出版販売
- 日本交通大曲営業所
- 伝久寺
- 江戸川小
- 同潤会江戸川アパート

48	54	60
72	78	84
102	108	114

地図上のラベル:

- 目白台二
- 不忍通り
- 首都高速道路公団宿舎
- 第一図書
- 光文社
- 東京教育大附属盲学校
- 日商岩井音羽マンション
- 第一図書
- 文京第七中
- 講談社
- 音羽ハウス
- 日本女子大
- 東大病院分院
- 首都高速5号池袋線
- 大塚署
- 豊明小
- 桜楓学園
- 豊明幼稚園
- 東教大附属高・中
- 目白運動場
- 東京音楽大附属高
- 和敬塾
- 目白通り
- 関口台公園
- 東京大司教館
- 松聲閣
- 永青文庫
- 独協学園高・中
- 鳩山威一郎邸
- 新江戸川公園
- 蕉雨園
- 椿山荘
- 音羽通り
- 豊橋
- 早稲田
- 早稲田変電所
- 東電社宅
- 駒塚橋
- 光文社別館
- 神田川
- 関口台町小
- 大泉寺
- 安部球場
- 新目白通り
- 目白台アパート
- 都営早稲田アパート
- 大滝橋
- 一休橋
- 江戸川橋ビル
- 大隈庭園
- 鶴巻町
- 早稲田大
- 大隈記念講堂
- 鶴巻小
- 早稲田通り
- 早稲田高・中
- 早稲田実業高
- 早大通り
- 赤坂台高
- 山吹町

りである。地名が示すように、全体が小高い丘になっており、住宅や社宅が目立つ。神田川の少し北にある曲がりくねった通り（巻石通り）は、丘と低地の境界を走る道で、かつての神田上水の流路だ。巻石通りという変わった通り名は、旧神田上水路に石を巻き暗渠にしたことにちなんでいるらしい。通りの北には今も寺院が多いが、戦前は途切れることなく寺が並び、寺町の風情があった。

小石川車輛工場の西の公営住宅はかつての会津松平邸。その東の大蔵省官舎は徳川慶喜邸だった。江戸川と呼ばれていた神田川の大曲（右下の神田川が大きく屈曲するあたり）付近は、小規模の印刷会社や製本所が並んでいた。路地を歩くと、道沿いの町工場から印刷機械や製本機械の音が響き、路地をフォークリフトが動き回っていたものである。

このあたりに印刷会社が集中したのは、明治初め、江戸川の水に目をつけた製紙工場が立地したのが始まり。その後、印刷会社、製本会社、取次会社、出版社と揃っていった。

江戸川橋 1948

目白台の屋敷が直面した戦後の現実

神田上水を挟んで北側には大豪邸が並んでいた。いちばん広かったのが旧熊本藩主の細川侯爵邸である。丘の上には1936年に完成した英国チューダー様式の細川邸の洋館が建っており、神田上水に面した低地部分には松聲閣があった。松聲閣は明治時代に細川家の学問所として建てられたものらしい。戦後は堤康次郎の西武鉄道が所有し、1950年から10年ほど進駐軍専用の細川ホテルとして営業していた。

細川邸とは胸突坂を挟んだ東側が、蕉雨園である。宮内大臣などを歴任した田中光顕伯爵邸だった和風建築の名邸で、昭和初期以降、講談社を創業した野間清治が所有していた。

その東が、現在はホテルや結婚式場として名高い椿山荘である。

地図内の地名（北から南へ、おおよその位置順）

窪町小／中野孝次郎邸(旧磯野敬邸)／御殿町尋常小跡／東大理学部附属植物園／女子高等師範学校／茗渓会館／沢田退蔵邸／跡見学園高・中／文理科大学前／文京第一中予定地／村田学園高・中／貞静学園高・中／旧大橋新太郎邸(旧松平子爵邸)／印刷工芸高／共同印刷／紅陵大／日本書籍／外務省外務官研修所(東方文化学院跡)／清華寮／文京区役所前／東京第一師範学校女子部・都立第二女子高／文京区役所／小石川郵便局／小日向台町小／第五高・文京第一中／久世山／松平子爵邸／徳川公爵邸／旧神田上水(暗渠)／金富小／伝通院前／江戸川橋／文京第五中(黒田国民学校跡)／華水橋／石切橋／掃部橋／古川橋／江戸川(神田川)／西江戸川橋／小桜橋／凸版印刷小石川工場／中之橋／大曲／白鳥橋／同潤会江戸川アパート／江戸川小

地図上のラベル（北から南、概ね上から下・左から右）:

- 青柳小
- 東京盲学校
- 講談社
- 文京第七中予定地
- 東大医学部附属病院分院
- ★接収★ 三井高陽邸（キーナン検事宿舎）
- 大塚署
- 音羽三丁目
- 日本女子大
- 小布施六郎邸
- 豊明小
- 香園女子高
- 文華女子高・中
- 鳥尾子爵邸
- 鳩山一郎邸
- 音羽光音劇場
- 音羽七丁目
- 東京大司教座聖堂跡
- 細川侯爵邸洋館
- 統計数理研究所
- 独協高・中
- 細川侯爵邸松聲閣
- 椿山荘
- 蕉雨園（野間清治邸）
- 仲之橋
- 豊橋
- 駒塚橋
- 神田上水（神田川）
- 関口台町小
- 早稲田
- 早稲田車庫前
- 戸塚球場
- 都電早稲田車庫
- 大滝橋
- 一休橋
- 江戸川（神田川）
- 旧大隈会館
- 鶴巻町
- 早稲田大
- 大隈講堂
- 水稲荷神社
- 都営鶴巻住宅
- 杉本鶴五郎邸
- 大学通り
- 早稲田高・中
- 早稲田実業
- 旧山吹国民学校

椿山荘はもと山県有朋の屋敷で、大正半ばに実業家の藤田平太郎に譲っていた。ここにはゆかりの品々を集めた山県記念館もあったが、藤田が広島から移築した三重塔一基を残して、5月25日の空襲で全焼している。

日本女子大学近くの小布施邸は、証券で財を成した小布施新三郎（初代）が建てた豪邸で、当時は二代目新三郎養子の六郎が当主だった。

神田上水の南側には早稲田大学関係の施設が集中している。のちに安部球場となる戸塚球場のグラウンドも確認できる。都営鶴巻住宅はもとの鶴巻国民学校である。鶴巻国民学校は、5月25日の空襲で校舎内部が全焼した。終戦直後の1945年10月、この校舎は都営住宅として使われることとなり、1946年3月に閉校。ふたたび鶴巻小学校が復活するのは、ベビーブーマーの小学校入学を控えた1953年であった。

外務省研修所は、終戦まで外務省が助成する東方文化学院だった。建物は拓殖大学国際教育会館として現存する。

本郷 2009

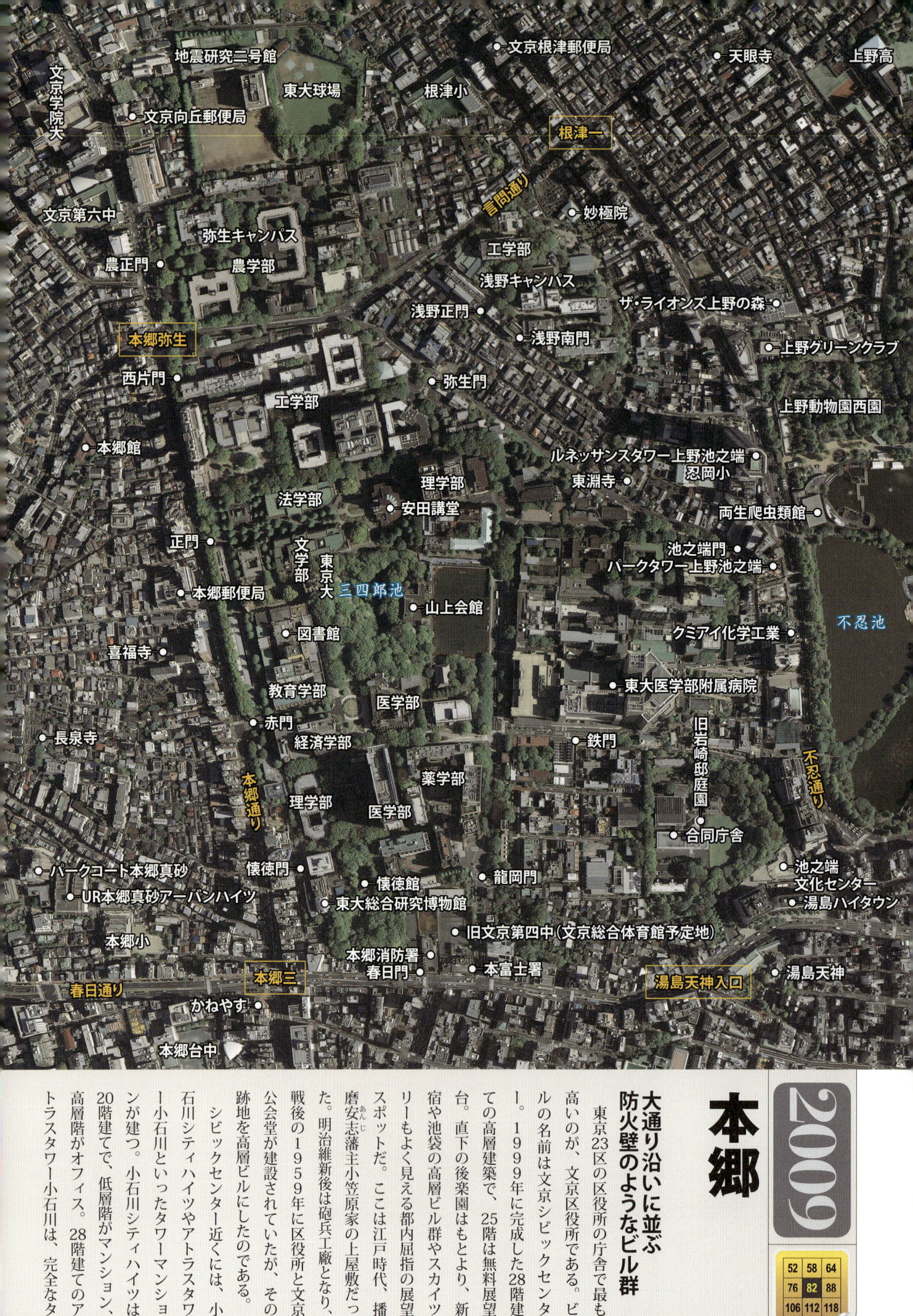

大通り沿いに並ぶ防火壁のようなビル群

東京23区の区役所の庁舎で最も高いのが、文京区役所である。ビルの名前は文京シビックセンター。1999年に完成した28階建ての高層建築で、25階は無料展望台。直下の後楽園はもとより、新宿や池袋の高層ビル群やスカイツリーもよく見える都内屈指の展望スポットだ。ここは江戸時代、播磨安志藩主小笠原家の上屋敷だった。明治維新後は砲兵工廠となり、戦後の1959年に区役所と文京公会堂が建設されていたが、その跡地を高層ビル群にしたのである。シビックセンター近くには、小石川シティハイツやアトラスタワー小石川といったタワーマンションが建つ。小石川シティハイツは20階建てで、低層階がマンション、高層階がオフィス。28階建てのアトラスタワー小石川は、完全なタ

主な地名:
- 文京学院大
- 地震研究二号館
- 東大球場
- 文京根津郵便局
- 天眼寺
- 上野高
- 文京向丘郵便局
- 根津小
- 根津一
- 文京第六中
- 言問通り
- 妙極院
- 弥生キャンパス
- 工学部
- 農正門
- 農学部
- 浅野キャンパス
- ザ・ライオンズ上野の森
- 浅野正門
- 浅野南門
- 上野グリーンクラブ
- 本郷弥生
- 弥生門
- 上野動物園西園
- 西片門
- 工学部
- ルネッサンスタワー上野池之端
- 忍岡小
- 本郷館
- 法学部
- 理学部
- 東淵寺
- 両生爬虫類館
- 安田講堂
- 池之端門
- パークタワー上野池之端
- 正門
- 文学部
- 東大
- 三四郎池
- 不忍池
- 本郷郵便局
- 図書館
- 山上会館
- クミアイ化学工業
- 喜福寺
- 教育学部
- 医学部
- 東大医学部附属病院
- 長泉寺
- 赤門
- 経済学部
- 鉄門
- 旧岩崎邸庭園
- 本郷通り
- 薬学部
- 理学部
- 医学部
- 不忍通り
- 合同庁舎
- 池之端文化センター
- パークコート本郷真砂
- 湯島ハイタウン
- UR本郷真砂アーバンハイツ
- 懐徳門
- 懐徳館
- 龍岡門
- 東大総合研究博物館
- 本郷小
- 旧文京第四中(文京総合体育館予定地)
- 本郷消防署
- 湯島天神入口
- 湯島天神
- 本郷三
- 春日門
- 本富士署
- 春日通り
- かねやす
- 本郷台中

52	58	64
76	82	88
106	112	118

地図上のラベル（上から下、おおむね左→右）:

- 小石川消防署
- パークハウス白山御殿町
- 東大附属植物園（小石川植物園）
- 誠之小
- 新福寺
- 東洋大白山第二キャンパス
- 播磨坂清掃事務所
- ガーデン文京白山
- 植物園前
- 指ヶ谷小
- 播磨坂
- 宗慶寺
- 共同印刷
- 千川通り
- 白山通り
- 小石川パークタワー
- 白山閣
- 善仁寺
- 念速寺
- エーザイ本社（建設中）
- NTT小石川第二ビル
- 日銀誠之寮
- 東京学芸大附属竹早小
- 柳町小
- 小石川 ザ・レジデンス
- NTT小石川第一ビル
- エルアージュ小石川
- 小石川郵便局
- 誠之舎
- 附属竹早中
- シャトー文京
- 子育てひろば西片
- 関東財務局真砂住宅
- 竹早高
- 伝通院
- 淑徳SC高・中
- 都営文京真砂アパート
- 都営本郷四丁目アパート
- マチュリティ小石川
- 小石川シティハイツ
- 本駒
- アトラスタワー小石川
- とみん日生春日町ビル
- 本田労働会館
- 伝通院前
- 小石川大国ビル
- 礫川小
- 富坂署
- 川口アパートメント
- 警視庁第五方面本部
- 春日通り
- 公務員水道住宅
- 富坂下
- 春日町
- アクロポリス東京
- トーハン文京ビル
- 文京第三中
- 中央大理工学部
- 東京都戦没者霊苑
- 都営本郷一丁目アパート
- 大曲
- 文京区教育センター
- 牛天神
- 文京区役所文京シビックホール
- 講道館
- 礫川公園
- 東京メトロ丸ノ内線
- 中央大高
- 後楽園駅
- 牛天神下
- 小石川税務署

ワーマンションである。左上の播磨坂近くには23階建ての小石川パークタワーもある。小石川パークタワーはもとの共同印刷松栄グラウンド（1949年開設）で、昭和初期までは旧常陸石岡藩主の松平子爵邸だった。

植物園南の東洋大学白山第二キャンパスの建物は、書記官研修所時代の庁舎をリニューアルして使用している（現在は解体）。

本郷通りや白山通り沿いは、マンションなどの高層ビルが、まるで防火壁のように並んでいる。右ページには、東京大学の広大なキャンパスの森に囲まれた池が、大学構内中央の森に囲まれた池が、有名な三四郎池だ。

1994年に竣工して不忍池のほとりに異観をはなった26階建のホテルCOSIMA（のちにソフィテル東京となる）は、2007年から翌年にかけて解体され、2010年には30階建てのタワーマンション、パークタワー上野池之端に生まれ変わった。このほかに不忍池のほとりには、2005年に38階建てのルネッサンスタワー上野池之端が完成している。

本郷 1975

300メートルだけ完成した都市計画道路

写真の左端、東大附属植物園の南から南西に300メートルだけつづいている部分は、だいたい高台と谷との境目である。大規模な建物の集中と小規模な家屋が対照的な地域である。影がつづいている部分は、だいたい高台と谷との境目である。

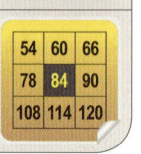

写真の左端、東大附属植物園の南から南西に300メートルだけ片側3車線という都市計画道路が開通している。環状3号線の一部で現在は区道893号、通称播磨坂。戦前は道路の片鱗すらなかったが、周辺は空襲で焦土となり、300メートルの区間ではあったが、区画整理の過程で都市計画道路が実現したのである。この道路が播磨坂というのは、江戸時代、常陸石岡藩松平播磨守上屋敷だったからである。明治維新後も一部は子孫の松平子爵邸となっていたが、昭和初期に手放し、その後は博文社や共同印刷の経営にかかわった大橋新太郎が買収した。大橋

地名ラベル（写真内）

- 護国院
- 上野高
- 天眼寺
- 根津小
- 根津二
- 東大球場
- 願行寺
- 文京学園女子短大
- 文京第六中
- 妙極院
- 言問通り
- 農学部
- 原子力総合センター
- 忠綱寺
- 弥生会館
- 理学部
- 東京盆栽倶楽部
- 本郷弥生
- 上野動物園西園
- 工学部
- 松坂屋流通センター
- 本郷館
- 忍岡小
- 水族館
- 理学部
- 安田講堂
- 東淵寺
- 慈愛病院
- 法学部
- 医学部
- 法華クラブ
- 東京大
- クミアイ化学工業
- 本郷郵便局
- 三四郎池
- 不忍池
- 図書館
- 東大医学部附属病院
- 喜福寺
- 東天紅
- 忍岡教職員住宅
- 講安寺
- 不忍通り
- 赤門
- 長泉寺
- 薬学部
- 島村製作所
- 最高裁判所司法研修所
- 懐徳館
- 池之端文化センター
- 文京総合体育館
- 秩父セメント
- 湯島ハイタウン
- 本郷通り
- 文京第四中
- 真砂小
- 麟祥院
- 春日通り
- 本郷三
- 湯島天神入口
- 湯島天神
- かねやす
- 本富士署
- 南山堂
- 弓町秩父ビル
- 文京第二中

新太郎は1944年に没し、終戦を迎えた。播磨坂はこの屋敷の中央をぶち抜いている。左ページ下は、もとの砲兵工廠跡。下端には小石川後楽園の緑がのぞいている。右ページの大きな建物はほとんどが東京大学の施設である。言問通りの北側はかつての第一高等学校校地で、関東大震災後に東京帝国大学農学部となった。

東京大学の西側を南北に走っているのが旧中山道。「本郷もかねやすまでは江戸のうち」の川柳で知られる雑貨店かねやすのある本郷三丁目交差点も写っている。不忍池近くにあった旧岩崎家茅町本邸は最高裁の司法研修所となり、洋館ほかいくつかの建物を残して取り壊された。その南東には、池之端文化センターが建てられている。この施設は、総評など当時の主要労働4団体が設立した財団法人中央労働福祉センターが建設し、1969年に結婚式場や貸会議室として開業したもの。しかしバブル崩壊を経て経営が行きづまり、2010年で営業を終え、建物は解体された。

本郷 1948

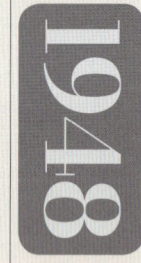

閑静な住宅地になった福山藩主屋敷の丘

空中写真ではわかりづらいが、中央部分の誠之小学校から阿部邸あたりまでの空襲を免れた西片町一帯は、終戦後まで全体が旧備後福山藩主阿部伯爵家の土地だった。江戸時代は福山藩中屋敷があり、丘全体が丸山とよばれていたのである。明治維新後、阿部家は丸山に茶園経営に乗り出したがうまくいかず、早々と見切りをつけて賃貸住宅経営に乗り出した。近隣の帝国大学・第一高等学校教職員を対象にしたこの計画は図に当たり、多くの華族が没落するなか、家計を維持することに成功した（一高講師だった夏目漱石も居住したことがある）。今も西片が落ち着いた佇まいをみせているのは、阿部家の街づくりと空襲に遭わなかったことが大きい。

菊坂下の谷を挟んで相対する南

マップ位置

56	62	68
80	86	92
110	116	122

地図上の注記

- 学園高・中
- 本郷追分町
- 東大野球場
- 根津小
- 東京美術学校
- 上野高
- 東京第二師範学校女子部附属追分小・本郷第一小
- 農学部
- 根津宮永町
- 農学部前
- 旧浅野邸
- 池之端七軒町
- 工学部
- 旧産業会館　都電
- 本郷館
- 松坂屋社宅
- 京第六中分校
- 清水橋
- 安田講堂
- 忍岡小
- 理学部
- 正門
- 東大正門前
- 東京大
- 本郷郵便局・本郷電報局
- 三四郎池
- 医学部附属医院
- 図書館
- 不忍池
- 昭和鉱業
- 赤門
- 医学部
- 東大赤門前
- ★接収★
- 岩崎久弥男爵邸
- 菊富士ホテル跡
- 菊坂
- 旧前田侯爵邸（懐徳館跡）
- 本郷国民学校跡（文京第四中予定地）
- 本富士署
- 真砂小
- 文京区役所本郷支所
- 湯島天神
- 湯島三業地
- 真砂町
- 本郷三丁目
- 春木町
- 本郷教会

地図ラベル：

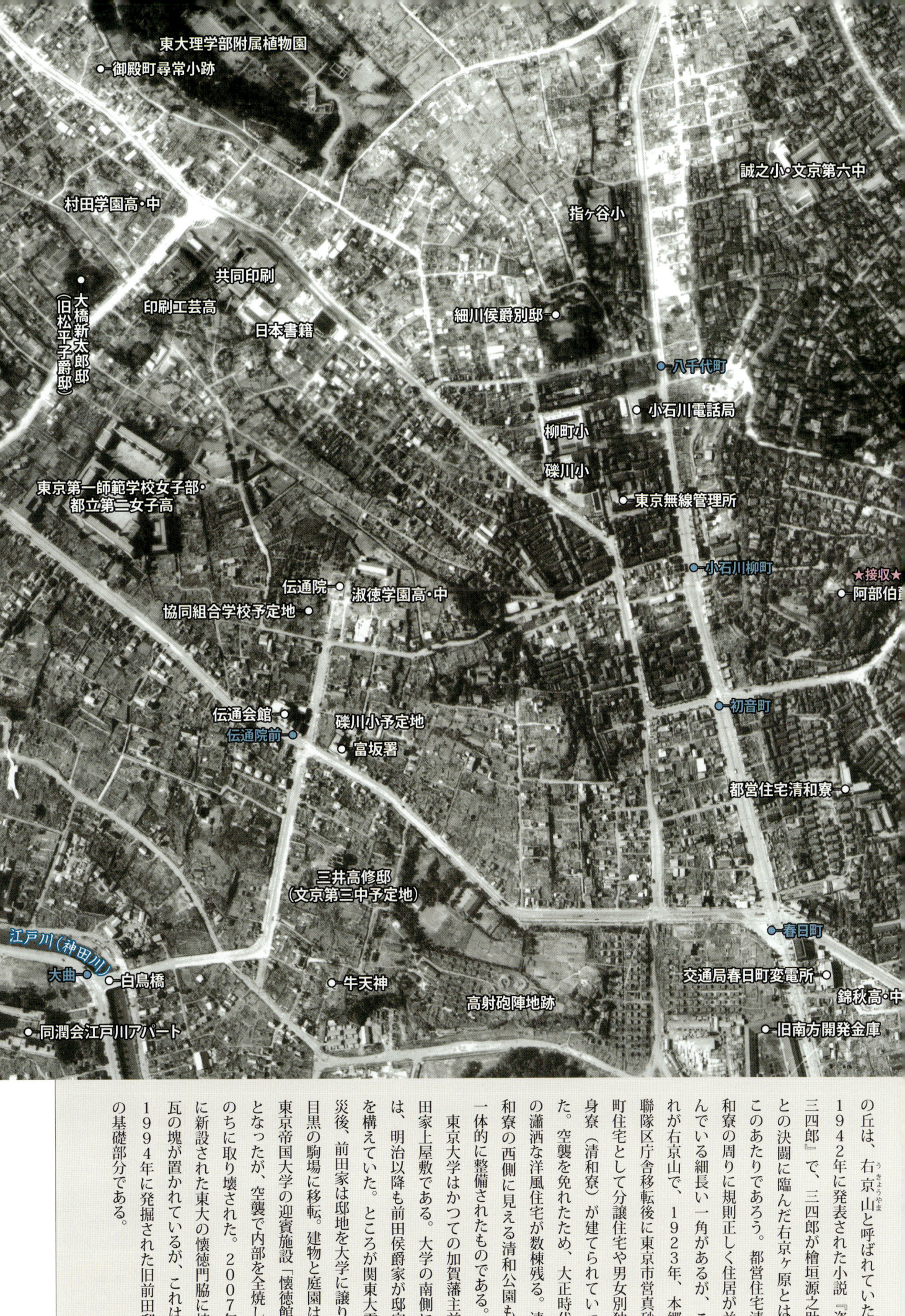

- 東大理学部附属植物園
- 御殿町尋常小跡
- 誠之小・文京第六中
- 指ヶ谷小
- 村田学園高・中
- 大橋新太郎邸（旧松平子爵邸）
- 共同印刷
- 印刷工芸高
- 日本書籍
- 細川侯爵別邸
- 八千代町
- 小石川電話局
- 柳町小
- 礫川小
- 東京無線管理所
- 東京第一師範学校女子部・都立第二女子高
- 小石川柳町
- ★接収★
- 阿部伯爵邸
- 伝通院
- 淑徳学園高・中
- 協同組合学校予定地
- 初音町
- 伝通会館
- 伝通院前
- 礫川小予定地
- 富坂署
- 都営住宅清和寮
- 三井高修邸（文京第三中予定地）
- 江戸川（神田川）
- 大曲
- 白鳥橋
- 牛天神
- 高射砲陣地跡
- 春日町
- 交通局春日町変電所
- 錦秋高・中
- 同潤会江戸川アパート
- 旧南方開発金庫

の丘は、右京山（うきょうやま）と呼ばれていた。1942年に発表された小説『姿三四郎』で、三四郎が檜垣源之助との決闘に臨んだ右京ヶ原とは、このあたりであろう。都営住宅清和寮の周りに規則正しく住居が並んでいる細長い一角があるが、これが右京山で、1923年、本郷聯隊区庁舎移転後に東京市営真砂町住宅として分譲住宅や男女別独身寮（清和寮）が建てられていった。空襲を免れたため、大正時代の瀟洒な洋風住宅が数棟残る。清和寮の西側に見える清和公園も、一体的に整備されたものである。

東京大学はかつての加賀藩主前田家上屋敷である。大学の南側には、明治以降も前田侯爵家が邸宅を構えていた。ところが関東大震災後、前田家は邸地を大学に譲り、目黒の駒場に移転。建物と庭園は、東京帝国大学の迎賓施設「懐徳館」となったが、空襲で内部を全焼し、のちに取り壊された。2007年に新設された東大の懐徳門脇に煉瓦の塊が置かれているが、これは、1994年に発掘された旧前田邸の基礎部分である。

上野 2009

江戸城と正対していた寛永寺の根本中堂

上野恩賜公園は、2010年から、公園全体の大規模な整備事業が行われており、写真に見える1962年に完成した竹の台の大噴水も、2012年にその規模を一新している。この噴水の場所には、戊辰戦争の際の彰義隊の戦いで焼亡するまで、江戸城を向くかたちで鎮護していた、寛永寺の根本中堂があり、江戸を向くかたちで鎮護していた。寛永寺は、徳川将軍家の祈願寺であるとともに、京都における比叡山延暦寺と同じく、江戸城の鬼門にあたる丑寅（北東）に位置し、「王城」を鎮護する役割を与えられていた。東京国立博物館本館から竹の台の大噴水に延ばした線の延長線上に江戸城天守台が位置しているのは、偶然ではないのだ。

東京の北の玄関口だった上野駅の駅舎は、1932年に完成した

地図ラベル

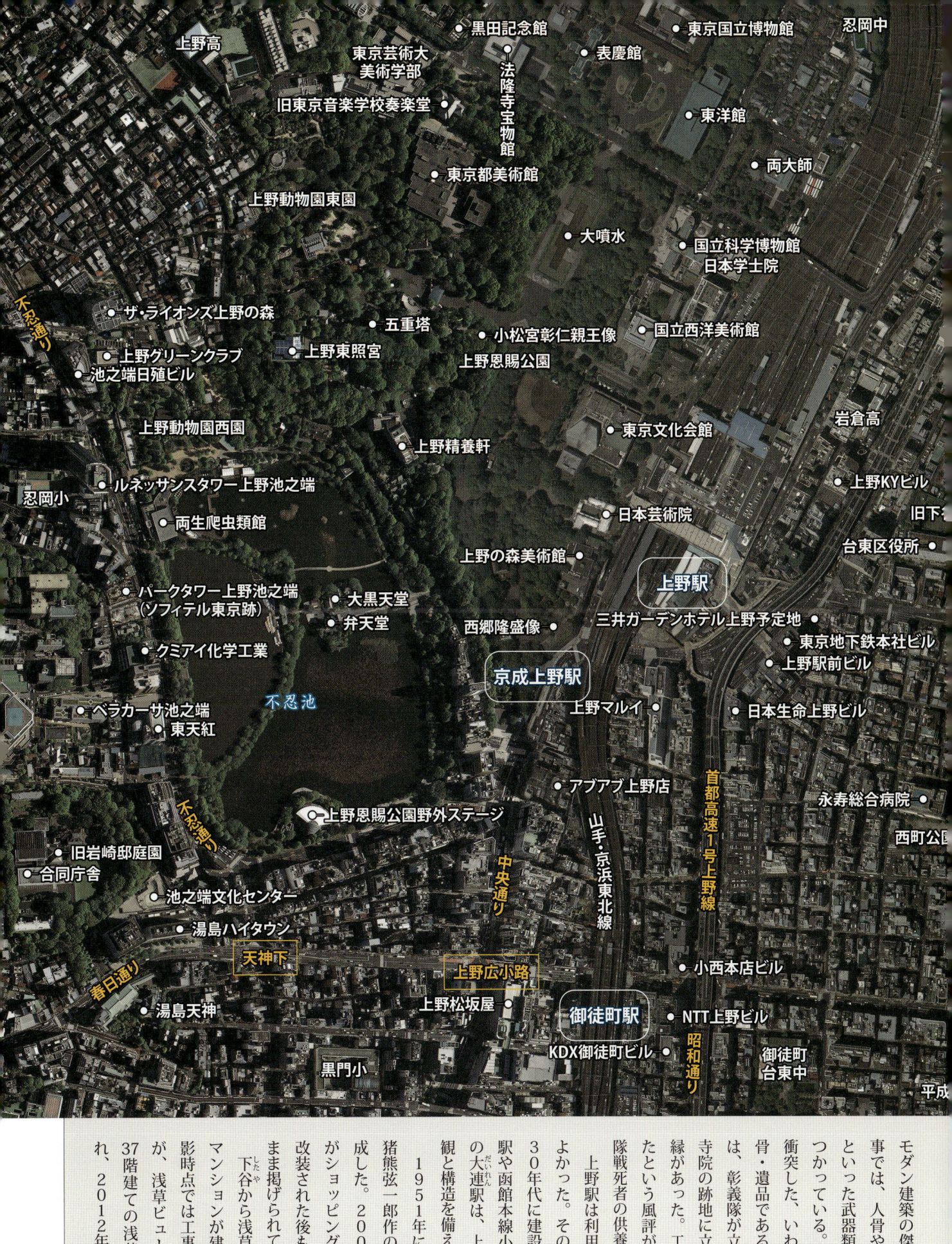

- 上野高
- 東京芸術大美術学部
- 黒田記念館
- 東京国立博物館
- 忍岡中
- 旧東京音楽学校奏楽堂
- 法隆寺宝物館
- 表慶館
- 東洋館
- 東京都美術館
- 両大師
- 上野動物園東園
- 大噴水
- 国立科学博物館
- 日本学士院
- 不忍通り
- ザ・ライオンズ上野の森
- 五重塔
- 小松宮彰仁親王像
- 国立西洋美術館
- 上野グリーンクラブ
- 上野東照宮
- 上野恩賜公園
- 池之端日殖ビル
- 忍岡小
- 上野動物園西園
- 上野精養軒
- 東京文化会館
- 岩倉高
- ルネッサンスタワー上野池之端
- 上野KYビル
- 両生爬虫類館
- 日本芸術院
- 旧下
- パークタワー上野池之端（ソフィテル東京跡）
- 上野の森美術館
- 上野駅
- 台東区役所
- 大黒天堂
- 弁天堂
- クミアイ化学工業
- 西郷隆盛像
- 三井ガーデンホテル上野予定地
- 東京地下鉄本社ビル
- 京成上野駅
- 上野駅前ビル
- ベラカーサ池之端
- 東天紅
- 不忍池
- 上野マルイ
- 日本生命上野ビル
- アブアブ上野店
- 首都高速1号上野線
- 永寿総合病院
- 西町公
- 旧岩崎邸庭園
- 上野恩賜公園野外ステージ
- 合同庁舎
- 山手・京浜東北線
- 池之端文化センター
- 中央通り
- 湯島ハイタウン
- 天神下
- 上野広小路
- 小西本店ビル
- 春日通り
- 上野松坂屋
- 御徒町駅
- NTT上野ビル
- 湯島天神
- KDX御徒町ビル
- 昭和通り
- 御徒町台東中
- 黒門小
- 平成

モダン建築の傑作である。建設工事では、人骨や、刀剣、槍、鉄砲といった武器類が土中から多数見つかっている。いわゆる上野戦争の遺骨・遺品である。もともと上野駅は、彰義隊が立て籠って焼失した寺院の跡地に立てられたという因縁があった。工事で事故が頻発したという風評が立ったので、彰義隊戦死者の供養が行われている。

上野駅は利用しやすいと評判がよかった。そのためだろう、1930年代に建設された樺太の真岡駅や函館本線小樽駅、南満洲鉄道の大連駅は、上野駅と酷似した外観と構造を備えていた。

1951年には、中央改札上に猪熊弦一郎の壁画「自由」が完成した。2005年に上野駅構内がショッピングアーケードとして改装された後も、この壁画はそのまま掲げられている。

下谷から浅草あたりにもタワーマンションが建設されている。撮影時点では工事が始まっていないが、浅草ビューホテルの左には、37階建ての浅草タワーが建設され、2012年に完成している。

上野 1975

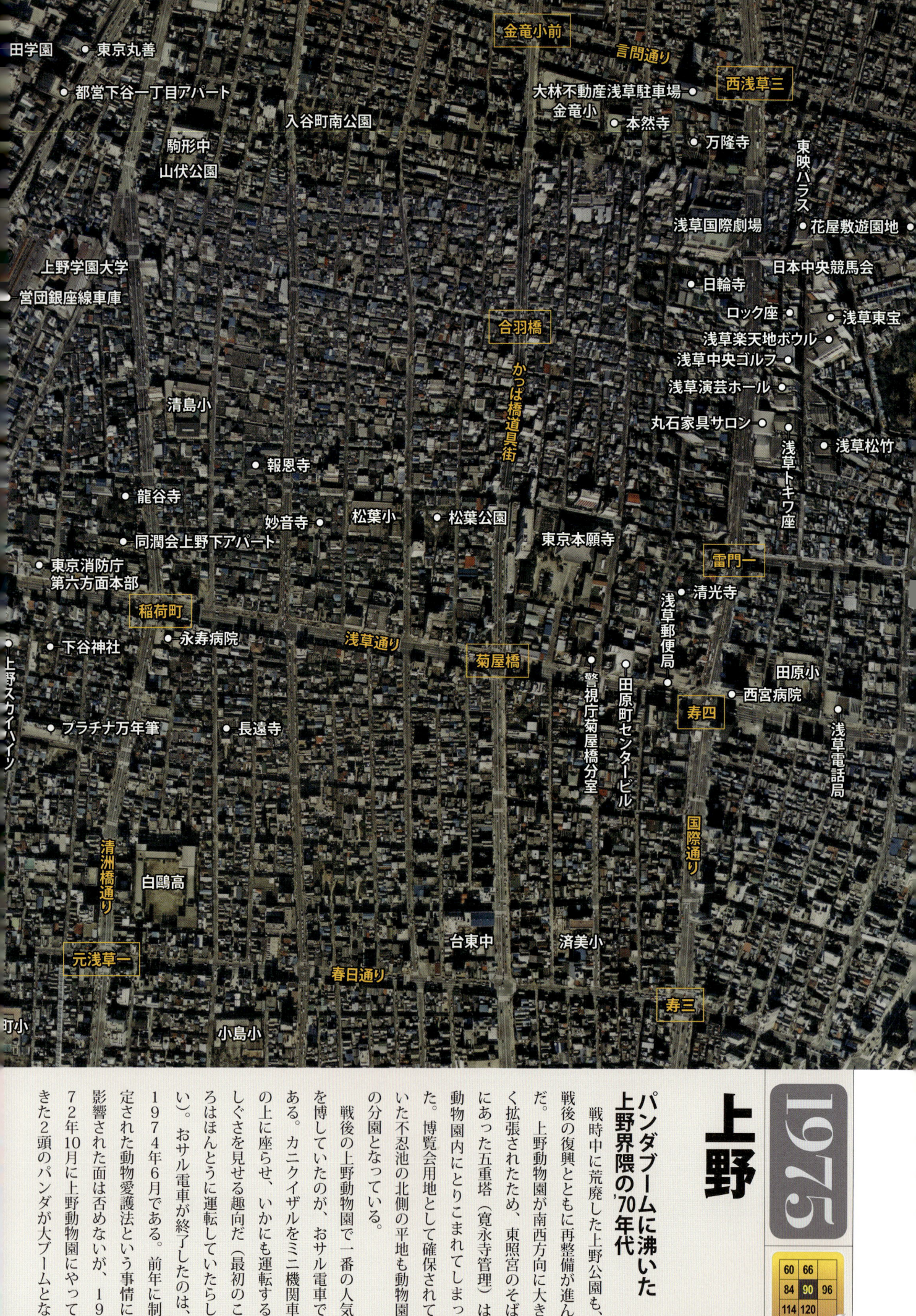

パンダブームに沸いた上野界隈の'70年代

戦時中に荒廃した上野公園も、戦後の復興とともに再整備が進んだ。上野動物園が南西方向に大きく拡張されたため、東照宮のそばにあった五重塔（寛永寺管理）は動物園内にとりこまれてしまった。博覧会用地として確保されていた不忍池の北側の平地も動物園の分園となっている。

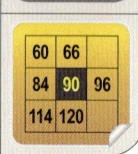

戦後の上野動物園で一番の人気を博していたのが、おサル電車である。カニクイザルをミニ機関車の上に座らせ、いかにも運転しているしぐさを見せる趣向だ（最初のころはほんとうに運転していたらしい）。おサル電車が終了したのは、1974年6月である。前年に制定された動物愛護法という事情に影響された面は否めないが、1972年10月に上野動物園にやってきた2頭のパンダが大ブームとな

地図上の注記（抜粋）:

- 金竜小前
- 言問通り
- 西浅草三
- 田学園
- 東京丸善
- 都営下谷一丁目アパート
- 大林不動産浅草駐車場
- 金竜小
- 本然寺
- 入谷町南公園
- 万隆寺
- 駒形中
- 山伏公園
- 東映パラス
- 浅草国際劇場
- 花屋敷遊園地
- 上野学園大学
- 日本中央競馬会
- 営団銀座線車庫
- 日輪寺
- ロック座
- 浅草東宝
- 合羽橋
- かっぱ橋道具街
- 浅草楽天地ボウル
- 浅草中央ゴルフ
- 清島小
- 浅草演芸ホール
- 丸石家具サロン
- 浅草松竹
- 報恩寺
- 浅草トキワ座
- 龍谷寺
- 妙音寺
- 松葉小
- 松葉公園
- 同潤会上野下アパート
- 東京本願寺
- 雷門一
- 清光寺
- 東京消防庁第六方面本部
- 浅草郵便局
- 稲荷町
- 下谷神社
- 永寿病院
- 浅草通り
- 菊屋橋
- 警視庁菊屋橋分室
- 田原町センタービル
- 田原小
- 西宮病院
- 寿四
- 上野スカイハイツ
- プラチナ万年筆
- 長遠寺
- 浅草電話局
- 清洲橋通り
- 白鷗高
- 国際通り
- 元浅草一
- 台東中
- 済美小
- 春日通り
- 寿三
- 小島小

60	66	
84	90	96
114	120	

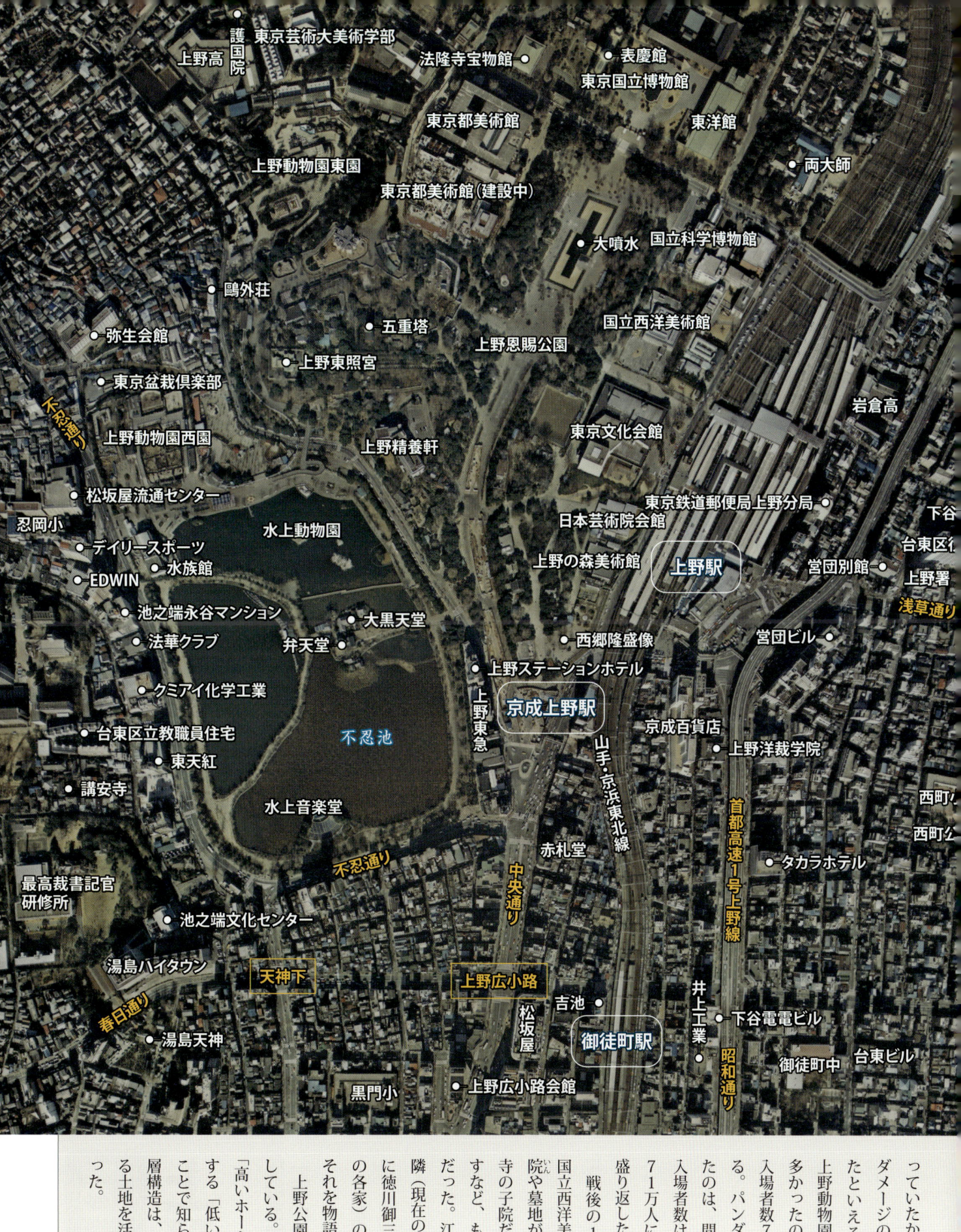

航空写真の地図上のラベル（上から、おおむね上→下、左→右の順）:

- 護国院
- 上野高
- 東京芸術大美術学部
- 法隆寺宝物館
- 表慶館
- 東京国立博物館
- 東京都美術館
- 東洋館
- 上野動物園東園
- 両大師
- 東京都美術館（建設中）
- 大噴水
- 国立科学博物館
- 鷗外荘
- 弥生会館
- 五重塔
- 上野恩賜公園
- 国立西洋美術館
- 東京盆栽倶楽部
- 上野東照宮
- 木沢3通り
- 上野動物園西園
- 上野精養軒
- 東京文化会館
- 岩倉高
- 松坂屋流通センター
- 東京鉄道郵便局上野分局
- 忍岡小
- 水上動物園
- 日本芸術院会館
- 下谷
- デイリースポーツ
- 水族館
- 上野の森美術館
- 台東区役
- EDWIN
- 上野駅
- 営団別館
- 上野署
- 池之端永谷マンション
- 大黒天堂
- 浅草通り
- 法華クラブ
- 弁天堂
- 西郷隆盛像
- クミアイ化学工業
- 上野ステーションホテル
- 営団ビル
- 台東区立教職員住宅
- 不忍池
- 上野東急
- 京成上野駅
- 京成百貨店
- 東天紅
- 上野洋裁学院
- 講安寺
- 水上音楽堂
- 山手・京浜東北線
- 西町ア
- 西町公
- 赤札堂
- 首都高速1号上野線
- 最高裁書記官研修所
- 不忍通り
- 中央通り
- タカラホテル
- 池之端文化センター
- 湯島ハイタウン
- 天神下
- 上野広小路
- 吉池
- 井上工業
- 春日通り
- 松坂屋
- 下谷電電ビル
- 湯島天神
- 御徒町駅
- 昭和通り
- 御徒町中
- 黒門小
- 上野広小路会館
- 台東ビル

っていたから、この時期の廃止は、ダメージの少ない主役交代劇だったといえるかもしれない。事実、上野動物園の入場者数が過去最も多かったのは1974年で、年間入場者数764万人を記録している。パンダとおサル電車が寄与していたのは、間違いあるまい。最近の入場者数は、当時の6割程度の471万人にすぎないが、それでも盛り返した方だ。

戦後の1950年代前半まで、国立西洋美術館の場所には、凌雲院（りょううん）や墓地があった。凌雲院は寛永寺の子院だが、寛永寺の学頭を出すなど、もっとも格式が高い存在だった。江戸時代、凌雲院のすぐ隣（現在の国立科学博物館の位置）に徳川御三卿（田安、一橋、清水の各家）の御霊屋があったことがそれを物語る。

上野公園の崖下に上野駅は立地している。上野駅は、国電中心の「高いホーム」、長距離列車の発着する「低いホーム」の2種類あることで知られるが、駅ホームの2層構造は、海食崖の崖下に立地する土地を活用する苦肉の策でもあった。

1948 上野

終戦直後の不忍池は一面の水田だった

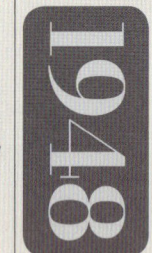

不忍池の南側に平行線が走っているのが確認できる。これは畦道である。食糧事情が悪化した1946年、不忍池の水は抜かれ、水田となっていたのである。水田は戦災被災者の団体「千束救済会」に無償で貸し出され、年200俵近くの収穫があったらしい。

1948年に入ると、国際野球場建設委員会（日本野球連盟が中心となって設立）という団体が、不忍池の3万3000坪のうち1万5000坪を埋め立て、8万人のスタンドを擁する球場にする構想を発表している。地元を中心に強烈な反対運動が起き、計画は白紙撤回されたが、反対運動がなければ、池は埋め立てられ、上野界隈の風景はがらりと違っていたはずである。ふたたび不忍池に水面が戻ってきたのは1950年の初

航空写真のラベル（位置情報）：

- 上野高
- 東京美術学校
- 表慶館
- 国立博物館
- 戦災死者合葬墓地
- 東京都美術館
- 両大師
- 東京科学博物館
- 日本学士院
- 池之端七軒町
- 五重塔
- 上野東照宮
- 小松宮彰仁親王像
- 凌雲院
- 都電
- 旧産業会館
- 上野精養軒
- 竹台女子高・竹台中
- 岩倉高・泰東中
- 松坂屋社宅
- 忍岡小
- 下谷
- 台東区役所
- 上野駅
- 上野署
- 不忍弁財天
- 西郷隆盛像
- 上野駅前
- 上野駅南口
- 営団ビル
- 東大医学部附属医院
- 不忍池
- 下谷郵便局・下谷電報局
- 昭和通り
- 山手線
- 西町小・西町
- 上野公園
- ★接収★
- 岩崎久弥男爵邸
- 下谷三業地
- 上野広小路
- 御徒町三丁目
- 湯島天神
- 湯島三業地
- 松坂屋
- 吉池百貨店
- 下谷電話局
- 黒門小
- 黒門中

頭だった。

不忍池の北には、1922年の平和記念東京博覧会の外国館として建設された「産業会館」が建っていた。ふだんは固く閉ざされ、博覧会が開催される時だけ展示館として使用されたらしい。終戦後もそのまま残っていたが、上野動物園の新宿区戸山移転計画が頓挫すると、不忍池北岸が園地として拡張されることとなり、産業会館も取り壊されている。

不忍池の南西には、茅町本邸と呼ばれた三菱の岩崎久弥邸があった。江戸時代は高田藩主榊原家中屋敷で、1878年、三菱を創業した岩崎弥太郎が、丹後田辺藩主だった牧野弼成から購入している。周辺の土地を買い増した結果、敷地は1万5000坪余りに達した。1896年、ジョサイア・コンドルが設計した洋館が建てられ、弥太郎の長男久弥が六義園から移り住む。終戦当時、久弥は満79歳を迎えていたが、屋敷が接収されると、久弥と家族は日本館の一角に逼塞し、1948年秋、所有していた成田の末広農場に移住している。

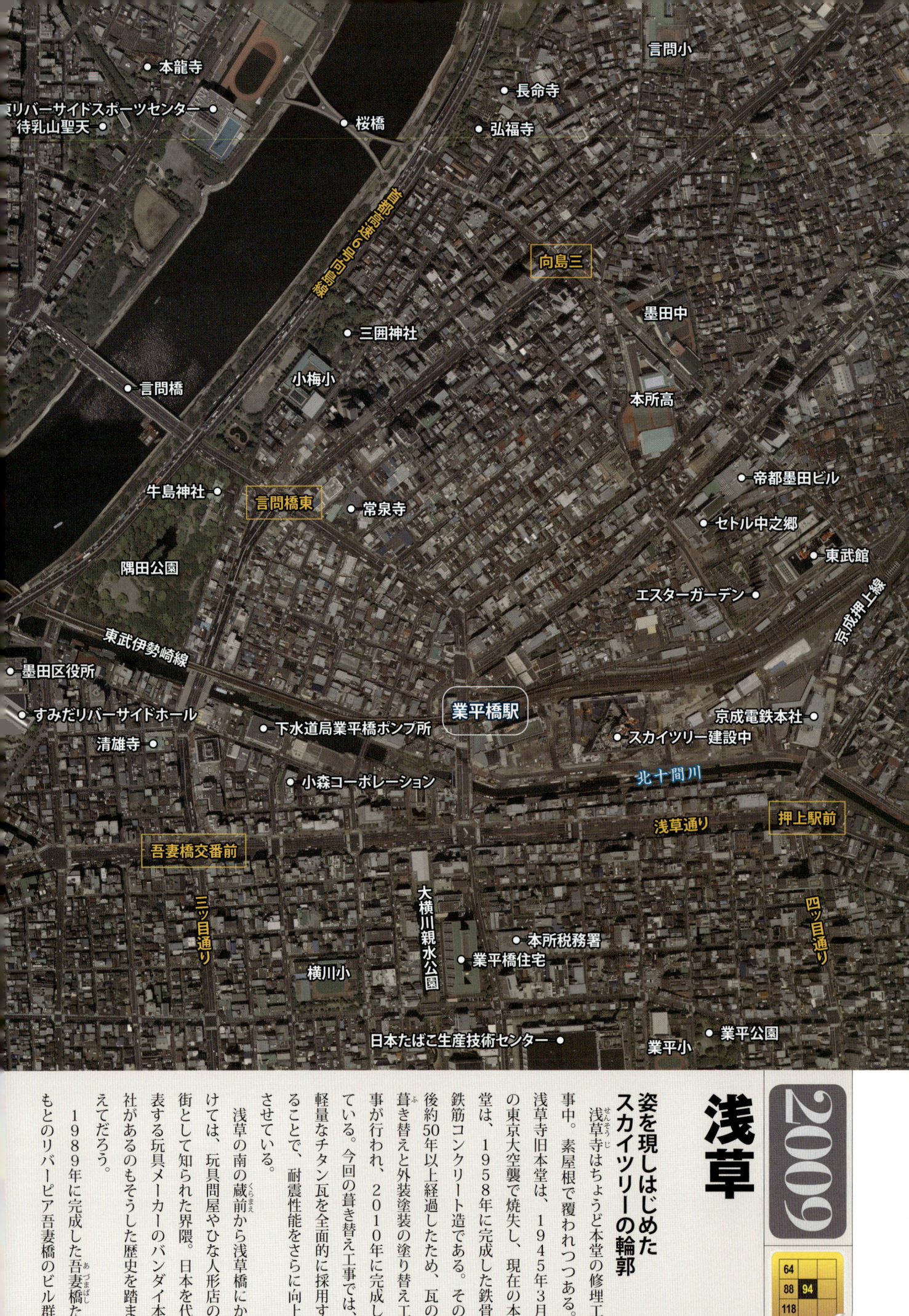

浅草

2009

姿を現しはじめたスカイツリーの輪郭

浅草寺はちょうど本堂の修理工事中。素屋根で覆われつつある。浅草寺旧本堂は、1945年3月の東京大空襲で焼失し、現在の本堂は、1958年に完成した鉄骨鉄筋コンクリート造である。その後約50年以上経過したため、瓦の葺き替えと外装塗装の塗り替え工事が行われ、2010年に完成している。今回の葺き替え工事では、軽量なチタン瓦を全面的に採用することで、耐震性能をさらに向上させている。

浅草の南の蔵前から浅草橋にかけては、玩具問屋やひな人形店の街として知られた界隈。日本を代表する玩具メーカーのバンダイ本社があるのもそうした歴史を踏まえてだろう。1989年に完成した吾妻橋のもとのリバーピア吾妻橋のビル群

地図ラベル:
- 本龍寺
- リバーサイドスポーツセンター
- 待乳山聖天
- 桜橋
- 言問小
- 長命寺
- 弘福寺
- 向島三
- 三囲神社
- 墨田中
- 言問橋
- 小梅小
- 本所高
- 牛島神社
- 言問橋東
- 常泉寺
- 帝都墨田ビル
- セトル中之郷
- 東武館
- 隅田公園
- エスターガーデン
- 京成押上線
- 東武伊勢崎線
- 墨田区役所
- すみだリバーサイドホール
- 清雄寺
- 下水道局業平橋ポンプ所
- 業平橋駅
- 京成電鉄本社
- スカイツリー建設中
- 小森コーポレーション
- 北十間川
- 浅草通り
- 押上駅前
- 吾妻橋交番前
- 三ツ目通り
- 大横川親水公園
- 本所税務署
- 四ツ目通り
- 横川小
- 業平橋住宅
- 日本たばこ生産技術センター
- 業平小
- 業平公園

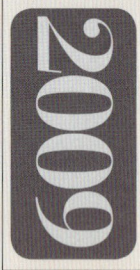

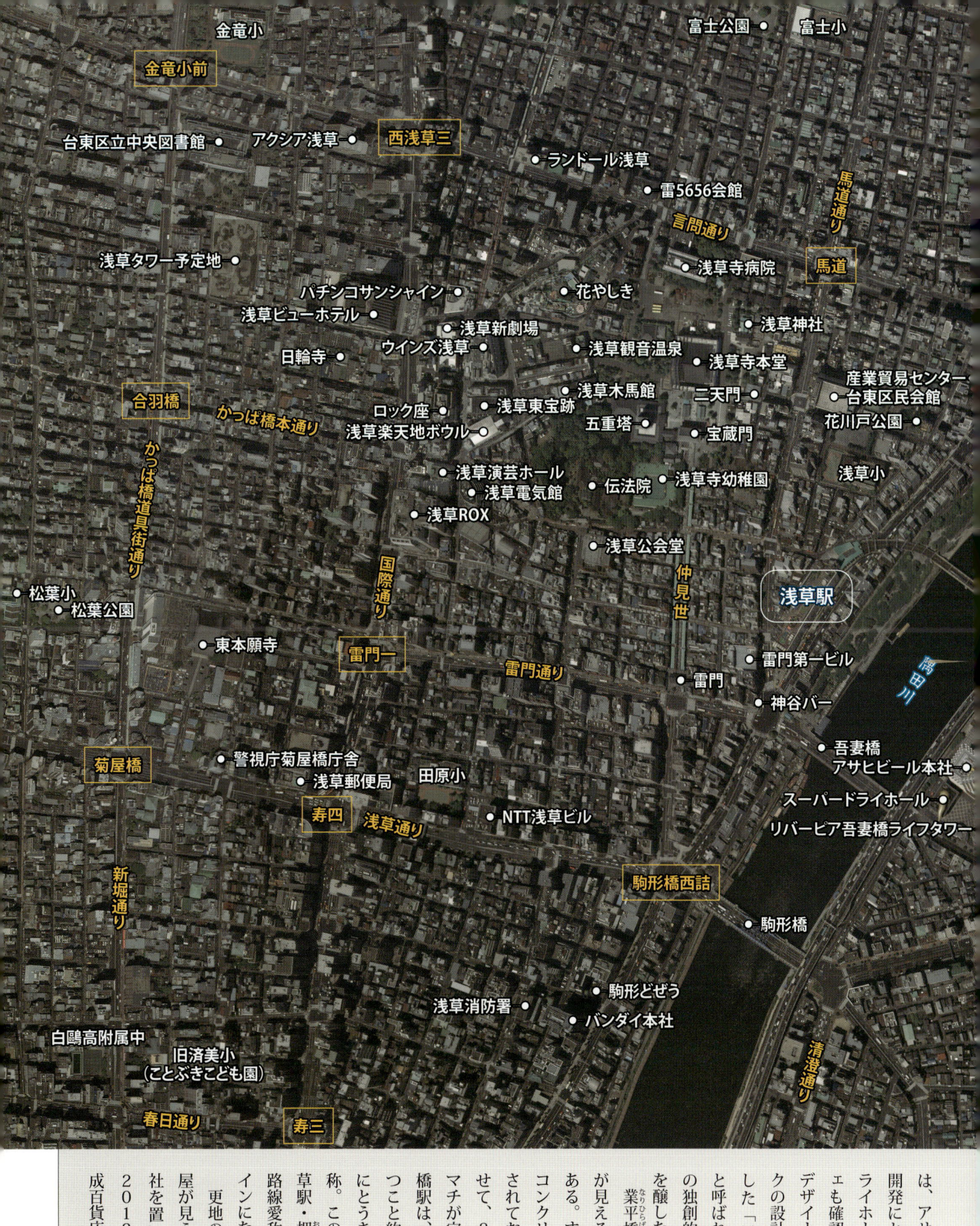

衛星写真の地図ラベル（位置順ではなく読み取り可能な範囲で）:

- 富士公園
- 富士小
- 金竜小
- 金竜小前
- 台東区立中央図書館
- アクシア浅草
- 西浅草三
- ランドール浅草
- 雷5656会館
- 馬道通り
- 言問通り
- 浅草タワー予定地
- パチンコサンシャイン
- 花やしき
- 浅草寺病院
- 馬道
- 浅草ビューホテル
- 浅草新劇場
- 浅草神社
- 日輪寺
- ウインズ浅草
- 浅草観音温泉
- 浅草寺本堂
- 産業貿易センター
- 台東区民会館
- 合羽橋
- 浅草木馬館
- 二天門
- かっぱ橋本通り
- ロック座
- 浅草東宝跡
- 五重塔
- 宝蔵門
- 花川戸公園
- 浅草楽天地ボウル
- 浅草演芸ホール
- 浅草寺幼稚園
- 浅草小
- かっぱ橋道具街通り
- 浅草電気館
- 伝法院
- 浅草ROX
- 浅草公会堂
- 仲見世
- 松葉小
- 松葉公園
- 東本願寺
- 国際通り
- 浅草駅
- 雷門一
- 雷門通り
- 雷門
- 雷門第一ビル
- 隅田川
- 神谷バー
- 菊屋橋
- 警視庁菊屋橋庁舎
- 浅草郵便局
- 田原小
- 吾妻橋
- アサヒビール本社
- 寿四
- 浅草通り
- NTT浅草ビル
- スーパードライホール
- リバーピア吾妻橋ライフタワー
- 駒形橋西詰
- 新堀通り
- 駒形橋
- 浅草消防署
- 駒形どぜう
- バンダイ本社
- 清澄通り
- 白鷗高附属中
- 旧済美小
- （ことぶきこども園）
- 春日通り
- 寿三

は、アサヒビール吾妻橋工場の再開発にともなうもの。スーパードライホールの屋上の黄金のオブジェも確認できる。フランスの有名デザイナー、フィリップ・スタルクの設計。燃え盛る炎をイメージした「フラムドール」（金の炎）と呼ばれるものだったが、あまりの独創的な形に、完成当時は物議を醸したものだった。

業平橋駅の南には三角形の基礎が見える。これがスカイツリーである。すでに広い構内に存在したコンクリート工場や倉庫は取り壊されており、スカイツリーと合わせて、2012年5月に東京ソラマチが完成している。なお、業平橋駅は、スカイツリー開業に先立つこと約2カ月、2012年3月にとうきょうスカイツリー駅と改称。このとき、東武伊勢崎線の浅草駅・押上駅〜東武動物公園駅の路線愛称が、東武スカイツリーラインになった。

更地の右側に京成電鉄本社の社屋が見える。京成電鉄が押上に本社を置いたのは1967年だが、2013年には千葉県市川市の京成百貨店跡に本社を移転した。

95

浅草 1975

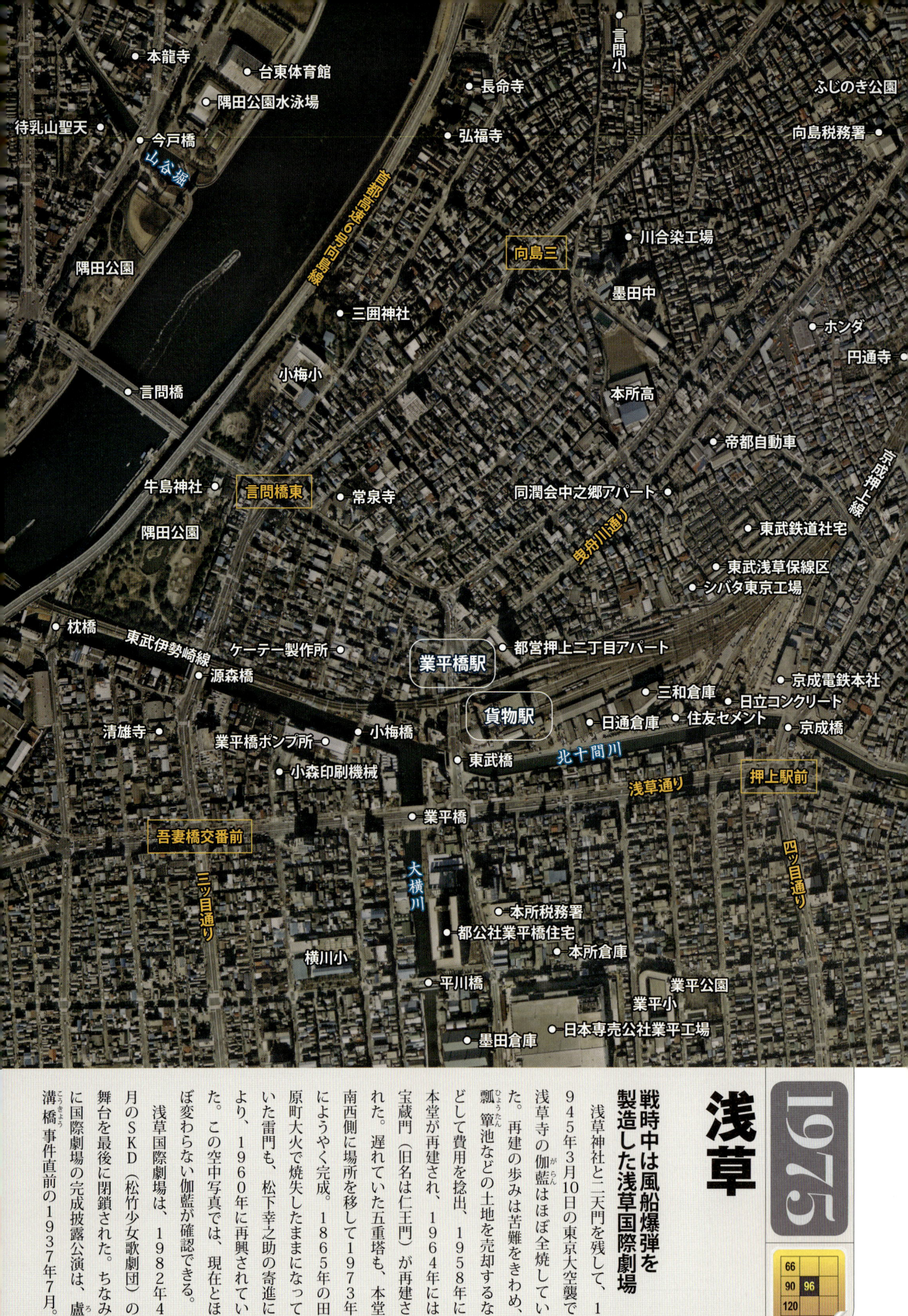

戦時中は風船爆弾を製造した浅草国際劇場

浅草神社と二天門を残して、1945年3月10日の東京大空襲で浅草寺の伽藍はほぼ全焼していた。再建の歩みは苦難をきわめ、瓢箪（ひょうたん）池などの土地を売却するなどして費用を捻出、1958年には本堂が再建され、1964年には宝蔵門（旧名は仁王門）が再建された。遅れていた五重塔も、本堂南西側に場所を移して1973年にようやく完成。1865年の田原町大火で焼失したままになっていた雷門も、松下幸之助の寄進により、1960年に再興されていた。この空中写真では、現在とほぼ変わらない伽藍が確認できる。

浅草国際劇場は、1982年4月のSKD（松竹少女歌劇団）の舞台を最後に閉鎖された。ちなみに国際劇場の完成披露公演は、盧溝橋（ろこうきょう）事件直前の1937年7月。

地図ラベル

- 本龍寺
- 台東体育館
- 隅田公園水泳場
- 言問小
- 長命寺
- ふじのき公園
- 待乳山聖天
- 今戸橋
- 弘福寺
- 向島税務署
- 山谷堀
- 隅田公園
- 川合染工場
- 向島三
- 墨田中
- ホンダ
- 三囲神社
- 円通寺
- 小梅小
- 本所高
- 言問橋
- 帝都自動車
- 牛島神社
- 言問橋東
- 常泉寺
- 同潤会中之郷アパート
- 東武鉄道社宅
- 隅田公園
- 曳舟川通り
- 東武浅草保線区
- シバタ東京工場
- 枕橋
- 東武伊勢崎線
- ケーテー製作所
- 都営押上二丁目アパート
- 業平橋駅
- 源森橋
- 三和倉庫
- 京成電鉄本社
- 清雄寺
- 貨物駅
- 日通倉庫
- 日立コンクリート
- 業平橋ポンプ所
- 小梅橋
- 住友セメント
- 京成橋
- 小森印刷機械
- 東武橋
- 北十間川
- 浅草通り
- 押上駅前
- 業平橋
- 吾妻橋交番前
- 三ツ目通り
- 大横川
- 本所税務署
- 四ツ目通り
- 都公社業平橋住宅
- 本所倉庫
- 横川小
- 平川橋
- 業平公園
- 業平小
- 墨田倉庫
- 日本専売公社業平工場

66	
90	96
120	

地図上のラベル

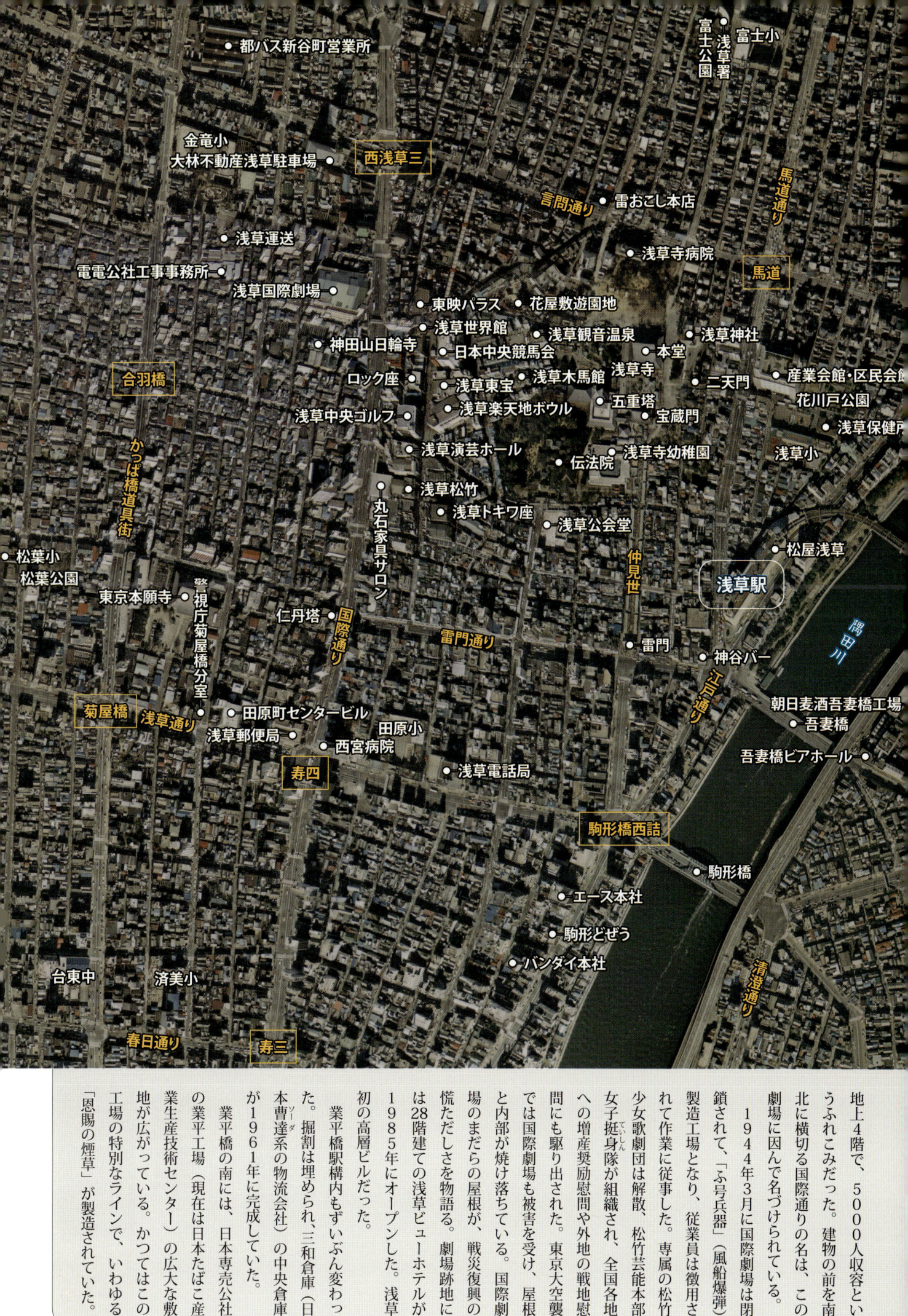

- 富士小
- 浅草署
- 富士公園
- 都バス新谷町営業所
- 金竜小
- 大林不動産浅草駐車場
- 西浅草三
- 言問通り
- 雷おこし本店
- 馬道通り
- 浅草運送
- 浅草寺病院
- 馬道
- 電電公社工事事務所
- 浅草国際劇場
- 東映パラス
- 花屋敷遊園地
- 浅草世界館
- 浅草観音温泉
- 浅草神社
- 神田山日輪寺
- 日本中央競馬会
- 本堂
- ロック座
- 浅草東宝
- 浅草木馬館
- 浅草寺
- 二天門
- 産業会館・区民会館
- 合羽橋
- 浅草中央ゴルフ
- 五重塔
- 花川戸公園
- 浅草楽天地ボウル
- 宝蔵門
- 浅草保健所
- かっぱ橋道具街
- 浅草演芸ホール
- 浅草寺幼稚園
- 浅草小
- 伝法院
- 浅草松竹
- 松葉小
- 松葉公園
- 丸石家具サロン
- 浅草トキワ座
- 松屋浅草
- 東京本願寺
- 浅草公会堂
- 浅草駅
- 警視庁菊屋橋分室
- 仲見世
- 仁丹塔
- 国際通り
- 隅田川
- 菊屋橋
- 浅草通り
- 雷門通り
- 雷門
- 神谷バー
- 江戸通り
- 田原町センタービル
- 朝日麦酒吾妻橋工場
- 浅草郵便局
- 田原小
- 吾妻橋
- 西宮病院
- 寿四
- 浅草電話局
- 吾妻橋ビアホール
- 駒形橋西詰
- 駒形橋
- エース本社
- 駒形どぜう
- 清澄通り
- バンダイ本社
- 台東中
- 済美小
- 春日通り
- 寿三

地上4階で、5000人収容といううふれこみだった。建物の前を南北に横切る国際通りの名は、この劇場に因んで名づけられている。1944年3月に国際劇場は閉鎖されて、「ふ号兵器」（風船爆弾）製造工場となり、従業員は徴用されて作業に従事した。専属の松竹少女歌劇団は解散、松竹芸能本部女子挺身隊が組織され、全国各地への増産奨励慰問や外地の戦地慰問にも駆り出された。東京大空襲では国際劇場も被害を受け、屋根と内部が焼け落ちている。国際劇場のまだらの屋根が、戦災復興の慌ただしさを物語っている。劇場跡地には28階建ての浅草ビューホテルが1985年にオープンした。浅草初の高層ビルだった。

業平橋駅構内もずいぶん変わった。掘割は埋められ、三和倉庫（日本曹達系の物流会社）の中央倉庫が1961年に完成していた。業平橋の南には、日本専売公社の業平工場（現在は日本たばこ産業生産技術センター）の広大な敷地が広がっている。かつてはこの工場の特別なラインで、いわゆる「恩賜の煙草」が製造されていた。

1948 浅草

戦後埋め立てられた浅草名物の瓢箪池

浅草から、隅田川を挟んで業平橋あたりまで写っているが、全域が1945年3月9日夜から翌日未明の東京大空襲で焼け野原となった。3月10日の夜が明けると、死者10万以上ともいわれる大空襲という事態発生に、仮埋葬が優先された。この周辺だけで、隅田公園の浅草側（西岸）に1155人、隅田公園の本所側（東岸）に41 55人、浅草本願寺境内に738人が仮埋葬されている。

浅草といえば浅草寺だが、戦前は浅草観音という名前が一般的だった。浅草寺は江戸初期に焼失しているが、慶安年間（1650年前後）の再建以降は大火もなく、関東大震災の火災も免れ、本堂、五重塔、仁王門など、江戸期の伽藍を留め、国宝に指定されていた。ところが3月の大空襲で、境内北

地図上の地名・施設

- 聖天町
- 聖天橋
- 本龍寺
- 待乳山聖天
- 今戸橋
- 水泳場
- 山谷堀
- 長命寺
- 弘福寺
- 言問小
- 向島
- 隅田公園
- 言問橋
- 向島三丁目
- 墨田中予定地（三囲国民学校跡）
- 三囲神社
- 小梅小
- 本所高（牛島国民学校跡）
- 小梅消防署
- 牛島神社
- 隅田公園
- 言問橋
- 常泉寺
- 七本松橋
- 同潤会中之郷アパート
- 曳舟川
- 枕橋
- 源森橋
- 八反目橋
- 業平橋駅
- 業平橋貨物駅
- 押上駅
- 清雄寺
- 業平橋ポンプ所
- 東武鉄道本社
- 京成橋
- 神谷酒造
- 小森印刷機械
- 東武橋
- 北十間川
- 押上駅前
- 吾妻橋
- 吾妻橋二丁目
- 業平橋
- 業平橋
- 日本水産研究所
- 大横川
- 安田学園高・中仮校舎（横川国民学校跡）
- 平川橋
- 東京地方専売局横川工場
- 業平小
- 本所消防署

68 | 92 | 98 | 122

東の浅草神社と二天門を残し、ことごとく焼けてしまった。

浅草寺の北西の浅草公園六区には、浅草を代表する名所だった瓢箪池があった。しかし、池は1959年に埋められて売却された。この写真で二つ円形が見えているのが瓢箪池である。五重塔再建費用を捻出するため、池は1959年に埋められて売却された。

吾妻橋の東のたもとには大日本麦酒吾妻橋工場が見える。ここは1949年、企業分割により朝日麦酒工場となった。西日本中心に拠点を割り振られた朝日麦酒にとって、東日本最大の工場だった。

東武鉄道の業平橋駅は、この写真が撮影された当時、南側は貨物駅となっていた。黒く見えるのは、北十間川とつながる掘割である。

1949年、復興需要を見越して掘割を埋め立て、日本初となる磐城セメント（現在の住友大阪セメント）の生コンクリート工場が完成している。この場所は、原料のセメントを栃木から輸送するのに便利だったのである。工場が操業を停止するのは、スカイツリー着工が間近に迫った2007年10月だった。

大久保 2009

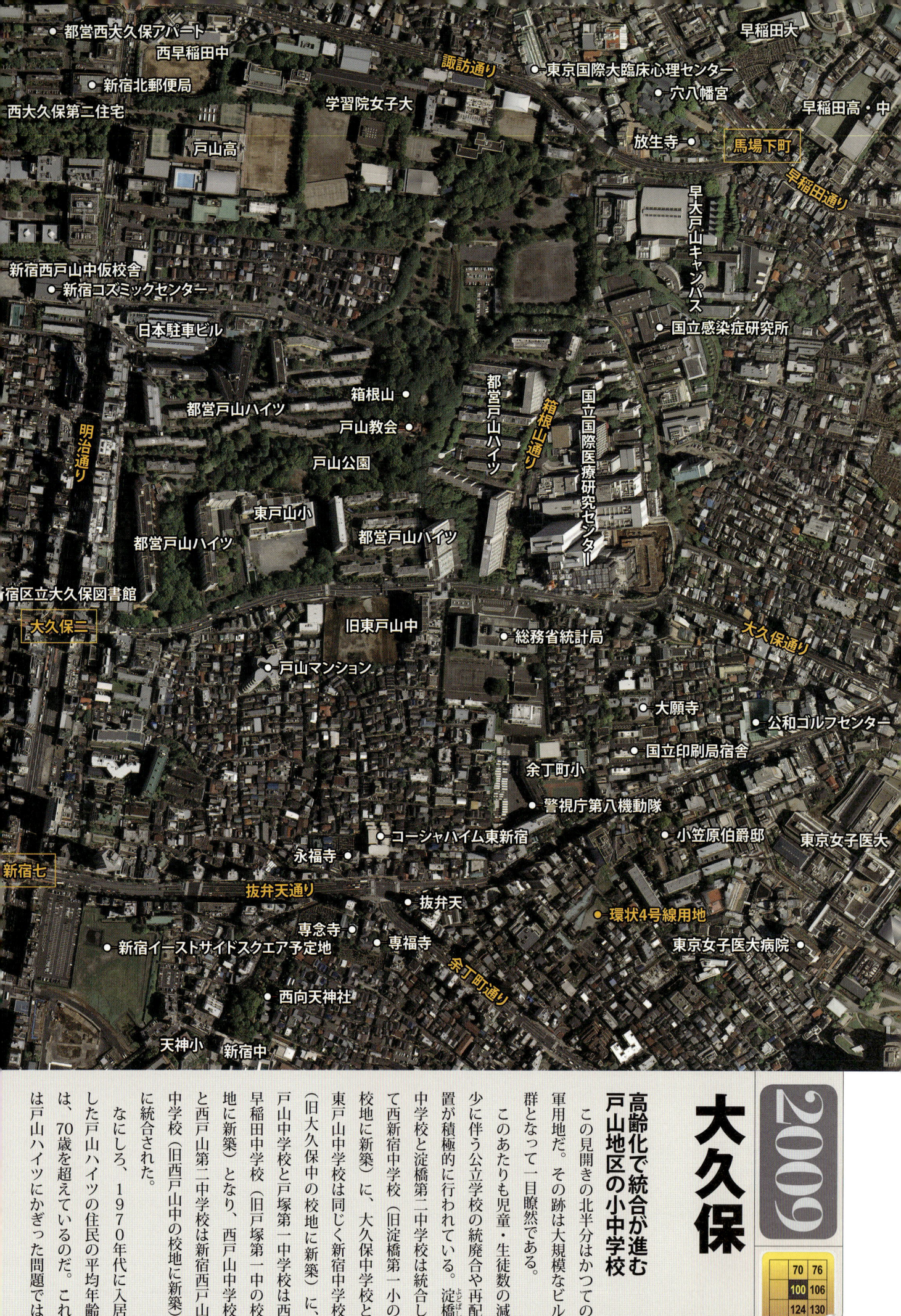

高齢化で統合が進む戸山地区の小中学校

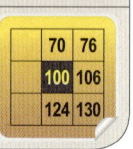

この見開きの北半分はかつての軍用地だ。その跡は大規模なビル群となって一目瞭然である。

このあたりも児童・生徒数の減少に伴う公立学校の統廃合や再配置が積極的に行われている。淀橋中学校と淀橋第二中学校は統合して西新宿中学校（旧淀橋第二小の校地に新築）に、大久保中学校と東戸山中学校は同じく新宿中学校（旧大久保中の校地に新築）に、戸山中学校と戸塚第一中学校は西戸山中学校（旧戸塚第一中の校地に新築）となり、西戸山中学校と西戸山第二中学校は新宿西戸山中学校（旧西戸山中の校地に新築）に統合された。

なにしろ、1970年代に入居した戸山ハイツの住民の平均年齢は、70歳を超えているのだ。これは戸山ハイツにかぎった問題では

地図中の注記（抜粋）

- 都営西大久保アパート
- 西早稲田中
- 新宿北郵便局
- 学習院女子大
- 東京国際大臨床心理センター
- 早稲田大
- 西大久保第二住宅
- 戸山高
- 穴八幡宮
- 早稲田高・中
- 放生寺
- 馬場下町
- 早稲田通り
- 諏訪通り
- 新宿西戸山中仮校舎
- 新宿コズミックセンター
- 日本駐車ビル
- 早大戸山キャンパス
- 国立感染症研究所
- 箱根山
- 都営戸山ハイツ
- 都営戸山ハイツ
- 戸山教会
- 箱根山通り
- 国立国際医療研究センター
- 明治通り
- 戸山公園
- 東戸山小
- 都営戸山ハイツ
- 都営戸山ハイツ
- 新宿区立大久保図書館
- 旧東戸山中
- 総務省統計局
- 大久保通り
- 大久保二
- 戸山マンション
- 大願寺
- 公和ゴルフセンター
- 余丁町小
- 国立印刷局宿舎
- 警視庁第八機動隊
- コーシャハイム東新宿
- 小笠原伯爵邸
- 東京女子医大
- 永福寺
- 新宿七
- 抜弁天通り
- 抜弁天
- 環状4号線用地
- 専念寺
- 専福寺
- 東京女子医大病院
- 新宿イーストサイドスクエア予定地
- 余丁町通り
- 西向天神社
- 天神小
- 新宿中

70	76
100	106
124	130

航空写真内のラベル（位置順）:

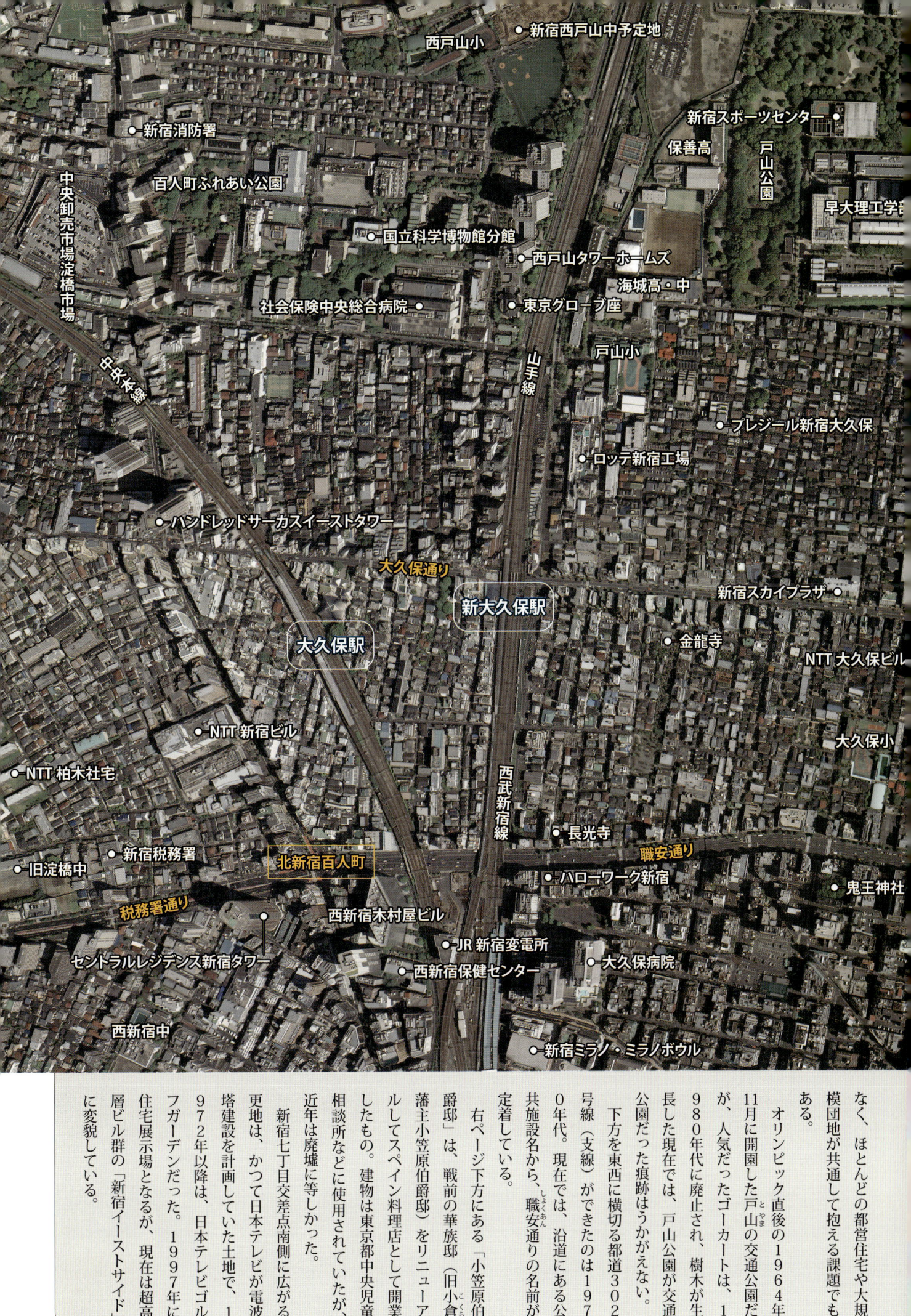

- 西戸山小
- 新宿西戸山中予定地
- 新宿スポーツセンター
- 新宿消防署
- 保善高
- 戸山公園
- 百人町ふれあい公園
- 早大理工学部
- 中央卸売市場淀橋市場
- 国立科学博物館分館
- 西戸山タワーホームズ
- 海城高・中
- 社会保険中央総合病院
- 東京グローブ座
- 山手線
- 戸山小
- プレジール新宿大久保
- 中央本線
- ロッテ新宿工場
- ハンドレッドサーカスイーストタワー
- **大久保通り**
- 新宿スカイプラザ
- 新大久保駅
- 大久保駅
- 金龍寺
- NTT 大久保ビル
- NTT 新宿ビル
- 大久保小
- NTT 柏木社宅
- 西武新宿線
- 長光寺
- **職安通り**
- 旧淀橋中
- 新宿税務署
- 北新宿百人町
- ハローワーク新宿
- 鬼王神社
- **税務署通り**
- 西新宿木村屋ビル
- JR新宿変電所
- 大久保病院
- セントラルレジデンス新宿タワー
- 西新宿保健センター
- 西新宿中
- 新宿ミラノ・ミラノボウル

なく、ほとんどの都営住宅や大規模団地が共通して抱える課題でもある。

オリンピック直後の1964年11月に開園した戸山の交通公園だが、人気だったゴーカートは、1980年代に廃止され、樹木が生長した現在では、戸山公園が交通公園だった痕跡はうかがえない。

下方を東西に横切る都道302号線（支線）ができたのは1970年代。現在では、沿道にある公共施設名から、職安通りの名前が定着している。

右ページ下方にある「小笠原伯爵邸」は、戦前の華族邸（旧小倉藩主小笠原伯爵邸）をリニューアルしてスペイン料理店として開業したもの。建物は東京都中央児童相談所などに使用されていたが、近年は廃墟に等しかった。

新宿七丁目交差点南側に広がる更地は、かつて日本テレビが電波塔建設を計画していた土地で、1972年以降は、日本テレビゴルフガーデンだった。1997年に住宅展示場となるが、現在は超高層ビル群の「新宿イーストサイド」に変貌している。

1975 大久保

百人同心の耕作地だった江戸時代の大久保界隈

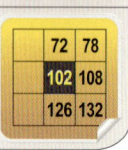

左ページ上方、山手線の西側の集合住宅がドミノのように並ぶ一帯は、かつての陸軍技術研究所跡。戦後、公務員住宅のほか、建設研究所などの研究施設や科学博物館の公館まで建てられていった。

山手線東側の大久保陸軍射撃場跡は、早稲田大学理工学部やその西側の戸山公園になった。戸山公園は1954年に開園したが、高度成長期には交通公園として人気を集めた。やけに小道が混みあっているのは、交通ルールを教える公園だったからである。

右ページの中央付近がもとの陸軍戸山学校あたり。終戦後、跡地には被災者や引揚者の住宅がびっしりと建てられたが、1970年代には高層の住宅に建て替えられた。建物周辺の深い影が高層住宅ぶりを如実に示している。

地図中の注記（北から南へ）

- 都営西大久保アパート
- 新宿北郵便局
- 戸塚第二中
- 学習院女子短大
- 穴八幡宮
- 諏訪通り
- 放生寺
- 早稲田高・中
- 馬場下町
- 早稲田通り
- 戸山高
- 早稲田記念会堂
- 日本駐車ビル
- 早大文学部
- 戸山中
- 新宿区体育館
- 哲閑寺
- 厚生省宿舎
- 日本駐車ビル
- 国立身体障害者センター
- 来迎寺
- 明治通り
- 箱根山
- 戸山ハイツ
- 戸山ハイツ
- 戸山教会
- 若松住宅
- 東戸山小
- 国立東京第一病院
- 大久保二
- 戸山変電所
- 東戸山中
- 総理府統計局
- 大久保通り
- 電電公社寮
- 戸山マンション
- 富士銀行寮
- 大願寺
- 公和ゴルフセンター
- 大蔵省印刷局宿舎
- 警視庁第八・第九機動隊
- 中央児童相談所
- 東大久保共同住宅
- 日本銀行社宅
- 永福寺
- 東京女子医大病院
- 抜弁天
- ブリヂストンアパート
- 専念寺
- 余丁町小
- 至誠会
- 専福寺
- 東京女子医大病院
- 日本テレビゴルフガーデン
- 西向天神社
- 天神小
- 大久保中

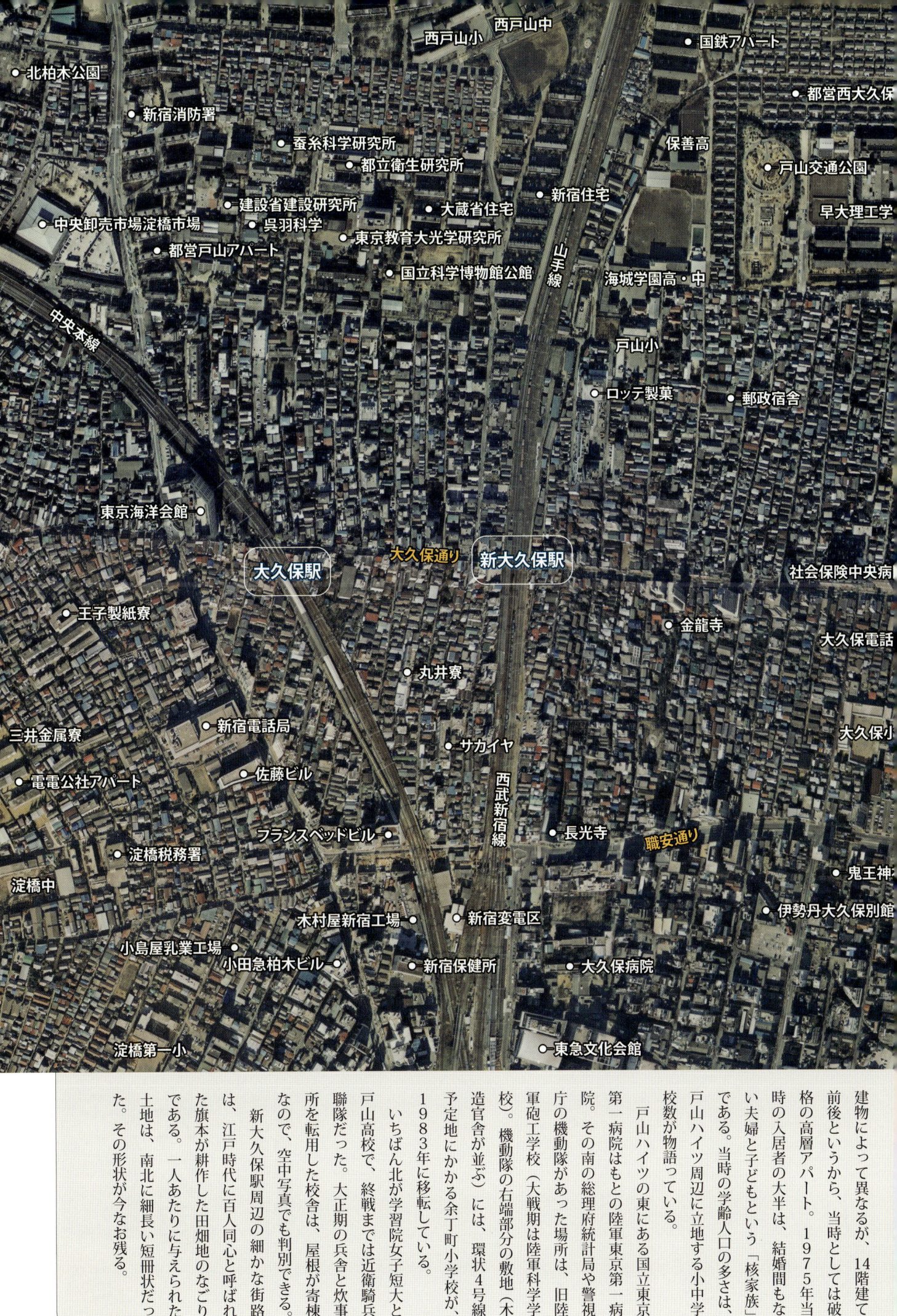

建物によって異なるが、14階建て前後というから、当時としては破格の高層アパート。1975年当時の入居者の大半は、結婚間もない夫婦と子どもという「核家族」である。当時の学齢人口の多さは、戸山ハイツ周辺に立地する小中学校数が物語っている。

戸山ハイツの東にある国立東京第一病院はもとの陸軍東京第一病院。その南の総理府統計局や警視庁の機動隊があった場所は、旧陸軍砲工学校（大戦期は陸軍科学校）。機動隊の右端部分の敷地造官舎が並ぶ）には、環状4号線予定地にかかる余丁町小学校が、1983年に移転している。

いちばん北が学習院女子短大と戸山高校で、終戦までは近衛騎兵聯隊だった。大正期の兵舎と炊事所を転用した校舎は、屋根が寄棟なので、空中写真でも判別できる。

新大久保駅周辺の細かな街路は、江戸時代に百人同心と呼ばれた旗本が耕作した田畑地のなごりである。一人あたりに与えられた土地は、南北に細長い短冊状だった。その形状が今なお残る。

103

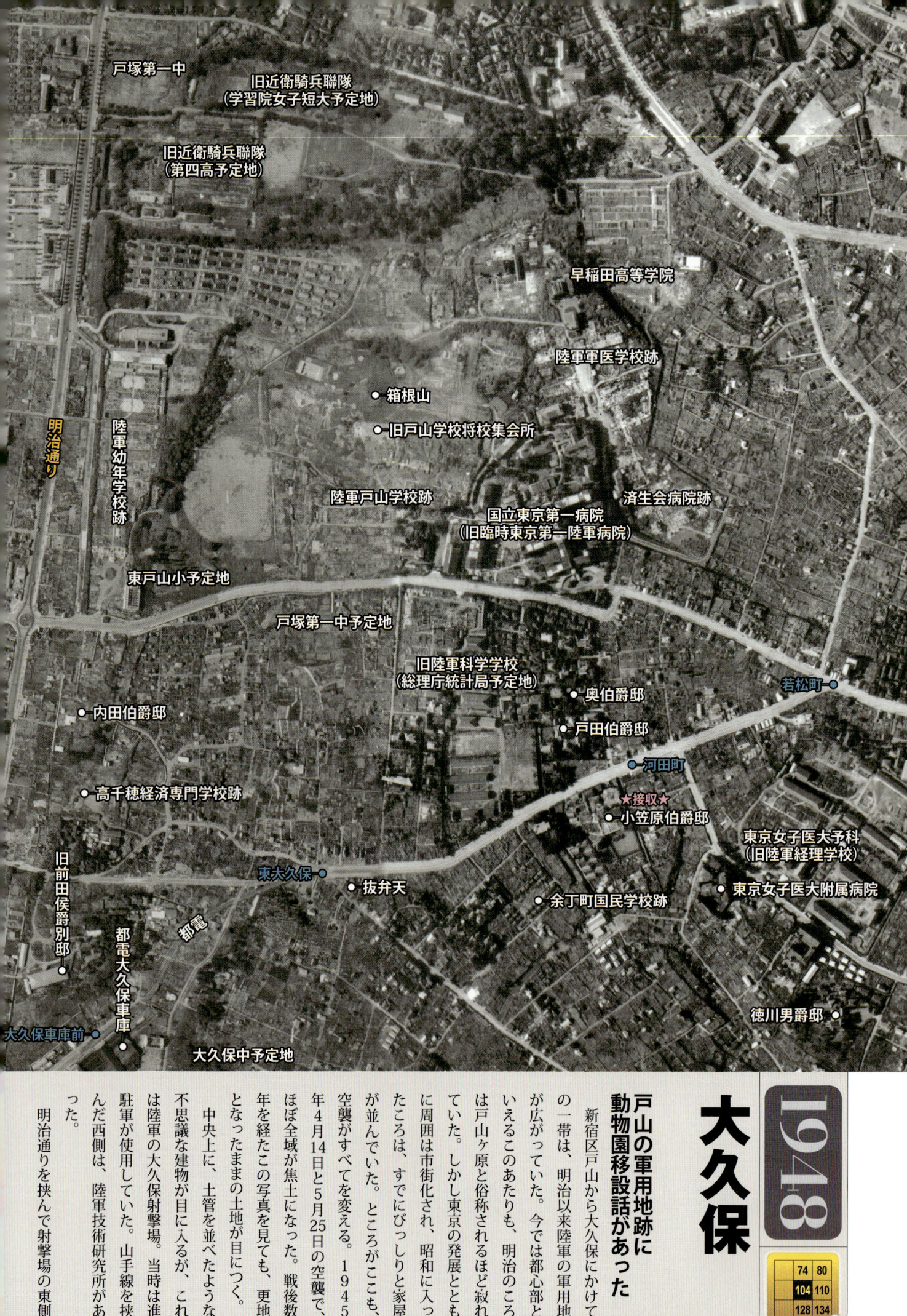

戸塚第一中
旧近衛騎兵聯隊
（学習院女子短大予定地）
旧近衛騎兵聯隊
（第四高予定地）
早稲田高等学院
陸軍軍医学校跡
箱根山
旧戸山学校将校集会所
明治通り
陸軍幼年学校跡
陸軍戸山学校跡
国立東京第一病院
（旧臨時東京第一陸軍病院）
済生会病院跡
東戸山小予定地
戸塚第一中予定地
旧陸軍科学学校
（総理庁統計局予定地）
奥伯爵邸
若松町
戸田伯爵邸
内田伯爵邸
河田町
高千穂経済専門学校跡
★接収★
小笠原伯爵邸
東京女子医大予科
（旧陸軍経理学校）
旧前田侯爵別邸
東大久保
抜弁天
余丁町国民学校跡
東京女子医大附属病院
都電
都電大久保車庫
大久保車庫前
徳川男爵邸
大久保中予定地

大久保 1948

戸山の軍用地跡に動物園移設話があった

新宿区戸山から大久保にかけての一帯は、明治以来陸軍の軍用地が広がっていた。今では都心部ともいえるこのあたりも、明治のころは戸山ヶ原と俗称されるほど寂れていた。しかし東京の発展とともに周囲は市街化され、昭和に入ったころは、すでにびっしりと家屋が並んでいた。ところがここも、空襲がすべてを変える。1945年4月14日と5月25日の空襲で、ほぼ全域が焦土になった。戦後数年を経たこの写真を見ても、更地となったままの土地が目につく。中央上に、土管を並べたような不思議な建物が目に入るが、これは陸軍の大久保射撃場。当時は進駐軍が使用していた。山手線を挟んだ西側は、陸軍技術研究所があった。明治通りを挟んで射撃場の東側

74	80
104	110
128	134

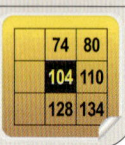

豊多摩病院
中央卸売市場
淀橋分場
旧第六陸軍技術研究所
東京保善高
★接収★
旧陸軍大久保射撃場
善隣外事専門学校跡
海城高・中
山手線
戸山小
中央本線
新大久保駅
大久保駅
山田病院
大久保小
淀橋中
東鉄局変電所
大久保病院
東京ホテル
淀橋第一小
科学研究所

に広がっていたのが、陸軍戸山学校をはじめとした軍用地である。ここは江戸時代、尾張藩下屋敷だった。明治に入ると陸軍用地とされ、1874年、陸軍戸山学校が開校した。戸山学校は、射撃、銃剣術、体操、操練、ラッパなどの実務を学ばせる教習施設である。戦後、上野動物園を跡地に移す計画もあったが実現直前で中止となり、空襲被災者や引揚者用の都営住宅が多数建てられていった。

戸山学校練兵場として使われていた北側に、1914年に移転・開営したのが近衛騎兵聯隊である。戦後は、学習院女子短大や都立第四高（戸山高）、戸塚第一中の校地になった。

1921年、軍用地の西側部分に、市ケ谷から東京陸軍幼年学校が移ってきた。1929年には、戸山学校の東に陸軍軍医学校が移転し、1936年には第一衛戍病院（臨時東京第一陸軍病院と改称）が軍医病院隣接地に移転・新築。その後も、軍医学校の北には、防疫研究室や軍陣衛生学教室（戦後、国立栄養研究所として使用）などの庁舎が建てられていった。

神楽坂 2009

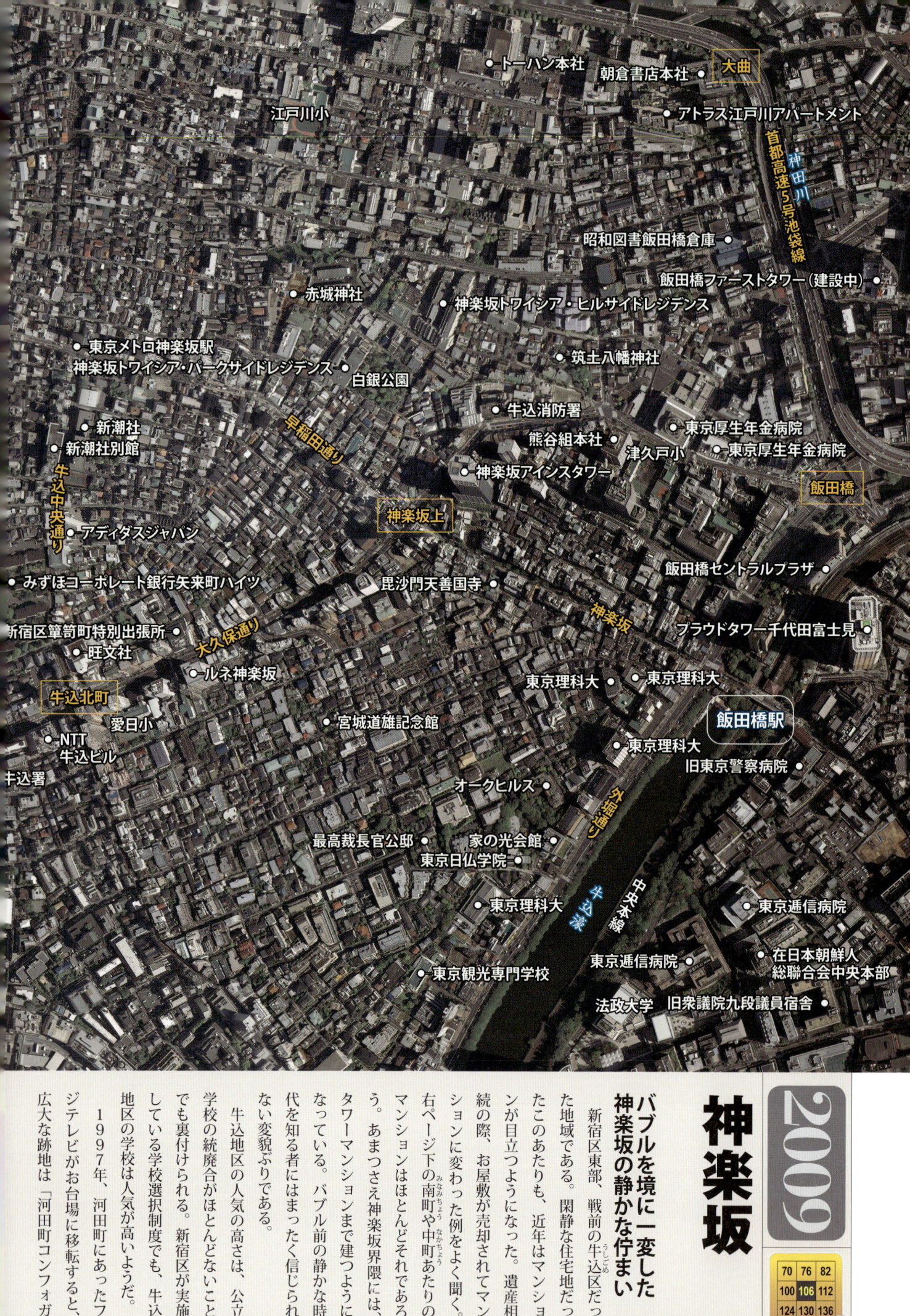

バブルを境に一変した神楽坂の静かな佇まい

　新宿区東部、戦前の牛込区だった地域である。閑静な住宅地だったこのあたりも、近年はマンションが目立つようになった。遺産相続の際、お屋敷が売却されてマンションに変わった例をよく聞く。あまつさえ神楽坂界隈には、右ページ下の南町や中町あたりのマンションはほとんどそれであろう。タワーマンションまで建つようになっている。バブル前の静かな時代を知る者にはまったく信じられない変貌ぶりである。

　牛込地区の人気の高さは、公立学校の統廃合がほとんどないことでも裏付けられる。新宿区が実施している学校選択制度でも、牛込地区の学校は人気が高いようだ。1997年、河田町にあったフジテレビがお台場に移転すると、広大な跡地は「河田町コンフォ

地図上のラベル:
- 大曲
- トーハン本社
- 朝倉書店本社
- アトラス江戸川アパートメント
- 江戸川小
- 首都高速5号池袋線
- 神田川
- 昭和図書飯田橋倉庫
- 飯田橋ファーストタワー（建設中）
- 赤城神社
- 神楽坂トワイシア・ヒルサイドレジデンス
- 東京メトロ神楽坂駅
- 神楽坂トワイシア・パークサイドレジデンス
- 白銀公園
- 筑土八幡神社
- 早稲田通り
- 牛込消防署
- 東京厚生年金病院
- 新潮社
- 新潮社別館
- 熊谷組本社
- 津久戸小
- 東京厚生年金病院
- 神楽坂アインスタワー
- 飯田橋
- 牛込中央通り
- アディダスジャパン
- 神楽坂上
- 飯田橋セントラルプラザ
- みずほコーポレート銀行矢来町ハイツ
- 毘沙門天善国寺
- 神楽坂
- プラウドタワー千代田富士見
- 新宿区箪笥町特別出張所
- 大久保通り
- 旺文社
- ルネ神楽坂
- 東京理科大
- 東京理科大
- 牛込北町
- 愛日小
- 宮城道雄記念館
- 飯田橋駅
- NTT牛込ビル
- 牛込署
- 東京理科大
- オークヒルズ
- 旧東京警察病院
- 最高裁長官公邸
- 家の光会館
- 東京日仏学院
- 外堀通り
- 中央本線
- 牛込濠
- 東京理科大
- 東京逓信病院
- 東京観光専門学校
- 東京逓信病院
- 在日本朝鮮人総聯合会中央本部
- 法政大学
- 旧衆議院九段議員宿舎

航空写真上のラベル（位置情報）:

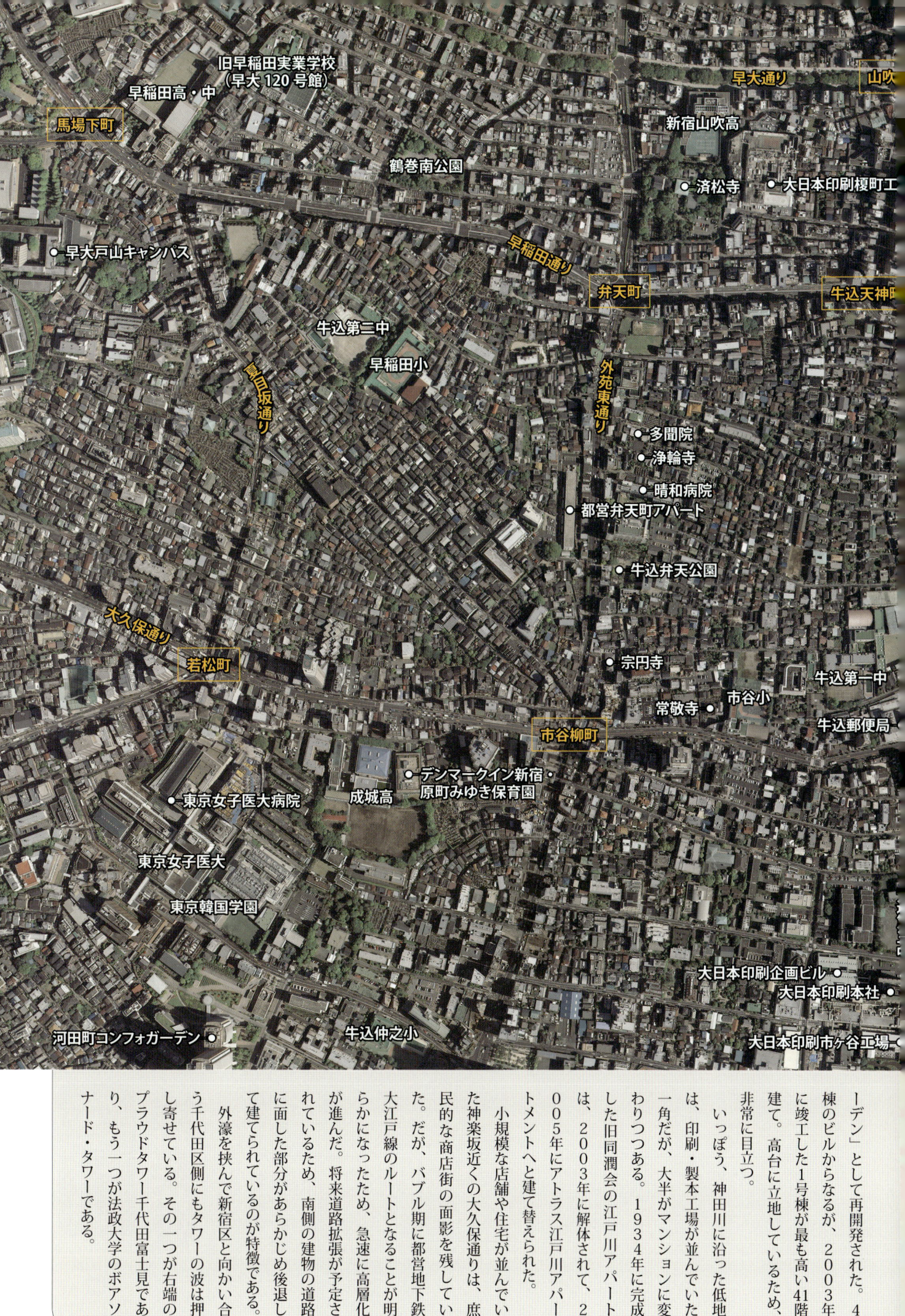

- 馬場下町
- 旧早稲田実業学校（早大120号館）
- 早稲田高・中
- 早大通り
- 山吹
- 新宿山吹高
- 鶴巻南公園
- 済松寺
- 大日本印刷榎町工
- 早大戸山キャンパス
- 早稲田通り
- 弁天町
- 牛込天神町
- 牛込第二中
- 早稲田小
- 外苑東通り
- 多聞院
- 浄輪寺
- 夏目坂通り
- 晴和病院
- 都営弁天町アパート
- 牛込弁天公園
- 大久保通り
- 若松町
- 宗円寺
- 牛込第一中
- 常敬寺
- 市谷小
- 牛込郵便局
- 市谷柳町
- デンマークイン新宿・原町みゆき保育園
- 成城高
- 東京女子医大病院
- 東京女子医大
- 東京韓国学園
- 大日本印刷企画ビル
- 大日本印刷本社
- 河田町コンフォガーデン
- 牛込仲之小
- 大日本印刷市ヶ谷工場

ーデン」として再開発された。4棟のビルからなるが、2003年に竣工した1号棟が最も高い41階建て。高台に立地しているため、非常に目立つ。

いっぽう、神田川に沿った低地は、印刷・製本工場が並んでいた一角だが、大半がマンションに変わりつつある。1934年に完成した旧同潤会の江戸川アパートは、2003年に解体されて、2005年にアトラス江戸川アパートメントへと建て替えられた。

小規模な店舗や住宅が並んでいた神楽坂近くの大久保通りは、庶民的な商店街の面影を残していた。だが、バブル期に都営地下鉄大江戸線のルートとなることが明らかになったため、急速に高層化が進んだ。将来道路拡張が予定されているため、南側の建物の道路に面した部分があらかじめ後退して建てられているのが特徴である。

外濠を挟んで新宿区と向かい合う千代田区側にもタワーの波は押し寄せている。その一つが右端のプラウドタワー千代田富士見であり、もう一つが法政大学のボアソナード・タワーである。

神楽坂 1975

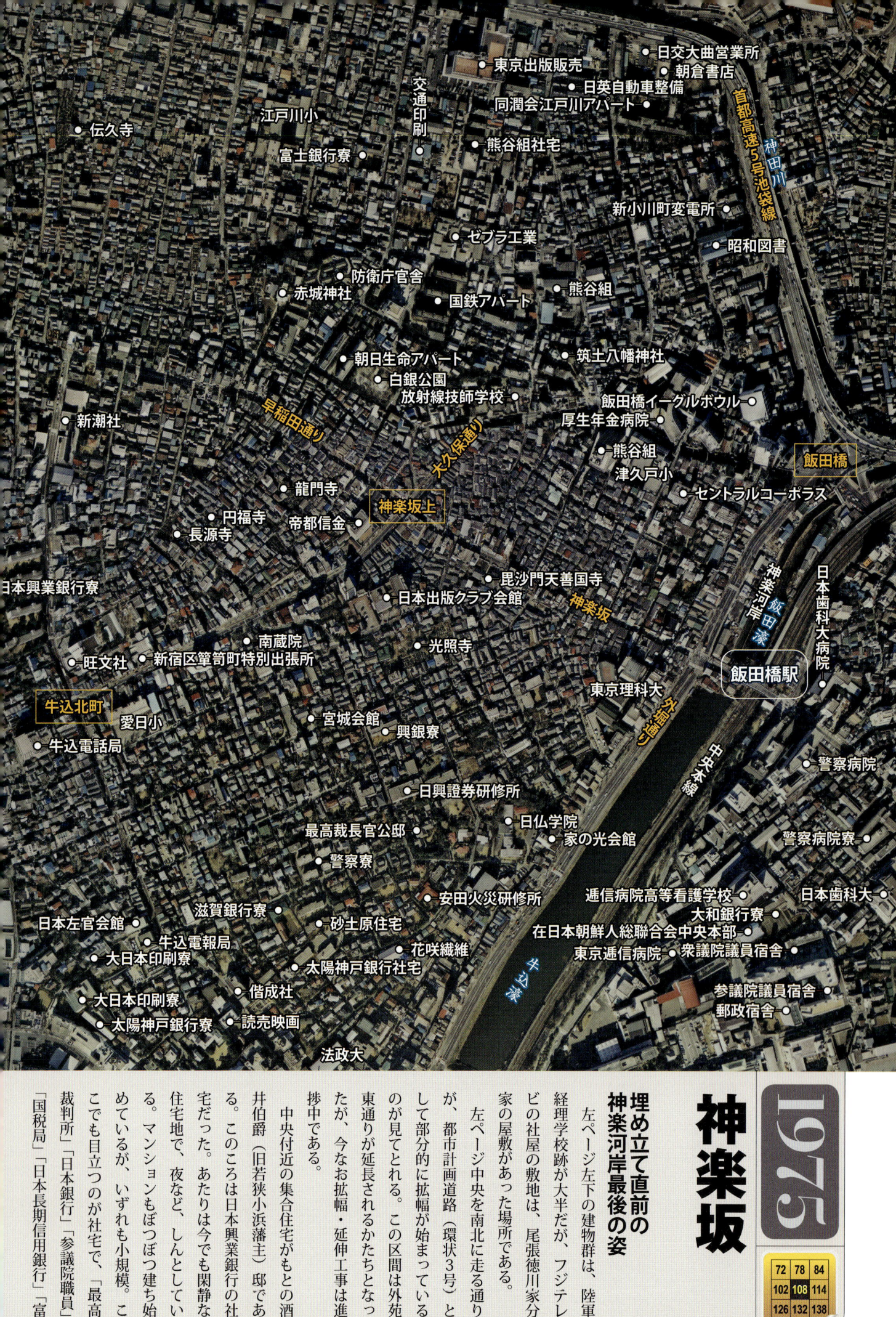

埋め立て直前の神楽河岸最後の姿

左ページ左下の建物群は、陸軍経理学校跡が大半だが、尾張徳川家分家の屋敷があった場所である。左ページ中央を南北に走る通りが、都市計画道路（環状3号）として部分的に拡幅が始まっているのが見てとれる。この区間は外苑東通りが延長されるかたちとなったが、今なお拡幅・延伸工事は進捗中である。

中央付近の集合住宅がもとの酒井伯爵（旧若狭小浜藩主）邸であるる。このころは日本興業銀行の社宅だった。あたりは今でも閑静な住宅地で、夜など、しんとしている。マンションもぼつぼつ建ち始めているが、いずれも小規模。ここでも目立つのが社宅で、「最高裁判所」「日本銀行」「参議院職員」「国税局」「日本銀行」「日本長期信用銀行」「富

地名・施設

- 伝久寺
- 江戸川小
- 富士銀行寮
- 交通印刷
- 東京出版販売
- 日交大曲営業所
- 朝倉書店
- 同潤会江戸川アパート
- 日英自動車整備
- 熊谷組社宅
- 首都高速5号池袋線
- 神田川
- 新小川町変電所
- ゼブラ工業
- 昭和図書
- 防衛庁官舎
- 赤城神社
- 国鉄アパート
- 熊谷組
- 筑土八幡神社
- 朝日生命アパート
- 白銀公園
- 放射線技師学校
- 飯田橋イーグルボウル
- 厚生年金病院
- 新潮社
- 早稲田通り
- 大久保通り
- 龍門寺
- 神楽坂上
- 熊谷組
- 津久戸小
- 飯田橋
- セントラルコーポラス
- 円福寺
- 長源寺
- 帝都信金
- 日本興業銀行寮
- 毘沙門天善国寺
- 日本出版クラブ会館
- 神楽坂
- 神楽河岸
- 飯田濠
- 日本歯科大病院
- 旺文社
- 南蔵院
- 新宿区箪笥町特別出張所
- 光照寺
- 東京理科大
- 外堀通り
- 飯田橋駅
- 牛込北町
- 愛日小
- 牛込電話局
- 宮城会館
- 興銀寮
- 中央本線
- 日興證券研修所
- 日仏学院
- 家の光会館
- 警察病院
- 最高裁長官公邸
- 警察寮
- 逓信病院高等看護学校
- 大和銀行寮
- 日本歯科大
- 日本左官会館
- 滋賀銀行寮
- 安田火災研修所
- 在日本朝鮮人総聯合会中央本部
- 東京逓信病院
- 衆議院議員宿舎
- 警察病院寮
- 牛込電報局
- 大日本印刷
- 砂土原住宅
- 花咲繊維
- 牛込濠
- 参議院議員宿舎
- 郵政宿舎
- 大日本印刷寮
- 太陽神戸銀行寮
- 太陽神戸銀行社宅
- 偕成社
- 読売映画
- 法政大

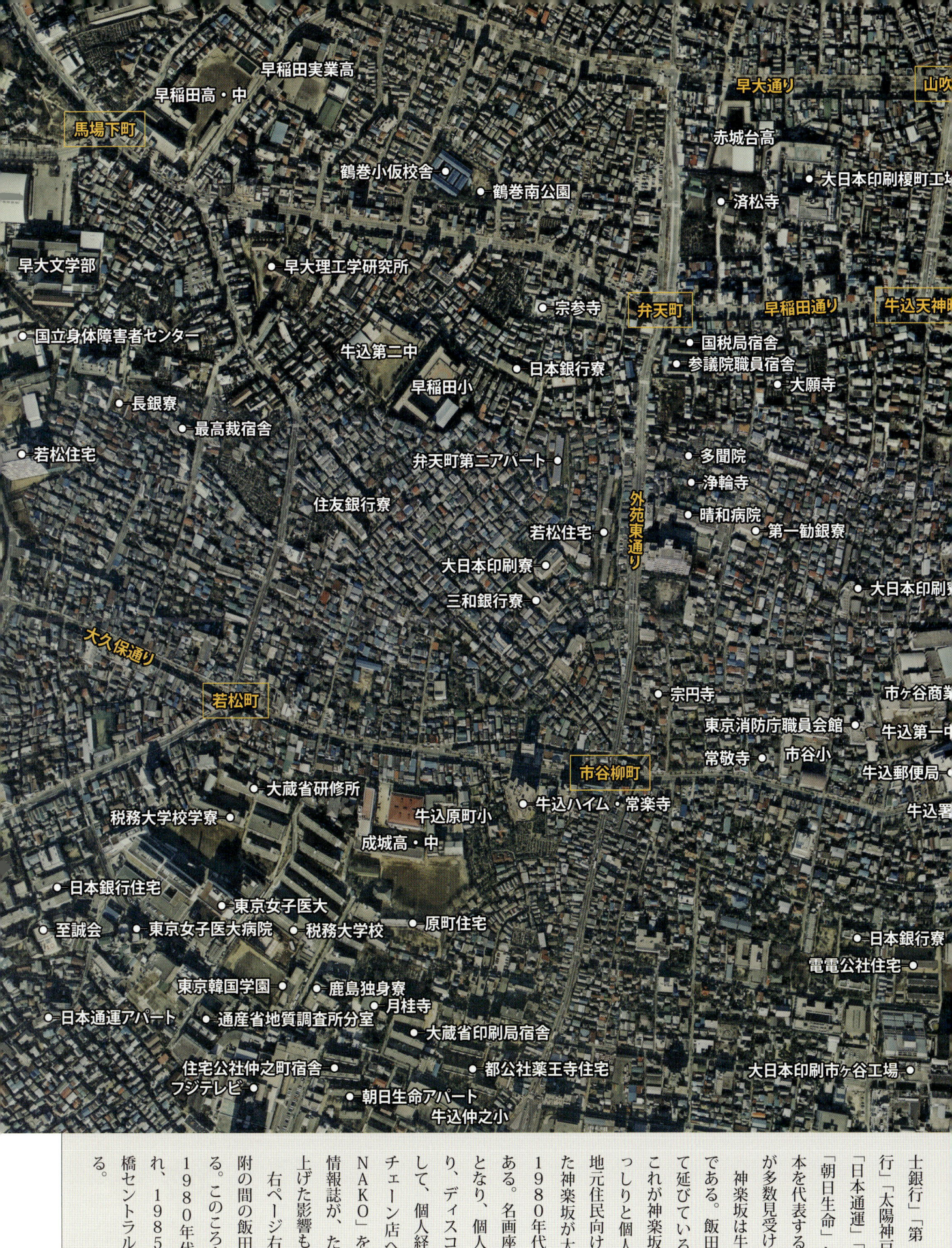

早稲田実業高
早稲田高・中
早大通り
山吹
馬場下町
鶴巻小仮校舎
鶴巻南公園
赤城台高
大日本印刷榎町工場
済松寺
早大文学部
早大理工学研究所
宗参寺
弁天町
早稲田通り
牛込天神町
国立身体障害者センター
牛込第二中
国税局宿舎
参議院職員宿舎
大願寺
早稲田小
日本銀行寮
長銀寮
最高裁宿舎
若松住宅
弁天町第二アパート
多聞院
浄輪寺
住友銀行寮
晴和病院
第一勧銀寮
若松住宅
外苑東通り
大日本印刷寮
大日本印刷
三和銀行寮
大久保通り
宗円寺
市ヶ谷商業
若松町
東京消防庁職員会館
牛込第一中
常敬寺
市谷小
牛込郵便局
市谷柳町
牛込ハイム・常楽寺
牛込署
大蔵省研修所
牛込原町小
税務大学校寮
成城高・中
日本銀行住宅
東京女子医大
原町住宅
日本銀行寮
至誠会
東京女子医大病院
税務大学校
電電公社住宅
東京韓国学園
鹿島独身寮
月桂寺
日本通運アパート
通産省地質調査所分室
大蔵省印刷局宿舎
住宅公社仲之町宿舎
都公社薬王寺住宅
大日本印刷市ヶ谷工場
フジテレビ
朝日生命アパート
牛込仲之小

士銀行」「第一勧業銀行」「三和銀行」「太陽神戸銀行」「大日本印刷」「日本通運」「鹿島建設」「熊谷組」「朝日生命」といった官公庁や日本を代表する企業の社宅や独身寮が多数見受けられる。

神楽坂は牛込地区最大の繁華街である。飯田橋駅から北西に向けて延びている道が確認できるが、これが神楽坂だ。通りの両側にぎっしりと個人商店が並んでいる。地元住民向けの静かな商店街だった神楽坂が大きく変貌するのは、1980年代末のバブルの時代である。名画座が消えてパチンコ店となり、個人商店が複合ビルとなり、ディスコやクラブがオープンして、個人経営の定食屋は居酒屋チェーン店へと変わった。「HANAKO」をはじめとする東京の情報誌が、たびたび神楽坂を取り上げた影響も無視できなかった。

右ページ右端の飯田橋と牛込見附の間の飯田濠は外濠の一部であった。このころまでは水濠だったが、1980年代初頭に埋め立てられ、1985年に16階建ての飯田橋セントラルプラザが完成している。

神楽坂 1948

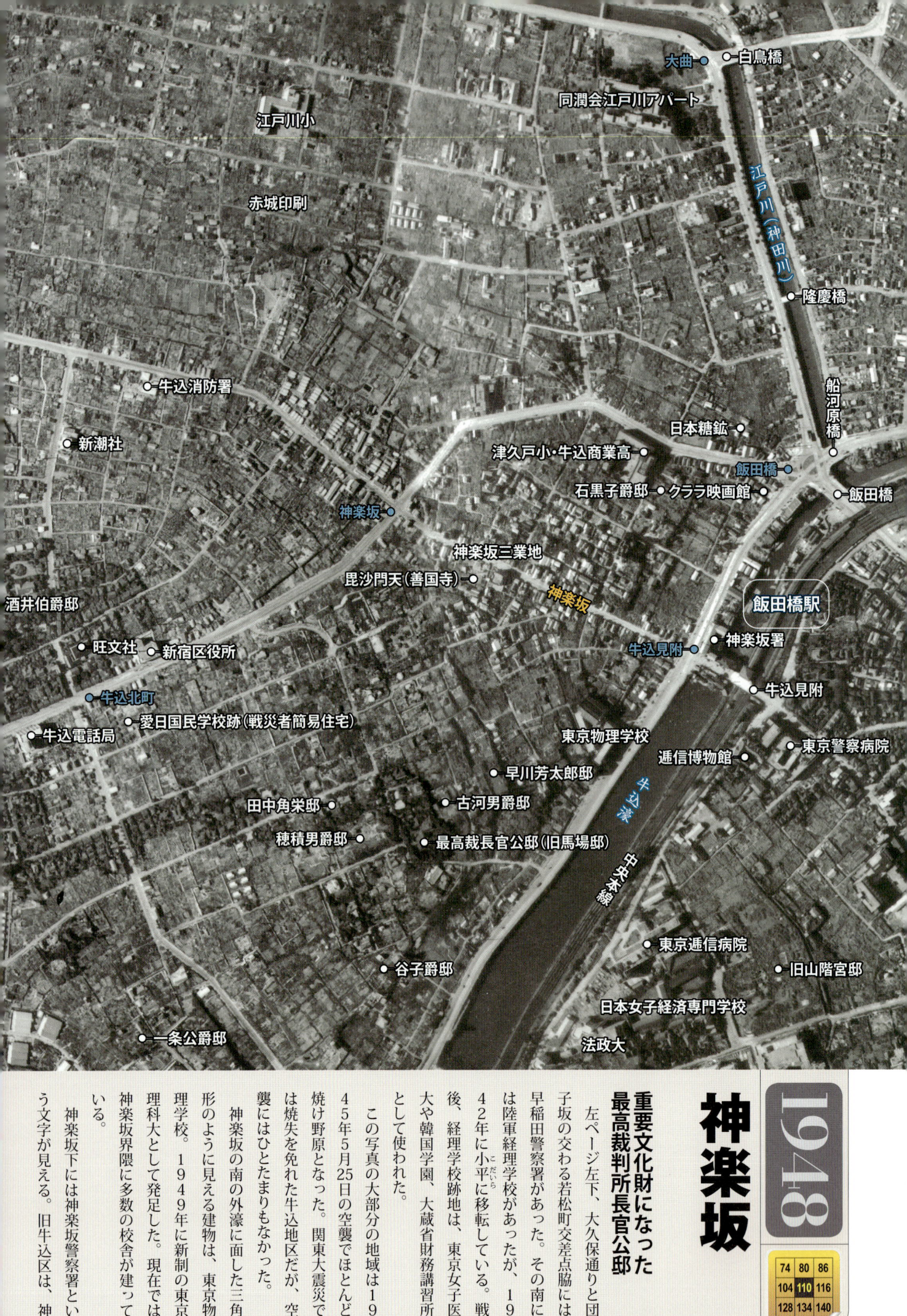

重要文化財になった最高裁判所長官公邸

左ページ左下、大久保通りと団子坂の交わる若松町交差点脇には早稲田警察署があった。その南には陸軍経理学校があったが、1942年に小平に移転している。戦後、経理学校跡地は、東京女子医大や韓国学園、大蔵省財務講習所として使われた。

この写真の大部分の地域は1945年5月25日の空襲でほとんど焼け野原となった。関東大震災では焼失を免れた牛込地区だが、空襲にはひとたまりもなかった。

神楽坂の南の外濠に面した三角形のように見える建物は、東京物理学校。1949年に新制の東京理科大として発足した。現在では神楽坂界隈に多数の校舎が建っている。

神楽坂下には神楽坂警察署という文字が見える。旧牛込区は、神

地図内の注記：
- 大曲
- 白鳥橋
- 同潤会江戸川アパート
- 江戸川小
- 赤城印刷
- 江戸川（神田川）
- 隆慶橋
- 牛込消防署
- 日本糖鉱
- 船河原橋
- 新潮社
- 津久戸小・牛込商業高
- 飯田橋
- 石黒子爵邸
- クララ映画館
- 飯田橋
- 神楽坂
- 神楽坂三業地
- 毘沙門天（善国寺）
- 神楽坂
- 飯田橋駅
- 酒井伯爵邸
- 牛込見附
- 神楽坂署
- 旺文社
- 新宿区役所
- 牛込見附
- 牛込北町
- 牛込電話局
- 愛日国民学校跡（戦災者簡易住宅）
- 東京物理学校
- 早川芳太郎邸
- 逓信博物館
- 東京警察病院
- 田中角栄邸
- 古河男爵邸
- 牛込濠
- 穂積男爵邸
- 最高裁長官公邸（旧馬場邸）
- 中央本線
- 谷子爵邸
- 東京逓信病院
- 旧山階宮邸
- 日本女子経済専門学校
- 一条公爵邸
- 法政大

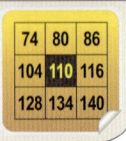

航空写真内の注記（上から、おおむね位置順）:

- 早稲田実業高・中
- 杉本鶴五郎邸
- 早稲田高・中
- 山吹国民学校跡
- 大日本印刷榎町工場
- 早大理工学研究所
- 牛込第二中予定地
- 牛込第二中（仮校舎）
- 早稲田小
- 済生会病院跡
- 市ヶ谷商業高
- 牛込第一中予定地
- 牛込郵便局・牛込電報局
- 早稲田署
- 若松町
- 牛込柳町
- 山伏町
- 市谷小
- 牛込原町小
- 成城高・中
- 東京女子医大予科（旧陸軍経理学校）
- 東京女子医大附属病院
- 旧制第四中（牛込第三中予定）
- 児玉伯爵邸
- 徳川男爵邸
- 牛込仲之小
- 大日本印刷市谷コ

楽坂警察署と早稲田警察署が管轄していたが、1960年に統合して牛込警察署となった。

外濠を隔てた南東側が千代田区である。広大な更地は山階宮邸跡。4月14日と5月25日の空襲で全焼した。跡地にはその後、郵政省の官舎や逓信病院関係施設、衆議院議員会館が建てられている。

牛込側（新宿区）の丘でいちばん標高が高い場所には尾張藩主徳川家上屋敷があり、その次に高い場所は小浜藩主酒井家の山里御殿があった。酒井屋敷の土地はそのまま酒井家が所有し、その一部が酒井伯爵家の本邸となった。

最高裁判所長官公邸となった馬場邸は、富山の豪商で馬場汽船を経営していた馬場家の邸宅として1928年に建てられたもの。2014年に重要文化財に指定された。向かい合う穂積男爵家は、法学者の穂積重遠の邸宅。古河男爵邸とあるのは、古河庭園から移り住んだ古河財閥の当主邸。当時は古河虎之助の家督を継いだ養嗣子の従純（西郷従道の孫、夭逝した従靖の兄）が当主として居住していた。

2009 水道橋

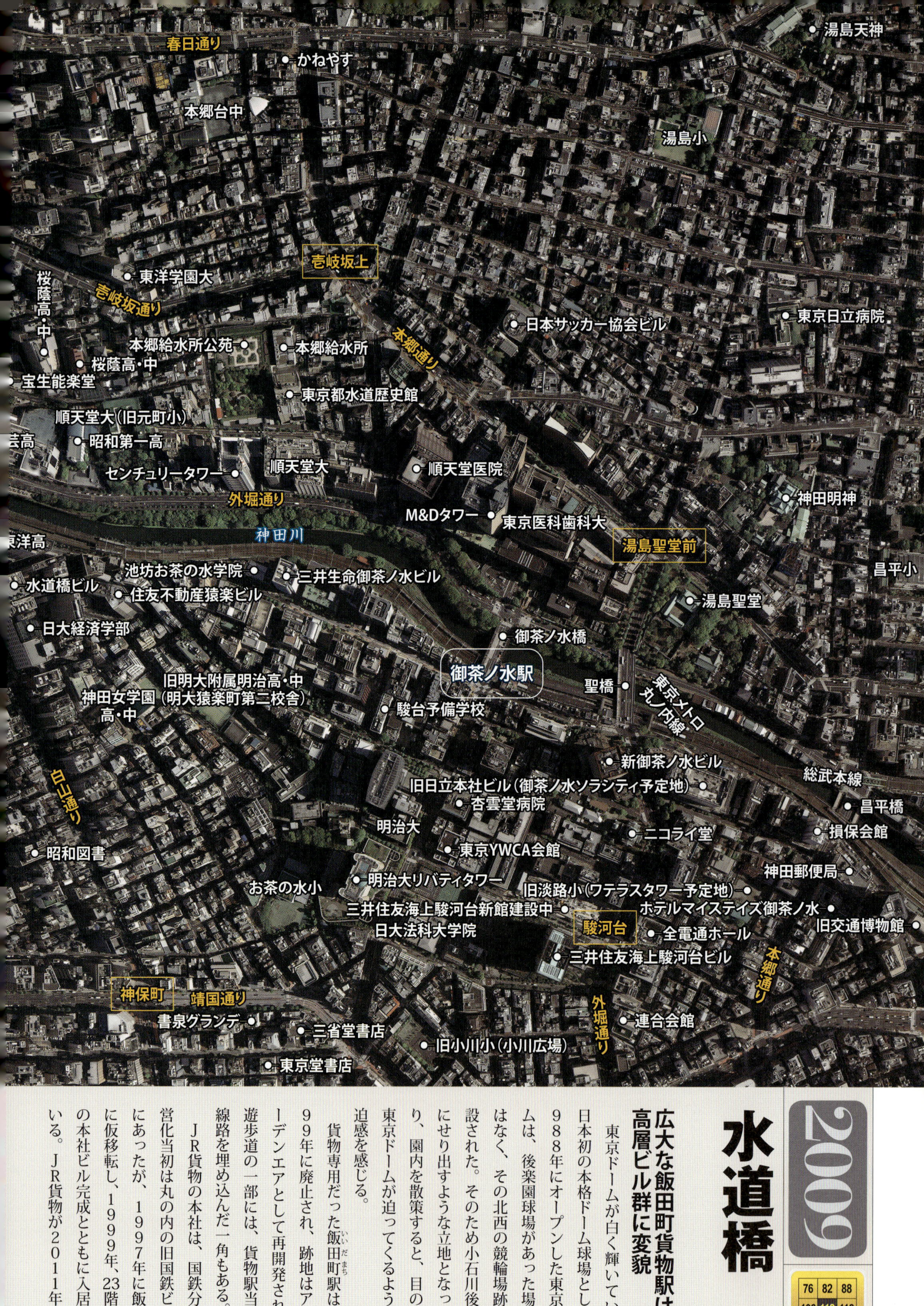

広大な飯田町貨物駅は高層ビル群に変貌

東京ドームが白く輝いている。日本初の本格ドーム球場として1988年にオープンした東京ドームは、後楽園球場があった場所ではなく、その北西の競輪場跡に建設された。そのため小石川後楽園にせり出すような立地となっており、園内を散策すると、目の前に東京ドームが迫ってくるような圧迫感を感じる。

貨物専用だった飯田町駅は1999年に廃止され、跡地はアイガーデンエアとして再開発された。遊歩道の一部には、貨物駅当時の線路を埋め込んだ一角もある。

JR貨物の本社は、国鉄分割民営化当時は丸の内の旧国鉄ビル内にあったが、1997年に飯田橋に仮移転し、1999年、23階建ての本社ビル完成とともに入居している。JR貨物が2011年に本

地図注記

- 春日通り
- かねやす
- 湯島天神
- 本郷台中
- 湯島小
- 壱岐坂上
- 東洋学園大
- 桜蔭高・中
- 壱岐坂通り
- 本郷通り
- 日本サッカー協会ビル
- 東京日立病院
- 本郷給水所公苑
- 本郷給水所
- 宝生能楽堂
- 桜蔭高・中
- 東京都水道歴史館
- 順天堂大(旧元町小)
- 昭和第一高
- 芸高
- 順天堂大
- 順天堂医院
- センチュリータワー
- 外堀通り
- M&Dタワー
- 神田明神
- 東京医科歯科大
- 神田川
- 湯島聖堂前
- 東洋高
- 水道橋ビル
- 池坊お茶の水学院
- 三井生命御茶ノ水ビル
- 湯島聖堂
- 昌平小
- 住友不動産猿楽ビル
- 日大経済学部
- 御茶ノ水橋
- 旧明大附属明治高・中
- 御茶ノ水駅
- 聖橋
- 東京メトロ丸ノ内線
- 神田女学園高・中(明大猿楽町第二校舎)
- 駿台予備学校
- 新御茶ノ水ビル
- 総武本線
- 白山通り
- 昭和図書
- 旧日立本社ビル(御茶ノ水ソラシティ予定地)
- 昌平橋
- 明治大
- 杏雲堂病院
- 損保会館
- お茶の水小
- 東京YWCA会館
- ニコライ堂
- 神田郵便局
- 明治大リバティタワー
- 旧淡路小(ワテラスタワー予定地)
- 三井住友海上駿河台新館建設中
- ホテルマイステイズ御茶ノ水
- 日大法科大学院
- 駿河台
- 全電通ホール
- 旧交通博物館
- 三井住友海上駿河台ビル
- 本郷通り
- 神保町
- 靖国通り
- 外堀通り
- 連合会館
- 書泉グランデ
- 三省堂書店
- 旧小川小(小川広場)
- 東京堂書店

地図上のラベル

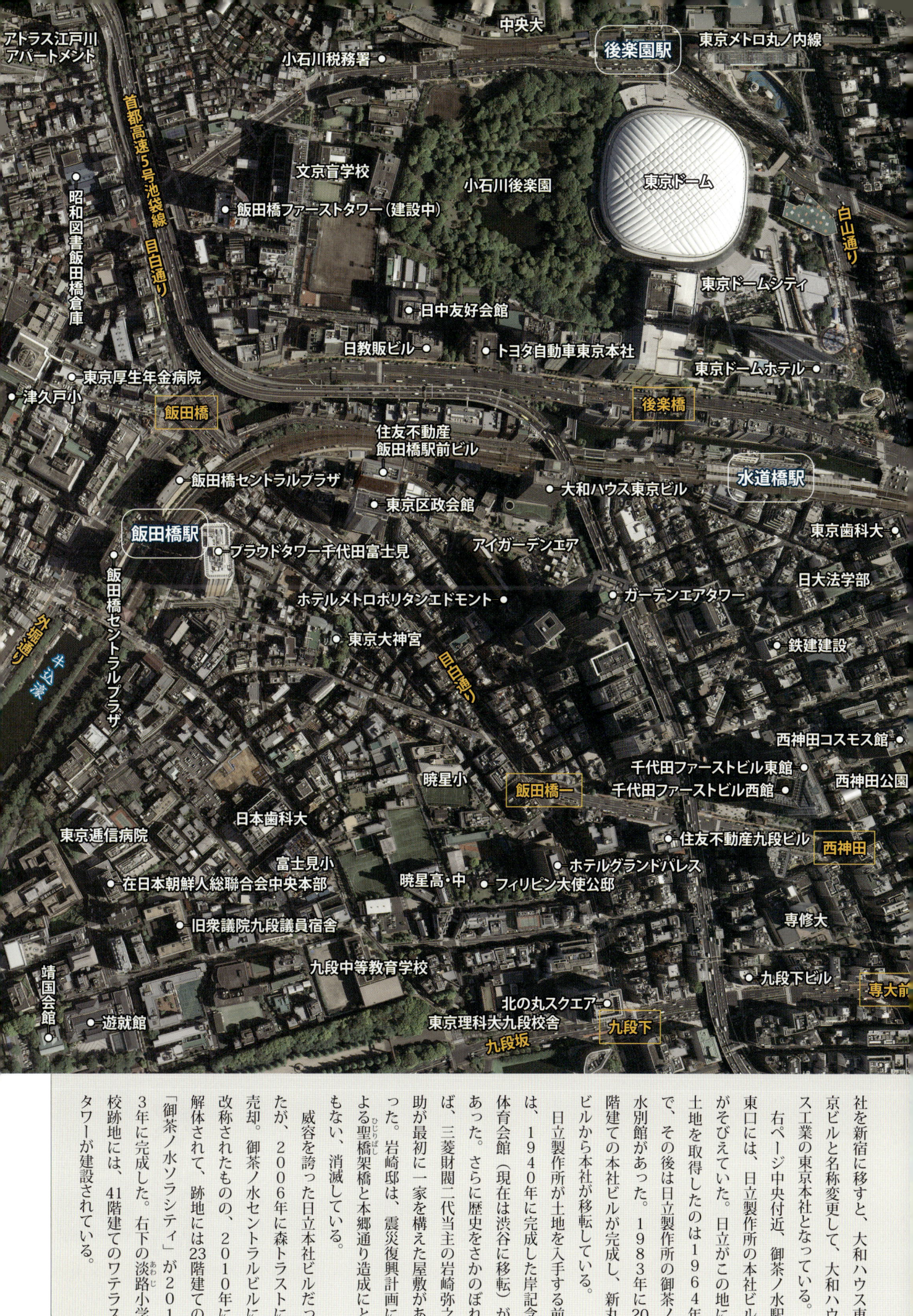

- アトラス江戸川アパートメント
- 中央大
- 後楽園駅
- 東京メトロ丸ノ内線
- 小石川税務署
- 首都高速5号池袋線
- 文京盲学校
- 小石川後楽園
- 東京ドーム
- 飯田橋ファーストタワー(建設中)
- 目白通り
- 昭和図書飯田橋倉庫
- 白山通り
- 東京ドームシティ
- 日中友好会館
- 日教販ビル
- トヨタ自動車東京本社
- 東京ドームホテル
- 東京厚生年金病院
- 津久戸小
- 飯田橋
- 後楽橋
- 住友不動産飯田橋駅前ビル
- 飯田橋セントラルプラザ
- 大和ハウス東京ビル
- 水道橋駅
- 東京区政会館
- 飯田橋駅
- プラウドタワー千代田富士見
- アイガーデンエア
- 東京歯科大
- 飯田橋セントラルプラザ
- ホテルメトロポリタンエドモント
- ガーデンエアタワー
- 日大法学部
- 外濠
- 牛込濠
- 東京大神宮
- 目白通り
- 鉄建建設
- 西神田コスモス館
- 暁星小
- 飯田橋一
- 千代田ファーストビル東館
- 千代田ファーストビル西館
- 西神田公園
- 東京逓信病院
- 日本歯科大
- 住友不動産九段ビル
- 西神田
- 富士見小
- ホテルグランドパレス
- 在日本朝鮮人総聯合会中央本部
- 暁星高・中
- フィリピン大使公邸
- 専修大
- 旧衆議院九段議員宿舎
- 九段中等教育学校
- 九段下ビル
- 専大前
- 靖国会館
- 遊就館
- 北の丸スクエア
- 東京理科大九段校舎
- 九段下
- 九段坂

社を新宿に移すと、大和ハウス東京ビルと名称変更して、大和ハウス工業の東京本社となっている。右ページ中央付近、御茶ノ水駅東口には、日立製作所の本社ビルがそびえていた。日立がこの地に土地を取得したのは1964年で、その後は日立製作所の御茶ノ水別館があった。1983年に20階建ての本社ビルが完成し、新丸ビルから本社が移転している。

日立製作所が土地を入手する前は、1940年に完成した岸記念体育会館(現在は渋谷に移転)があった。さらに歴史をさかのぼれば、三菱財閥二代当主の岩崎弥之助が最初に一家を構えた屋敷があった。岩崎邸は、震災復興計画による聖橋架橋と本郷通り造成にともない、消滅している。

威容を誇った日立本社ビルだったが、2006年に森トラストに売却。御茶ノ水セントラルビルに改称されたものの、2010年に解体されて、跡地には23階建ての「御茶ノ水ソラシティ」が2013年に完成した。右下の淡路小学校跡地には、41階建てのワテラスタワーが建設されている。

1975 水道橋

公営ギャンブルを全廃した美濃部都政

左ページ上、小石川後楽園の緑とともに目に飛び込むのが、二つのスタジアムである。右が後楽園球場で、左は後楽園競輪場。競輪場は当時、後楽園ジャンボプールとなっていた。なぜ競輪場がプールになったのか。原因は都知事にあった。戦災復興を目的として1949年に開場した後楽園競輪は大変な人気だった。ところが1967年に都知事に当選した美濃部亮吉は、公営ギャンブルの廃止を公約に掲げていた。そのため後楽園競輪は1972年10月で廃止となったのである。現在の東京ドームは、競輪場のあった場所に建設されたが、競輪バンクとして使用することができるよう設計されている。美濃部都政の公営ギャンブル廃止は、後楽園競輪にとどまらなか

地図上の注記

- 国鉄アパート
- 文京第二中
- かねやす
- 春日通り
- 湯島天神
- 日本信販ビル
- 湯島小
- 婦人生活社
- 霊雲寺
- 桜蔭高・中
- 東洋女子短大
- 壱岐坂上
- 電電公社台東地区管理部
- 三洋電機
- 東京日立病院
- 本郷通り
- 本郷給水所
- 神田郵便局湯島分室
- 元町小
- 二芸高
- 昭和第一高・中
- 順天堂医大
- 順天堂医院
- 広瀬無線
- 水道通り
- 神田川
- 神田明神
- 結核予防会
- 湯島聖堂前
- 東京医科歯科大学
- 芳林小
- 湯島聖堂
- 日大経済学部
- 御茶ノ水橋
- 聖橋
- 明治高・中
- 御茶ノ水駅
- 神田女学園高・中
- 総武本線緩行線
- 電波ビル
- 松住町架道橋
- 杏雲堂病院
- 日本出版販売
- 丸ノ内線
- 昭和図書
- 国税局寮
- 明大文学部
- 外堀通り
- 日立御茶ノ水別館
- 総武本線
- 山の上ホテル
- 日大病院
- 昌平橋
- 白山通り
- 明治大学
- 東京YMCA
- ニコライ堂
- 損保会館
- 神田消防署
- 錦華小
- 主婦の友社
- 中央大学
- 神田郵便局
- 駿河台電話局
- 淡路小
- 大木須田町ビル
- 駿河台
- 交通博物館
- 同和病院
- 靖国通り
- 神保町
- 龍名館
- 本郷通り
- 書泉グランデ
- 三省堂
- 冨山房
- 小川小
- 中央大学校舎
- 東京堂

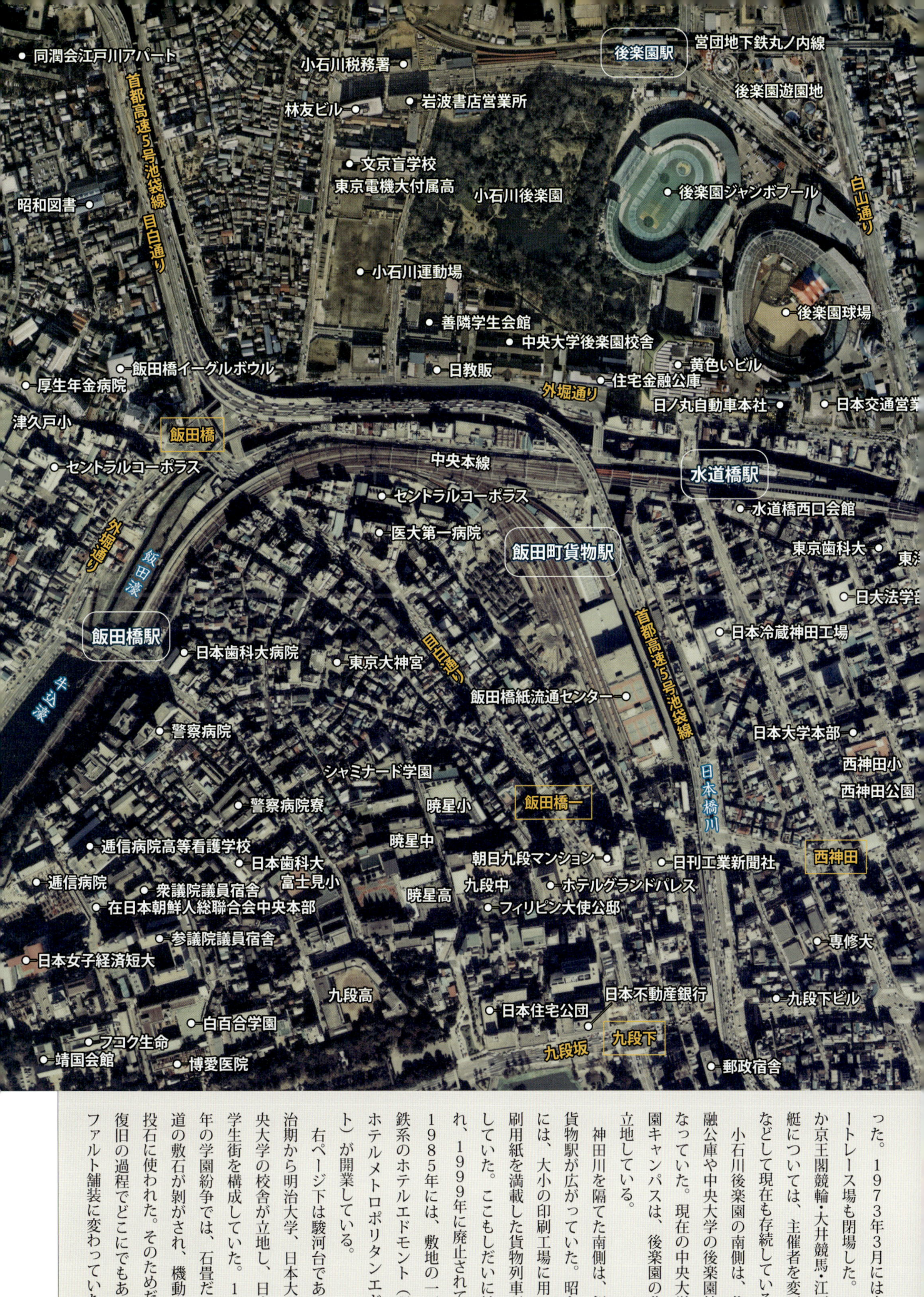

同潤会江戸川アパート / 首都高速5号池袋線 / 目白通り / 小石川税務署 / 林友ビル / 岩波書店営業所 / 後楽園駅 / 営団地下鉄丸ノ内線 / 昭和図書 / 文京盲学校 / 東京電機大付属高 / 小石川後楽園 / 後楽園遊園地 / 後楽園ジャンボプール / 白山通り / 小石川運動場 / 善隣学生会館 / 中央大学後楽園校舎 / 後楽園球場 / 厚生年金病院 / 飯田橋イーグルボウル / 日教販 / 黄色いビル / 住宅金融公庫 / 津久戸小 / 飯田橋 / セントラルコーポラス / 外堀通り / 日ノ丸自動車本社 / 日本交通営業 / 中央本線 / セントラルコーポラス / 水道橋駅 / 外堀通り / 飯田濠 / 医大第一病院 / 飯田町貨物駅 / 水道橋西口会館 / 東京歯科大 / 飯田橋駅 / 牛込濠 / 日本歯科大病院 / 東京大神宮 / 目白通り / 首都高速5号池袋線 / 日大法学部 / 日本冷蔵神田工場 / 警察病院 / シャミナード学園 / 飯田橋紙流通センター / 日本大学本部 / 警察病院寮 / 暁星小 / 飯田橋一 / 西神田小 / 西神田公園 / 逓信病院高等看護学校 / 日本歯科大 / 暁星中 / 朝日九段マンション / 日刊工業新聞社 / 西神田 / 逓信病院 / 富士見小 / 暁星高 / 九段中 / ホテルグランドパレス / 衆議院議員宿舎 / 在日本朝鮮人総聯合会中央本部 / フィリピン大使公邸 / 日本橋川 / 参議院議員宿舎 / 専修大 / 日本女子経済短大 / 九段高 / 日本不動産銀行 / 九段下ビル / フコク生命 / 白百合学園 / 日本住宅公団 / 靖国会館 / 博愛医院 / 九段坂 / 九段下 / 郵政宿舎

った。1973年3月には大井オートレース場も閉場した。このほか京王閣競輪・大井競馬・江戸川競艇については、主催者を変更するなどして現在も存続している。

小石川後楽園の南側は、住宅金融公庫や中央大学の後楽園校舎になっていた。現在の中央大学後楽園キャンパスは、後楽園の北側に立地している。

神田川を隔てた南側は、飯田町貨物駅が広がっていた。昭和後期には、大小の印刷工場に用いる印刷用紙を満載した貨物列車が発着していた。ここもしだいに縮小され、1999年に廃止されている。1985年には、敷地の一画に国鉄系のホテルエドモント（現在のホテルメトロポリタンエドモント）が開業している。

右ページ下は駿河台である。明治期から明治大学、日本大学、中央大学の校舎が立地し、日本一の学生街を構成していた。1969年の学園紛争では、道の敷石が剥がされ、機動隊への投石に使われた。そのためだろう、復旧の過程でどこにでもあるアスファルト舗装に変わっていた。

水道橋 1948

戦時中は畑になった後楽園球場グラウンド

小石川にあった水戸徳川家上屋敷は、明治に入ると軍用地となり、砲兵工廠が置かれた。1935年に砲兵工廠が九州の小倉に移転した後、跡地にはさまざまな施設が新設されていった。目立つのが後楽園球場である。盧溝橋事件から間もない1937年9月に開場した。この球場は、1944年9月に東部軍の陣地となり、高射砲陣地がスタンドに設営され、グラウンドは畑となった。進駐軍に接収されたがすぐに解除され、早慶戦やプロ野球などの試合が再開されている。東京にまともな球場がなかった当時は、ほとんどの試合が後楽園で行われた。1952年当時、後楽園球場を本拠地としていたプロ球団は5つもあった。南方開発金庫の跡地には、1955年に遊園地が開園している。

地図上の地名

真砂町 / 本郷三丁目 / 春木町 / 湯島天神 / 文京第二中予定地 / 湯島小・文京第四中 / 安藤高・中 / 本郷給水場 / マミヤ光機 / 昭和第一高 / 工芸高 / 元町小 / 湯島二丁目 / 順天堂医科大 / 順天堂病院 / ★接収★ 文化アパート / 本郷元町 / 神田明神 / 商業高・中 / 中央線 / 神田川 / 東京医科歯科大 / 神田三業地 / 経済学部 / 昌平高 / ★接収★ 日仏会館 / 御茶ノ水 / 湯島聖堂 / 三崎町 / 平田伯爵邸 / 医師会館 / 御茶ノ水橋 / 神田女子高 / 三楽病院 / 御茶ノ水駅 / 聖橋 / 明治高・中・第二高 / ★接収★ 初は奈旅館 / 駿河台ホテル / 松住町 / 日本出版駿河台営業所 / 岸記念体育館 / 昌平橋 / ★接収★ 新興生活館(ヒルトップ・ホテル) / 日本大 / 損保会館 / ★接収★ 錦華公園 / ★接収★ YWCA駿河台会館 / ニコライ堂 / シネパレス / 錦華小 / 明治大 / 淡路小 / 神田消防署 / 神田郵便局 / 中央社 / ★接収★ 主婦之友ビル / 中央大 / 西園寺公爵邸 / 神田日活 / 三省堂 / 聖橋高・中 / 淡路町 / 神保町 / ★接収★ 駿河台下 / 小川小 / 冨山房(リーダーズ・ダイジェスト) / 東京堂

航空写真上のラベル（抜粋・北から南、西から東へ）:

- 大曲
- 錦秋高
- 同潤会江戸川アパート
- 旧南方開発金庫
- 江戸川（神田川）
- 文京盲学校
- 小石川後楽園
- 津久戸小・牛込商業高
- 隆慶橋
- 後楽園球場
- クララ映画館
- 中華学友会館
- 石黒子爵邸
- 船河原橋
- 日本発送電本社
- 飯田橋
- 神田川
- 小石川橋
- 講道館
- 飯田濠
- 都電飯田町変電所
- 後楽橋
- 水道橋
- 日本医大第一病院
- 新三崎橋
- 水道橋
- 飯田橋駅
- 飯田町貨物駅
- 東京歯科大・附属病院
- 牛込見附
- 神楽坂署
- 飯田町機関区
- 日本通運飯田橋
- 外濠川（日本橋川）
- ★接収★ 日本冷蔵
- 逓信博物館
- 日大法学部
- 東京警察病院
- 飯田町一丁目
- 新川橋
- 日大本部
- 西神田小
- 暁星小
- 堀留橋
- 東京逓信病院
- 日本歯科大
- 旧山階宮邸
- 富士見小
- ★接収★ フィリピン大使公邸（旧安田岩次郎邸）
- 南堀留橋
- 山県公爵邸
- 専修大
- 日本女子経済専門学校
- 九段高
- ★接収★ 旧偕行社（ミドリ・ホテル）
- ★接収★ 野々宮アパート
- 九段下ビル
- 靖国会館
- 全国市長会
- 九段下
- 俎橋
- 富国生命
- 白百合学園高・中
- 専修大学前

　後楽園球場の少し左に見える木々や池のある一郭が後楽園（小石川後楽園）である。水戸屋敷が砲兵工廠となった後も、後楽園だけはそのまま残された。しかしこの名園も、1945年4月14日の空襲で、朱舜水が書いた後楽園の扁額が掛かる壮麗な唐門を焼失し、多数の木々を損傷している。
　後楽園の南側には日本発送電の本社があった。この会社は、日本全国の発電・送電事業を一手に管理していた国策会社である。戦時色が深まるにつれ、電力会社の統合が進められ、1939年に設立された日本発送電に集約されることとなった。
　日本発送電の西側に見える建物が中華学友会館である。ここはもともと、1937年12月に設立された満洲国留日学生会館が前身。終戦後は寮生が中華学友会館と名乗って自主管理していたが、1953年、財団法人善隣学生会館が事業を引き継いだ。
　接収されたフィリピン大使公邸は旧安田岩次郎邸。安田財閥を興した安田善次郎の孫で、芸術家の小野洋子の母方の伯父にあたる。

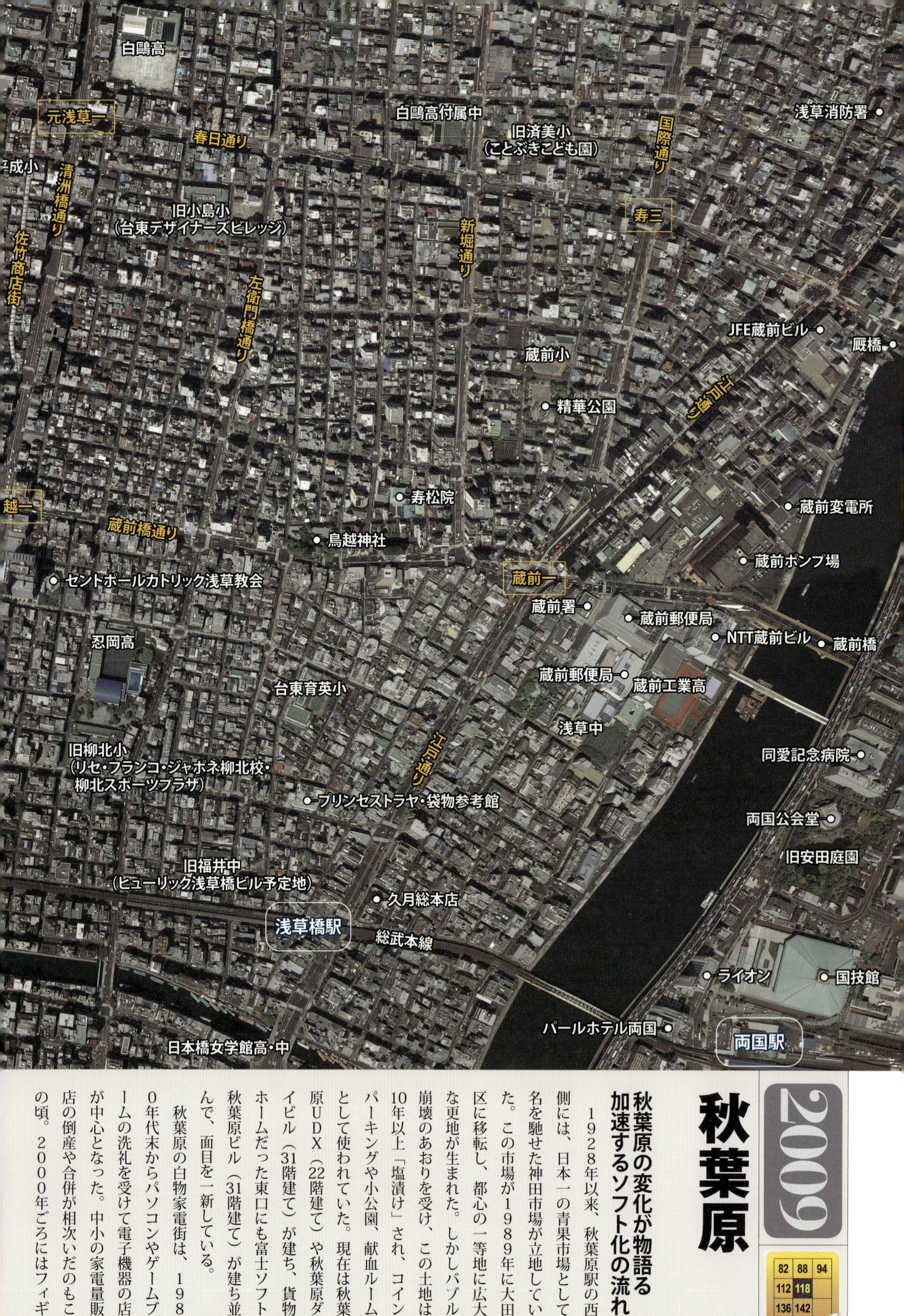

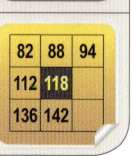

秋葉原

2009

秋葉原の変化が物語る加速するソフト化の流れ

1928年以来、秋葉原駅の西側には、日本一の青果市場として名を馳せた神田市場が立地していた。この市場が1989年に大田区に移転し、都心の一等地に広大な更地が生まれた。しかしバブル崩壊のあおりを受け、この土地は10年以上「塩漬け」され、コインパーキングや小公園、献血ルームとして使われていた。現在は秋葉原UDX（22階建て）や秋葉原ダイビル（31階建て）が建ち、ホームだった東口にも富士ソフト秋葉原ビル（31階建て）が建ち並んで、面目を一新している。

秋葉原の白物家電街は、1980年代末からパソコンやゲームソフトの洗礼を受けて電子機器の店が中心となった。中小の家電量販店の倒産や合併が相次いだもこの頃。2000年ごろにはフィギ

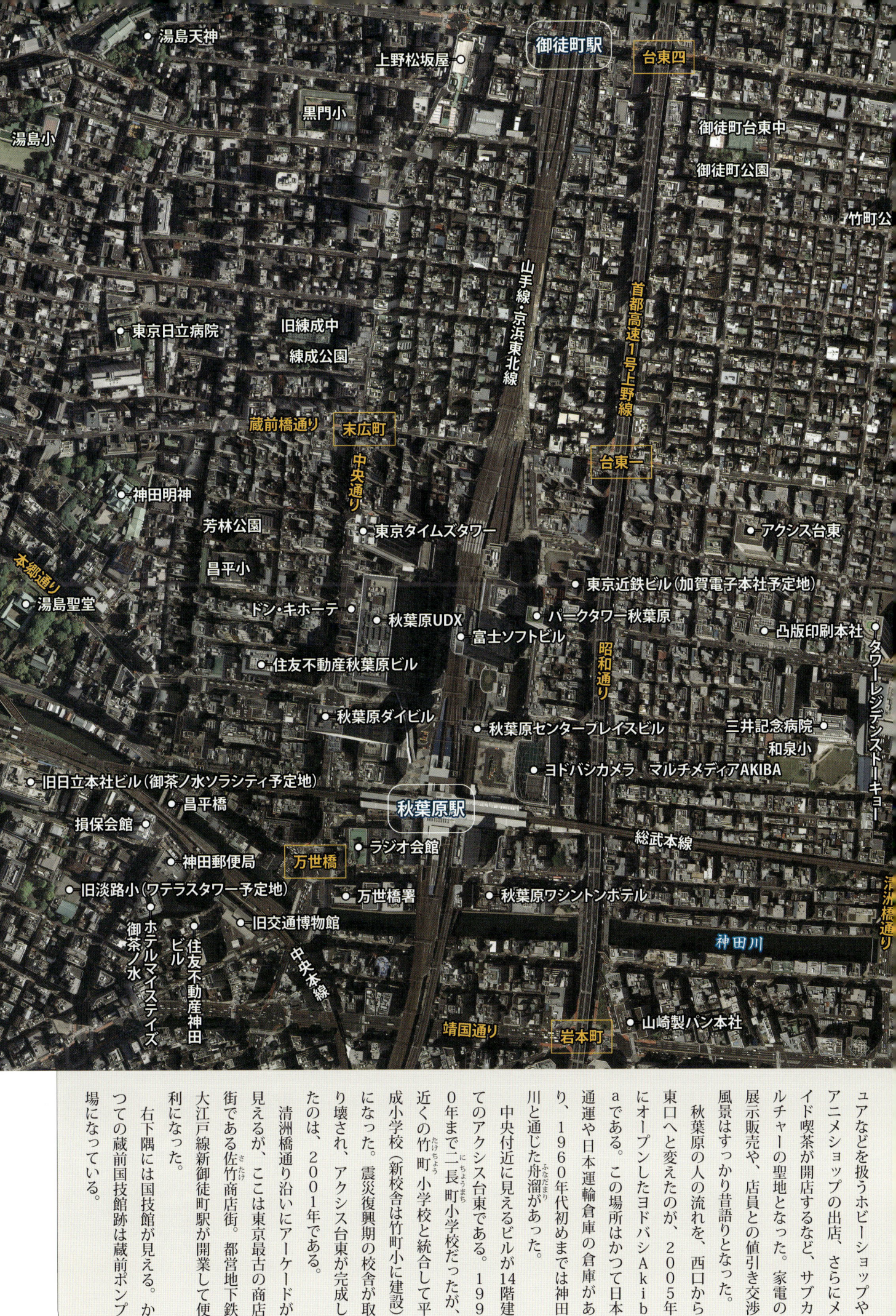

地図上のラベル（上から、位置順におおむね）:

- 湯島天神
- 上野松坂屋
- 御徒町駅
- 台東四
- 湯島小
- 黒門小
- 御徒町台東中
- 御徒町公園
- 竹町公
- 東京日立病院
- 旧練成中
- 練成公園
- 山手線・京浜東北線
- 首都高速1号上野線
- 蔵前橋通り
- 末広町
- 中央通り
- 台東一
- 神田明神
- 芳林公園
- 昌平小
- 東京タイムスタワー
- アクシス台東
- 本郷通り
- 湯島聖堂
- ドン・キホーテ
- 秋葉原UDX
- 東京近鉄ビル（加賀電子本社予定地）
- パークタワー秋葉原
- 凸版印刷本社
- タワーレジデンストーキョー
- 住友不動産秋葉原ビル
- 富士ソフトビル
- 昭和通り
- 秋葉原ダイビル
- 秋葉原センタープレイスビル
- 三井記念病院
- 和泉小
- 旧日立本社ビル（御茶ノ水ソラシティ予定地）
- ヨドバシカメラ　マルチメディアAKIBA
- 損保会館
- 昌平橋
- 秋葉原駅
- 神田郵便局
- 万世橋
- ラジオ会館
- 総武本線
- 清洲橋通り
- 旧淡路小（ワテラスタワー予定地）
- 万世橋署
- 秋葉原ワシントンホテル
- 旧交通博物館
- 神田川
- 住友不動産神田ビル
- ホテルマイステイズ御茶ノ水
- 中央本線
- 靖国通り
- 岩本町
- 山崎製パン本社

　ユアなどを扱うホビーショップやアニメショップの出店、さらにメイド喫茶が開店するなど、サブカルチャーの聖地となった。家電の展示販売や、店員との値引き交渉風景はすっかり昔語りとなった。

　秋葉原の人の流れを、西口から東口へと変えたのが、2005年にオープンしたヨドバシAkibaである。この場所はかつて日本通運や日本運輸倉庫の倉庫があり、1960年代初めまでは神田川と通じた舟溜まりがあった。

　中央付近に見えるビルが14階建てのアクシス台東である。1990年まで二長町小学校だったが、近くの竹町小学校と統合して平成小学校（新校舎は竹町小に建設）になった。震災復興期の校舎が取り壊され、アクシス台東が完成したのは、2001年である。

　清洲橋通り沿いにアーケードが見えるが、ここは東京最古の商店街である佐竹商店街。都営地下鉄大江戸線新御徒町駅が開業して便利になった。

　右下隅には国技館が見える。かつての蔵前国技館跡は蔵前ポンプ場になっている。

119

秋葉原 1975

改札の先には電気街と青果市場があった

1970年代の秋葉原は、電気街のほか、青果市場や運送会社の拠点などもあり、多彩な「顔」をもっていた。1974年には、神田市場を舞台にした中田喜子主演の昼のドラマ「やっちゃば育ち」が放送され、好評を博している。やっちゃ場とは青果市場の俗称。左下の万世橋そばには交通博物館がある。1975年といえば、日本の国鉄営業線から蒸気機関車が姿を消した年。1975年12月14日、最後の旅客列車（室蘭本線 室蘭〜岩見沢）を牽引したのがC57135号機だった。この機関車は津軽海峡を越えて交通博物館まで運ばれ、館内の1号機関車の隣に展示されることになった。こうした話題性から、交通博物館が年

主な地名・施設：
白鷗高、元浅草一、銀線ビル、台東中、済美小、国際通り、小公園、清洲橋通り、石崎ビル、小島小、春日通り、寿三、佐竹商店街、水道局三筋営業所、救世軍女子青年会館、台東小島アパート、精華小、厩橋、江戸通り、寿松院、蔵前変電所、鳥越神社、蔵前国技館、隅田川、鳥越一、蔵前橋通り、蔵前一、蔵前署、蔵前電話局、蔵前橋、忍岡高、東京地方貯金局蔵前分室、育英小、蔵前工業高、柳北小、プリンセストラヤ、浅草玩具商品センター、蔵前中、同愛記念病院、福井中、江戸通り、東京卸商センター、両国公会堂、旧安田庭園、富士銀行倉庫、浅草橋駅、久月総本店、北越製紙倉庫、松岡冷蔵、左衛門橋、総武本線、ライオン油脂、日本橋女学館、浅草橋、浅草橋産業会館、国鉄関東地方自動車局、東京自動車営業所、両国駅

84	90	96
114	120	
138	144	

湯島天神　吉池　御徒町駅　台東四
湯島小　黒門小　松坂屋
　　　　　　　　　　　　　　　　御徒町中
　　　　　　　　　　下谷変電所　御徒町公園
電電公社台東地区管理部
　　　　　　　　　　　　　　　首都高速1号上野線
東京日立病院　練成中
　　　　　　　練成公園　山手・京浜東北線
蔵前橋通り
　　　　末広町
　　広瀬無線　中央通り
神田明神
　　芳林公園
　　芳林小　　　　　　　　台東一
本郷通り　　　　　　　東京近鉄ビル
湯島聖堂　　　　　　　　昭和通り　　　二長町小
　　　　　　　　　　　　　　　　　　　凸版印刷
　　　　　　　中央卸売市場神田市場　　　日本地所第二ビ
　　　　　　日本通運ビル　　　　　　東京書籍
都営地下鉄　　　　　　　　　　　　日本通運　鶴岡和泉町ビ
丸ノ内線　　　　　　　　　　　　　三井記念病院
　　　　　　　　秋葉原貨物駅　　　　　　　日本通運
日立御茶ノ水別館　石丸電気　　　　　　佐久間小
　　　松住橋架道橋
　　　昌平橋　　　　日本運輸倉庫
　　　　　　　秋葉原駅
　　　　　　　　　　総武本線
　　神田郵便局　万世橋署
淡路小　大木須田町ビル　　東京ダイハツサービスセンター
　　　交通博物館　　　　和泉橋　　神田川　美倉橋
同和病院　中央本線　　　　　　　　　　東京スタイルビル
　　　　　　　靖国通り　岩本町　三井岩本町ビル　龍角散
　　　　　地下鉄ビル　万惣ビル

間最多入場者数を記録したのは1976年である（83万人）。
交通博物館とその周辺は、空襲の惨禍を免れたため、戦前からの伝統と建物を引き継いだ店が多かった。今も残る蕎麦の神田まつや、アンコウ鍋の伊勢源、鳥すきやきのぼたん、甘味処の竹むらなどである。近くにあった同和病院も、待合室のステンドグラスなど、洒落たモダン建築だった。もとは東京医師会館だった建物である。
蔵前橋通り近くの大きな建物が、蔵前国技館である。相撲といえば両国国技館だったが、両国回向院そばの旧国技館は、すでに昭和初期には手狭になっており、当時の大日本相撲協会は、対岸の蔵前の地に新国技館の土地を入手していた。両国の国技館が接収されて相撲興行ができなくなったことから、蔵前に新国技館建設の機運が高まったのである。この写真が撮られた1975年の大相撲は、輪島と北の湖が横綱に君臨した「輪湖時代」全盛期。蔵前で本場所が開催されるようになって25年が経過していた。この後、1984年の九月場所を最後に新国技館に移転する。

秋葉原 1948

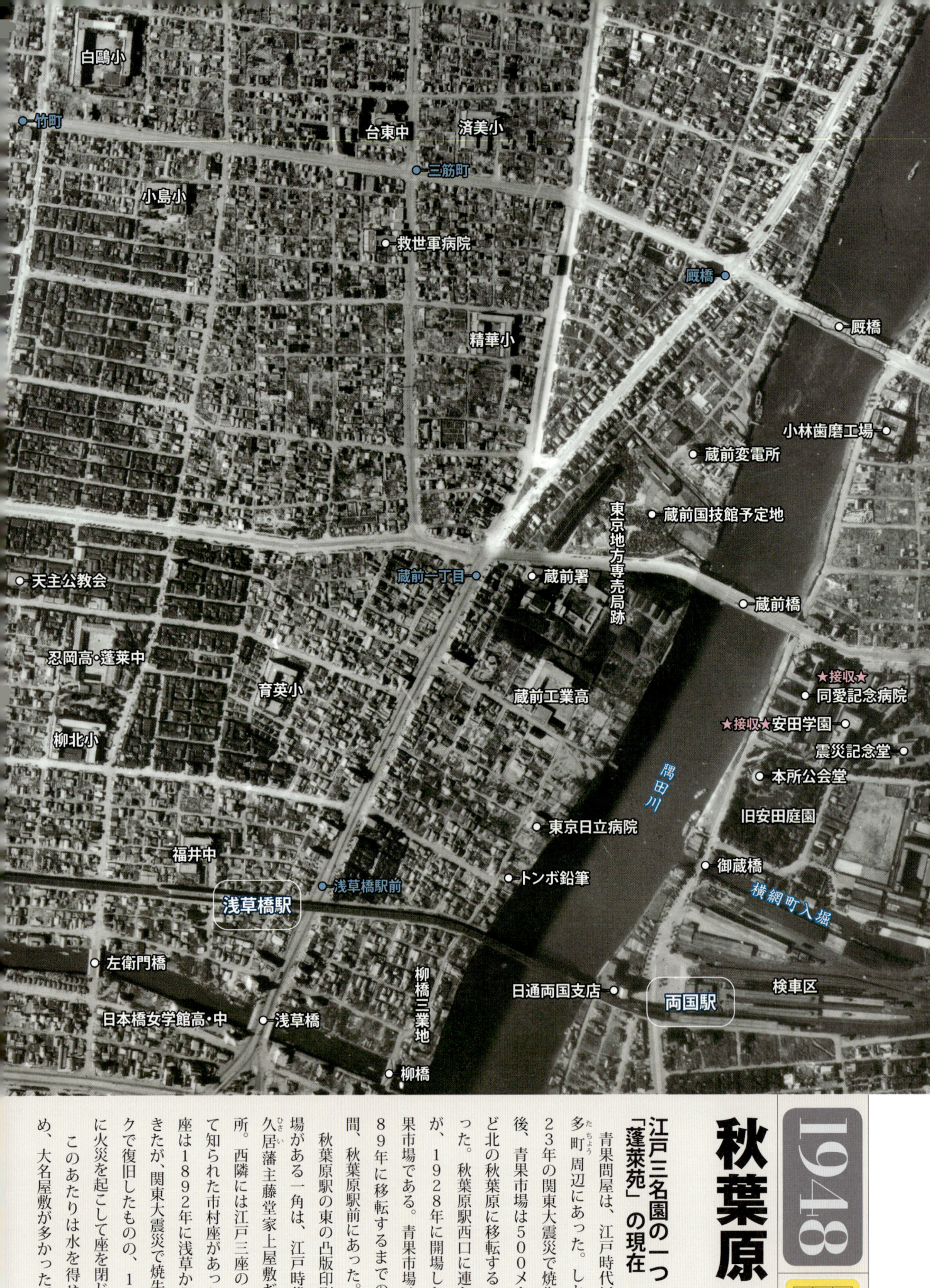

江戸三名園の一つ「蓬莱苑」の現在

青果問屋は、江戸時代以来神田多町（たちょう）周辺にあった。しかし1923年の関東大震災で焼失。震災後、青果市場は500メートルほど北の秋葉原に移転することになった。秋葉原駅西口に連なる屋根が、1928年に開場した神田青果市場である。青果市場は、1989年に移転するまでの約60年間、秋葉原駅前にあった。

秋葉原駅の東の凸版印刷本社工場がある一角は、江戸時代は伊勢久居藩主藤堂家上屋敷だった場所。西隣には江戸三座の一つとして知られた市村座があった。市村座は1892年に浅草から移ってきたが、関東大震災で焼失。バラックで復旧したものの、1932年に火災を起こして座を閉じている。

このあたりは水を得やすいため、大名屋敷が多かった。市村

地図中の地名:
- 白鷗小
- 竹町
- 台東中
- 済美小
- 小島小
- 三筋町
- 救世軍病院
- 厩橋
- 精華小
- 小林歯磨工場
- 蔵前変電所
- 蔵前国技館予定地
- 東京地方専売局跡
- 天主公教会
- 蔵前一丁目
- 蔵前署
- 蔵前橋
- 忍岡高・蓬莱中
- 育英小
- 蔵前工業高
- ★接収★ 同愛記念病院
- ★接収★ 安田学園
- 柳北小
- 震災記念堂
- 本所公会堂
- 隅田川
- 旧安田庭園
- 福井中
- 東京日立病院
- トンボ鉛筆
- 御蔵橋
- 浅草橋駅
- 浅草橋駅前
- 横網町入堀
- 左衛門橋
- 柳橋三業地
- 日通両国支店
- 両国駅
- 検車区
- 日本橋女学館高・中
- 浅草橋
- 柳橋

地図上のラベル（北から南、左から右におおよそ）：

- 湯島小
- 黒門小
- 上野広小路
- 松坂屋
- 御徒町三丁目
- 下谷郵便局
- 黒門中
- 竹町
- 山手線
- 練成中
- 御徒町二丁目
- 末広町
- 御徒町一丁目
- 神田明神
- 二長町小・駿台高
- 湯島聖堂
- 芳林小
- 神田三業地
- 中央卸売市場 神田分場
- 凸版印刷本社工場
- 和泉町
- 秋葉原貨物駅
- 昭和通り
- 凸版印刷本社
- 三井厚生病院
- 佐久間小
- 松住町
- 昌平橋
- 秋葉原駅
- 佐久間橋
- 総武本線
- 万世橋署
- 秋葉原駅前
- 神田郵便局
- 中央社
- 万世橋
- 和泉橋
- 神田川
- 美倉橋
- 淡路小
- 交通博物館
- 柳原橋
- 浜町川
- 中央本線
- 中教出版
- 須田町
- 岩本町
- 靖国通り
- 大和橋
- 豊島

のあたりは前述の藤堂家屋敷と対馬藩主宗家上屋敷があった。その南が伊勢津藩主藤堂家上屋敷である。あたりを神田和泉町というのは、津藩主藤堂家の官位が和泉守だったからである。

浅草向柳原町には肥前松浦藩主松浦家上屋敷があった。300
0坪の敷地は、小堀遠州が作庭した蓬莱園という名庭で知られ、後楽園、六義園と並び、江戸三名園といわれたほど。大池は、不忍池から三味線堀を通じて導水していた。だが蓬莱園は関東大震災で被災・荒廃し、池を残すだけとなった。御殿のあった南側は、関東大震災後に柳北尋常小学校が移転。蓬莱園の部分は昭和戦前期までその姿をとどめていたが、現在は忍岡高校の校地となっており、構内のオオイチョウと、校門前の「蓬莱園跡」という石碑だけが往時をしのばせている。

蔵前橋のたもとは、煙草を製造していた東京地方専売局の敷地だったが、3月10日の空襲で焼失。跡地はこのあと、蔵前橋通り南側が東京地方貯金局や蔵前高校となり、北側は蔵前国技館となった。

123

新宿 2009

新都心となった新宿で進む再開発

新宿副都心の開発から40年近く経ち、超高層ビルの形も時代を映してさまざまなものが出現している。人々の目を奪うのは、丹下健三が設計した東京都庁舎だろうが、2008年に完成した東京モード学園のコクーンタワーは、海外にも人気が高い。

平成に入って、新宿駅の南口一帯の再開発が進んでいる。丸の内の旧国鉄ビルを使用していたJR東日本は、1997年に新宿駅南口近くに本社を移転。かつて貨物ホームがあった駅の南東側には高島屋タイムズスクエアや紀伊國屋書店新宿南店などが並ぶ。

新宿歌舞伎町のシンボルだったのが新宿コマ劇場だが、2008年いっぱいで惜しまれて閉館した。現在は2015年の完成をめざし、複合ビルの建設が進む。

地図上の注記（北から南、西から東）

- 旧日本テレビゴルフガーデン（新宿イーストサイド予定地）
- 旧日本テレビゴルフガーデン（新宿イーストサイド予定地）
- 余丁町通り
- 天神小
- 新宿中
- 新宿文化センター
- 富久町保育園
- 新宿六
- 都営市ヶ谷富久町アパート
- 都営市ヶ谷富久町アパート
- 小石川工業高跡（総合芸術高予定地）
- 東京医科大
- パークシティイセタン1
- NTTドコモ新四谷ビル
- 自證院
- 東電新宿支社
- 東京厚生年金会館
- 富久小
- ローレルコート新宿タワー
- 成女高
- ビッグス新宿
- 成覚寺
- 正受院
- 靖国通り
- 富久町西
- 源慶寺
- 太宗寺
- ルネ新宿御苑タワー
- 花園小
- 旧四谷第四小（東京おもちゃ美術館）
- NTT四谷工事課
- 甲州街道
- ライオンズ四谷タワーゲート
- 四谷消防署
- ホテルJALシティ四谷東京
- 新宿通り
- 四谷三
- 四谷区民センター
- 四谷四
- 旧洋館御休所
- 大温室予定地
- 笹寺
- 新宿鍼灸柔整専門学校
- 四谷署
- 新宿御苑
- 外苑西通り
- 外苑東通り
- 台湾閣

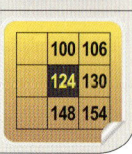

124

航空写真上のラベル（位置順、左上から）：

- 西新宿小
- 東急文化会館
- ヒューマックスパビリオン新宿歌舞伎町
- 歌舞伎町ビル
- 旧新宿コマ劇場
- 西鉄イン新宿
- 常円寺
- 西武新宿駅・新宿プリンスホテル
- 旧四谷第五小（吉本興業東京本部）
- 新宿野村ビル
- 新宿区役所
- 花園神社
- 新宿アイランドタワー
- 青梅街道
- 靖国通り
- 損保ジャパン本社ビル
- 新宿三井ビル
- 小田急ハルク
- スタジオアルタ
- 新宿ピカデリー
- 新宿五
- 新宿エルタワー
- 伊勢丹本館パーキングビ
- 新宿センタービル
- 紀伊國屋書店新宿本店
- 新宿通り
- 東京モード学園コクーンタワー
- 新宿伊勢丹
- 小田急百貨店
- 新宿駅・ルミネエスト
- 新宿三越アルコット（現ビックロ）
- 新宿住友ビル
- 新宿西口広場
- 新宿マルイ本館
- 工学院大学
- 京王百貨店
- エステック情報ビル
- 明治安田生命新宿ビル
- 大塚家具新宿ショールーム
- 京王プラザホテル本館
- 新宿郵便局
- フラッグス
- トヨタ東京ショールーム
- 新宿高
- 京王プラザホテル南館
- 新宿ファーストウエスト
- 新宿駅南口・ルミネ新宿
- 天龍寺
- 日本生命新宿西口ビル
- 新宿モノリス
- 新宿駅
- ダヴィンチ新宿
- 新宿NSビル
- KDDIビル
- 甲州街道
- 新宿高島屋・タカシマヤタイムズスクエア
- JR東日本本社ビル
- 新宿ワシントンホテル
- 新宿三井ビル二号館
- 新宿マインズタワー
- 新宿文化クイントビル
- 小田急サザンタワー
- 紀伊國屋書店新宿南店
- 明治通り
- 文化服装学院
- JR東京総合病院
- 代々木ゼミナール本部校
- 代々木小
- NTTドコモ代々木ビル

都心部有数の緑地公園である新宿御苑にも新たな動きがあった。北東側にあった大温室が2012年に閉館し、新しいガラス張りの大温室が2007年にオープンしている。園内に残る古い近代建築のうち、1896年に建てられた旧洋館御休所が国の重要文化財に指定され、台湾閣とよばれる旧御涼亭が東京都選定歴史的建造物になった。

右ページ、小石川工業高校だった場所が学校の統廃合で移転したため、更地となっている。この土地は、都立総合芸術高校となり、2010年に開校している。

現在環状4号がこの学校の西側を通る予定で工事が進んでいる。終戦後の1946年に策定された道路計画で、環状4号線は外苑西通り、不忍通りなどを結ぶ都市計画道路である。

道路沿いには、ローレルコート新宿タワー（2002年完成）やライオンズ四谷タワーゲート（2007年完成）といったタワーマンションも目立つ。静かな住宅地だった四谷から牛込にかけても大きく変わりつつある。

新宿 1975

新宿副都心が土煙舞う更地だった頃

左ページの左端、北側に向かって何本も延びる長い影が見える。新宿副都心の超高層ビルである。淀橋浄水場が役割を終えて閉鎖されたのが、1965年。それから ちょうど10年後の姿である。いまだ剥き出しの土地が目立つ。

完成したビルは数えるほどだったが、すべてが高層ビルの上位を独占している。なかでも最初に開業した京王プラザホテル（47階、179メートル）、新宿住友ビル（52階、210メートル）、新宿三井ビル（55階、225メートル）は、完成時は日本一の高さのビルだった。

新宿駅南口近くには、国鉄中央鉄道病院が建っている。その北側の「口」の字形の建物は1927年に建てられた東京鉄道病院の旧本館。国鉄中央鉄道病院は、国鉄

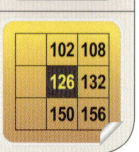

地図上のラベル（上から、おおよその位置順）:

- 淀橋第一小
- 東急文化会館
- 遊歩道四季の道
- 都営アパート
- 新宿コマ劇場
- 労済会館
- 緑屋新宿店
- 西武新宿駅
- 四谷第五小
- 常円寺
- 新宿区役所
- 新宿ゴールデン
- 関東配電
- 花園神社
- 新宿署
- 青梅街道
- 野村不動産
- 靖国通り
- 東京大飯店
- 水道局西部支所
- 安田火災海上本店
- 淀橋浄水場跡公園
- 新宿二幸
- 新宿五
- 新宿三井ビル
- 小田急ハルク
- 紀伊國屋書店
- 新宿副都心10号地
- 朝日生命本社
- スバルビル
- 小田急デパート・小田急新宿駅
- 新宿通り
- 伊勢丹
- 住友ビル
- 新宿ステーションビル東口
- 新宿三越
- レインボー会館
- 新宿武蔵野館
- 丸井ニュー新宿
- 安田生命
- 京王新宿駅
- 新宿駅
- 工学院大学
- 新宿郵便局
- 京王プラザホテル
- 京王デパート
- 東京消防庁第四方面訓練所
- 淀橋第二小
- ヨドバシカメラ
- 新宿駅南口
- ルミネ
- 淀橋電話局
- 天龍寺
- 四谷第二中
- 国鉄コンテナ貨物営業センター
- 明宝ビル
- 新宿スカイビル
- すまいの展示センター
- 日本通運新宿支店
- 新宿高
- KDD国際通信センター
- 新宿国鉄ビル
- 貨物ホーム
- 甲州街道
- 新宿御苑
- 高等看護学園
- 間組共同住宅
- 文化女子大
- 国鉄中央鉄道病院
- 千駄谷住宅
- 東京フェアレーンズ跡
- 文化服装学院
- 北陸製薬
- 電気通信共済会代々木ビル
- 代々木小
- 小田急南新宿ビル
- 新宿保線区

分割民営でJR東日本の所管となり、1988年にJR東京総合病院と改称している。現在のJR東日本の本社ビルは、通りを隔てた線路際の隣接地に建っているが、このころは新宿電務区などの建物が建て込んでいた。

都心部を環状に走る明治通り（環状第5の1号線）の新道（支線）部分が新宿御苑のところまで延びている。この写真でも、延伸部分の一部に更地らしきところができているが、実際に延伸工事が始まるのは21世紀に入ってからで、この区間は南口の高島屋の南側付近までトンネルで通す計画だという。

道路予定地にかかっていた新宿高校は、1969年以降、校舎は渋谷区千駄ヶ谷に立地していたが、2004年には北側の隣接地（旧四谷第二中校地）に移転している。

この空中写真には、もう1本の未完成の都市計画道路が写っている。右ページを南北に貫いている外苑西通り（環状4号）である。この通りは、東西方向の靖国通りとの交差点まで完成しているが、そこで止まったままだった。

新宿 1948

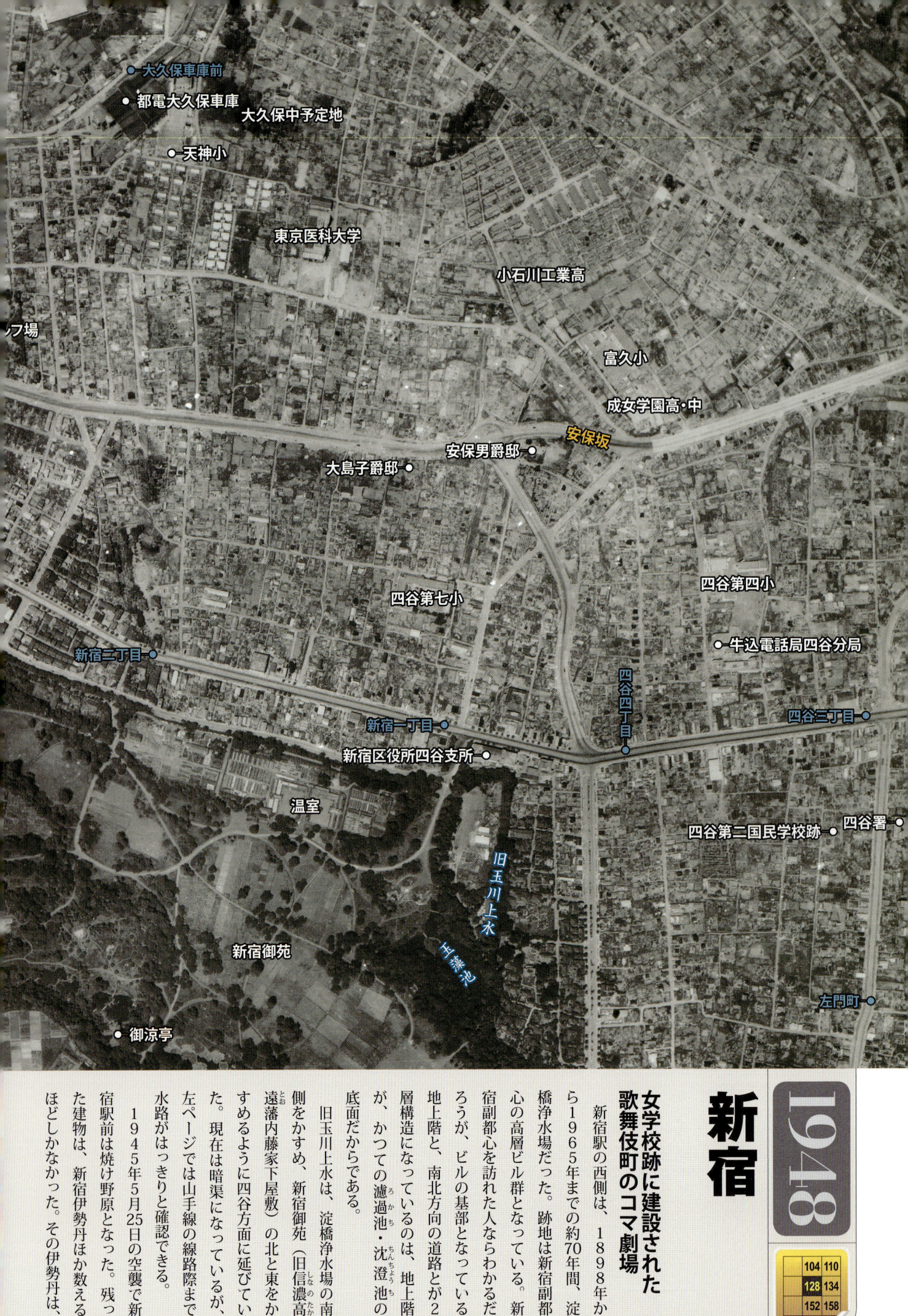

女学校跡に建設された歌舞伎町のコマ劇場

新宿駅の西側は、1898年から1965年までの約70年間、淀橋浄水場だった。跡地は新宿副都心の高層ビル群となっている。新宿副都心を訪れた人ならわかるだろうが、ビルの基部となっている地上階と、南北方向の道路とが2層構造になっているのは、地上階が、かつての濾過池・沈澄池の底面だからである。

旧玉川上水は、淀橋浄水場の南側をかすめ、新宿御苑（旧信濃高遠藩内藤家下屋敷）の北と東をかすめるように四谷方面に延びていた。現在は暗渠になっているが、左ページでは山手線の線路際まで水路がはっきりと確認できる。

1945年5月25日の空襲で新宿駅前は焼け野原となった。残った建物は、新宿伊勢丹ほか数えるほどしかなかった。その伊勢丹は、

地図注記

- 大久保車庫前
- 都電大久保車庫
- 大久保中予定地
- 天神小
- 東京医科大学
- 小石川工業高
- 富久小
- 成女学園高・中
- 安保男爵邸
- 安保坂
- 大島子爵邸
- 四谷第七小
- 四谷第四小
- 牛込電話局四谷分局
- 新宿二丁目
- 新宿一丁目
- 四谷四丁目
- 四谷三丁目
- 新宿区役所四谷支所
- 温室
- 四谷第二国民学校跡
- 四谷署
- 旧玉川上水
- 玉藻池
- 新宿御苑
- 左門町
- 御涼亭

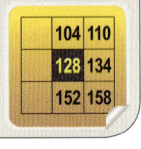

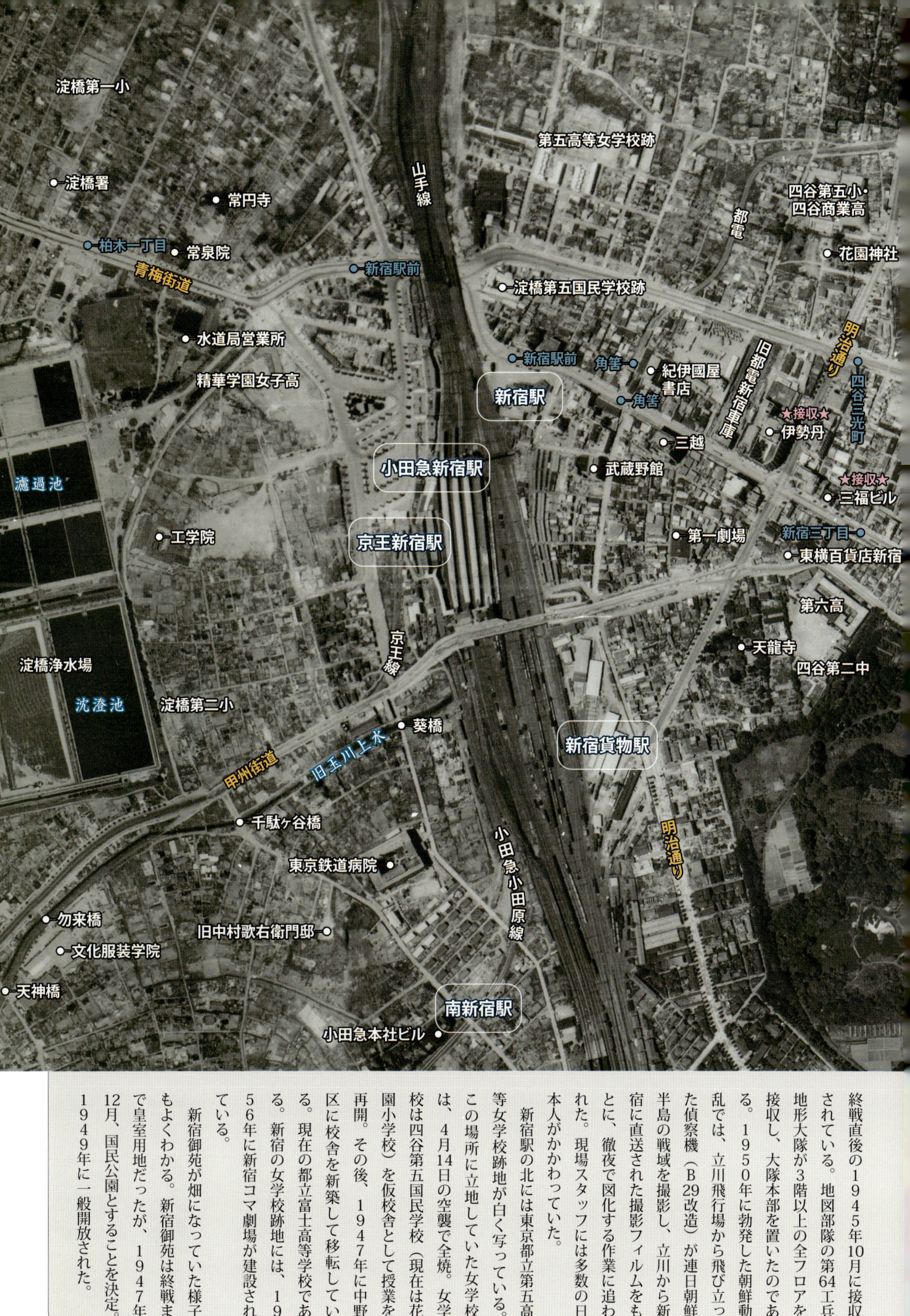

地図上の注記(上から、左列→中列→右列の順に読み取り):

左側:
- 淀橋第一小
- 淀橋署
- 常円寺
- 柏木一丁目
- 常泉院
- 青梅街道
- 水道局営業所
- 精華学園女子高
- 濾過池
- 工学院
- 淀橋浄水場
- 沈澄池
- 淀橋第二小
- 甲州街道
- 千駄ヶ谷橋
- 東京鉄道病院
- 勿来橋
- 文化服装学院
- 旧中村歌右衛門邸
- 天神橋

中央:
- 山手線
- 新宿駅前
- 新宿駅
- 小田急新宿駅
- 京王新宿駅
- 京王線
- 葵橋
- 旧玉川上水
- 小田急小田原線
- 南新宿駅
- 小田急本社ビル

右側:
- 第五高等女学校跡
- 四谷第五小・四谷商業高
- 都電
- 花園神社
- 淀橋第五国民学校跡
- 新宿駅前
- 角筈
- 紀伊國屋書店
- 旧都電新宿車庫
- 明治通り
- 三越
- ★接収★
- 伊勢丹
- 四谷三光町
- 武蔵野館
- ★接収★
- 三福ビル
- 新宿三丁目
- 第一劇場
- 東横百貨店新宿
- 第六高
- 天龍寺
- 四谷第二中
- 新宿貨物駅
- 明治通り

終戦直後の1945年10月に接収されている。地形部隊の第64工兵地形大隊が3階以上の全フロアを接収し、大隊本部を置いたのである。1950年に勃発した朝鮮動乱では、立川飛行場から飛び立った偵察機(B29改造)が連日朝鮮半島の戦域を撮影し、立川から新宿に直送された撮影フィルムをもとに、徹夜で図化する作業に追われた。現場スタッフには多数の日本人がかかわっていた。

新宿駅の北には東京都立第五高等女学校跡が白く写っている。この場所に立地していた女学校は、4月14日の空襲で全焼。女学校は四谷第五国民学校(現在は花園小学校)を仮校舎として授業を再開。その後、1947年に中野区に校舎を新築して移転している。現在の都立富士高等学校である。新宿の女学校跡地には、1956年に新宿コマ劇場が建設されている。

新宿御苑が畑になっていた様子もよくわかる。新宿御苑は終戦まで皇室用地だったが、1947年12月、国民公園とすることを決定。1949年に一般開放された。

市ヶ谷 2009

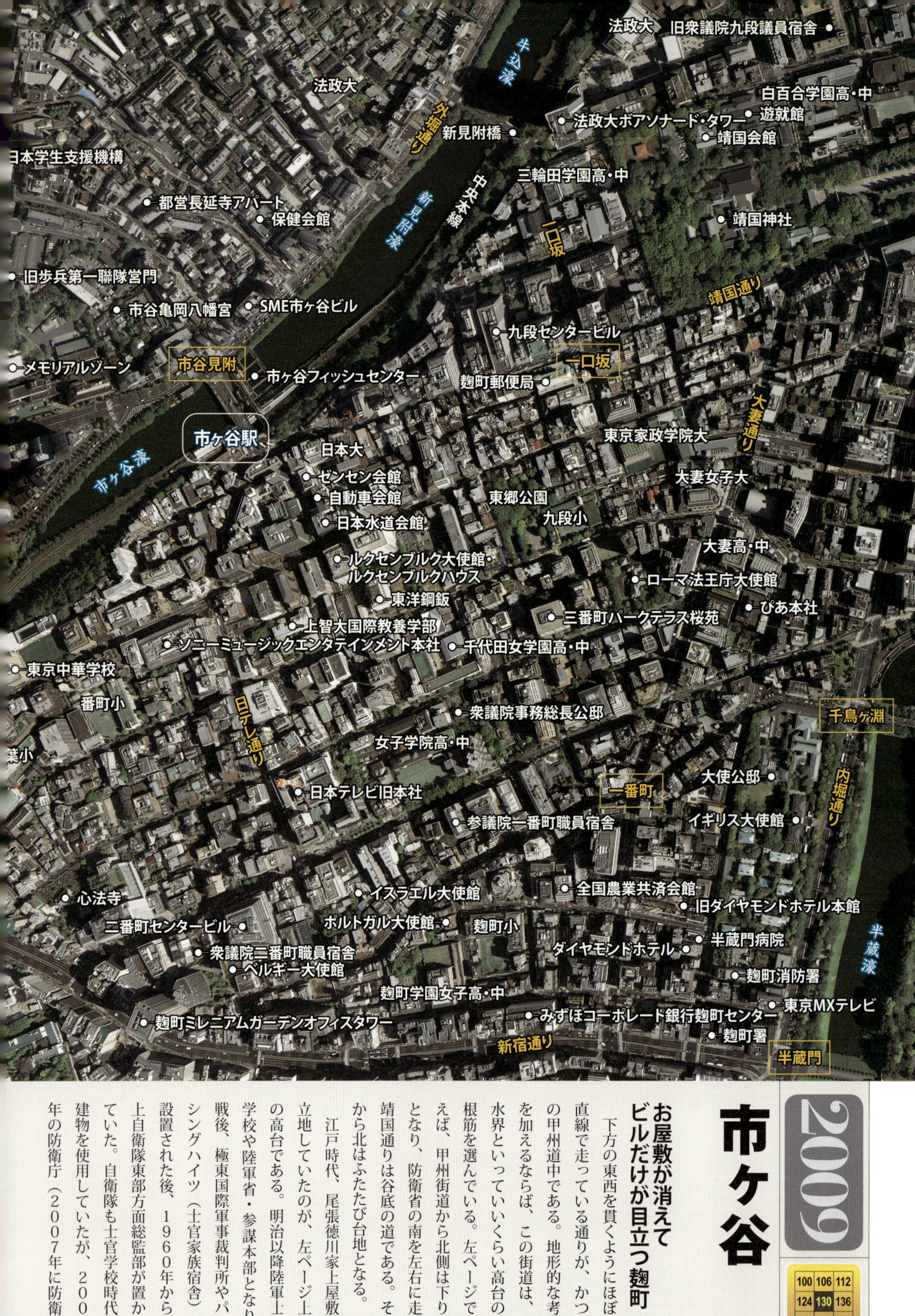

お屋敷が消えてビルだけが目立つ麹町

下方の東西を貫くようにほぼ一直線で走っている通りが、かつての甲州道中である。地形的な考察を加えるならば、この街道は、分水界といっていいくらい高台の尾根筋を選んでいる。左ページでいえば、甲州街道から北側は下り坂となり、防衛省の南を左右に走る靖国通りは谷底の道である。そこから北はふたたび台地となる。

江戸時代、尾張徳川家上屋敷が立地していたのが、左ページ上方の高台である。明治以降陸軍士官学校や陸軍省・参謀本部となり、戦後、極東国際軍事裁判所やパーシングハイツ（士官家族宿舎）が設置された後、1960年から陸上自衛隊東部方面総監部が置かれていた。自衛隊も士官学校時代の建物を使用していたが、2000年の防衛庁（2007年に防衛省

地図中の地名（主なもの）

- 法政大
- 旧衆議院九段議員宿舎
- 白百合学園高・中
- 遊就館
- 法政大ボアソナード・タワー
- 靖国会館
- 新見附橋
- 三輪田学園高・中
- 靖国神社
- 日本学生支援機構
- 都営長延寺アパート
- 保健会館
- 一口坂
- 旧歩兵第一聯隊営門
- 市谷亀岡八幡宮
- SME市ヶ谷ビル
- 九段センタービル
- 靖国通り
- メモリアルゾーン
- 市谷見附
- 市ヶ谷フィッシュセンター
- 麹町郵便局
- 一口坂
- 大妻通り
- 市ヶ谷駅
- 東京家政学院大
- 日本大
- ゼンセン会館
- 自動車会館
- 東郷公園
- 大妻女子大
- 日本水道会館
- 九段小
- ルクセンブルク大使館・ルクセンブルクハウス
- 大妻高・中
- 東洋鋼鈑
- ローマ法王庁大使館
- 上智大国際教養学部
- 三番町パークテラス桜苑
- ぴあ本社
- ソニーミュージックエンタテインメント本社
- 千代田女学園高・中
- 東京中華学校
- 番町小
- 衆議院事務総長公邸
- 千鳥ヶ淵
- 葵小
- 女子学院高・中
- 日本テレビ旧本社
- 大使公邸
- 一番町
- 内堀通り
- 参議院一番町職員宿舎
- イギリス大使館
- 心法寺
- イスラエル大使館
- 全国農業共済会館
- 二番町センタービル
- ポルトガル大使館
- 旧ダイヤモンドホテル本館
- 衆議院三番町職員宿舎
- 麹町小
- 半蔵濠
- ベルギー大使館
- ダイヤモンドホテル
- 半蔵門病院
- 麹町学園女子高・中
- 麹町消防署
- 麹町ミレニアムガーデンオフィスタワー
- みずほコーポレート銀行麹町センター
- 東京MXテレビ
- 新宿通り
- 麹町署
- 半蔵門

年の防衛庁（2007年に防衛省

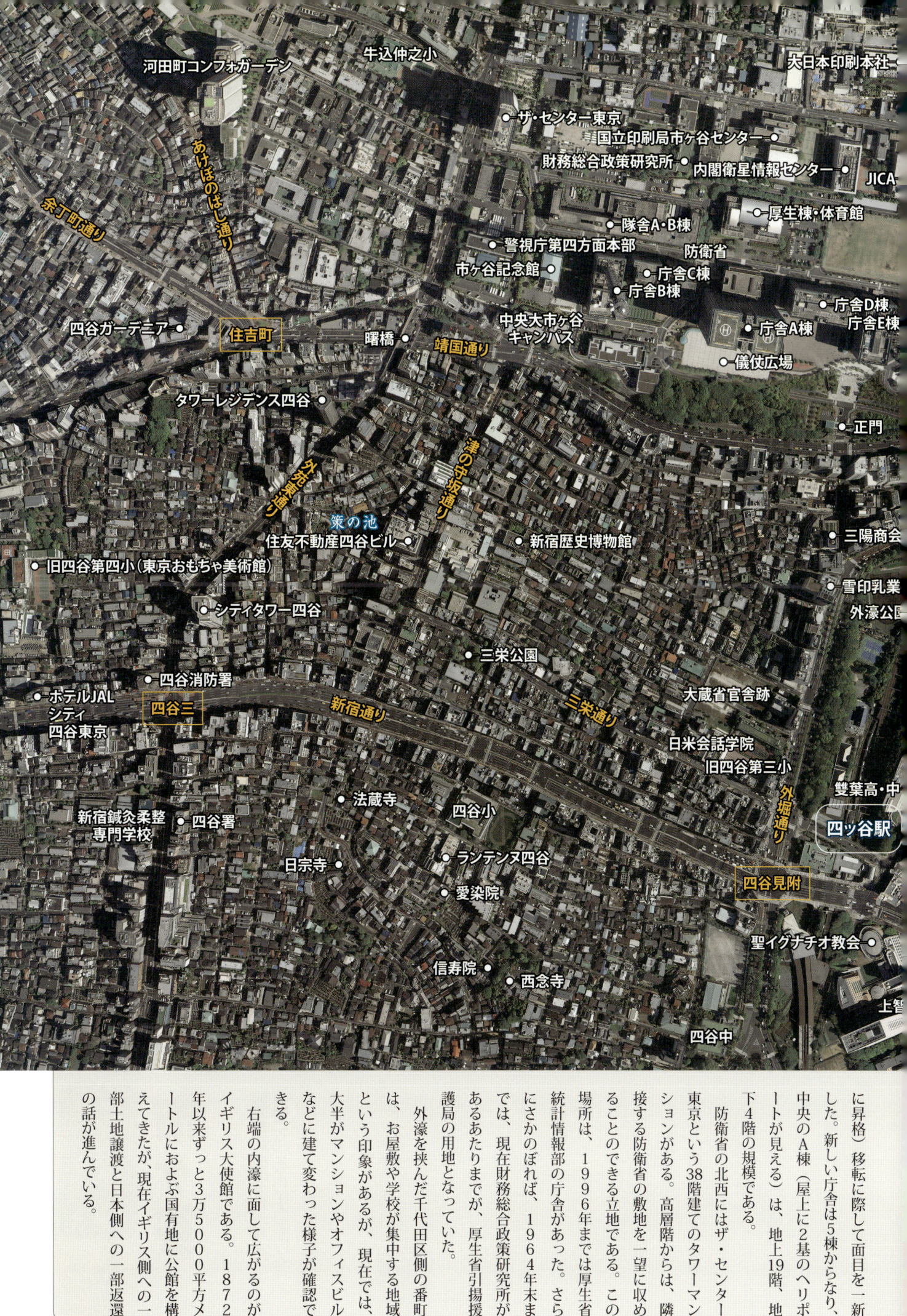

航空写真注記（左上から、おおよその位置順）：

- 河田町コンフォガーデン
- 牛込仲之小
- 大日本印刷本社
- ザ・センター東京
- 国立印刷局市ヶ谷センター
- 余丁町通り
- あけぼのばし通り
- 財務総合政策研究所
- 内閣衛星情報センター
- JICA
- 隊舎A・B棟
- 厚生棟・体育館
- 警視庁第四方面本部
- 防衛省
- 市ヶ谷記念館
- 庁舎C棟
- 庁舎B棟
- 庁舎D棟
- 四谷ガーデニア
- 住吉町
- 曙橋
- 庁舎A棟
- 庁舎E棟
- 中央大市ヶ谷キャンパス
- 靖国通り
- 儀仗広場
- タワーレジデンス四谷
- 正門
- 外苑東通り
- 津の守坂通り
- 策の池
- 住友不動産四谷ビル
- 新宿歴史博物館
- 三陽商会
- 旧四谷第四小（東京おもちゃ美術館）
- 雪印乳業
- 外濠公園
- シティタワー四谷
- 三栄公園
- 四谷消防署
- 大蔵省官舎跡
- ホテルJALシティ四谷東京
- 四谷三
- 新宿通り
- 三栄通り
- 日米会話学院
- 旧四谷第三小
- 雙葉高・中
- 新宿鍼灸柔整専門学校
- 四谷署
- 法蔵寺
- 四谷小
- 外濠通り
- 四ッ谷駅
- 日宗寺
- ランテンヌ四谷
- 愛染院
- 四谷見附
- 聖イグナチオ教会
- 信寿院
- 西念寺
- 上智
- 四谷中

に昇格）移転に際して面目を一新した。新しい庁舎は5棟からなり、中央のA棟（屋上に2基のヘリポートが見える）は、地上19階、地下4階の規模である。

防衛省の北西にはザ・センター東京という38階建てのタワーマンションがある。高層階からは、隣接する防衛省の敷地を一望に収めることのできる立地である。この場所には、1996年までは厚生省統計情報部の庁舎があった。さらにさかのぼれば、1964年末では、現在財務総合政策研究所があるあたりまでが、厚生省引揚援護局の用地となっていた。

外濠を挟んだ千代田区側の番町は、お屋敷や学校が集中する地域という印象があるが、現在では、大半がマンションやオフィスビルなどに建て変わった様子が確認できる。

右端の内濠に面して広がるのがイギリス大使館である。1872年以来ずっと3万5000平方メートルにおよぶ国有地に公館を構えてきたが、現在イギリス側への一部土地譲渡と日本側への一部返還の話が進んでいる。

1975 市ヶ谷

戦前の姿を色濃くとどめる自衛隊庁舎

中央やや左には陸上自衛隊市ヶ谷駐屯地が写っている。中心の「日」を横にした形の庁舎が旧1号館。1970年11月25日に三島由紀夫が自衛隊員に蹶起を促す演説をした南側のバルコニーがはっきりと写っている。駐屯地の北側には、警視庁第一機動隊や大蔵省研修所、外務省中央研修センターなどが集中して並んでいる。大蔵省印刷局記念館は、1971年に印刷局創立100年を記念して開館した施設で、印刷局の敷地内にあった。2003年、財務省印刷局が国立印刷局となったのにともない、「お札と切手の博物館」と改称。2010年に休館し、翌年、北区王子の国立印刷局王子工場構内に規模を縮小して移転した。四谷見附の北西にある四谷第三

地図上の地名・施設

- 嘉悦学園高・中
- 白百合学園
- 日清印刷
- 法政大
- 法政大
- フコク生命
- 本育英会館
- 城北予備校
- 新見附橋
- 三輪田学園
- 都営長延寺アパート
- 靖国神社
- 保健会館
- 住宅公団市谷田町アパート
- 九段電話局
- 市ヶ谷八幡神社
- CBS SONY
- 靖国通り
- 一口坂
- シャープ東京ビル
- 麹町郵便局
- 田辺製薬
- 市谷会館
- 私学会館
- 市谷見附
- 市ヶ谷駅
- 山脇ビル
- 市ヶ谷ユースホステル
- 九段郵政宿舎
- 東郷公園
- 大妻学院
- 九段小
- 宮内庁分室
- 市ヶ谷濠
- ルクセンブルク大使館
- 四番町住宅
- ローマ法王庁大使館
- 日本興業銀行市ヶ谷別館
- 平凡社
- 千代田女学園
- 東京中華学校
- 千鳥ヶ淵
- 番町小
- 東亜ビル
- 自治労会館
- 日テレ通り
- 女子学院
- イギリス大使館
- 日本テレビ
- 国鉄総裁公舎
- 一番町
- 内堀通り
- 日本IBM
- 公務員アパート
- 半蔵濠
- 葵女子高・小
- イスラエル大使館
- 全国農業共済会館
- ベルギー大使館
- ダイヤモンドホテル
- 麹町小
- 麹町学園
- 麹町署
- 日本興業銀行麹町別館
- 埼玉銀行事務センター
- 東條会館
- 新宿通り
- 半蔵門

航空写真の地図上のラベル（位置順）：

- フジテレビ美術センター
- フジテレビスタジオ
- 朝日生命アパート
- 牛込仲之小
- 北海道拓銀寮
- 警視庁第一機動隊
- 総理府統計局
- 大日本印刷市ヶ谷工場
- 警察学校市ヶ谷分校
- 大蔵省記念館
- 大蔵省研修所寄宿舎
- 時事通信寮
- 外務省中央研修センター
- 三和銀行寮
- 警視庁第四方面本部
- 陸上自衛隊市谷駐屯地
- 講堂
- 曙橋
- 1号館
- 河出興産
- 靖国通り
- 外苑東通り
- 策の池
- 新宿高等商工学校
- 三陽商会
- 四谷第四小
- 雪印乳業
- 外濠公
- 四谷消防署
- 三栄公園
- 牛込本線
- 四谷三
- 新宿通り
- 住友生命四谷ビル
- 大蔵省官舎
- 四谷第三小
- 外堀通り
- 四谷第二中移転地
- 四谷署
- 法蔵寺
- 四谷第一小
- 四谷見附跡
- 日宗寺
- 文化放送
- 四谷見附
- 四ツ谷駅
- 愛染院
- 営団地下鉄四ツ谷駅
- 信寿院
- 西念寺
- 四谷第一中
- 聖イグナチオ教会
- 上智大
- 営団丸ノ内線

小学校は、戦後10年余りにわたって、大蔵省が使用していた。小学校の北側に大蔵省官舎が隣接しているが、この土地は、四谷第三小学校が建ち並んでいた一郭。時代、分庁舎を大蔵省官舎として使用していた時代、四谷第三小学校は2007年に閉校となり、隣接する旧大蔵省宿舎と合わせた再開発計画が進んでいる模様だ。

市ヶ谷見附橋周辺の外濠で水が抜かれているのは、地下鉄工事のためであろう。左側が都営新宿線、右側が営団有楽町線と思われる。

都心部のお屋敷町の代表格だった番町界隈もビルが増えている。しかしまだマンションは少なく、学校施設が目立つ程度。

靖国神社社殿の北には「フコク生命」（富国生命保険）の建物が見える。終戦まで靖国神社に付属する遊就館（戦没者や軍事関係の資料を展示していた）だった建物で、当時は九段本社として使われていた。1980年にフコク生命が退去すると大規模な修復が施され、1986年からは、ふたたび靖国神社の遊就館として使用されている。

市ヶ谷　1948

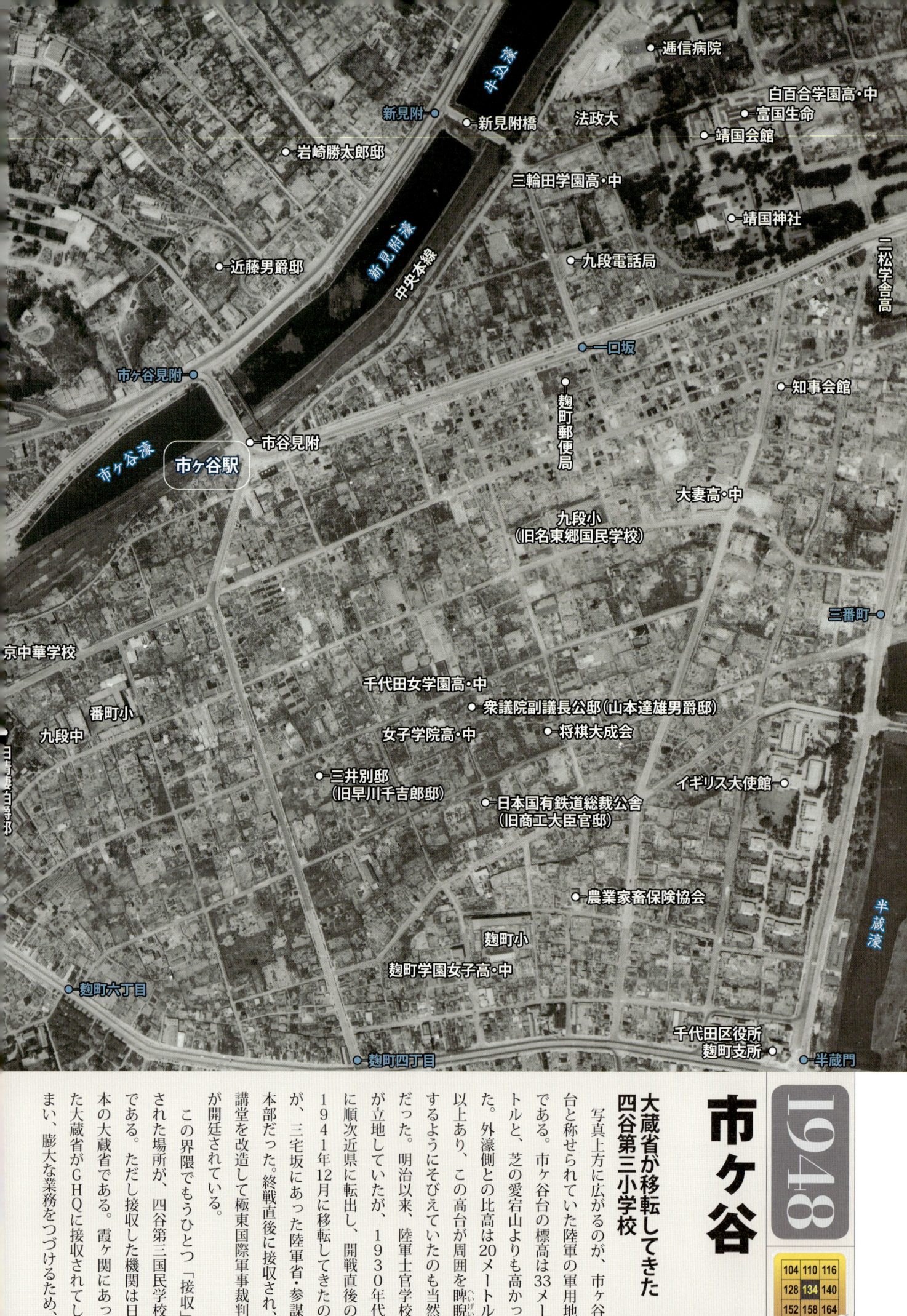

大蔵省が移転してきた四谷第三小学校

写真上方に広がるのが、市ヶ谷台と称せられていた陸軍の軍用地である。市ヶ谷台の標高は33メートルと、芝の愛宕山よりも高かった。外濠側との比高は20メートル以上あり、この高台が周囲を睥睨するようにそびえていたのも当然だった。明治以来、陸軍士官学校が立地していたが、1930年代に順次近県に転出し、開戦直後の1941年12月に移転してきたのが、三宅坂にあった陸軍省・参謀本部だった。終戦直後に接収され、講堂を改造して極東国際軍事裁判が開廷されている。

この界隈でもうひとつ「接収」された場所が、四谷第三国民学校である。ただし接収した機関は日本の大蔵省である。霞ヶ関にあった大蔵省がGHQに接収されてしまい、膨大な業務をつづけるため、

地図中の注記：
- 逓信病院
- 白百合学園高・中
- 富国生命
- 法政大
- 靖国会館
- 新見附
- 新見附橋
- 岩崎勝太郎邸
- 三輪田学園高・中
- 靖国神社
- 新見附濠
- 中央本線
- 近藤男爵邸
- 九段電話局
- 二松学舎高
- 一口坂
- 市ヶ谷見附
- 麹町郵便局
- 知事会館
- 市ヶ谷濠
- 市ヶ谷駅
- 市谷見附
- 大妻高・中
- 九段小（旧名東郷国民学校）
- 三番町
- 京中華学校
- 番町小
- 九段中
- 千代田女学園高・中
- 衆議院副議長公邸（山本達雄男爵邸）
- 女子学院高・中
- 将棋大成会
- 三井別邸（旧早川千吉郎邸）
- 日本国有鉄道総裁公舎（旧商工大臣官邸）
- イギリス大使館
- 農業家畜保険協会
- 半蔵濠
- 麹町小
- 麹町学園女子高・中
- 麹町六丁目
- 千代田区役所麹町支所
- 麹町四丁目
- 半蔵門

地図上のラベル：

- 大日本印刷市谷工場
- 葛城伯爵邸
- ★接収★ 旧陸軍省（極東米軍司令部／パーシング・ハイツ）
- ★接収★ 極東国際軍事裁判所
- 旧松平子爵邸
- 策の池
- 四谷第四小
- 四谷三業地
- 四谷第三小仮校舎予定地
- 本塩町
- 外濠公園
- 四谷三丁目
- 四谷二丁目
- 大蔵省
- 四谷第三小（大蔵省に徴用）
- 四谷第一小予定地
- 四谷見附
- 四ツ谷駅
- 左門町
- 四谷第一中

白羽の矢が立ったのである。この学校は1944年8月に集団疎開を実施、翌年4月から校舎を陸軍が徴用していた。終戦直後の9月、校舎は進駐軍野戦病院として接収され、12月には接収解除されたものの、翌年2月以降は大蔵省が使用している。四谷第三小学校は三栄町（さんえいちょう）に仮校舎を建設して、1949年10月に移転した。ふたたび旧地に戻るのは、1956年2月である。徴用中、校地の周囲には大蔵省官舎が建てられ、本省が霞ヶ関に戻った後は跡地に多数の大蔵省分庁舎が建てられた。三栄町の四谷第三小学校跡には新宿歴史博物館が建っている。

市ヶ谷見附と四谷見附の間の外濠に張り出した千代田区側の高台には、東京中華学校が開校している。この土地は新潟の実業家山口達太郎の別邸だった。山口家は、日本石油や新潟鉄工所などを設立・経営した一族で、本邸は新潟県刈羽郡横沢村（現在の長岡市小国町横沢）にあり、広大な邸地は、山口庭園として公開されている。戦時中は軍需大臣官邸にもなった。

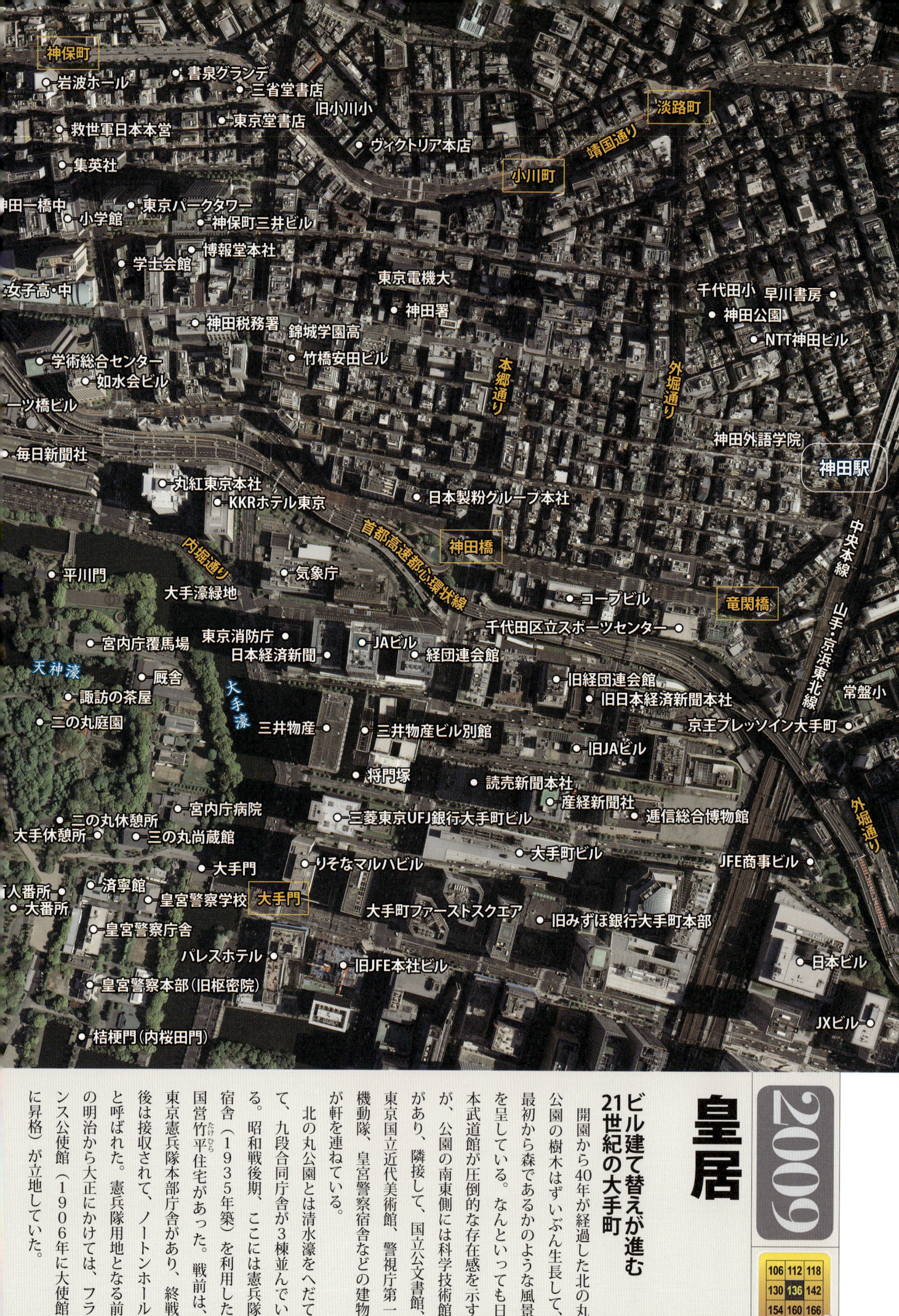

皇居

2009
ビル建て替えが進む21世紀の大手町

開園から40年が経過した北の丸公園の樹木はずいぶん生長して、最初から森であるかのような風景を呈している。なんといっても日本武道館が圧倒的な存在感を示すが、公園の南東側には科学技術館があり、隣接して、国立公文書館、東京国立近代美術館、警視庁第一機動隊、皇宮警察宿舎などの建物が軒を連ねている。

北の丸公園とは清水濠をへだてて、九段合同庁舎が3棟並んでいる。昭和戦後期、ここには憲兵隊宿舎（1935年築）を利用した国営竹平住宅があった。戦前は、東京憲兵隊本部庁舎があり、終戦後は接収されて、ノートンホールと呼ばれた。憲兵隊用地となる前の明治から大正にかけては、フランス公使館（1906年に大使館に昇格）が立地していた。

地図上の地名・施設

- 神保町
- 岩波ホール
- 書泉グランデ
- 三省堂書店
- 旧小川小
- 淡路町
- 救世軍日本本営
- 東京堂書店
- ヴィクトリア本店
- 靖国通り
- 小川町
- 集英社
- 神田一橋中
- 東京パークタワー
- 神保町三井ビル
- 小学館
- 学士会館
- 博報堂本社
- 東京電機大
- 千代田小
- 早川書房
- 神田公園
- 女子高・中
- 神田税務署
- 錦城学園高
- 神田署
- NTT神田ビル
- 学術総合センター
- 如水会ビル
- 竹橋安田ビル
- 本郷通り
- 外堀通り
- 一ツ橋ビル
- 神田外語学院
- 毎日新聞社
- 神田駅
- 丸紅東京本社
- 中央本線
- KKRホテル東京
- 日本製粉グループ本社
- 山手・京浜東北線
- 平川門
- 内堀通り
- 首都高速都心環状線
- 神田橋
- 大手濠緑地
- 気象庁
- コープビル
- 竜閑橋
- 宮内庁覆馬場
- 東京消防庁
- 千代田区立スポーツセンター
- 天神濠
- 厩舎
- 日本経済新聞
- JAビル
- 経団連会館
- 諏訪の茶屋
- 大手濠
- 旧経団連会館
- 常盤小
- 二の丸庭園
- 三井物産
- 三井物産ビル別館
- 旧日本経済新聞本社
- 京王プレッソイン大手町
- 将門塚
- 旧JAビル
- 読売新聞本社
- 産経新聞社
- 逓信総合博物館
- 二の丸休憩所
- 宮内庁病院
- 三菱東京UFJ銀行大手町ビル
- 大手休憩所
- 三の丸尚蔵館
- 大手町ビル
- JFE商事ビル
- 人番所
- 済寧館
- 大手門
- 大番所
- 皇宮警察学校
- りそなマルハビル
- 皇宮警察庁舎
- 大手町ファーストスクエア
- 旧みずほ銀行大手町本部
- パレスホテル
- 旧JFE本社ビル
- 日本ビル
- 皇宮警察本部（旧枢密院）
- 桔梗門（内桜田門）
- JXビル

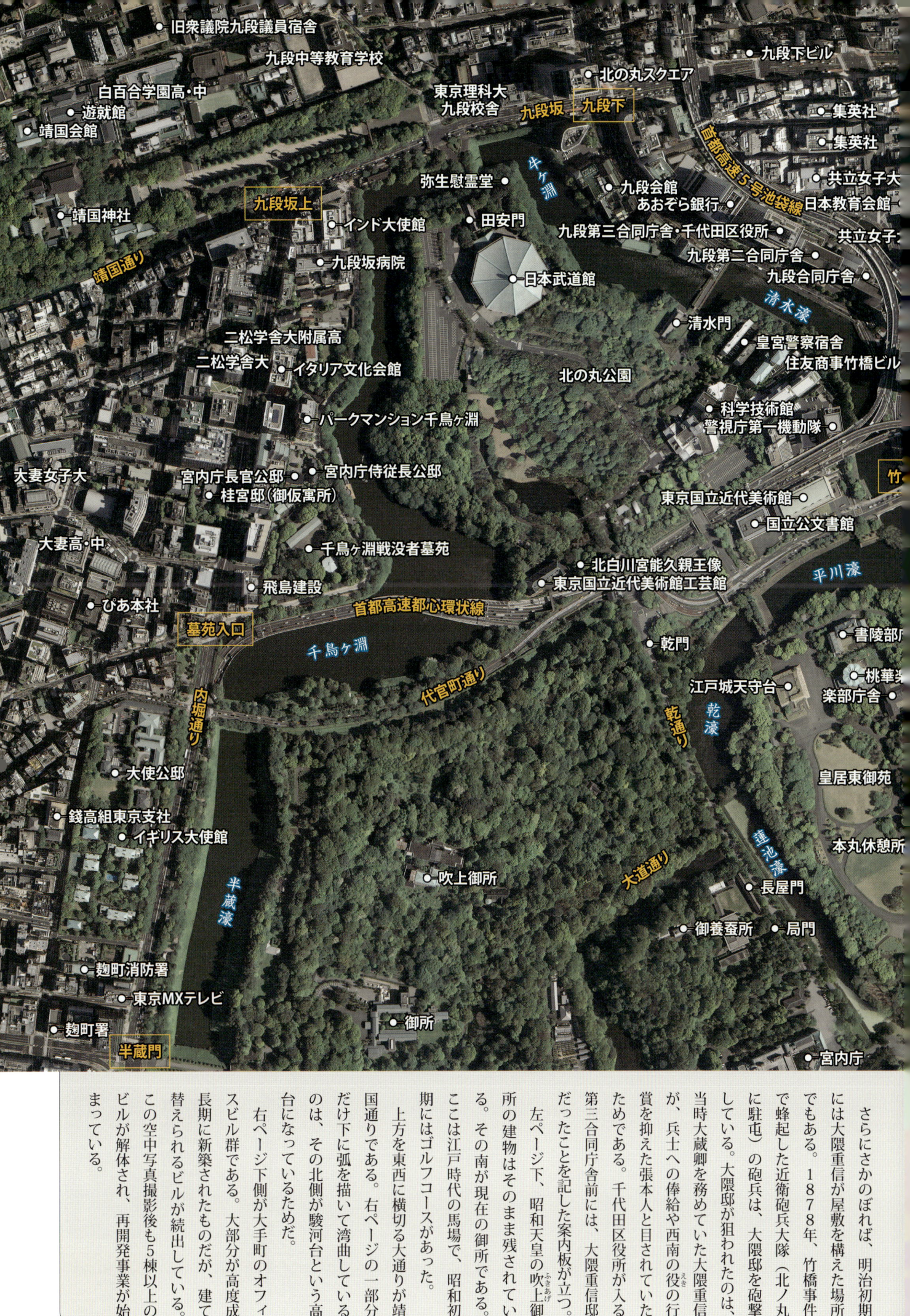

航空写真上のラベル（位置順・おおよそ上から下、左から右）:

- 旧衆議院九段議員宿舎
- 九段中等教育学校
- 北の丸スクエア
- 九段下ビル
- 白百合学園高・中
- 東京理科大九段校舎
- 九段坂
- 九段下
- 集英社
- 遊就館
- 集英社
- 靖国会館
- 弥生慰霊堂
- 牛ヶ淵
- 九段会館 あおぞら銀行
- 共立女子大
- 首都高速5号池袋線
- 日本教育会館
- 靖国神社
- 田安門
- 九段第三合同庁舎・千代田区役所
- 共立女子
- 九段第二合同庁舎
- 九段合同庁舎
- 九段坂上
- 靖国通り
- インド大使館
- 九段坂病院
- 日本武道館
- 清水門
- 清水濠
- 皇宮警察宿舎
- 住友商事竹橋ビル
- 二松学舎大附属高
- 北の丸公園
- 二松学舎大
- イタリア文化会館
- 科学技術館
- 警視庁第一機動隊
- パークマンション千鳥ヶ淵
- 竹
- 大妻女子大
- 宮内庁長官公邸
- 宮内庁侍従長公邸
- 桂宮邸（御仮寓所）
- 東京国立近代美術館
- 国立公文書館
- 大妻高・中
- 千鳥ヶ淵戦没者墓苑
- 北白川宮能久親王像
- 東京国立近代美術館工芸館
- 平川濠
- ぴあ本社
- 飛島建設
- 書陵部
- 墓苑入口
- 首都高速都心環状線
- 桃華楽堂
- 千鳥ヶ淵
- 乾門
- 江戸城天守台
- 楽部庁舎
- 代官町通り
- 乾通り
- 乾濠
- 内堀通り
- 皇居東御苑
- 大使公邸
- 蓮池濠
- 銭高組東京支社
- 本丸休憩所
- イギリス大使館
- 大道通り
- 半蔵濠
- 吹上御所
- 長屋門
- 御養蚕所
- 局門
- 麹町消防署
- 東京MXテレビ
- 御所
- 麹町署
- 半蔵門
- 宮内庁

さらにさかのぼれば、明治初期には大隈重信が屋敷を構えた場所でもある。1878年、竹橋事件で蜂起した近衛砲兵大隊（北ノ丸に駐屯）の砲兵は、大隈邸を砲撃している。大隈卿が狙われたのは、当時大蔵卿を務めていた大隈重信が、兵士への俸給や西南の役の行賞を抑えた張本人と目されていたためである。千代田区役所が入る第三合同庁舎前には、大隈重信邸だったことを記した案内板が立つ。

左ページ下、昭和天皇の吹上御所の建物はそのまま残されている。その南が現在の御所である。

ここは江戸時代の馬場で、昭和初期にはゴルフコースがあった。上方を東西に横切る大通りが靖国通りである。右ページの一部分だけ下に弧を描いて湾曲しているのは、その北側が駿河台という高台になっているためだ。

右ページ下側が大手町のオフィスビル群である。大部分が高度成長期に新築されたものだが、建て替えられるビルが続出している。この空中写真撮影後も5棟以上のビルが解体され、再開発事業が始まっている。

137

1975 皇居

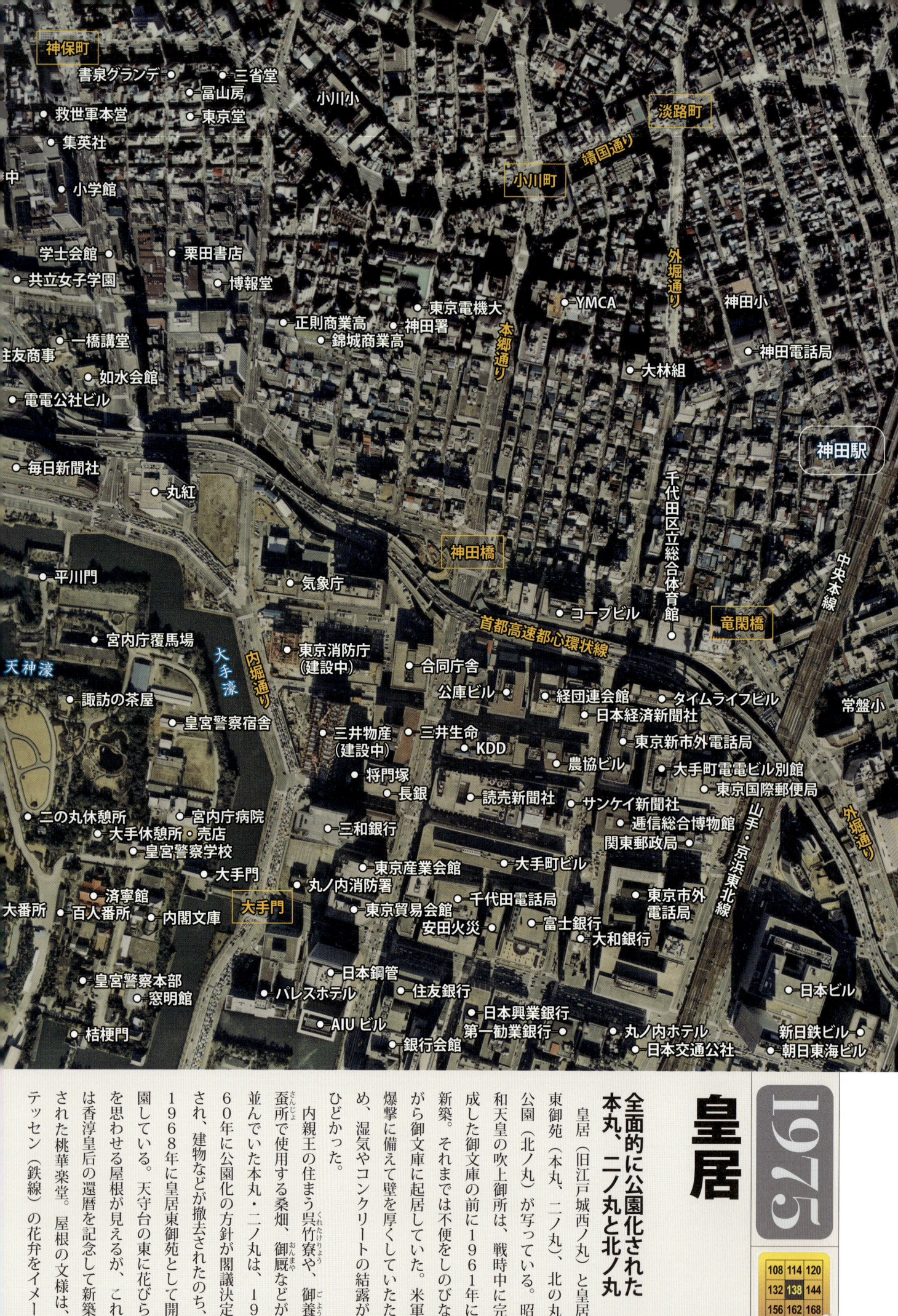

全面的に公園化された本丸、二ノ丸と北ノ丸

皇居（旧江戸城西ノ丸）と皇居東御苑（本丸、二ノ丸、北の丸公園（北ノ丸））が写っている。昭和天皇の吹上御所は、戦時中に完成した御文庫の前に1961年に新築。それまでは不便をしのびながら御文庫に起居していたため、湿気やコンクリートの結露がひどかった。

内親王の住まう呉竹寮や、御養蚕所で使用する桑畑、御厩などが並んでいた本丸・二ノ丸は、1960年に公園化の方針が閣議決定され、建物などが撤去されたのち、1968年に皇居東御苑として開園している。天守台の東に花びらを思わせる屋根が見えるが、これは香淳皇后の還暦を記念して新築された桃華楽堂。屋根の文様は、テッセン（鉄線）の花弁をイメー

地図上のラベル：
- 神保町
- 書泉グランデ
- 三省堂
- 冨山房
- 救世軍本営
- 東京堂
- 集英社
- 小学館
- 小川小
- 淡路町
- 靖国通り
- 小川町
- 学士会館
- 栗田書店
- 共立女子学園
- 博報堂
- 正則商業高
- 東京電機大
- 神田署
- YMCA
- 外堀通り
- 神田小
- 住友商事
- 一橋講堂
- 如水会館
- 錦城商業高
- 本郷通り
- 大林組
- 神田電話局
- 電電公社ビル
- 神田駅
- 毎日新聞社
- 丸紅
- 千代田区立総合体育館
- 平川門
- 神田橋
- 中央線
- 宮内庁覆馬場
- 気象庁
- コープビル
- 竜閑橋
- 天神濠
- 諏訪の茶屋
- 大手濠
- 内堀通り
- 東京消防庁（建設中）
- 首都高速都心環状線
- 常盤小
- 皇宮警察宿舎
- 合同庁舎
- 公庫ビル
- 経団連会館
- タイムライフビル
- 三井物産（建設中）
- 三井生命
- KDD
- 日本経済新聞社
- 東京新市外電話局
- 将門塚
- 長銀
- 農協ビル
- 大手町電電ビル別館
- 東京国際郵便局
- 二の丸休憩所
- 宮内庁病院
- 三和銀行
- 読売新聞社
- サンケイ新聞社
- 逓信総合博物館
- 山手・京浜東北線
- 外堀通り
- 大手休憩所・売店
- 関東郵政局
- 皇宮警察学校
- 大手門
- 東京産業会館
- 大手町ビル
- 丸ノ内消防署
- 千代田電話局
- 東京市外電話局
- 大番所
- 済寧館
- 東京貿易会館
- 百人番所
- 内閣文庫
- 安田火災
- 富士銀行
- 大和銀行
- 日本鋼管
- 日本ビル
- 皇宮警察本部
- 窓明館
- パレスホテル
- 住友銀行
- 桔梗門
- AIUビル
- 日本興業銀行
- 第一勧業銀行
- 丸ノ内ホテル
- 新日鉄ビル
- 銀行会館
- 日本交通公社
- 朝日東海ビル

旧陸軍関係の庁舎が建ち並んでいた北ノ丸は、1969年に全体が北の丸公園となって面目を一新した。昭和天皇の還暦を記念する事業である。オリンピック開催直前の1964年10月には、日本武道館が完成している。公園の南東部に建つ科学技術館は、1964年4月の完成。独特な建物の形は、上から見ると星をイメージしたらしい。戦前から変わらないものといえば、清水門・田安門と、東京国立近代美術館工芸館になった赤煉瓦の近衛師団司令部庁舎くらいのものである。

千鳥ヶ淵ごしに向かい合う北西側の土地は、江戸時代は火除明地（防火空地）で、戦前は賀陽宮邸だった。賀陽宮邸跡地には、戦没者の遺骨を納めた千鳥ヶ淵戦没者墓苑が1959年に開苑している。竹橋から代官町を経て千鳥ヶ淵を横切る首都高速道路が完成したのは、東京オリンピック直前の1964年8月である。首都高速や東海道新幹線などのインフラ施設の完成も、オリンピック開会式ぎりぎりだった。

皇居 1948

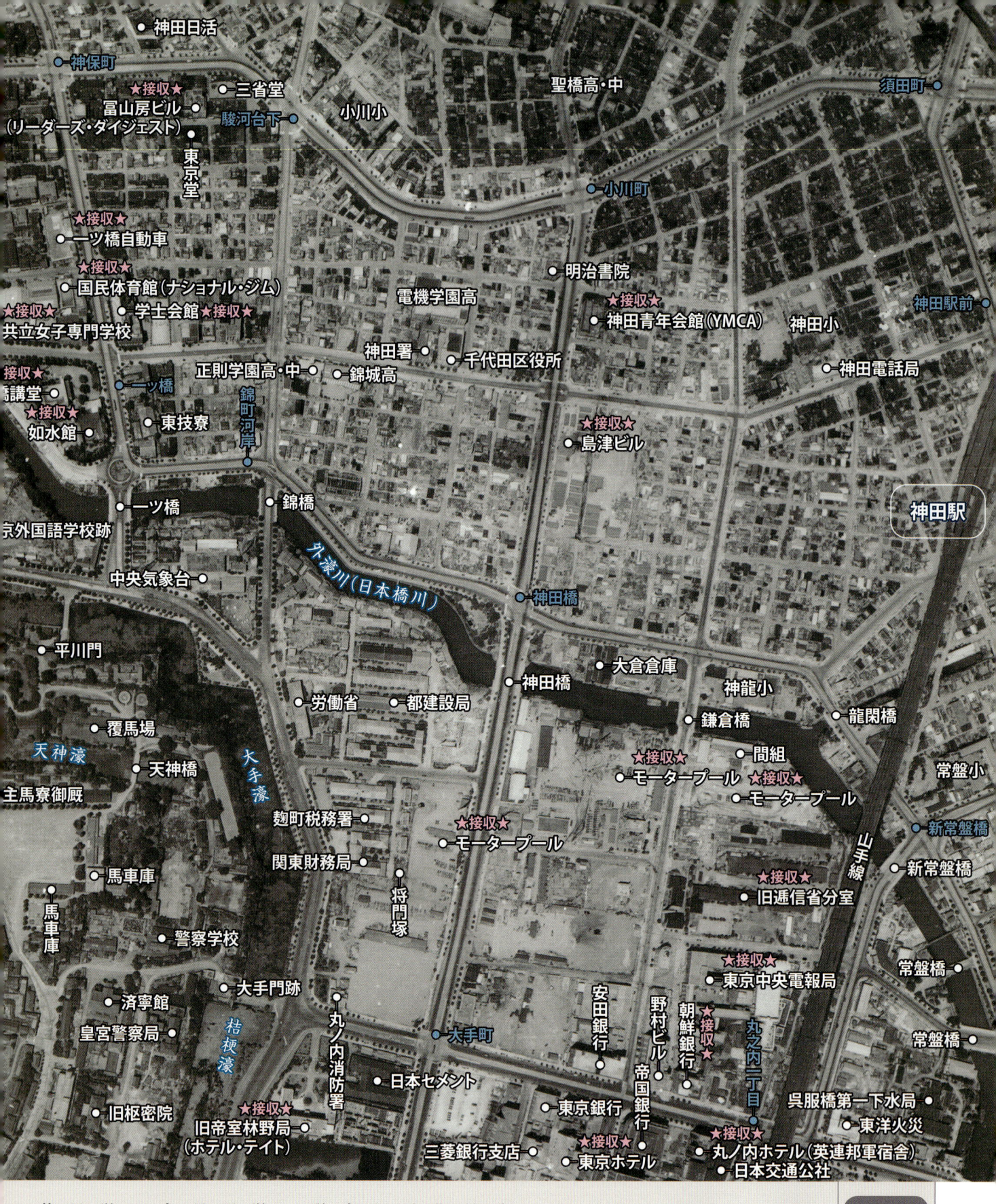

兵舎を占拠して始まった学生自治寮

この写真では、終戦まで秘されてきた皇居の全貌が明らかにされている。北ノ丸の中央にある四角く囲まれたような建物は、1874年に建てられた近衛歩兵聯隊の兵舎である。南西（田安家上屋敷があった）側が近衛歩兵第一聯隊、北東（清水家上屋敷があった）側が近衛歩兵第二聯隊となっていた。東宮（皇太子）時代の大正天皇と昭和天皇は、近衛歩兵第一聯隊に所属したこともあった。

戦争直後、歩兵第一聯隊兵舎を学生が占拠して、寮として自主管理するようになった。1946年、現状を追認するかたちで東京学生会館として認可（文部省外郭団体の学徒援護会が管轄）。都内28大学620名収容の自治寮として発足している。1965年5月に下落合の旧警視庁予備隊用地に新寮

地図ラベル

- 神田日活
- 神保町
- 三省堂
- 聖橋高・中
- 須田町
- ★接収★ 冨山房ビル（リーダーズ・ダイジェスト）
- 駿河台下
- 小川小
- 東京堂
- 小川町
- ★接収★ 一ツ橋自動車
- 明治書院
- ★接収★ 国民体育館（ナショナル・ジム）
- 電機学園高
- ★接収★ 神田青年会館（YMCA）
- 神田駅前
- ★接収★ 共立女子専門学校
- 学士会館 ★接収★
- 神田署
- 千代田区役所
- 神田小
- ★接収★ 講堂
- 正則学園高・中
- 錦城高
- 神田電話局
- ★接収★ 如水館
- 一ツ橋
- 東技寮
- ★接収★ 島津ビル
- 京外国語学校跡
- 錦町河岸
- 錦橋
- 神田駅
- 中央気象台
- 日本橋川（元濠川）
- 神田橋
- 平川門
- 大倉倉庫
- 神龍小
- 天神濠
- 覆馬場
- 労働省
- 都建設局
- 神田橋
- 鎌倉橋
- 龍閑橋
- 天神橋
- 大手濠
- 間組
- ★接収★ モータープール
- ★接収★ モータープール
- 常盤小
- 主馬寮御厩
- 麹町税務署
- ★接収★ モータープール
- 新常盤橋
- 馬車庫
- 関東財務局
- ★接収★ 旧遁信省分室
- 新常盤橋
- 馬車庫
- 将門塚
- 警察学校
- ★接収★ 東京中央電報局
- 常盤橋
- 済寧館
- 大手門跡
- 安田銀行
- 野村ビル
- 朝鮮銀行
- 丸之内三丁目
- 皇宮警察局
- 丸ノ内消防署
- 大手町
- 帝国銀行
- 常盤橋
- 桔梗濠
- 日本セメント
- 東京銀行
- 呉服橋第一下水局
- ★接収★ 旧枢密院
- ★接収★ 旧帝室林野局（ホテル・テイト）
- 三菱銀行支店
- ★接収★ 東京ホテル
- ★接収★ 丸ノ内ホテル（英連邦軍宿舎）
- 東洋火災
- 日本交通公社

地図ラベル（北西から時計回り・大まかな位置順）:

- 白百合学園高・中
- 九段高
- 旧偕行社（ミトリ・ホテル）★接収★
- 全国市長会
- ★接収★ 野々宮アパート
- 九段下
- 九段下ビル
- 俎橋
- 専修大学前
- 日本教育会館
- 九段上
- 田安門
- 弥生廟
- ★接収★ 旧軍人会館（アーミーホール）
- 宝田橋
- 共立女子高
- 九段三業地
- 牛ヶ淵
- ★接収★ 旧東京憲兵隊ビル（ノートン・ホール）
- 共立女子中
- 旧三井高陽男爵邸（日伊文化会館）
- 法務庁中央矯正研修所
- 清水門
- 清水濠
- 雉子橋
- 警察学校
- 警察学校グラウンド
- 東京国税局グラウンド
- 労働省竹橋庁舎（旧東部軍管区司令部・築城本部）
- 東京学生会館西館
- 学徒援護会
- 郵政省文書課
- 東京学生会館東館
- 関東電気通信資材配給局倉庫
- 逓信省倉庫
- 竹橋
- 宮内大臣官邸跡
- 旧賀陽宮邸
- 旧近衛師団司令部
- 北白川宮能久親王像
- 国税庁税務講習所
- 平川濠
- 金子伯爵邸
- 北桔橋
- 図書寮
- 三番町
- 天守台
- 楽部
- 千鳥ヶ淵
- 乾濠
- 呉竹寮
- 西桔橋
- 蓮池濠
- イギリス大使館
- 半蔵濠
- 御文庫
- 覆馬場
- 花蔭亭
- 御養蚕所
- 下道灌濠
- 御写真所

が建設された後も一部の学生は居住を続けたが、1966年11月20日未明、突如、強制執行が実施され、退去を余儀なくされた。

学生寮以外の兵舎や陸軍官衙は、警察学校や官公庁の用地となった。労働省竹橋庁舎は、要塞建設を本務とする陸軍築城部の本部だったところで、その堅牢さが買われてだろう、1936年以降は東部軍司令部となっていた。1960年代半ばまでの北ノ丸地区は、旧軍関係の建築物がびっしり建て込んでいたのである。

大手町の庁舎群は5月25日の空襲でほとんど焼け落ち、残った庁舎は接収された。焼け跡は進駐軍のモータープール（駐車場）になった。目を凝らしてみると、将門塚が見えるが、これにはいわれがあった。終戦後、進駐軍はこの場所に巨大なモータープールを造成し始めたが、塚をブルドーザーで壊そうとした日本人が転落して死亡する事故が発生。平将門の祟りが噂された。地元住民（神田明神氏子）がGHQに出頭して事情を説明し、なんとか塚の破壊を免れている。

神田・両国 2009

唯一落橋せずに命を救った新大橋

中央区が日本橋地区である。江戸期以来の古い町並みも、ほとんどがビルに建て変わっている。左ページ下方、日本橋三井タワーの長い影が目を引く。このビルは、高級果物店の千疋屋総本店などがあった土地に、2005年に完成した39階建ての複合ビルだ。今でも1～2階は千疋屋総本店だ。低層階はオフィスや店舗が入居し、高層階は、高級ホテルのマンダリン・オリエンタル東京が営業している。低層部分は、隣接する重要文化財の三井本館を意識した意匠化しており、建物も連結する。

写真右下に架かる橋が新大橋である。「新」という名は付いているものの、最初に架橋されたのは1693年で、隅田川の橋梁のなかでは、千住大橋、両国橋に次いで3番目に古い。両国橋が架橋当

地図内ラベル

- 総武本線
- ライオン
- 国技館
- パールホテル両国
- 両国駅
- 日本橋女学館高
- 浅草橋
- 首都高速6号向島線
- 両国橋
- 京葉道路
- 清杉通り
- 住友不動産両国ビル
- 両国シティコア
- 両国小
- 喰町
- 回向院
- 両国パークハウス
- 日本橋中
- 首都高速7号小松川線
- NTT浜町ビル
- 三浦印刷工場
- 東日本橋
- 両国ジャンクション
- 平田倉庫
- 千歳公園
- 清洲橋通り
- 東京テレビセンター浜町スタジオ
- 久松小
- 隅田川
- 東京アインスリバーサイドタワー
- 久松署
- クレッセント東京ヴュータワー
- NTT茅場兜ビル
- 浜町公園
- 明治座
- 中央区立総合スポーツセンター
- マザウェイズ
- 清正公寺
- 新大橋
- 首都高速6号向島線
- 八名川小
- 八名川公園
- 芭蕉記念館
- 形町
- 新大橋通り
- 泰晴倉庫運輸
- 浜町中ノ橋
- 浜町区民館
- 日本橋浜町Fタワー

地図ラベル

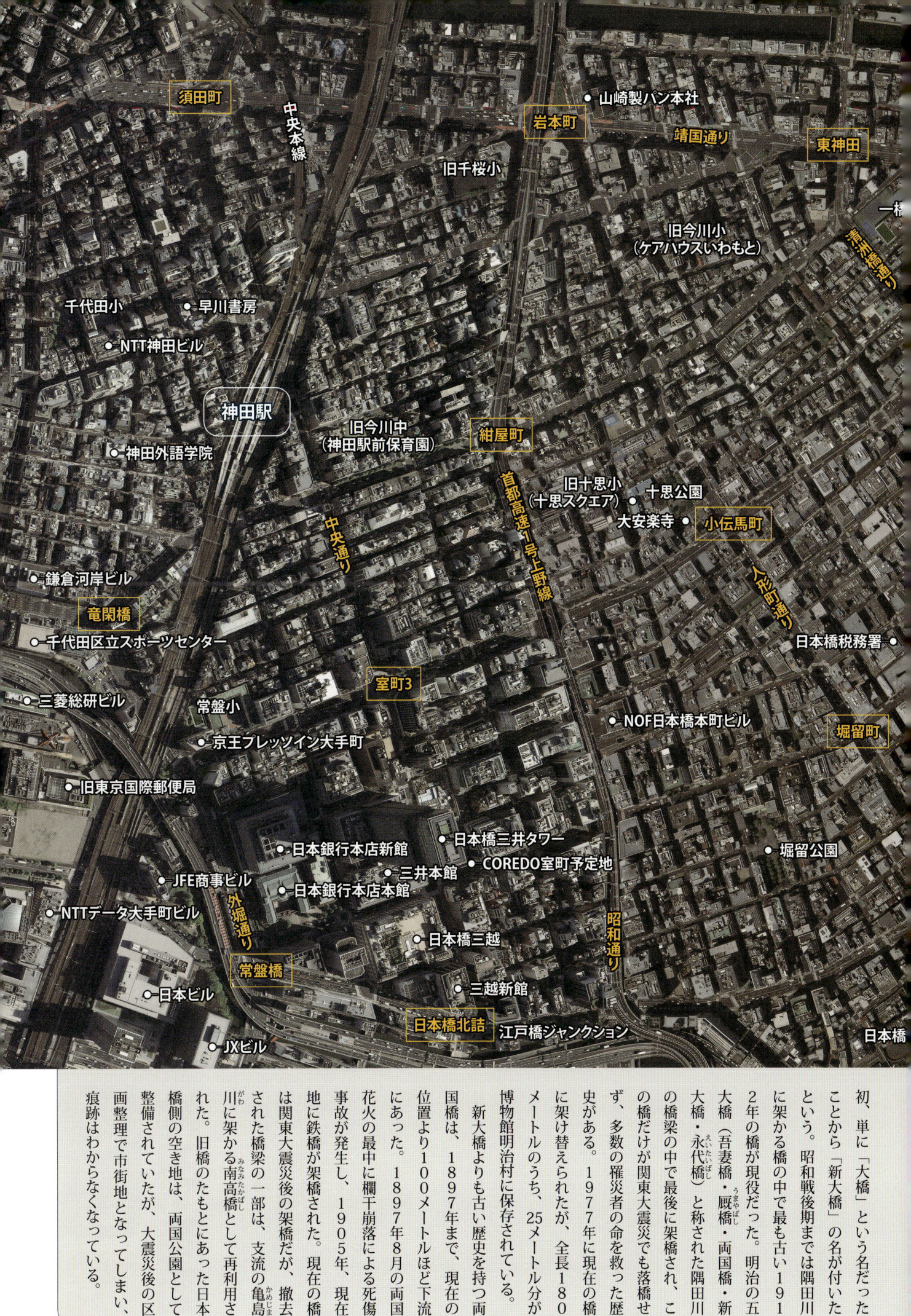

須田町、中央本線、旧千桜小、岩本町、山崎製パン本社、靖国通り、東神田、一橋、熊本藩邸、旧今川小（ケアハウスいわもと）、千代田小、早川書房、NTT神田ビル、神田駅、旧今川中（神田駅前保育園）、紺屋町、神田外語学院、旧十思小（十思スクエア）、十思公園、大安楽寺、小伝馬町、人形町通り、中央通り、首都高速1号上野線、鎌倉河岸ビル、竜閑橋、千代田区立スポーツセンター、日本橋税務署、三菱総研ビル、常盤小、室町3、NOF日本橋本町ビル、堀留町、京王プレッソイン大手町、旧東京国際郵便局、日本橋三井タワー、COREDO室町予定地、堀留公園、JFE商事ビル、日本銀行本店新館、三井本館、日本銀行本店本館、昭和通り、NTTデータ大手町ビル、外堀通り、日本ビル、常盤橋、日本橋三越、三越新館、JXビル、日本橋北詰、江戸橋ジャンクション、日本橋

本文

初、単に「大橋」という名だったことから「新大橋」の名が付いたという。昭和戦後期までは隅田川に架かる橋の中で最も古い1912年の橋が現役だった。明治の五大橋（吾妻橋・厩橋・両国橋・新大橋・永代橋）と称された隅田川の橋梁の中で関東大震災でも落橋せず、多数の罹災者の命を救ったこの橋だけが関東大震災に架け替えられたが、1977年に現在の橋に架け替えられた、全長180メートルのうち、25メートル分が博物館明治村に保存されている。

新大橋よりも古い歴史を持つ両国橋は、1897年まで、現在の位置より100メートルほど下流にあった。1897年8月の両国花火の最中に欄干崩落による死傷事故が発生し、1905年、現在地に鉄橋が架橋された。現在の橋は関東大震災後の架橋だが、撤去された橋梁の一部は、支流の亀島川に架かる南高橋として再利用された。旧橋のたもとにあった日本橋側の空き地は、両国公園として整備されていたが、大震災後の区画整理で市街地となってしまい、痕跡はわからなくなっている。

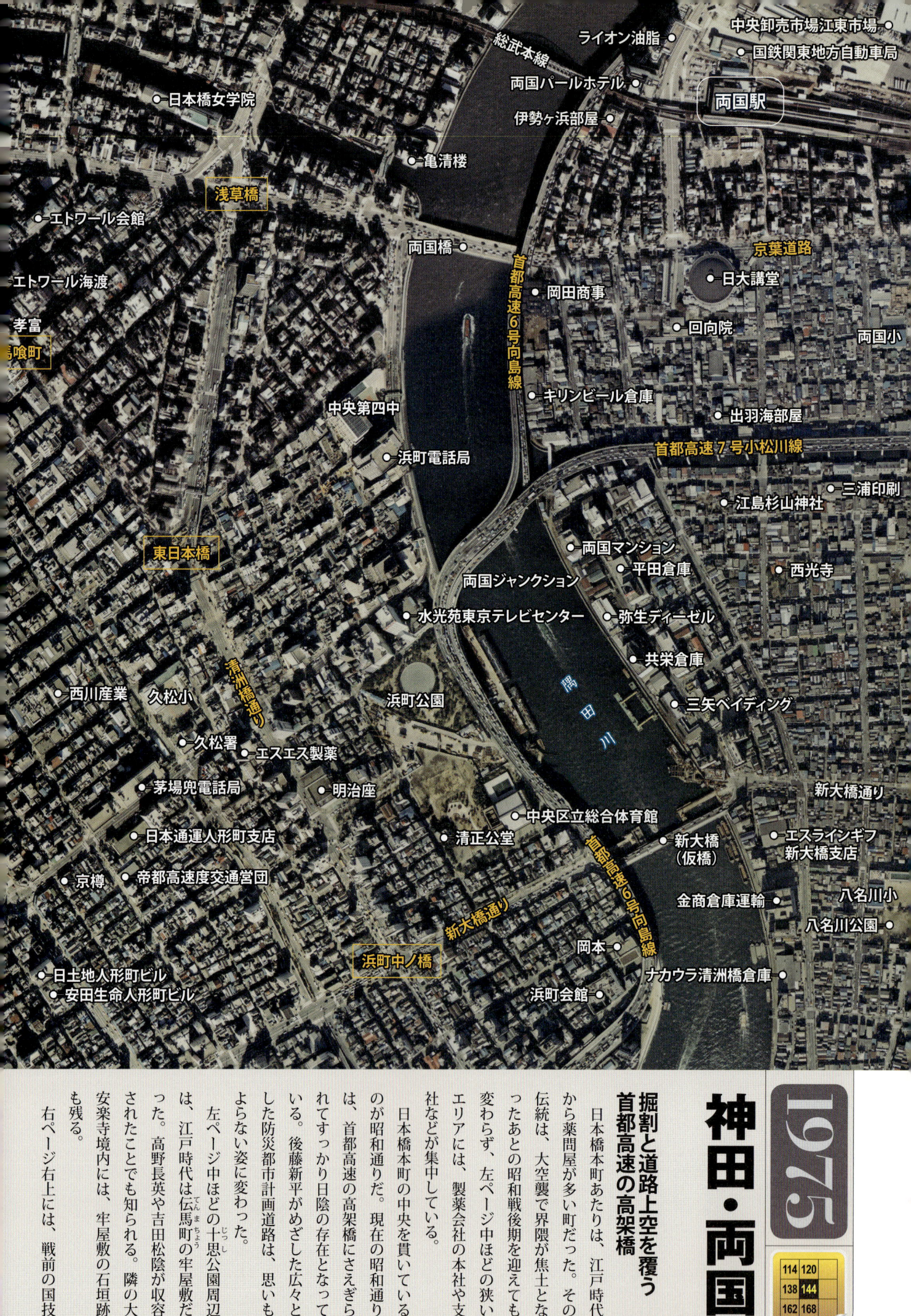

1975 神田・両国
掘割と道路上空を覆う首都高速の高架橋

日本橋本町あたりは、江戸時代から薬問屋が多い町だった。その伝統は、大空襲で界隈が焦土となったあとの昭和戦後期を迎えても変わらず、左ページ中ほどの狭いエリアには、製薬会社の本社や支社などが集中している。

日本橋本町の中央を貫いているのが昭和通りだ。現在の昭和通りは、首都高速の高架橋にさえぎられてすっかり日陰の存在となっている。後藤新平がめざした広々とした防災都市計画道路は、思いもよらない姿に変わった。

左ページ中ほどの十思公園周辺は、江戸時代は伝馬町の牢屋敷だった。高野長英や吉田松陰が収容されたことでも知られる。隣の大安楽寺境内には、牢屋敷の石垣跡も残る。

右ページ右上には、戦前の国技

地図中の注記

- 中央卸売市場江東市場
- 国鉄関東地方自動車局
- ライオン油脂
- 総武本線
- 両国パールホテル
- 日本橋女学院
- 伊勢ヶ浜部屋
- 両国駅
- 亀清楼
- 浅草橋
- エトワール会館
- 両国橋
- 京葉道路
- エトワール海渡
- 首都高速6号向島線
- 日大講堂
- 孝富
- 岡田商事
- 回向院
- 両国小
- 馬喰町
- キリンビール倉庫
- 中央第四中
- 出羽海部屋
- 浜町電話局
- 首都高速7号小松川線
- 江島杉山神社
- 三浦印刷
- 両国マンション
- 両国ジャンクション
- 平田倉庫
- 西光寺
- 東日本橋
- 水光苑東京テレビセンター
- 弥生ディーゼル
- 共栄倉庫
- 隅田川
- 清洲橋通り
- 西川産業
- 久松小
- 浜町公園
- 三矢ベイディング
- 久松署
- エスエス製薬
- 新大橋通り
- 茅場兜電話局
- 明治座
- 中央区立総合体育館
- 新大橋（仮橋）
- エスラインギフ新大橋支店
- 日本通運人形町支店
- 清正公堂
- 首都高速6号向島線
- 京樽
- 帝都高速度交通営団
- 新大橋通り
- 金商倉庫運輸
- 八名川小
- 日土地人形町ビル
- 浜町中ノ橋
- 岡本
- 八名川公園
- 安田生命人形町ビル
- 浜町会館
- ナカウラ清洲橋倉庫

館だった日大講堂の大鉄傘（屋根）が見える。進駐軍が接収していた時代は白く塗られていた屋根も、このころはくすんだ色をしている。1983年に解体され、跡地は両国シティコアという複合ビルになっている。

浜町公園を斜めに横切る帯状の裸地が見えるが、これは都営地下鉄新宿線の工事用スペースである。公園の地下を通る新宿線の岩本町〜東大島は、1978年12月に開通している。

浜町公園そばには明治座がある。たびたび火災に見舞われ、この建物は1958年の完成。その後、老朽化を理由に1990年に閉館し、新しい明治座は、18階建ての複合ビル「浜町センタービル」の低層階を利用して、1993年にオープンしている。

首都高速道路は、浜町公園の北東から隅田川をまたいでいる。6号向島線と7号小松川線が分岐する両国ジャンクションである。両国ジャンクションといえば、渋滞ポイントとして知られるが、この写真でも、都心に向かう車線がひどい渋滞に見舞われている。

1948 神田・両国

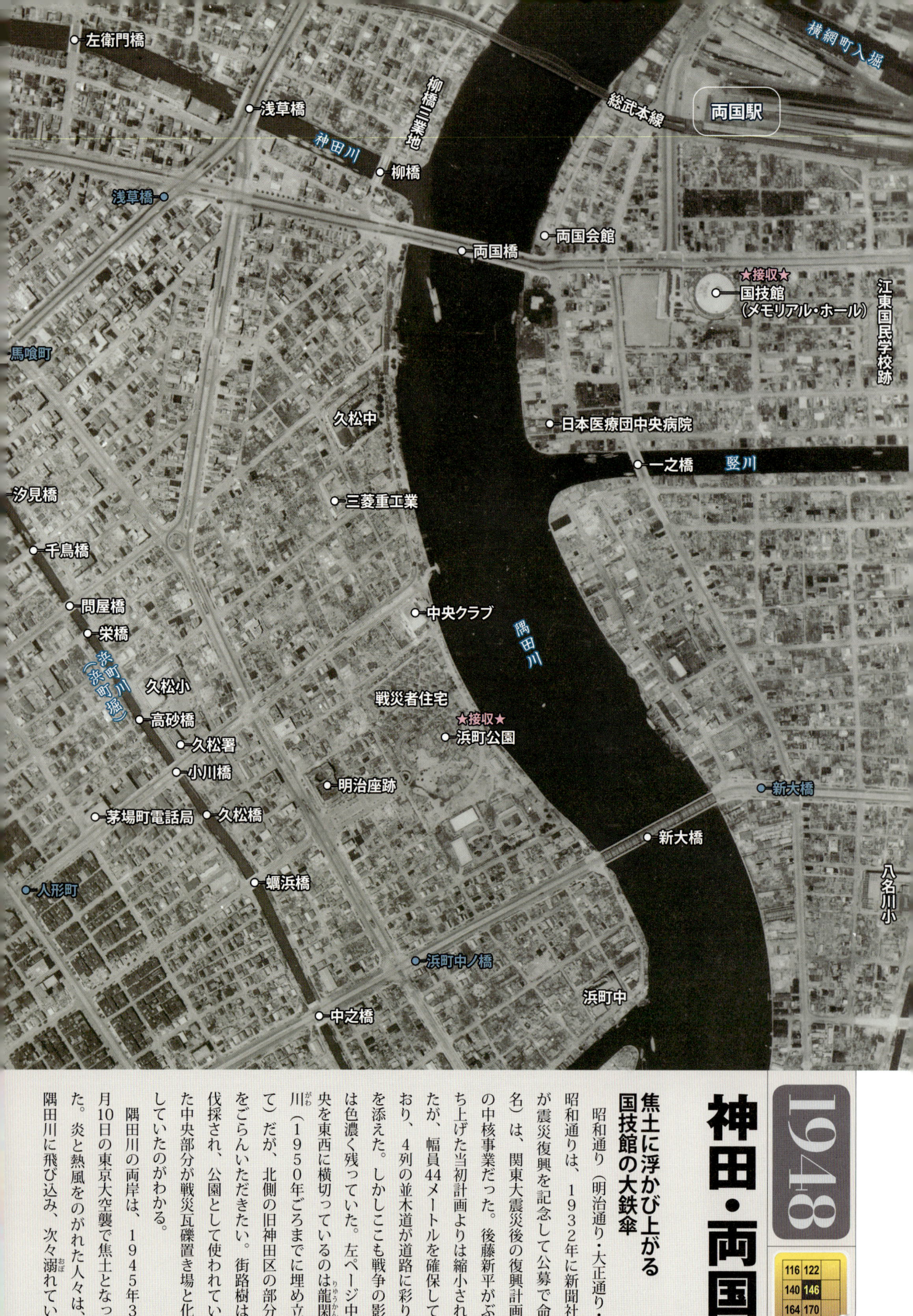

焦土に浮かび上がる国技館の大鉄傘

昭和通り（明治通り・大正通り）は、1932年に新聞社が震災復興を記念して公募で命名）は、関東大震災後の復興計画の中核事業だった。後藤新平がぶち上げた当初計画よりは縮小されたが、幅員44メートルを確保しており、4列の並木道が道路に彩りを添えた。しかしここも戦争の影は色濃く残っていた。左ページ中央を東西に横切っているのは龍閑川（1950年ごろまでに埋め立て）だが、北側の旧神田区の部分をごらんいただきたい。街路樹は伐採され、公園として使われていた中央部分が戦災瓦礫置き場と化していたのがわかる。

隅田川の両岸は、1945年3月10日の東京大空襲で焦土となった。炎と熱風をのがれた人々は、隅田川に飛び込み、次々溺れてい

── 地図上の地名 ──

左衛門橋／浅草橋／柳橋三業地／横網町入堀／総武本線／両国駅／神田川／浅草橋／柳橋／両国橋／両国会館／★接収★ 国技館（メモリアル・ホール）／江東国民学校跡／馬喰町／久松中／日本医療団中央病院／一之橋／竪川／汐見橋／三菱重工業／千鳥橋／問屋橋／栄橋／浜町川（浜町堀）／久松小／中央クラブ／隅田川／戦災者住宅／★接収★ 浜町公園／高砂橋／久松署／小川橋／明治座跡／新大橋／茅場町電話局／久松橋／新大橋／人形町／蠣浜橋／八名川小／浜町中ノ橋／浜町中／中之橋

116	122
140	**146**
164	170

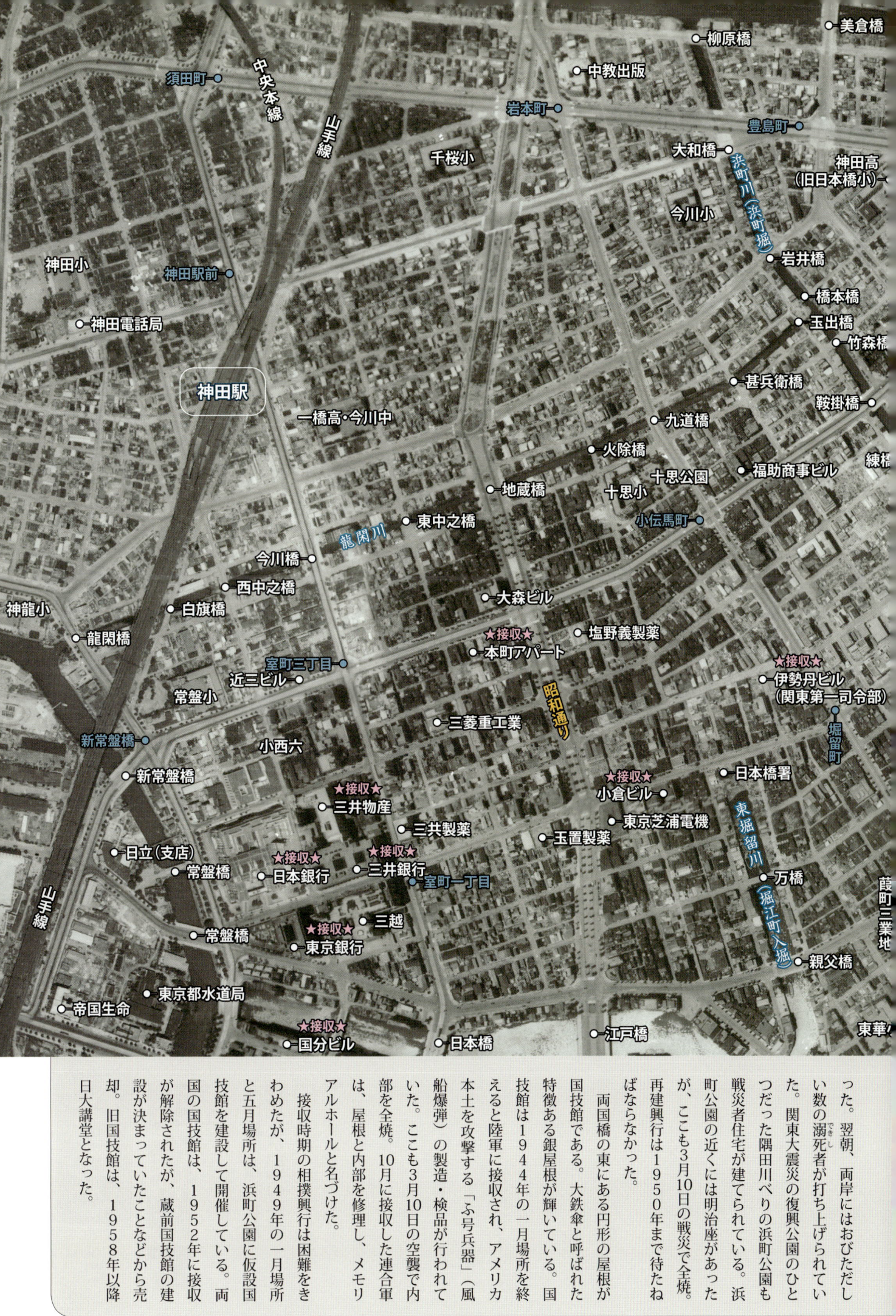

った。翌朝、両岸にはおびただしい数の溺死者が打ち上げられていた。関東大震災の復興公園のひとつだった隅田川べりの浜町公園も戦災者住宅が建てられている。浜町公園の近くには明治座があったが、ここも3月10日の戦災で全焼。再建興行は1950年まで待たねばならなかった。

両国橋の東にある円形の屋根が国技館である。大鉄傘と呼ばれた特徴ある銀屋根が輝いている。国技館は1944年の一月場所を終えると陸軍に接収され、アメリカ本土を攻撃する「ふ号兵器」(風船爆弾)の製造・検品が行われていた。ここも3月10日の空襲で内部を全焼。10月に接収した連合軍は、屋根と内部を修理し、メモリアルホールと名づけた。

接収時期の相撲興行は困難をきわめたが、1949年の一月場所と五月場所は、浜町公園に仮設国技館を建設して開催している。両国の国技館は、1952年に接収が解除されたが、蔵前国技館の建設が決まっていたことなどから売却。旧国技館は、1958年以降日大講堂となった。

明治神宮

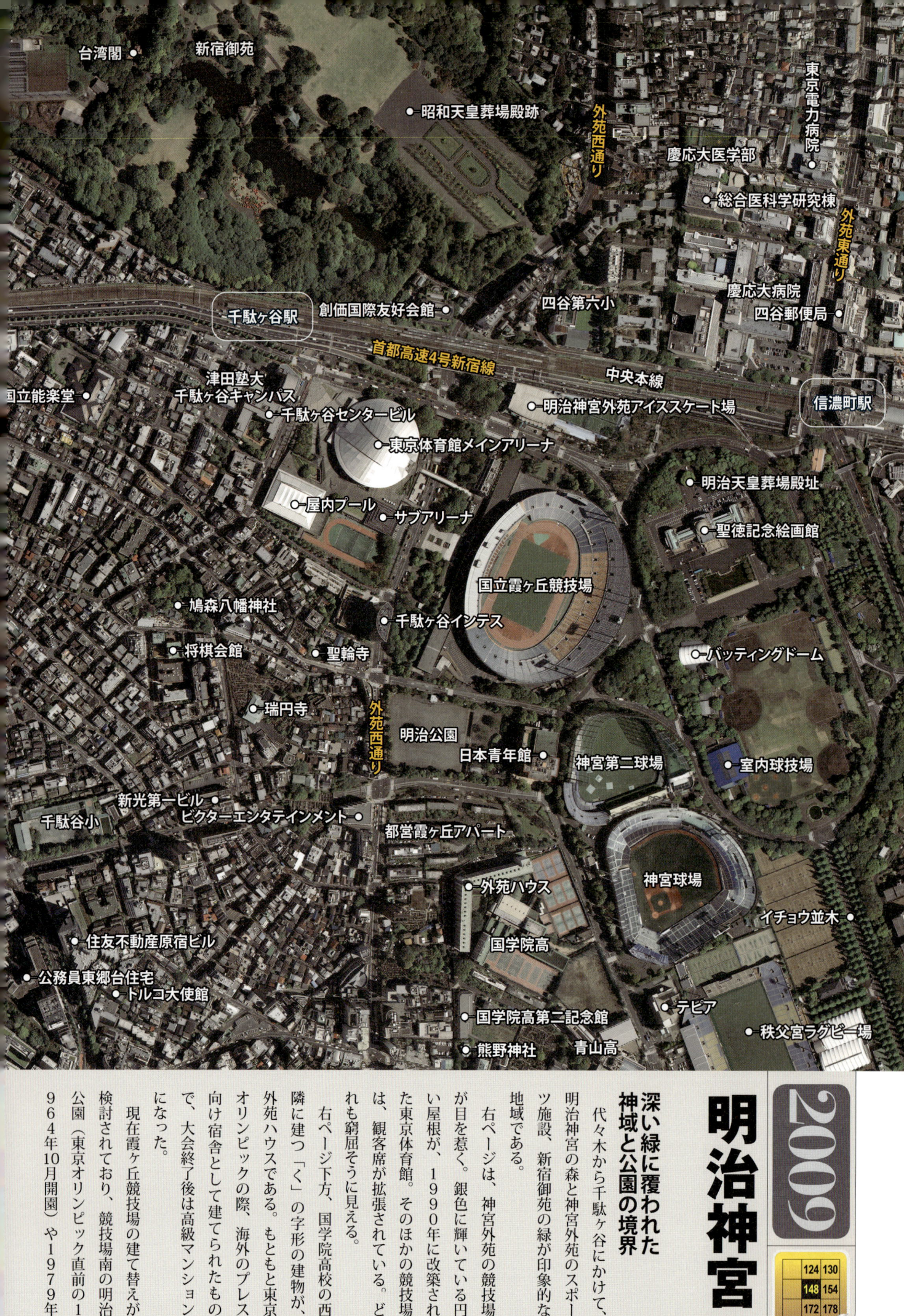

2009

深い緑に覆われた神域と公園の境界

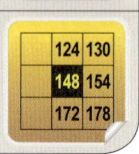

代々木から千駄ヶ谷にかけて、明治神宮の森と神宮外苑の緑が印象的な地域である。新宿御苑の緑も印象的な地域である。

右ページは、神宮外苑の競技場が目を惹く。銀色に輝いている円い屋根が、1990年に改築された東京体育館。そのほかの競技場は、観客席が拡張されている。どれも窮屈そうに見える。

右ページ下方、国学院高校の西隣に建つ「く」の字形の建物が、外苑ハウスである。もともと東京オリンピックの際、海外のプレス向け宿舎として建てられたもので、大会終了後は高級マンションになった。

現在霞ヶ丘競技場の建て替えが検討されており、競技場南の明治公園（東京オリンピック直前の1964年10月開園）や1979年

地図内の注記:
- 台湾閣
- 新宿御苑
- 昭和天皇葬場殿跡
- 外苑西通り
- 東京電力病院
- 慶応大医学部
- 総合医科学研究棟
- 外苑東通り
- 千駄ヶ谷駅
- 創価国際友好会館
- 四谷第六小
- 慶応大病院
- 四谷郵便局
- 首都高速4号新宿線
- 中央本線
- 国立能楽堂
- 津田塾大千駄ヶ谷キャンパス
- 千駄ヶ谷センタービル
- 明治神宮外苑アイススケート場
- 信濃町駅
- 東京体育館メインアリーナ
- 屋内プール
- サブアリーナ
- 明治天皇葬場殿址
- 聖徳記念絵画館
- 国立霞ヶ丘競技場
- 鳩森八幡神社
- 千駄ヶ谷インテス
- 将棋会館
- 聖輪寺
- バッティングドーム
- 瑞円寺
- 外苑西通り
- 明治公園
- 日本青年館
- 神宮第二球場
- 室内球技場
- 新光第一ビル
- ビクターエンタテインメント
- 都営霞ヶ丘アパート
- 千駄谷小
- 外苑ハウス
- 神宮球場
- 国学院高
- イチョウ並木
- 住友不動産原宿ビル
- 公務員東郷台住宅
- トルコ大使館
- 国学院高第二記念館
- テピア
- 熊野神社
- 青山高
- 秩父宮ラグビー場

[航空写真上のラベル]

文化学園大
代々木小
マイタワーレジデンス
代々木駅
NTTドコモ代々木ビル
南新宿駅
妙智会教団本部
鳩森小
山谷小
中央本線
小田急小田原線
日本共産党
代々木PA
代々木一丁目ビル
修養団
新日鉄住金研修センター
首都高速4号新宿線
GSKビル
宝物殿
至誠館
明治通り
参宮橋駅
東京乗馬倶楽部
北池
神社本庁
明治神宮
山手線
国立オリンピック記念青少年総合センター
社殿　神楽殿　社務所
神宮会館
客殿
崇敬会
参集殿
宮廷ホーム
クエストコート原
文化館
宝物展示室
原宿外苑中
代々木公園
生長の家
南池

に改築した日本青年館、さらに南の都営霞ヶ丘アパートまで影響がおよぶという。

左ページ上方、山手線を越えて延びる長い影は、NTTドコモ代々木ビルのものである。新宿御苑はもとより、驚くほど遠くからでもひと目で判別できる特徴あるビルの外観は、ニューヨークの摩天楼そっくり。27階建てながら、細長い尖塔部分があるため、ビル全体の高さは272メートルに達する。東京都内のビルでは、六本木のミッドタウンタワー、虎ノ門ヒルズ、新宿の東京都庁舎に次いで4番目に高い。

代々木公園の西側にある国立オリンピック記念青少年総合センターは、1964年の東京オリンピック選手村宿舎を転用した施設だったが、1990年代に建て替えられた。

青少年総合センターの北側には、東京乗馬倶楽部の馬場が見える。1940年からこの地で馬術や乗馬活動を行ってきた老舗の乗馬倶楽部である。1963年には、敷地のうち1500坪を首都高速道路用地として提供している。

明治神宮

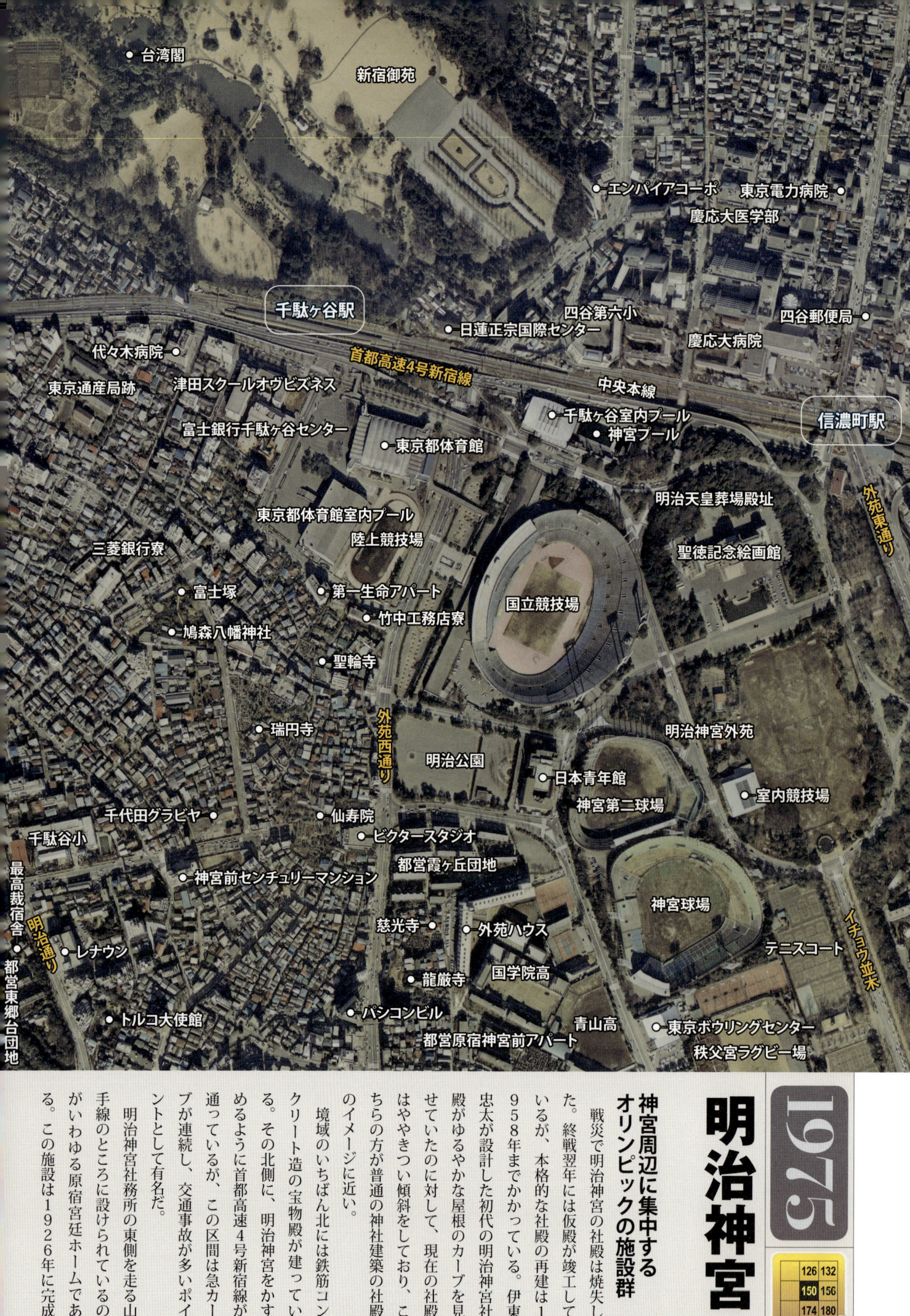

1975

神宮周辺に集中するオリンピックの施設群

戦災で明治神宮の社殿は焼失した。終戦翌年には仮殿が竣工しているが、本格的な社殿の再建は1958年までかかっている。伊東忠太が設計した初代の明治神宮社殿がゆるやかな屋根のカーブを見せていたのに対して、現在の社殿はややきつい傾斜をしており、こちらの方が普通の神社建築の社殿のイメージに近い。

境内のいちばん北には鉄筋コンクリート造の宝物殿が建っている。その北側に、明治神宮をかすめるように首都高速4号新宿線が通っているが、この区間は急カーブが連続し、交通事故が多いポイントとして有名だ。

明治神宮社務所の東側の山手線のところに設けられているのがいわゆる原宿宮廷ホームである。この施設は1926年に完成

地図中のラベル

- 台湾閣
- 新宿御苑
- エンパイアコーポ
- 東京電力病院
- 慶応大医学部
- 千駄ヶ谷駅
- 四谷第六小
- 日蓮正宗国際センター
- 四谷郵便局
- 代々木病院
- 首都高速4号新宿線
- 中央本線
- 慶応大病院
- 東京通産局跡
- 津田スクールオヴビズネス
- 千駄ヶ谷室内プール
- 神宮プール
- 信濃町駅
- 富士銀行千駄ヶ谷センター
- 東京都体育館
- 明治天皇葬場殿址
- 外苑東通り
- 三菱銀行寮
- 東京都体育館室内プール
- 陸上競技場
- 聖徳記念絵画館
- 富士塚
- 第一生命アパート
- 国立競技場
- 鳩森八幡神社
- 竹中工務店寮
- 聖輪寺
- 明治神宮外苑
- 瑞円寺
- 外苑西通り
- 明治公園
- 日本青年館
- 室内競技場
- 千代田グラビヤ
- 仙寿院
- 神宮第二球場
- 千駄谷小
- ビクタースタジオ
- 最高裁宿舎
- 神宮前センチュリーマンション
- 都営霞ヶ丘団地
- 神宮球場
- 明治通り
- 慈光寺
- 外苑ハウス
- テニスコート
- 都営東郷台団地
- レナウン
- 龍厳寺
- 国学院高
- イチョウ並木
- トルコ大使館
- パシコンビル
- 東京ボウリングセンター
- 都営原宿神宮前アパート
- 青山高
- 秩父宮ラグビー場

地図ラベル（位置順）:

- 小田急南新宿ビル
- 代々木小
- 玉置興業寮
- 協栄メゾン
- 山野高等美容学校
- 代々木駅
- 新宿保線区
- 北陸銀行寮
- 日本輸出入銀行寮
- 南新宿駅
- 都営千駄ヶ谷アパート
- 代々木エアハイツ
- 代々木ハイツ
- 妙智会館
- 千駄ヶ谷フラワーマンション
- 明治通り
- 鳩森小
- 第一勧銀寮
- 三菱重工代々木会館
- 代々木ゼミナール
- 中央本線
- 小田急小田原線
- 竹内印刷
- 山谷小
- 代々木パーキングエリア
- 桜菊会館
- 日本共産党
- 新日鉄研修センター
- 首都高速4号新宿線
- 修養団会館
- 日発病院
- フジタ工業
- 宝物殿
- 北池
- 原宿署
- 都営住宅
- 東京乗馬倶楽部
- 参宮橋駅
- 参宮橋変電所
- 明治神宮
- 山手線
- 社殿
- 明治神宮会館
- 宿泊棟
- 明星ビル
- オリンピック記念青少年総合センター 研修棟
- 社務所
- 参集所
- 宮廷ホーム
- 電電公社東京通信学院
- 宿泊棟
- 代々木公園
- 外苑中
- 南休憩所
- 生長の家
- 南池

　右ページは明治神宮外苑である。国立競技場と神宮球場のスタンドが目に付く。国立競技場は、1964年のオリンピック開催を契機に大改装され、収容人数はそれまでの4万8000人から7万1000人規模に増加している（最近は5万4000人）。

　この写真が撮影された1975年の時点でも、神宮球場の外野スタンドは芝生だった。芝生席の存在が、神宮球場を際立たせていた。この球場の外野スタンドが椅子席になるのは、1978年のシーズンからである。それまで万年Bクラスと陰口をたたかれてきたヤクルトスワローズは、この年、初めてセントラルリーグで優勝し、日本シリーズも制した。なお、神宮球場が人工芝になるのは、1982年以降である。

　したものだが、昭和天皇の行幸や御用邸への往復など、昭和期には頻繁に利用された。平成になってからは東京駅からの新幹線利用が主となり、このホームから列車が発着することはめったになくなった。2001年を最後に皇族の利用は途絶えている。

航空写真上のラベル：

- 御涼亭
- 大正天皇葬場殿跡
- 左門町
- 新宿御苑
- 慶応大医学部
- 中央線
- 千駄ヶ谷駅
- 四谷第六小
- 慶応大病院
- 鷹司公爵邸
- 信濃町
- 松平侯爵邸
- 信濃町駅
- ★接収★ 旧徳川家達公爵邸（マッジ・ホール）
- ★接収★ 神宮プール
- 明治天皇葬場殿址
- ★接収★ 聖徳記念絵画館
- ★接収★ 神宮競技場（ナイル・キニック・スタジアム）
- ★接収★ 明治神宮外苑（メイジ・パーク）
- 二荒伯爵邸
- ★接収★ 日本青年館（メイジ・ホテル）
- ★接収★ 神宮相撲場
- 穏田川（渋谷川）
- 千駄谷小
- ★接収★ 神宮球場（ステートサイド・パーク）
- 青山高
- 旧近衛歩兵第四聯隊
- 都営住宅
- ★接収★ PXガレージ
- 巌橋
- 東京ラグビー場（女子学習院跡）
- 原宿橋
- ★接収★ 旧海軍館

明治神宮

1948

次々と接収されて名称変更した体育施設

左ページで大きな面積を占めているのは明治神宮外苑、右ページは明治神宮内苑の施設である。1945年4月13日の空襲では明治神宮社殿をめがけて集中的に焼夷弾が投下され、焼失している。

左下端の建物群が旧代々木練兵場。接収されて、ワシントンハイツという名の進駐軍の家族宿舎になっていた。表参道がお洒落な通りになったのも、表参道に外国人向けの骨董店や玩具店ができたのも、ワシントンハイツからアメリカ人が流れてきたためである。

明治神宮外苑の競技場では、1943年10月、降りしきる雨の中で学徒出陣の壮行会が行われたが、競技場は神宮外苑は接収されたが、競技場はナイル・キニック・スタジアムと名づけられた。ナイル・キニックは第二次世界大戦中

航空写真内ラベル:
- 大島義清邸
- 代々木駅
- 壬生伯爵邸
- 鳩森
- 山谷駅（廃止）
- 山野愛子美容学院
- 山谷小
- 小田急小田原線
- 日本共産党
- 吉井伯爵邸
- 宝物殿
- 北参道
- 参宮橋
- 東京乗馬倶楽部
- 西参道
- 北ノ池
- 原宿署
- 参宮橋駅
- 明治神宮
- 山手線
- 本殿跡
- 仮殿
- 東池
- 大木伯爵邸
- 旧御殿跡
- 宮廷ホーム
- 島津久英男爵邸
- 社務所跡
- 外苑中
- ★接収★
- 旧代々木練兵場（ワシントン・ハイツ）
- 南ノ池

に事故死したアメリカンフットボール選手である。

競技場の西には、徳川宗家16代を継いだ徳川家達の邸宅があった。家達が1940年に没すると、家督は長男の家正が継承したが、1943年に東京府が錬成道場として買収。建物は「葵館」と命名されたが、終戦後から将校宿舎・将校クラブ「マッジ・ホール」として使用された。1952年の接収解除後、東京体育館用地となり、1956年に完成している。

神宮球場の北側には相撲場（バスケットボール場兼用）が見える。ここは1961年に第二球場となった。球場の南側には女子学習院があったが、5月25日の戦災で全焼。跡地には1947年に東京ラグビー場ができていた。ラグビー協会総裁だった秩父宮雍仁親王薨去後の1953年に「秩父宮ラグビー場」と改称されている。

この橋は、表参道付近に邸地のあった大山巌（日露戦争当時、満洲軍総司令官。元帥陸軍大将）が、この橋をよく馬で通ったことにちなんでいる。下の方に巖橋の名が見えるが、

赤坂 2009

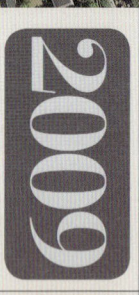

築後30年で解体された バブル文化の象徴

左下に見えるのが、聖徳記念絵画館の正面に植栽されたイチョウ並木だ。300メートルにわたってつづく4列の並木は1923年に植栽されたもので、正面から絵画館を望見した時に美しく見えるよう、手前の樹木を高く、奥にいけばいくほど低くして、遠近感を強調している。戦前は、絵画館前の広場も中央が遊歩道で左右が芝生広場となっており、シンメトリー（左右対称）の美を醸し出していた。

右ページ下の高層建築が、赤坂Bizタワーだ。TBSの再開発で誕生した39階建ての超高層ビルである。国会議事堂正面から議堂方向を見ると、塔屋の左側には み出して見えることでも知られる。

東京都庁と同じ丹下健三設計の赤坂プリンスホテル（2009年当時はグランドプリンスホテル赤

※地図上のラベル（抜粋）：
半蔵濠／桜田濠／内堀通り／新宿通り／三宅坂／平河町／赤坂見附／外堀通り／紀尾井町通り／紀尾井坂／首都高速4号新宿線／弁慶濠

主な施設：麹町学園女子高・中、みずほコーポレート銀行麹町センター、東京MXテレビ、麹町署、オリコ、半蔵門、東京FM、上智大、参議院麹町議員宿舎、紀尾井町ビル、文藝春秋、グランドアーク半蔵門、警視庁隼寮、福田家、紀尾井ホール、清水谷公園、ホテルニューオータニ ザ・メイン、日本都市センター会館・ホテル、国立劇場、参議院清水谷議員宿舎、旧李王邸、麹町中、最高裁判所、ガーデンタワー、ガーデンコート、グランドプリンスホテル赤坂、都道府県会館、平河町森タワー、弁慶橋、自由民主党本部、社会民主党本部、民主党本部、全国町村会館、参議院第一永田寮、国会図書館、安全ビル、参議院議長公邸、衆議院議長公邸、麹町中永田町校舎、参議院第二別館、鹿島本社、赤坂エクセルホテル東急、メキシコ大使館、伊藤博文像、豊川稲荷、山王グランドビル、参議院議員会館、参議院、旧赤坂小、プルデンシャルタワー、日比谷高、衆議院第二議員会館（建設中）、国会議事堂、衆議院、赤坂署、日枝神社、衆議院第一議員会館、山脇学園高・中、赤坂ガーデンシティ、浄土寺、ザ・キャピトルホテル東急（建設中）、パークコート赤坂ザ タワー、赤坂Bizタワー、国会記者会館、総理官邸、内閣府、山王パークタワー、総理公邸

地図ラベル

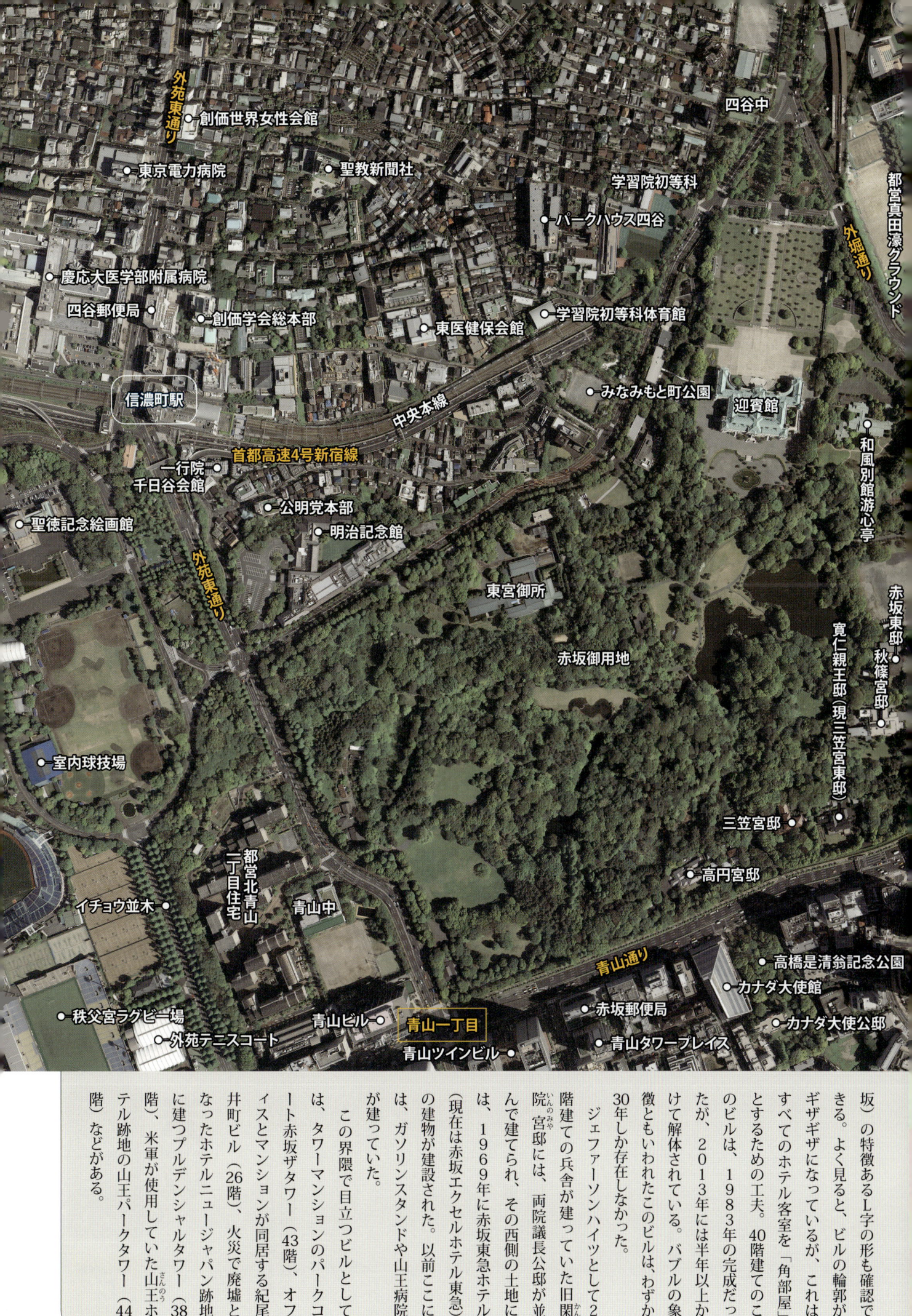

- 外苑東通り
- 創価世界女性会館
- 四谷中
- 東京電力病院
- 聖教新聞社
- 学習院初等科
- パークハウス四谷
- 外堀通り
- 都営真田濠グラウンド
- 慶応大医学部附属病院
- 四谷郵便局
- 創価学会総本部
- 東医健保会館
- 学習院初等科体育館
- 信濃町駅
- 中央本線
- みなみもと町公園
- 迎賓館
- 首都高速4号新宿線
- 一行院
- 千日谷会館
- 公明党本部
- 和風別館游心亭
- 聖徳記念絵画館
- 明治記念館
- 外苑東通り
- 東宮御所
- 赤坂東邸
- 秋篠宮邸
- 寛仁親王邸（現三笠宮東邸）
- 赤坂御用地
- 室内球技場
- 三笠宮邸
- 都営北青山一丁目住宅
- 高円宮邸
- イチョウ並木
- 青山中
- 青山通り
- 高橋是清翁記念公園
- カナダ大使館
- 赤坂郵便局
- カナダ大使公邸
- 秩父宮ラグビー場
- 外苑テニスコート
- 青山ビル
- 青山一丁目
- 青山ツインビル
- 青山タワープレイス

坂）の特徴あるL字の形も確認できる。よく見ると、ビルの輪郭がギザギザになっているが、これはすべてのホテル客室を「角部屋」とするための工夫。40階建てのこのビルは、1983年の完成だったが、2013年には半年以上かけて解体されている。バブルの象徴ともいわれたこのビルは、わずか30年しか存在しなかった。

ジェファーソンハイツとして2階建ての兵舎が建っていた旧閑院宮邸には、両院議長公邸が並んで建てられ、その西側の土地には、1969年に赤坂東急ホテル（現在は赤坂エクセルホテル東急）の建物が建設された。以前ここには、ガソリンスタンドや山王病院が建っていた。

この界隈で目立つビルとしては、タワーマンションのパークコート赤坂ザタワー（43階）、オフィスとマンションが同居する紀尾井町ビル（26階）、火災で廃墟となったホテルニュージャパン跡地に建つプルデンシャルタワー（38階）、米軍が使用していた山王ホテル跡地の山王パークタワー（44階）などがある。

赤坂 1975

各局が独自に建設した初期のテレビ電波塔

赤坂の皇室用地の北東に立地していたのが、1909年に大正天皇の東宮御所として建てられた赤坂離宮である。戦後は国会図書館などに使われたが、1974年に大修理を施し、迎賓館として面目を一新している。洋風本館の隣には和風別館が新築され、ヘリポートが整備された。最初に滞在した国賓が、1974年11月に訪日したアメリカ合衆国のフォード大統領だった。

1964年の東京オリンピックをひかえ、国立競技場のある神宮外苑へのアクセス道路となった青山通りは、道幅40メートルに拡張された。この拡幅工事は赤坂御用地も例外ではなく、道路に面した用地を提供している。ただし、外側の道路沿いに築かれていた紀伊徳川家屋敷時代の石垣は、拡幅後

地図上の注記:

- 麹町学園
- 日本興業銀行麹町別館
- 新宿通り
- 麹町署
- 東條会館
- 上智大
- 埼玉銀行事務センター
- 衆議院退職宿舎
- 警視庁官舎
- 内堀通り
- 福田家
- メリノール教会
- 司法研修所紀尾井町別館
- 文藝春秋
- 紀尾井坂
- 清水谷公園
- 日本都市センター
- 国立劇場
- ホテルニューオータニ
- 参議院清水谷議員宿舎
- 全共連ビル
- NHK千代田送信所 麹町中
- 首都高速4号新宿線
- 新館
- 赤坂プリンスホテル
- 砂防会館
- 最高裁判所
- 弁慶濠
- 都道府県会館
- 弁慶橋
- 赤坂見附
- 自民党本部
- 国会図書館
- 安全ビル
- サントリー美術館
- 永田町小
- 虎屋黒川工場
- 鹿島建設
- 衆議院議長公邸
- 参議院議長公邸
- 外堀通り
- 赤坂東急ホテル
- メキシコ大使館
- 参議院議員会館
- 赤坂センタービル
- 山王グランドビル
- 参議院
- 豊川稲荷
- 赤坂小
- ホテルニュージャパン
- 日比谷高
- 国会議事堂
- 山の茶屋
- 衆議院第二議員会館
- 赤坂署
- 日枝神社
- 衆議院
- 赤坂支所・赤坂公会堂
- 衆議院第一議員会館
- 山脇女学院
- 浄土寺
- 東京ヒルトンホテル
- 山王ホテル(米軍施設)
- 国会記者会館
- TBS会館
- TBS
- 電子技術総合研究所
- 首相官邸
- 総理府

126	132	138
150	**156**	162
174	180	186

地図ラベル（位置順、大まかに上から）:
- 四谷第一中
- 営団丸ノ内線
- 永心寺
- 西応寺
- 宗福寺
- 外堀通り
- 東京電力病院
- 聖教新聞社
- 日本専売公社中央研修所
- 学習院初等科
- 都営真田濠グラウンド
- 慶大病院
- 四谷郵便局
- 創価学会文化会館
- 信濃町ボウリングセンター
- 東医健保会館
- 学習院宿舎
- 小田急信濃町マンション
- 住友銀行会館
- 中央本線
- 信濃町駅
- 信濃町変電所
- 南元町公園
- 迎賓館
- 公立共済四谷ビル
- 首都高速4号新宿線
- 一行院
- 公明会館
- 聖徳記念絵画館
- 明治記念館
- 外苑東通り
- 東宮御所
- 赤坂御用地
- 明治神宮外苑
- 秩父宮邸
- 都営北青山二丁目住宅
- 三笠宮邸
- テニスコート
- 青山中
- 赤坂御用地西門宿舎
- 住友スリーエム
- 草月会館
- 秩父宮ラグビー場
- 三菱信託銀行
- 日本生命赤坂ビル
- 赤坂郵便局
- 高橋是清翁記念公園
- 青山通り
- ドイツ東亜研究協会
- カナダ大使館

に新しい位置に復元されたため、道路用地を提供した痕跡はわからなくなっている。

右ページ、ホテルニューオータニ新館の右には、NHKテレビ千代田放送所のアンテナが見える。高さ178メートルのこの鉄塔は、NHKのテレビ電波を関東一円に送信していた。1958年に東京タワーが完成するまでは、公共放送のNHKはもとより、日本テレビやラジオ東京テレビ（現在のTBSテレビ）といった民放テレビ各局も、独自の電波塔を建設して送信していたのである。ちなみに日本テレビの電波塔は麹町（旧社屋の位置）にあり、高さ154メートル、ラジオ東京テレビの電波塔は赤坂にあり、高さは150メートルだったという。

千代田放送所の南が赤坂プリンスホテルで、1975年当時は旧李王邸の建物を中心としたこぢんまりした施設だった。1983年に40階建ての新館が完成したことで、千代田放送所のアンテナは非常用電波塔としての役割を終えたが、鉄塔は平成初めまでそのまま建っていた。

赤坂 1948

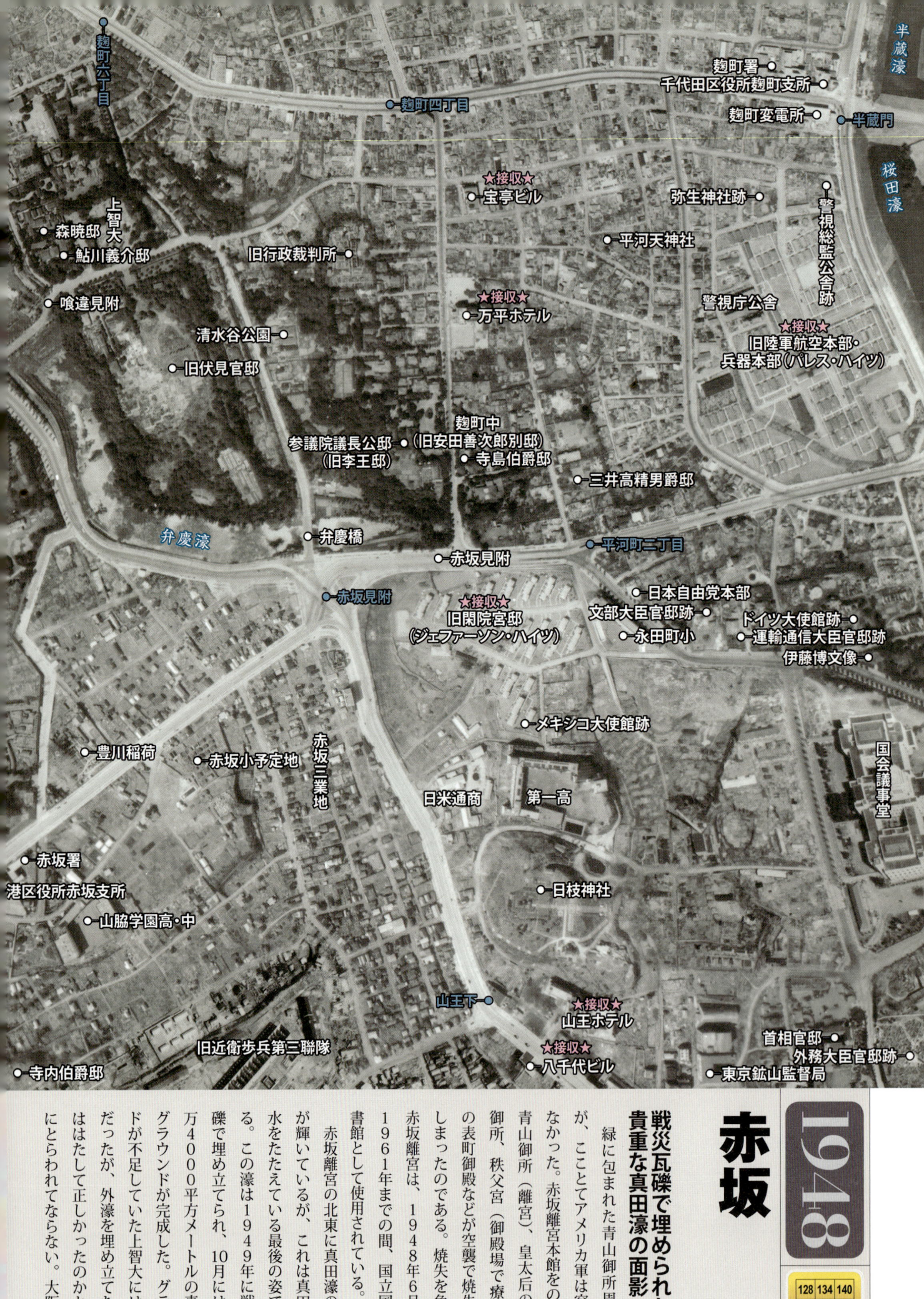

戦災瓦礫で埋められた貴重な真田濠の面影

緑に包まれた青山御所周辺だが、こことてアメリカ軍は容赦しなかった。赤坂離宮本館をのぞく、青山御所（離宮）、皇太后の大宮御所、秩父宮（御殿場で療養中）の表町御殿などが空襲で焼失してしまったのである。焼失を免れた赤坂離宮は、1948年6月から1961年までの間、国立国会図書館として使用されている。

赤坂離宮の北東に真田濠の水面が輝いているが、これは真田濠が水をたたえている最後の姿でもある。この濠は1949年に戦災瓦礫で埋め立てられ、10月には約2万4000平方メートルの真田濠グラウンドが完成した。グラウンドが不足していた上智大には朗報だったが、外濠を埋め立てたことははたして正しかったのかと疑念にとらわれてならない。大阪城の

地図ラベル

- 半蔵濠
- 麹町六丁目
- 麹町四丁目
- 麹町署
- 千代田区役所麹町支所
- 麹町変電所
- 半蔵門
- 桜田濠
- 上智大
- 森暁邸
- 鮎川義介邸
- 旧行政裁判所
- ★接収★ 宝亭ビル
- 弥生神社跡
- 平河天神社
- 警視総監公舎跡
- 喰違見附
- 清水谷公園
- 旧伏見官邸
- ★接収★ 万平ホテル
- 警視庁公舎
- ★接収★ 旧陸軍航空本部・兵器本部（パレス・ハイツ）
- 参議院議長公邸（旧李王邸）
- 麹町中（旧安田善次郎別邸）
- 寺島伯爵邸
- 三井高精男爵邸
- 弁慶濠
- 弁慶橋
- 赤坂見附
- 平河町二丁目
- 赤坂見附
- ★接収★ 旧閑院宮邸（ジェファーソン・ハイツ）
- 日本自由党本部
- 文部大臣官邸跡
- ドイツ大使館跡
- 運輸通信大臣官邸跡
- 永田町小
- 伊藤博文像
- メキシコ大使館跡
- 豊川稲荷
- 赤坂小予定地
- 赤坂三業地
- 日米通商
- 第一高
- 国会議事堂
- 赤坂署
- 港区役所赤坂支所
- 山脇学園高・中
- 日枝神社
- 山王下
- ★接収★ 山王ホテル
- 旧近衛歩兵第三聯隊
- ★接収★ 八千代ビル
- 首相官邸
- 外務大臣官邸跡
- 寺内伯爵邸
- 東京鉱山監督局

地図上のラベル:
- 左門町
- 赤坂離宮記念恩賜公園
- 真田壕（四ッ谷）
- 慶応大医学部
- 斎藤子爵邸
- 学習院初等科
- 専修高・中
- 慶応病院
- 松平伯爵邸
- 中央本線
- 信濃町
- 信濃町駅
- 苗圃
- 旧赤坂離宮（国立国会図書館）
- 東宮仮御所跡
- 明治記念館（旧憲法記念館）
- 大宮御所
- ★接収★ 明治神宮外苑
- 権田原
- 秩父宮邸（表町御殿）
- 青山御所跡
- 赤坂表町一
- ★接収★ 旧陸軍大学校（米軍将校宿舎）
- 高橋是清翁記念公園
- 啓明学園
- 赤坂郵便局
- 日本曹達
- カナダ大使館
- 青山一丁目

ように、外壕を復活させる選択があってもよいのではないか。

赤坂見附あたりは、伏見宮邸、閑院宮邸、李王邸が集中していた。それぞれ江戸時代は彦根藩主井伊家中屋敷、松江藩主松平家上屋敷、紀伊藩主徳川家中屋敷だった場所である。伏見宮邸と閑院宮邸の壮麗な御殿は空襲で全焼。伏見宮邸の広大な旧邸地は、1950年代に実業家の大谷米太郎が買収し、のちにホテルニューオータニが建設された。閑院宮邸は接収され、ジェファーソンハイツとなっていた。李王邸は、一時参議院議長公邸として使われた後、1952年に堤康次郎の国土計画が買収して、1955年に赤坂プリンスホテルとして開業している。

日枝神社も江戸時代の社殿が焼失するなど、大きな被害を受けた。その南の山王ホテルは、二・二六事件の蹶起将校が本営としたことでも知られるホテルだが、1946年に接収され、講和条約後も米軍が継続使用した。その期間はなんと1983年までの37年間。現在山王ホテル跡は山王パークタワーになっている。

有楽町 2009

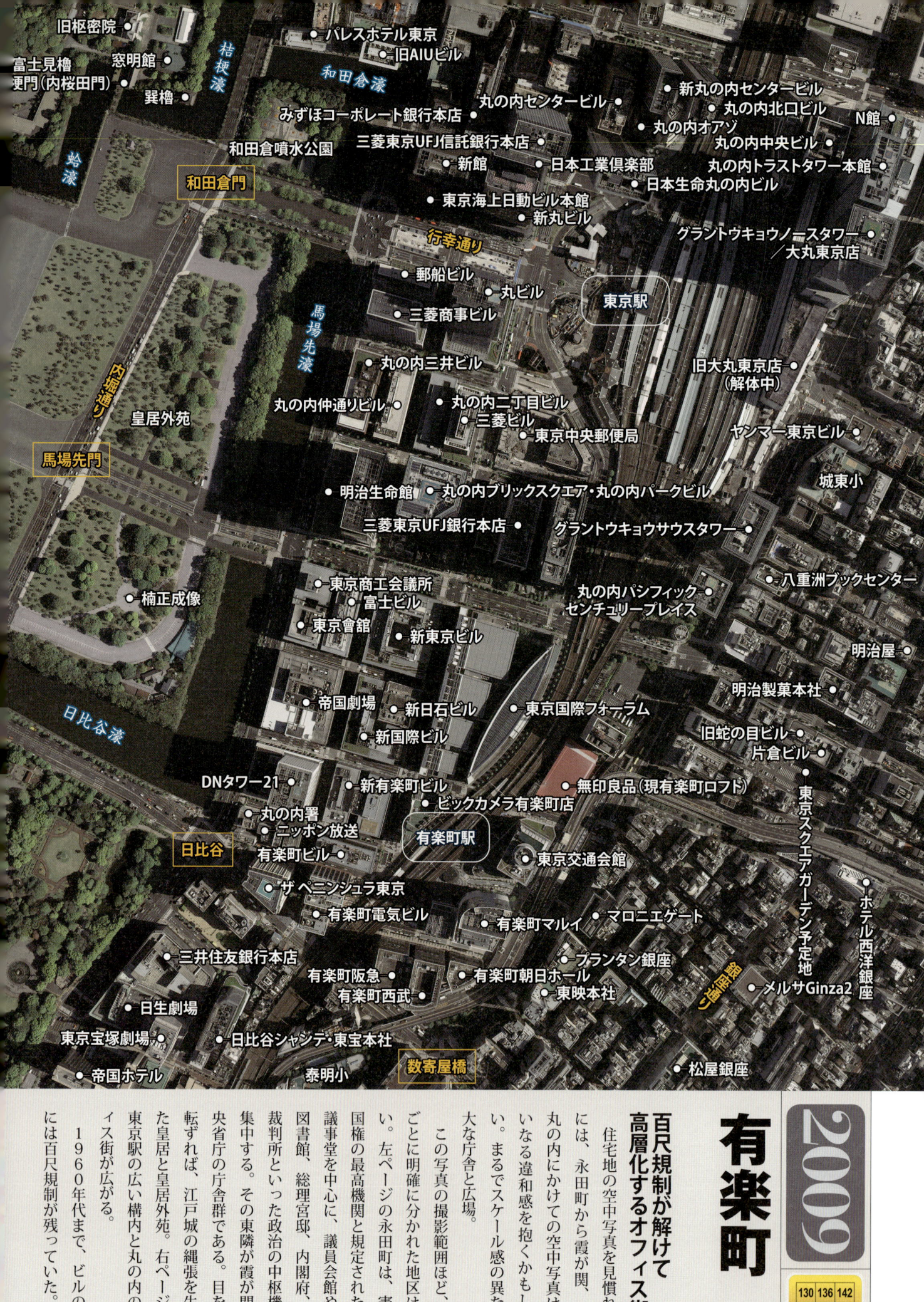

百尺規制が解けて高層化するオフィス街

住宅地の空中写真を見慣れた目には、永田町から霞が関、皇居、丸の内にかけての空中写真は、大いなる違和感を抱くかもしれない。まるでスケール感の異なる巨大な庁舎と広場。

この写真の撮影範囲ほど、用途ごとに明確に分かれた地区は少ない。左ページの永田町は、憲法で国権の最高機関と規定された国会議事堂を中心に、議員会館や国会図書館、総理官邸、内閣府、最高裁判所といった政治の中枢機関が集中する。その東隣が霞が関の中央省庁の庁舎群である。目を北に転ずれば、江戸城の縄張を生かした皇居と皇居外苑。右ページには東京駅の広い構内と丸の内のオフィス街が広がる。

1960年代まで、ビルの高さには百尺規制が残っていた。百尺

地図中の表記

上部エリア：
- 旧枢密院
- 富士見櫓
- 窓明館
- 巽櫓
- 桔梗濠
- パレスホテル東京
- 旧AIUビル
- 和田倉濠
- 丸の内センタービル
- 新丸の内センタービル
- 丸の内北口ビル
- N館
- 蛤濠
- みずほコーポレート銀行本店
- 三菱東京UFJ信託銀行本店
- 丸の内オアゾ
- 丸の内中央ビル
- 和田倉噴水公園
- 新館
- 日本工業倶楽部
- 丸の内トラストタワー本館
- 日本生命丸の内ビル
- 和田倉門
- 東京海上日動ビル本館
- 新丸ビル
- 行幸通り
- グラントウキョウノースタワー／大丸東京店
- 内堀通り
- 郵船ビル
- 丸ビル
- 東京駅
- 馬場先濠
- 三菱商事ビル
- 丸の内三井ビル
- 旧大丸東京店（解体中）
- 皇居外苑
- 丸の内仲通りビル
- 丸の内二丁目ビル
- 三菱ビル
- ヤンマー東京ビル
- 馬場先門
- 東京中央郵便局
- 明治生命館
- 丸の内ブリックスクエア・丸の内パークビル
- 城東小
- 三菱東京UFJ銀行本店
- グラントウキョウサウスタワー
- 八重洲ブックセンター
- 東京商工会議所
- 富士ビル
- 丸の内パシフィックセンチュリープレイス
- 楠正成像
- 東京會舘
- 新東京ビル
- 明治屋
- 明治製菓本社
- 日比谷濠
- 帝国劇場
- 新日石ビル
- 東京国際フォーラム
- 旧蛇の目ビル
- 片倉ビル
- 新国際ビル
- DNタワー21
- 新有楽町ビル
- 無印良品（現有楽町ロフト）
- 東京スクエアガーデン予定地
- 丸の内署
- ビックカメラ有楽町店
- ニッポン放送
- 有楽町駅
- ホテル西洋銀座
- 日比谷
- 有楽町ビル
- 東京交通会館
- ザ ペニンシュラ東京
- 有楽町電気ビル
- 有楽町マルイ
- マロニエゲート
- 三井住友銀行本店
- 有楽町阪急
- 有楽町朝日ホール
- ブランタン銀座
- 日生劇場
- 有楽町西武
- 東映本社
- メルサGinza2
- 東京宝塚劇場
- 日比谷シャンテ・東宝本社
- JR線路
- 帝国ホテル
- 泰明小
- 数寄屋橋
- 松屋銀座

規制とは、関東大震災後に生まれた建築規制で、ビルの高さを31メートル（約100尺）以内とする制限である。丸の内や銀座のビルのスカイラインがきれいに揃っていたのは、この規制のためである。すでにこの規制は撤廃され、丸の内のビル群も、近年次々と超高層ビルへと生まれ変わっている。美しいスカイラインは完全に過去のものとなった。

旧庁舎の保存をめぐって、論議を呼び、とうとう所管の総務大臣まで介入した東京中央郵便局も解体が始まっている。かつて、皇居が見えてしまうことから景観論争に発展し、当初よりも低い高さで完成した東京海上ビル（現在は東京海上日動ビル）は、周囲のビルの中にすっかりもまれてしまった。

東京駅のホームは飽和状態である。だから、東北新幹線のホームを増設する必要が生じた際は、旧横須賀線用ホームを転用した。さらに北陸新幹線（長野新幹線）が東京駅に乗り入れる際は、中央線ホームを重層化したうえ、在来線ホームをずらしてスペースを捻出している。

1975 有楽町

'60年代に大改造された国会議事堂周辺の街路

1960年代半ばに国会議事堂周辺の街路は大きく変わった。それまでは、江戸期以来の屋敷地の輪郭を引き継いでいたため、国会議事堂の敷地も窮屈な三角地に建っていた状態だった。ところが、この写真では議事堂の敷地も長方形にゆったり取られ、さらに国会前庭や議員会館、国会図書館なども含めると、永田町全体が国会関連施設といっていいほど。

とりわけ、戦前は陸軍省や参謀本部のあった国会議事堂の東側正面は、すべて公園化され、議事堂正門前の道路は、道幅50メートル（関東大震災後の復興計画では36メートル）と、都心部では東京駅前の行幸通りに次ぐ広さとなっている。

皇居には、宮殿（新宮殿）が1960年代に確認できる。明治創建の宮殿が19

地図注記（抜粋）

- 済寧館
- 内閣文庫
- 丸の内消防署
- 東京貿易会館
- 千代田電話局
- 東京データ通信
- 皇宮警察本部
- 窓明館
- 日本鋼管
- 安田火災
- 富士銀行
- 東京市外電話局
- 富士見櫓
- 桔梗門（内桜田門）
- パレスホテル
- 新住友ビル
- 大和銀行
- 宮内庁自動車班・馬車課
- AIUビル
- 新大手ビル
- 日本ビル
- 和田倉濠
- 和田倉門
- 第一勧業銀行
- 丸ノ内ホテル
- 朝日東海ビル
- 皇太子殿下御結婚記念噴水
- 日本興業銀行
- 日本交通公社
- 新日鉄ビル
- 丸の内朝日生命館
- 日本工業倶楽部
- 日本国有鉄道
- 和田倉橋
- 東京海上ビル
- 新丸ビル
- 東京車掌区
- 第一鉄鋼ビル
- 行幸通り
- 東京鉄道管理局
- 第二鉄鋼ビル
- 馬場先濠
- 日本郵船
- 東京駅
- 国際観光会館
- 三菱商事
- 丸ビル
- 皇居外苑
- 岸本ビル
- 大丸
- 三菱電機ビル
- 三菱本館
- 東京中央郵便局
- 明治生命館
- 八重洲ビル
- 住友生命ビル
- 城東小
- 馬場先橋
- 古河総合ビル
- 三菱銀行
- ヤンマー東京支社
- 八重洲変電所
- 三菱商事ビル
- 東京ビル
- 常和ビル
- 東京商工会議所
- 旧鹿島建設本社
- 楠正成像
- 富士ビル
- 国労会館
- 本田技研
- 東京会館
- 新東京ビル
- 外堀通り
- 楠公食堂
- 東京都庁
- 明治屋
- 帝国劇場
- 日本石油ビル
- 都庁第二本庁舎
- 明治製菓
- 日比谷濠
- 新国際ビル
- 蛇の目ミシン
- 第一生命館
- 片倉ビル
- パイロット万年筆
- 農林中金
- 新有楽町ビル
- 丸の内署
- 有楽町そごう
- 第一生命相互館
- 朝日生命館
- 有楽町駅
- 東京交通会館
- 実業之日本社
- 日比谷パークビル
- 電気ビル
- 中央通り
- 全国信用金庫会館
- 東宝ツインタワービル
- 昭和通り
- 三信ビル
- 都公害局公害研究所
- テアトル東京
- 東京高速道路
- 日比谷三井ビル
- 日本劇場
- ピカデリー
- 日生劇場
- 日比谷映画劇場
- 朝日新聞社
- 大倉商事
- 宝塚劇場
- 有楽座
- ニュー東京ビル
- 名鉄メルサ
- 芸術座
- 首都高速都心環状線

航空写真の地名・建物ラベル：

- 新宿通り
- 半蔵門
- 御養蚕所
- 宮内庁
- 皇居
- 豊明殿
- 表御座所
- 正殿
- 坂下
- 中庭
- 長和殿
- 坂下護衛
- 新宮殿
- 宮殿東庭
- 生物学御研究所
- 吹上護衛署
- 宮中三殿
- 浄水場
- 桜田濠
- 旧馬見所
- 二重橋濠
- 国立劇場
- 内堀通り
- 伏見櫓
- 正門鉄橋（二重橋）
- 正門石橋
- 最高裁判所
- 三宅坂小公園
- 三宅坂
- 青山通り
- 日本社会党
- 国会図書館
- 憲政記念館
- 桜田門
- 凱旋濠
- 伊藤博文像
- 時計塔
- 日本水準原点
- 警視庁
- 祝田橋
- 参議院議員会館
- 参議院
- 建設省・運輸省
- 自治省
- 法務省
- 東京地方裁判
- 国会議事堂
- 衆議院第二議員会館
- 衆議院
- 旧最高裁判所
- 東京高等裁判所
- 科学技術庁・公正取引委員会
- 陸奥宗光像
- 外務省
- 桜田通り
- 検察庁
- 日比谷公園
- 衆議院第一議員会館
- 国会記者会館
- 農林省
- 厚生省
- 首相官邸
- 総理府
- 経済企画庁・環境庁
- 海上保安庁
- 家庭裁判所
- 大蔵省
- 日比谷野外大音楽堂
- 通産省
- 東京地方裁判所分室

45年5月の空襲で焼失していたため、講和条約発効後の1952年10月以降、宮内庁3階が仮宮殿に改装されていた。これでは手狭ということで宮殿再建の気運が起こり、1968年に現在の宮殿が完成している。明治宮殿が、公的スペースの表御殿と、私的スペースの奥御殿から成っていたのとは異なり、新宮殿では表御殿のみとなっている。

三菱旧一号館（1968年解体）をはじめ、丸の内にわずかに残っていた赤煉瓦のビルも1960年代末には完全に姿を消した。1974年8月30日には、丸の内の三菱重工ビルに仕掛けられた時限爆弾が爆発し、死者8名という大事件が発生している。この事件以降、ビルの管理は厳しくなり、昼休みにバレーボールに興じたビル屋上の立入も禁じられていった。

東京駅正面には、行幸通りをはさんで、丸ビルと新丸ビルが向かい合っている。1923年に竣工した丸ビルに対し、新丸ビルの完成は1952年と、両者に30年もの差があるが、外観はそっくりだった。

1948 有楽町

壊滅した陸軍施設と接収された丸ノ内風景

永田町から霞が関にかけては、国会議事堂と大蔵省をのぞいてほぼ焼失した。三宅坂周辺にあった陸軍関係の官衙も、陸軍次官官舎の小さな和風家屋を残して、5月25日の空襲で焼け落ちた。この陸軍次官官邸で終戦前夜、陸軍大臣の阿南惟幾大将は割腹自決していたのである。大臣官邸が焼けてしまったため、道路を隔てた次官官邸で起居していたのである。この家屋は、1960年代半ばまで残っていた。チャペルセンターは終戦まで日本遺族会館だった建物。司法省と大審院の赤煉瓦の建物が全焼したが、戦後改修して使用しつづけた。旧司法省庁舎は重要文化財に指定されたが、隣の旧大審院は、1974年、隼町に最高裁判所が完成すると取り壊された。日比谷公園も接収され、進駐軍

地図上の地名一覧

- 旧枢密院
- 桔梗門（内桜田門）
- 巽櫓
- 自動車車庫
- 桔梗濠
- 和田倉濠
- 濠
- ★接収★ 旧帝室林野局（ホテル・テイト）
- 帝国銀行
- ★接収★ 丸ノ内一丁目
- ★接収★ 丸ノ内ホテル（英連邦軍宿舎）
- 日本交通公社
- ★接収★ 銀行倶楽部（米赤十字クラブ）
- 日本興業銀行
- ★接収★ 帝国生命館
- 日本工業倶楽部
- 東京海上ビル（新館）
- 鉄道省
- 東京鉄道局
- 東京海上ビル（旧館）
- 行幸通り
- ・降車口
- ・和田倉門
- ★接収★ 東京駅
- 外濠
- ★接収★ 日本郵船ビル
- 丸ノ内ビルヂング
- ・乗車口
- ・八重洲橋
- ★接収★ 内外ビル
- ★接収★ 三菱仲15号館
- ★接収★ 東京駅東口
- 八重洲通り
- 三菱商事
- ★接収★ 三菱本館
- ★接収★ 東京中央郵便局
- 馬場先濠
- ★接収★ 三菱仲11号館
- 八重洲ビル
- 京橋昭和小
- ★接収★ 明治生命
- 三菱仲12号館
- 三菱銀行
- 東京ビル
- 外濠
- 楠正成像
- ★接収★ 三菱仲7号館（ナカ・ホテル）
- ・馬場先門
- ★接収★ 三菱東7号館
- ・都庁前
- ・鍛冶橋
- 千代田会館
- 東京会館
- ★接収★ 三菱仲21号館（国連血液銀行）
- ・鍛冶橋
- 帝国劇場
- ★接収★ 三菱仲8号館
- ★接収★ 有楽ビル
- 日比谷濠
- ・有楽橋
- ・城辺橋
- 片倉ビル
- ・京橋
- ★接収★ 第一生命館
- 第一相互館
- 農林中央金庫
- ・紺屋橋
- 丸ノ内署
- ★接収★ 大正生命館
- 毎日新聞社
- 有楽橋
- 実業之日本社
- ・京橋
- ・日比谷
- ・炭谷橋
- ★接収★ 日比谷帝国生命ビル
- 都交通局
- テアトル銀座
- 三信ビル
- 日比谷映画
- ★接収★ 有楽町駅
- 新有楽橋
- 銀座白十字
- ・水谷橋
- 東宝本社
- 日本劇場
- 電気研究所
- 読売新聞社
- ・銀座二丁目
- 日東コーナーハウス（CIE図書館）
- 朝日新聞社
- 旧邦楽座（ピカデリー劇場）
- 丸之内橋
- 大倉土木ビル
- オリンピックビル
- 愛国生命
- ★接収★ 有楽座
- ★接収★ ニュー・トーキョー（ユニオン・ジャック・クラブ）
- 紀伊国橋
- 東京宝塚劇場
- 数寄屋橋
- アーニー・パイル劇場
- ・数寄屋橋
- 帝国ホテル
- 京橋商業高・泰明小
- ★接収★ 東京電気ビル

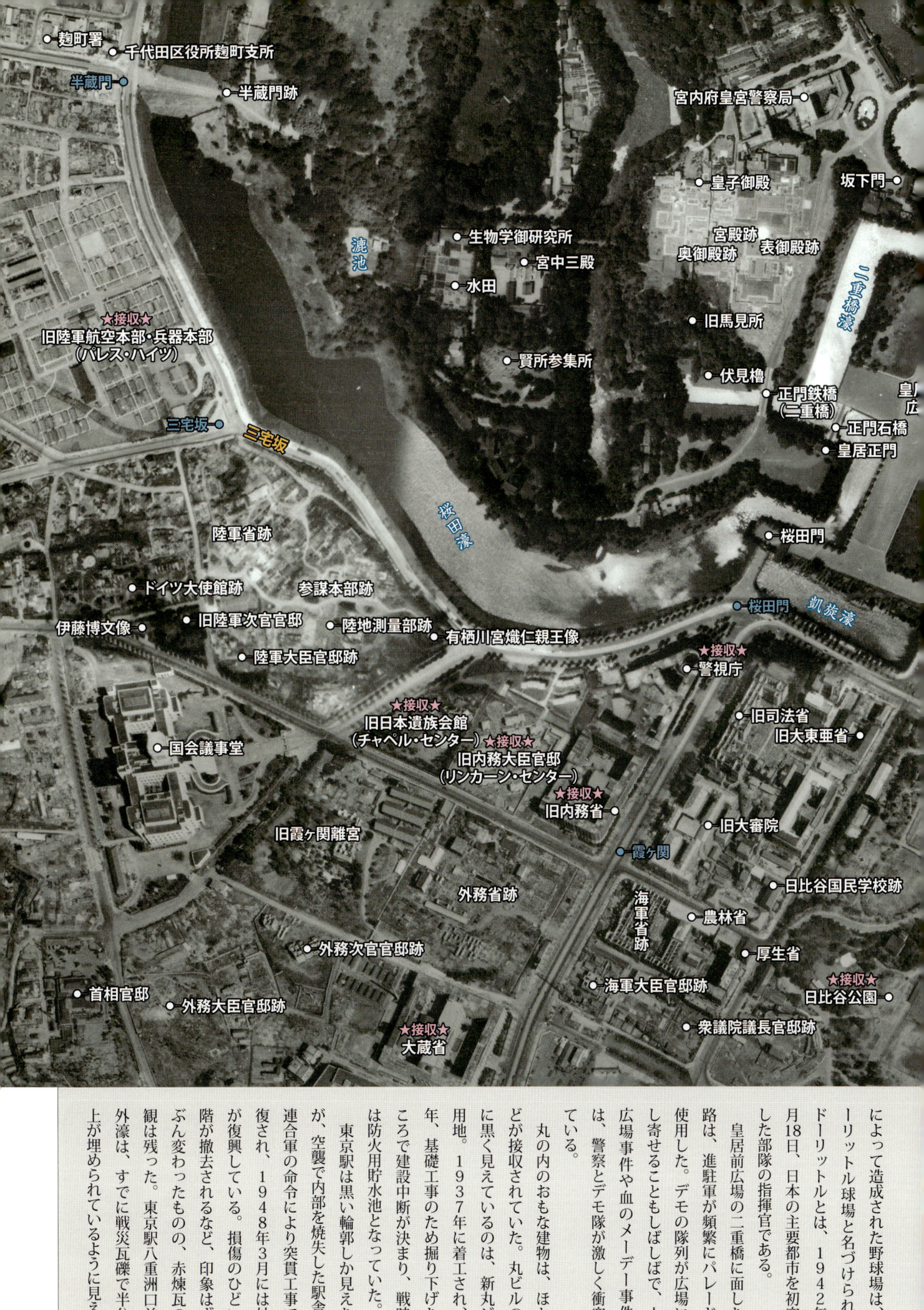

航空写真の注記（上から、おおむね位置順）：

- 麹町署
- 千代田区役所麹町支所
- 半蔵門
- 半蔵門跡
- 宮内府皇宮警察局
- 皇子御殿
- 坂下門
- 滝池
- 生物学御研究所
- 宮中三殿
- 宮殿跡
- 奥御殿跡
- 表御殿跡
- 二重橋濠
- ★接収★ 旧陸軍航空本部・兵器本部（パレス・ハイツ）
- 水田
- 旧馬見所
- 賢所参集所
- 伏見櫓
- 正門鉄橋（二重橋）
- 皇広
- 正門石橋
- 皇居正門
- 三宅坂
- 三宅坂
- 桜田濠
- 陸軍省跡
- 桜田門
- ドイツ大使館跡
- 参謀本部跡
- 凱旋濠
- 伊藤博文像
- 旧陸軍次官官邸
- 陸地測量部跡
- 有栖川宮熾仁親王像
- 桜田門
- 陸軍大臣官邸跡
- ★接収★ 警視庁
- ★接収★ 旧日本遺族会館（チャペル・センター）
- 旧司法省
- 旧大東亜省
- 国会議事堂
- ★接収★ 旧内務大臣官邸（リンカーン・センター）
- ★接収★ 旧内務省
- 旧大審院
- 旧霞ヶ関離宮
- 霞ヶ関
- 日比谷国民学校跡
- 外務省跡
- 海軍省跡
- 農林省
- 外務次官官邸跡
- 厚生省
- 首相官邸
- 外務大臣官邸跡
- 海軍大臣官邸跡
- ★接収★ 日比谷公園
- ★接収★ 大蔵省
- 衆議院議長官邸跡

によって造成された野球場は、ドーリットル球場と名づけられた。ドーリットルとは、1942年4月18日、日本の主要都市を初空襲した部隊の指揮官である。

皇居前広場の二重橋に面した道路は、進駐軍が頻繁にパレードに使用した。デモの隊列が広場に押し寄せることもしばしばで、人民広場事件や血のメーデー事件では、警察とデモ隊が激しく衝突している。

丸の内のおもな建物は、ほとんどが接収されていた。丸ビルの北に黒く見えているのは、新丸ビル用地。1937年に着工され、翌年、基礎工事のため掘り下げたところで建設中断が決まり、戦時中は防火用貯水池となっていた。

東京駅は黒い輪郭しか見えないが、空襲で内部を焼失した駅舎は、連合軍の命令により突貫工事で修復され、1948年3月には外観が復興している。損傷のひどい3階が撤去されるなど、印象はずいぶん変わったものの、赤煉瓦の外観は残った。東京駅八重洲口前の外濠は、すでに戦災瓦礫で半分以上が埋められているように見える。

日本橋 2009

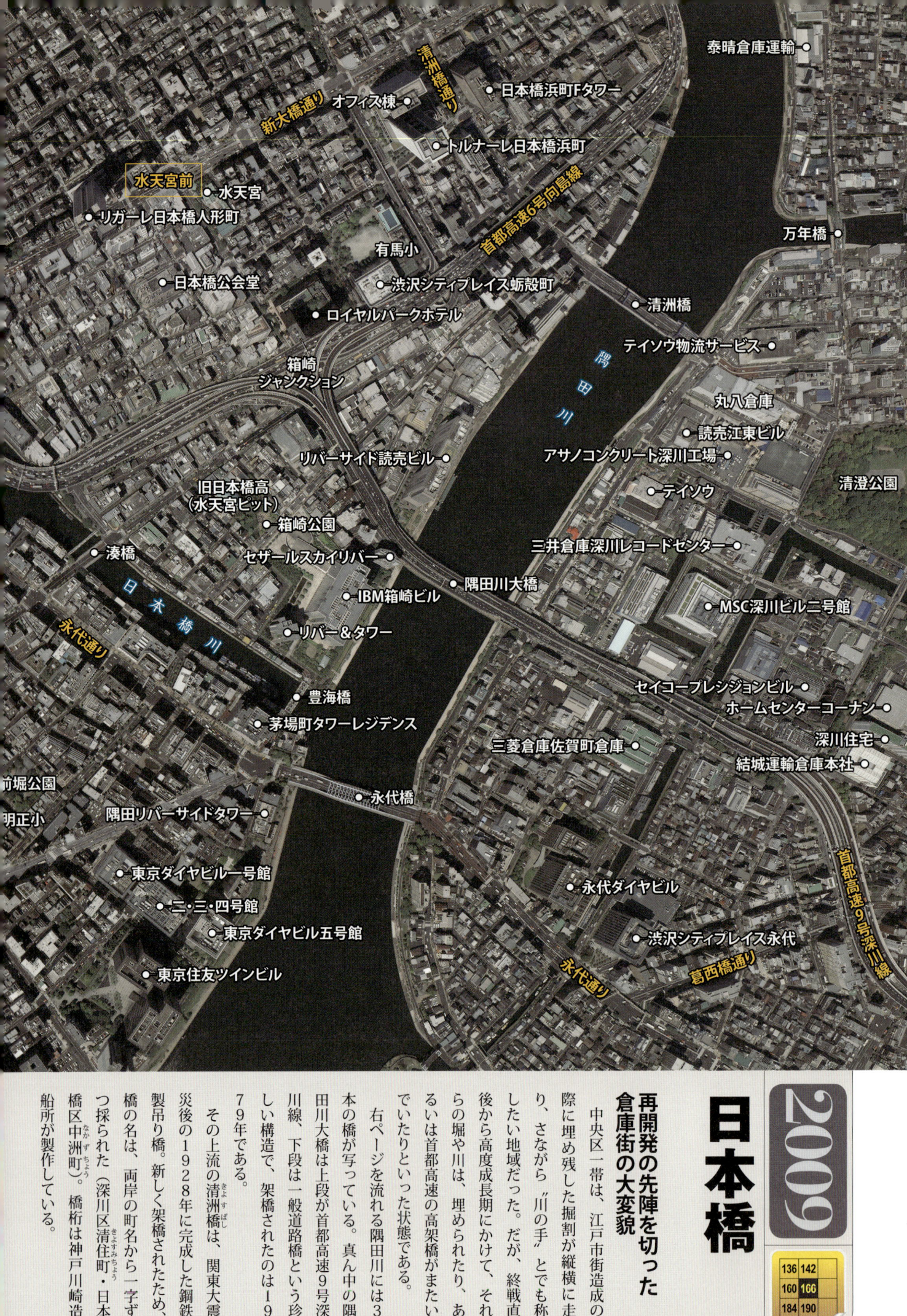

再開発の先陣を切った倉庫街の大変貌

中央区一帯は、江戸市街地造成の際に埋め残した掘割が縦横に走り、さながら"川の手"とでも称したい地域だった。だが、終戦直後から高度成長期にかけて、それらの堀や川は、埋められたり、あるいは首都高速の高架橋がまたいでいたりといった状態である。

右ページを流れる隅田川には3本の橋が写っている。真ん中の隅田川大橋は上段が首都高速9号深川線、下段は一般道路橋という珍しい構造で、架橋されたのは1979年である。

その上流の清洲橋は、関東大震災後の1928年に完成した鋼鉄製吊り橋。新しく架橋されたため、橋の名は、両岸の町名から一字ずつ採られた（深川区清住町・日本橋区中洲町）。橋桁は神戸川崎造船所が製作している。

地図上の注記（上から下、左から右）

- 泰晴倉庫運輸
- 清洲橋通り
- 新大橋通り
- オフィス棟
- 日本橋浜町Fタワー
- 水天宮前
- 水天宮
- トルナーレ日本橋浜町
- リガーレ日本橋人形町
- 首都高速6号向島線
- 万年橋
- 有馬小
- 日本橋公会堂
- 渋沢シティプレイス蛎殻町
- 清洲橋
- ロイヤルパークホテル
- テイソウ物流サービス
- 隅田川
- 箱崎ジャンクション
- 丸八倉庫
- 読売江東ビル
- リバーサイド読売ビル
- アサノコンクリート深川工場
- 旧日本橋高（水天宮ピット）
- テイソウ
- 清澄公園
- 箱崎公園
- 湊橋
- セザールスカイリバー
- 三井倉庫深川レコードセンター
- 日本橋川
- IBM箱崎ビル
- 隅田川大橋
- 永代通り
- リバー&タワー
- MSC深川ビル二号館
- 豊海橋
- セイコープレシジョンビル
- 茅場町タワーレジデンス
- ホームセンターコーナン
- 三菱倉庫佐賀町倉庫
- 深川住宅
- 前堀公園
- 結城運輸倉庫本社
- 明正小
- 隅田リバーサイドタワー
- 永代橋
- 東京ダイヤビル一号館
- 永代ダイヤビル
- 二・三・四号館
- 首都高速9号深川線
- 東京ダイヤビル五号館
- 渋沢シティプレイス永代
- 東京住友ツインビル
- 永代通り
- 葛西橋通り

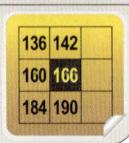

地図上のラベル

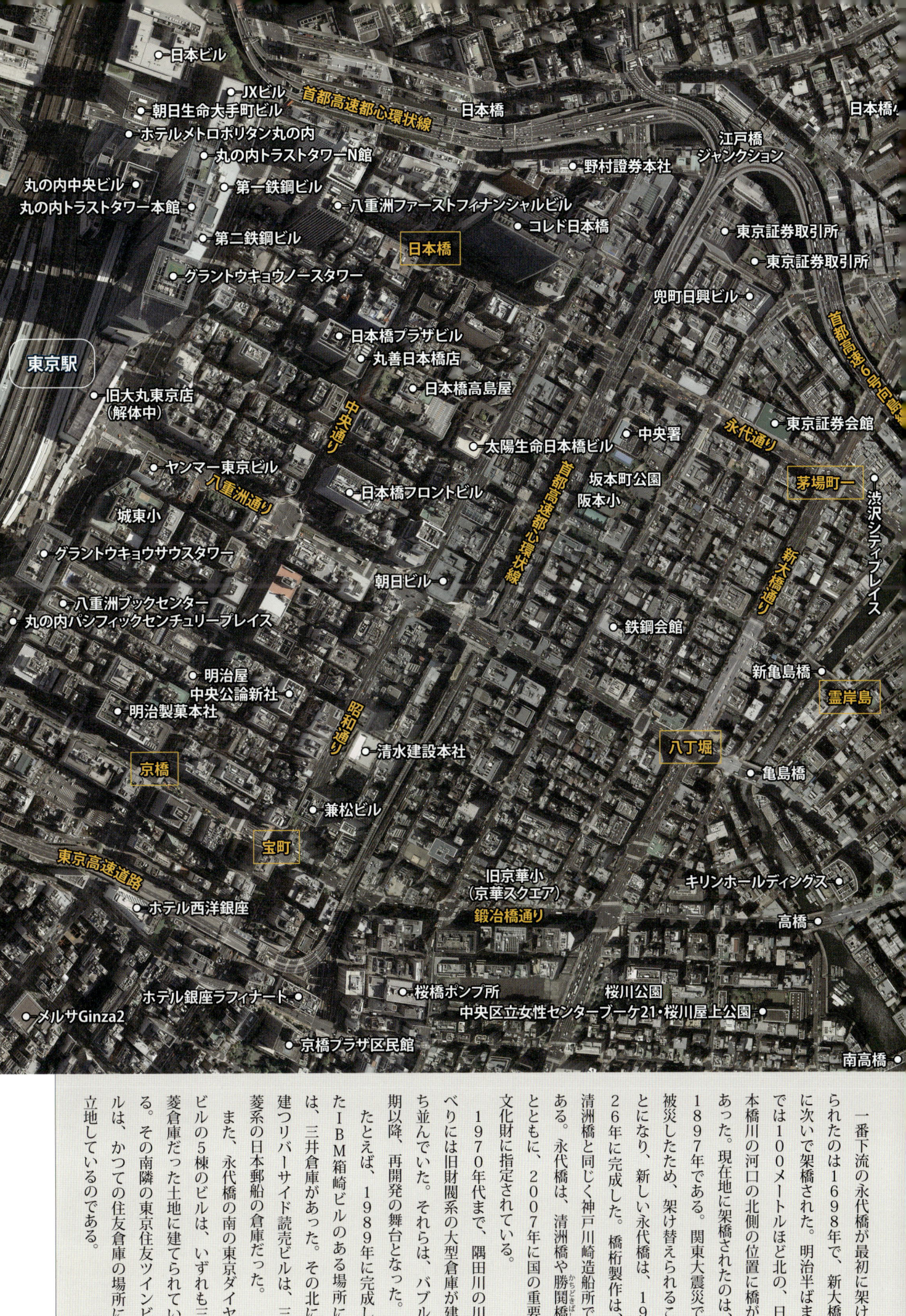

- 日本ビル
- JXビル
- 朝日生命大手町ビル
- ホテルメトロポリタン丸の内
- 丸の内トラストタワーN館
- 丸の内中央ビル
- 第一鉄鋼ビル
- 丸の内トラストタワー本館
- 八重洲ファーストフィナンシャルビル
- 第二鉄鋼ビル
- コレド日本橋
- グラントウキョウノースタワー
- 野村證券本社
- 東京証券取引所
- 東京証券取引所
- 兜町日興ビル
- 日本橋プラザビル
- 丸善日本橋店
- 日本橋髙島屋
- 東京駅
- 旧大丸東京店（解体中）
- 東京証券会館
- 太陽生命日本橋ビル
- 中央署
- ヤンマー東京ビル
- 日本橋フロントビル
- 坂本町公園
- 阪本小
- 城東小
- 渋沢シティプレイス
- グラントウキョウサウスタワー
- 朝日ビル
- 八重洲ブックセンター
- 丸の内パシフィックセンチュリープレイス
- 鉄鋼会館
- 新亀島橋
- 明治屋
- 中央公論新社
- 明治製菓本社
- 清水建設本社
- 亀島橋
- 兼松ビル
- 旧京華小（京華スクエア）
- キリンホールディングス
- 高橋
- ホテル西洋銀座
- ホテル銀座ラフィナート
- 桜橋ポンプ所
- 桜川公園
- メルサGinza2
- 中央区立女性センターブーケ21・桜川屋上公園
- 京橋プラザ区民館
- 南高橋

通り・エリア名
日本橋、首都高速都心環状線、江戸橋ジャンクション、日本橋、中央通り、永代通り、八重洲通り、京橋、宝町、八丁堀、茅場町一、霊岸島、鍛冶橋通り、昭和通り、東京高速道路、首都高速都心環状線、新大橋通り

一番下流の永代橋が最初に架けられたのは1698年で、新大橋に次いで架橋された。明治半ばまでは100メートルほど北の、日本橋川の河口の北側の位置に橋があった。現在地に架橋されたのは、1897年である。関東大震災で被災したため、架け替えられることになり、新しい永代橋は、1926年に完成した。橋桁製作は、清洲橋と同じく神戸川崎造船所である。永代橋は、清洲橋や勝鬨橋とともに、2007年に国の重要文化財に指定されている。

1970年代まで、隅田川の川べりには旧財閥系の大型倉庫が建ち並んでいた。それらは、バブル期以降、再開発の舞台となった。

たとえば、1989年に完成したIBM箱崎ビルのある場所は、三井倉庫があった。その北に建つリバーサイド読売ビルは、三菱系の日本郵船の倉庫だった。また、永代橋の南の東京ダイヤビルの5棟のビルは、いずれも三菱倉庫だった土地に建てられている。その南隣の東京住友ツインビルは、かつての住友倉庫の場所に立地しているのである。

1975 日本橋

一大物流拠点だった高度成長期の隅田川

東京駅から東に向かうにしたがって建物が小さくなっている。かつての楓川を埋め立てた首都高速都心環状線の東側は、個人の家屋や商店がほとんど。1970年代まで、東京駅からわずか1キロメートル内外のところに個人の住宅地が広がっていたのである。

日本橋川に架かる茅場橋には、メイツレーン日本橋というボウリング場がある。ここは以前、渋沢倉庫の一棟だった。1991年に渋沢シティプレイスというオフィスビルに生まれ変わっている。

土州橋（明治時代に旧土佐藩主山内侯爵邸があったことにちなむ）あたりの箱崎川も埋め立てられて、首都高速6号向島線が1971年に開通している。箱崎ジャンクションは工事中だ。9号深川線が開通した1980年に供用を

地図上の注記（抜粋）

- 東京穀物商品取引所
- 水天宮
- 有馬小
- 蛎殻公園
- 新大橋通り
- 清洲橋通り
- 首都高速6号向島線
- ナカウラ清洲橋倉庫
- 万年橋
- 丸邦運輸倉庫
- 日本橋特別出張所
- レナウン
- 清洲橋
- 帝国運輸倉庫
- キッコーマン
- 箱崎ジャンクション（建設中）
- 丸八倉庫
- アサノセメント深川工場
- 日本セメント研究所
- 清澄公園予定地
- 日本郵船倉庫
- 帝国倉庫
- 日本橋高
- 隅田川
- 三井倉庫
- 湊橋
- 日本橋川
- 三井倉庫
- 富士フイルム
- 平和紙業
- 湯浅金物倉庫
- 伊藤忠運輸倉庫
- ちくまみそ
- 日立運輸
- B&G東京海洋センター
- 永代通り
- 豊海橋
- 片倉倉庫
- 深川住宅
- 旭硝子倉庫
- 辰巳倉庫
- 結城運輸倉庫
- 越前堀公園
- 正小
- 永代橋
- 食糧ビル
- 住宅公団深川佐賀町市街地住宅
- 東京ダイヤビル
- 中央学院
- 三菱倉庫
- 三菱倉庫
- レナウン商品配送センター
- 首都高速9号深川線用地
- 清澄通り
- 住友倉庫
- 永代通り
- 小川運輸
- 都営越前堀アパート
- 大島川水門
- ハーバーレーン
- 練兵橋

地図ラベル（上から、おおむね左→右・上→下）:

- 東京銀行
- 三越
- 首都高速1号上野線
- 日本ビル
- 駿河銀行
- 朝日東海ビル
- 新日鉄
- 首都高速都心環状線
- 大栄ビル
- 永代通り
- 日本橋
- 三菱倉庫
- 江戸橋ジャンクション
- 東京ガスビル
- 国分ビル
- 野村證券
- 第二鉄鋼ビル
- 栄太樓ビル
- 日本橋郵便局
- 柳屋ビル
- 西川ビル
- ニッカウイスキー
- 東京証券取引所
- 第一鉄鋼ビル
- 東急百貨店
- 新日本証券
- 首都高速6号向島線
- 国際観光会館
- 中央通り
- 五洋建設
- 一橋高（仮校舎）
- 日本橋東洋ビル
- 山一証券
- 日興証券
- 東京駅
- 丸善本店
- 昭和通り
- 大丸
- 日本信託銀行
- 高島屋
- 山種美術館
- 山種証券
- 外堀通り
- 東京建物ビル
- DICビル
- 太陽生命
- 日本勧業角丸証券
- 東京証券会館
- 中将湯ビル
- 首都高速都心環状線
- 紅葉川高
- メイツレーン日本橋
- 住友生命八重洲ビル
- 城東小
- 中央署
- 坂本公園
- ヤンマー東京支社
- 八重洲変電所
- 武田薬品工業東京支社
- 阪本小
- 常和ビル
- 八重洲通り
- 新八重洲ビル
- ブリヂストンタイヤ
- ブリヂストン美術館
- 新大橋通り
- 旧鹿島建設本社（八重洲ブックセンター予定地）
- 大正海上ビル
- 鉄鋼会館
- 三幸倉庫
- 本田技研
- ニチメン
- 明治屋
- 建設会館
- 新亀島橋
- 国労会館
- 明治製菓
- 中央公論社
- 味の素
- 八丁堀
- 蛇の目ミシン
- 片倉ビル
- パイロット万年筆
- 清水建設
- 亀島橋
- 第一生命相互館
- 兼松江商
- 東京高速道路
- 全国信用金庫会館
- 水道局桜橋ポンプ所
- 京橋病院
- 京華小
- 高橋
- テアトル東京
- 首都高速都心環状線
- 東京都勤労福祉会館
- 桜川公園
- 敬老館
- 稲荷橋
- 銀座メルサ
- 京橋会館
- 京橋小
- 南高橋

開始している。この場所に立地する東京エアシティターミナルは、1972年に開業していた。この場所は、海外便の搭乗手続きができる点にあったが、2001年のアメリカ同時多発テロ事件の影響によるセキュリティ強化のため廃止され、今はバスターミナルやショップ街となっている。

右ページ端に見える清澄公園予定地は、1878年に三菱の創業者である岩崎弥太郎が武家屋敷地を3万坪買い上げ、のちに「深川親睦園」と命名した岩崎家別邸の西半分にあたる。ジョサイア・コンドル設計の壮麗な洋館をはじめ、和館などの建築が並んでいた屋敷は、1923年の関東大震災で焼失。震災後、もとの土地の西半分は清住製材所と貯木場に転用された。被害の少なかった東側の土地は東京市に寄贈され、和風の清澄庭園として開園。戦後、西側の土地は埋め立てられて、建設会社の作業場や材料置き場などに使われていた。1977年に芝生広場を中心とした清澄公園として開園している。

日本橋 1948

掘割に多数の艀が浮かぶ日本橋界隈

掲載範囲のほぼ全域が中央区である（ただし隅田川の東岸は江東区〔旧深川区〕）。八重洲通りをはさんで南西側が旧京橋区、北東側が旧日本橋区だった。いずれも江戸時代は商家が並んでいたところで、掘割が目立つ地域である。

下町というと掘割と橋のイメージがあるが、やみくもに掘割は造られていたわけではなかった。江戸時代は、重機など土木機械など存在しない時代である。土地の造成は全部人力だから、ちょっとした埋め立てや水路開削にもおそろしいほどの手間と時間を要した。このあたりの掘割も、陸地を掘って造成したというより、埋め残して掘割に仕立てたところがほとんどである。

外濠と楓川に囲まれた舌状の区域は、江戸時代以前から陸地だっ

写真に写っている主な橋・地名：
浜町中ノ橋、浜町中、中ノ橋、浜町川、浜州橋、水天宮前、水天宮、有馬小、（浜町堀）、菖蒲橋、万年橋、小名木川、川口橋、女橋、蛎殻町、中央区役所、箱崎川、清州橋、土州橋、隅田川、日本セメント、新永久橋、上之橋、清澄堀、箱崎橋、中之橋、中ノ堀、清川橋、孝慈橋、湊橋、日本橋高、仙台堀、松永橋、新川一丁目、日本橋川、下之橋、豊島橋、相生橋、之橋、★接収★三井倉庫、新川、新川橋、豊海橋、千鳥橋、元木橋、都商事、緑橋、油堀、丸太橋、一ノ木橋、永代橋、東新川橋、永代橋、江東会館、三菱倉庫、中央高・中、三之橋、★接収★三菱倉庫、佐賀町一丁目、御船橋、黒亀橋、深川一丁目、住友倉庫、福島橋、富岡橋、巽橋

たところで、江戸前島とよばれていたらしい。現在の中央通りは、江戸時代の日本橋大通りを明治時代に拡幅・延長したものだが、この道は江戸前島の最も高い場所を貫通していた。いわば尾根道だったのである。

当時は商業地区にも多数の住民が居住していた。それは小学校の数の多さにも表れており、このエリアだけで、6校を数える。

しかし都心の空洞化で、早くも1962年には日本橋城東小と京橋昭和小が統合し、京橋昭和小の校舎に城東小が開校している。東華小学校は1990年に十思小と合併して東華小に日本橋小が開校。京華小は1993年に鉄砲洲小と合併して鉄砲洲小に新校舎を建設した。校名と校地に変動がないのは、阪本小と有馬小のみであ
る。

明正小は複雑な経緯をたどっている。1948年に明正小は存在しない。3月10日の空襲で全焼し、翌年閉校したからである。1951年に復活するものの、1962年には京華小学校明正分校となり、1967年に再独立した。

2009 代々木公園

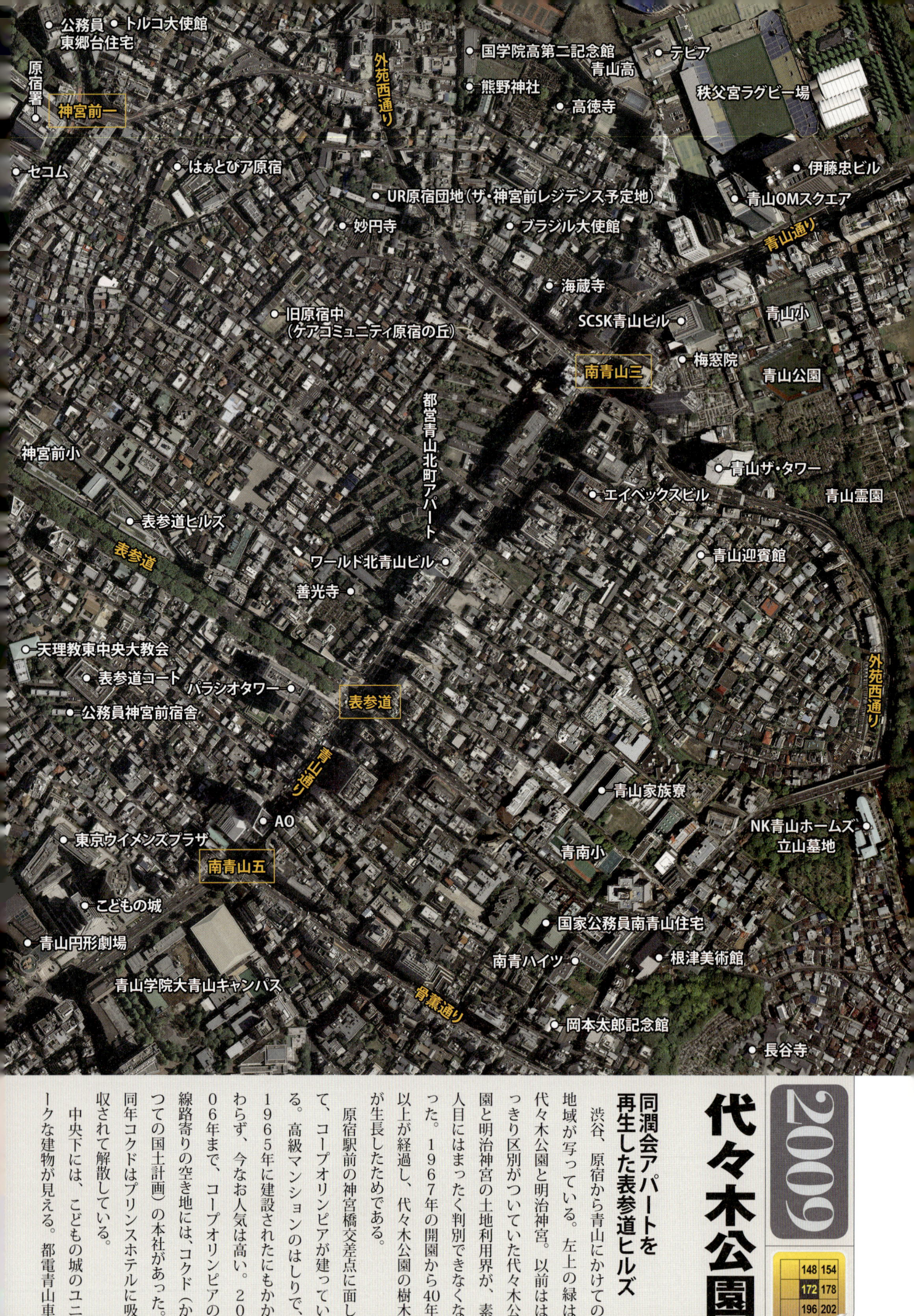

同潤会アパートを再生した表参道ヒルズ

渋谷、原宿から青山にかけての地域が写っている。左上の緑は代々木公園と明治神宮。以前ははっきり区別がついていた代々木公園と明治神宮の土地利用界が、素人目にはまったく判別できなくなった。1967年の開園から40年以上が経過し、代々木公園の樹木が生長したためである。

原宿駅前の神宮橋交差点に面して、コープオリンピアが建っている。高級マンションのはしりで、1965年に建設されたにもかかわらず、今なお人気は高い。2006年まで、コープオリンピアの線路寄りの空き地には、コクド（かつての国土計画）の本社があった。同年コクドはプリンスホテルに吸収されて解散している。

中央下には、こどもの城のユニークな建物が見える。こどもの城の真下には、都電青山車

地図上の主な表記

- 公務員東郷台住宅
- トルコ大使館
- 国学院高第二記念館
- テピア
- 青山高
- 秩父宮ラグビー場
- 原宿署
- 神宮前一
- 熊野神社
- 高徳寺
- セコム
- はぁとぴあ原宿
- 伊藤忠ビル
- UR原宿団地（ザ・神宮前レジデンス予定地）
- 青山OMスクエア
- 外苑西通り
- 妙円寺
- ブラジル大使館
- 青山通り
- 海蔵寺
- 旧原宿中（ケアコミュニティ原宿の丘）
- SCSK青山ビル
- 青山小
- 梅窓院
- 南青山三
- 青山公園
- 神宮前小
- 都営青山北町アパート
- 青山ザ・タワー
- 青山霊園
- 表参道ヒルズ
- エイベックスビル
- 表参道
- ワールド北青山ビル
- 青山迎賓館
- 善光寺
- 天理教東中央大教会
- 表参道コート
- パラシオタワー
- 公務員神宮前宿舎
- 表参道
- 青山家族寮
- AO
- NK青山ホームズ
- 東京ウイメンズプラザ
- 立山墓地
- 南青山五
- こどもの城
- 青南小
- 青山円形劇場
- 国家公務員南青山住宅
- 青山学院大青山キャンパス
- 南青ハイツ
- 根津美術館
- 骨董通り
- 岡本太郎記念館
- 長谷寺

地図ラベル

- 代々木公園
- 南池
- 明治神宮
- 宝物展示室
- 原宿外苑中
- 生長の家
- 東郷神社
- 竹下通り
- 昭憲皇太后葬場殿趾
- オリンピック記念宿舎
- 大鳥居
- 原宿駅
- 神宮橋
- 新宿クエスト
- 五輪橋
- コープオリンピア
- ラフォーレ原宿
- 都道413号
- 明治通り
- 代々木第一体育館
- NHKホール
- 代々木第二体育館
- キリンビール本社
- 京セラ原宿ビル
- 岸記念体育館
- SHIBUYA-AX
- 東京都水道局代々木増圧ポンプ所
- NHK放送センター
- ファイヤー通り
- 井の頭通り
- 白洋舎ビル
- 渋谷区役所前
- 渋谷公会堂
- 渋谷消防署
- 渋谷税務署
- 渋谷区役所
- PL東京中央教会
- 日本アムウェイ
- 渋谷ホームズ
- 東京電力館
- 渋谷教育学園渋谷高・中
- 第一共同ビル
- 神南小
- 共済青山病院跡地
- 東京都児童会館
- 渋谷アインス
- 観世能楽堂
- 旧渋谷ビデオスタジオ
- 山手線・埼京線
- 美竹公園
- 青山パークタワ
- 東急ハンズ渋谷店
- 渋谷パルコ
- 旧渋谷小（美竹の丘）
- 都知事公館
- 公園通り
- マルイシティ渋谷店
- 渋谷メトロプラザ
- Bunkamura
- 東急本店
- 渋谷西武
- テラス渋谷美竹

本文

庫跡に1985年に完成した施設だが、2012年に閉鎖が決定し、反対運動が起こっている（国連大学や青山オーバルビルも青山車庫の跡地に建つ）。こどもの城の北西には、交通局病院に起源を持つ東京都職員共済組合青山病院があったが、2008年に閉院となった。跡地は空き地のままだったが、現在は住宅展示場となっている。

左上から南東に向かって一直線に延びるのが、明治神宮の表参道である。通り沿いには神宮前小学校と表参道ヒルズが並んでいる。

この土地は、安芸広島藩主だった浅野侯爵家の別邸で、江戸時代の抱屋敷の土地をそのまま所有していた。邸内には鎹の池という大名庭園時代からの湧水池があり、屋敷の中央を明治神宮の表参道が貫いたため、敷地は二分され、通りの南側は住宅地となり、北側には穏原尋常小学校分教場（1923年開校。現在の神宮前小学校）や同潤会青山アパート（1926年）が建った。青山アパートは2003年に解体され、2006年に表参道ヒルズに生まれ変わっている。

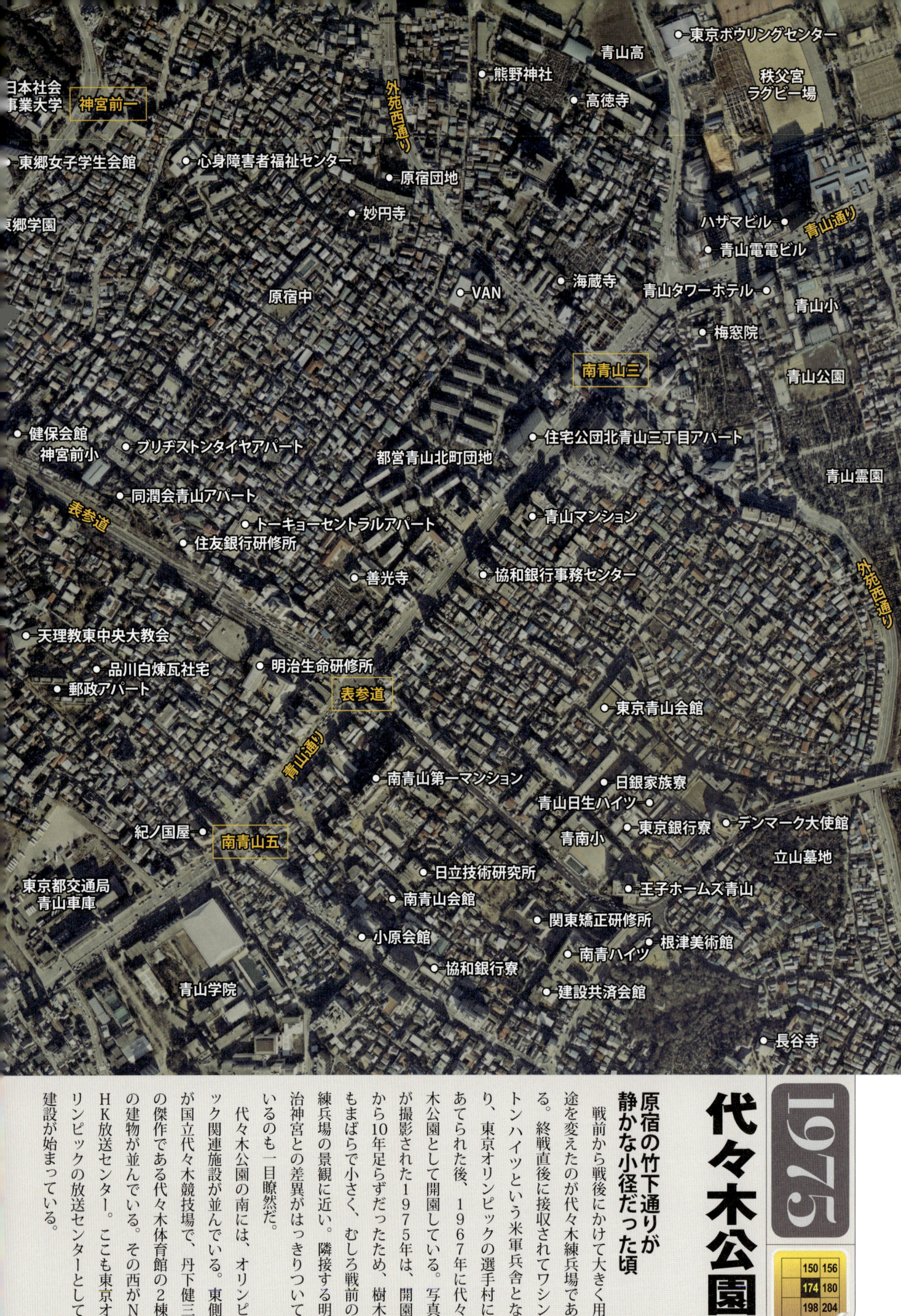

代々木公園 1975

原宿の竹下通りが静かな小径だった頃

戦前から戦後にかけて大きく用途を変えたのが代々木練兵場である。終戦直後に接収されてワシントンハイツという米軍兵舎にあてられた後、東京オリンピックの選手村となり、1967年に代々木公園として開園している。写真が撮影された1975年は、開園から10年足らずだったため、樹木もまばらで小さく、むしろ戦前の練兵場の景観に近い。隣接する明治神宮との差異がはっきりついているのも一目瞭然だ。

代々木公園の南には、オリンピック関連施設が並んでいる。東側が国立代々木競技場で、丹下健三の傑作である代々木体育館の2棟の建物が並んでいる。その西がNHK放送センター。ここも東京オリンピックの放送センターとして建設が始まっている。

地図中の注記

日本社会事業大学／神宮前一／東郷女子学生会館／心身障害者福祉センター／原宿団地／青山高／熊野神社／高徳寺／東京ボウリングセンター／秩父宮ラグビー場／東郷学園／妙円寺／外苑西通り／ハザマビル／青山通り／青山電電ビル／原宿中／VAN／海蔵寺／青山タワーホテル／青山小／梅窓院／南青山三／青山公園／健保会館 神宮前小／ブリヂストンタイヤアパート／都営青山北町団地／住宅公団北青山三丁目アパート／青山霊園／表参道／同潤会青山アパート／トーキョーセントラルアパート／青山マンション／住友銀行研修所／善光寺／協和銀行事務センター／外苑西通り／天理教東中央大教会／品川白煉瓦社宅／明治生命研修所／表参道／郵政アパート／東京青山会館／青山通り／南青山第一マンション／日銀家族寮／青山日生ハイツ／東京銀行寮／デンマーク大使館／紀ノ国屋／南青山五／青南小／立山墓地／東京都交通局青山車庫／日立技術研究所／王子ホームズ青山／南青山会館／関東矯正研修所／根津美術館／小原会館／協和銀行寮／南青ハイツ／青山学院／建設共済会館／長谷寺

地図上のラベル（上から、おおむね左→右の順）:

- 代々木公園
- 南池
- 明治神宮
- 生長の家
- 外苑中
- 東郷神社
- 竹下通り
- オリンピック記念宿舎
- 大鳥居
- 原宿駅
- 原宿アパートメント
- 昭憲皇太后葬場殿趾
- 神宮橋
- 電電公社
- 日銀寮
- コープオリンピア
- 五輪橋
- 東京中央教会
- 国土計画本社
- グリーンファンタジア
- セントラルアパート
- 国立競技場代々木宿舎
- 代々木第一体育館
- 明治通り
- NHKホール
- 第二体育館
- 岸記念体育館
- 本田技研ショールーム
- 長泉寺
- 神宮前コーポラス
- 井の頭通り
- NHK放送センター
- 水道局代々木増圧ポンプ所
- 山手線
- 都公社穏田住宅
- 白洋舎本社
- 渋谷区役所前
- 渋谷消防署
- 専売公社アパート
- 渋谷税務署
- 渋谷公会堂
- 東京電力渋谷支社
- 渋谷女子高
- 原宿パークマンション
- 渋谷区役所
- 阪急寮
- 共済青山病
- 日本放送出版協会
- 大向小
- 渋谷東武ホテル
- マックスファクター
- 都営渋谷一丁目アパート
- 東海銀行寮
- ショーエイボウル
- 勤労福祉会館
- 都営宮下町アパート
- 旭硝子アパート
- 観世能楽堂
- 渋谷パルコ
- 美竹公園
- 東京山手教会
- 東京都児童会館
- 美竹会館
- 都知事公館
- 渋谷小
- 国鉄アパート
- 渋谷メトロプラザ
- キューピー
- 東急本店
- 西武百貨店渋谷店
- 都住宅公社

戦前、代々木体育館やNHKの位置までが代々木練兵場の敷地だった。ワシントンハイツ時代は、渋谷区役所前交差点のあたりにゲートがあった。その南、渋谷税務署や大向（おおむかい）小学校（現在は神南小学校）が並ぶ長方形の区画が戦前は陸軍刑務所だった。

売却が取りざたされる都知事公館の敷地は、もとの松平恒雄邸。松平恒雄は会津藩主松平容保の六男で、外交官や宮内大臣を歴任。長女は秩父宮妃となった。

表参道の少し北を走る小径が竹下通りである。現地に立つとわかるが、谷あいの狭隘地という地形で、もとは明治神宮南池を水源池とする渋谷川支流の流路だった。1975年頃は静かな住宅地の通りにすぎなかった竹下通りの知名度を全国的にした「ブティック竹の子」の開店は1978年、竹の子族が代々木公園の歩行者天国（現在は廃止）で一世を風靡するのは1980年前後だった。1990年代、タレントショップで賑わったことは記憶に新しい。外国人の姿も多く、東京有数の国際色豊かな商店街となっている。

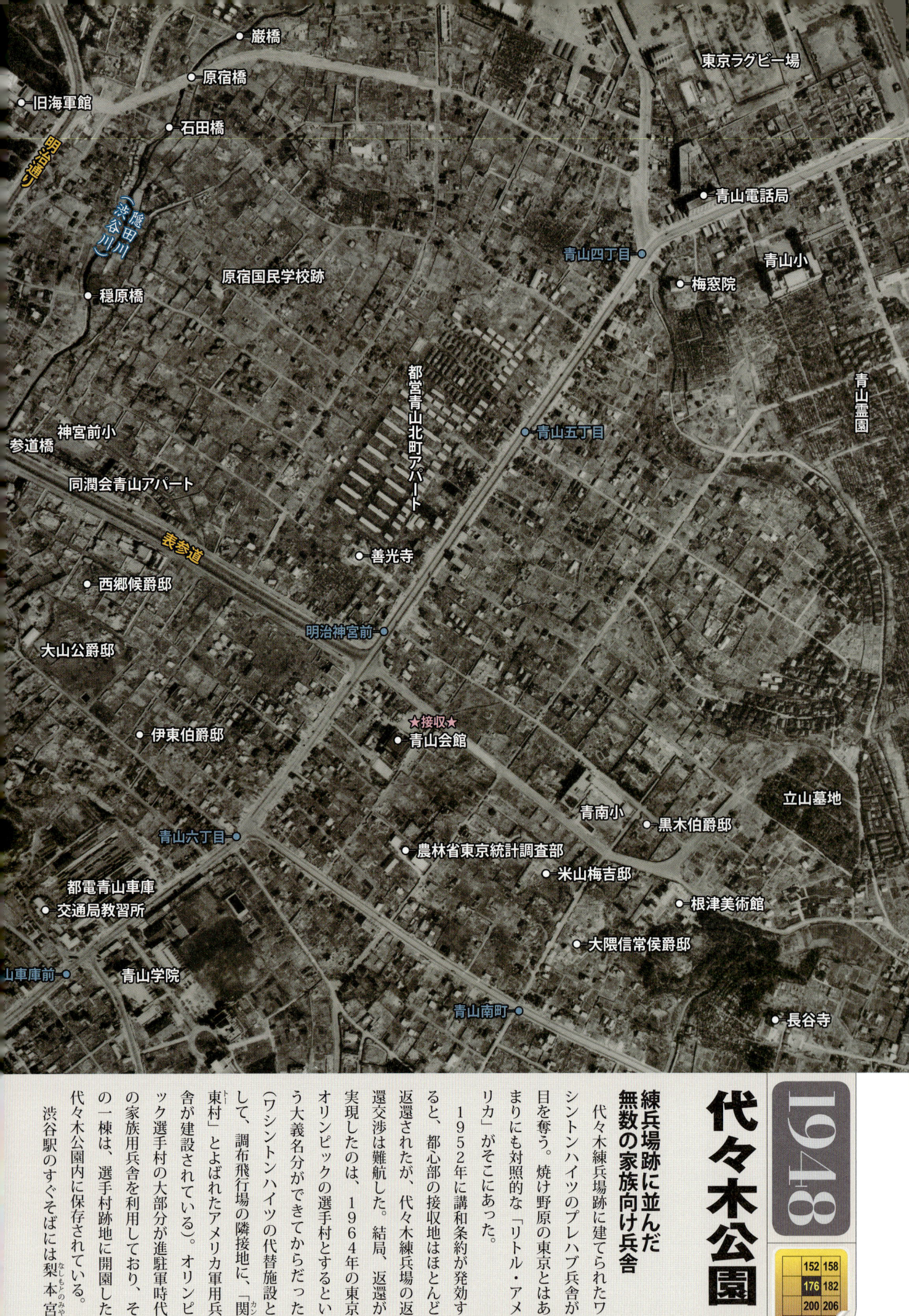

1948 代々木公園

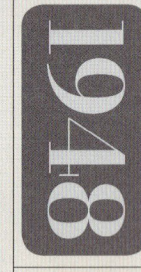

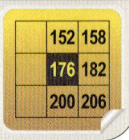

練兵場跡に並んだ無数の家族向け兵舎

代々木練兵場跡に建てられたワシントンハイツのプレハブ兵舎が目を奪う。焼け野原の東京とはあまりにも対照的な「リトル・アメリカ」がそこにあった。

1952年に講和条約が発効すると、都心部の接収地はほぼ返還されたが、代々木練兵場の返還交渉は難航した。結局、返還が実現したのは、1964年の東京オリンピックの選手村とするという大義名分ができてからだった（ワシントンハイツの代替施設として、調布飛行場の隣接地に、「関東村」とよばれたアメリカ軍用兵舎が建設されている。オリンピック選手村の大部分が進駐軍時代の家族用兵舎を利用しており、その一棟は、選手村跡地に開園した代々木公園内に保存されている。渋谷駅のすぐそばには梨本宮

地図上の注記

- 旧海軍館
- 巌橋
- 原宿橋
- 石田橋
- 東京ラグビー場
- 青山電話局
- 青山小
- 青山四丁目
- 梅窓院
- 青山霊園
- 穏原橋
- 原宿国民学校跡
- 参道橋
- 神宮前小
- 都営青山北町アパート
- 同潤会青山アパート
- 青山五丁目
- 表参道
- 善光寺
- 西郷候爵邸
- 明治神宮前
- 大山公爵邸
- 伊東伯爵邸
- ★接収★
- 青山会館
- 立山墓地
- 青南小
- 黒木伯爵邸
- 青山六丁目
- 農林省東京統計調査部
- 米山梅吉邸
- 根津美術館
- 都電青山車庫
- 交通局教習所
- 大隈信常侯爵邸
- 車庫前
- 青山学院
- 青山南町
- 長谷寺

地図上のラベル:

- 明治神宮
- 池田侯爵邸
- 東郷神社
- 松平子爵邸
- 原宿駅
- 神宮橋
- みずなし橋
- 表参道
- 亀井伯爵邸
- ★接収★ 旧代々木練兵場（ワシントン・ハイツ）
- 堺橋
- 穏田橋
- 山手線
- 宇田川
- ワシントン・ハイツ管理事務所・メイド寄宿舎
- 渋谷社会保険出張所
- 八千代橋
- 高崎男爵邸
- 千代田橋
- 深町小橋
- ★接収★ 旧陸軍刑務所
- 渋谷区役所
- 渋谷高・中
- 稲田川（渋谷川）
- 交通局病院
- 深町橋
- 旧梨本宮邸
- 鍋島侯爵邸
- 旧松平恒雄邸（知事公館）
- 松涛橋
- 渋谷小予定地
- 佐久間伯爵邸
- 渋谷小（大向小予定地）
- 大向橋

邸があった。京都の別邸から移築した壮麗な御殿は、1945年5月25日の空襲で全焼した。敷地はやがて企業の社宅などに分割され一体となって残っている様子がうかがえる。今の青山通り沿いに整然と青山北町アパートが並んでいるが、ここはもとの府立第十高等女学校。1936年までは、教員を養成する青山師範学校があった。渋谷駅から千駄ヶ谷方面にかけては、渋谷川上流の穏田川がくっきりと見える。渋谷駅付近から北西に向かって、宇田川が流れているのも確認できる。宇田川の上流を流れるのが、「春の小川」のモデルとして知られる河骨川だ。

右下の根津美術館は、東武鉄道などを経営した実業家の根津嘉一郎（初代）邸を、没後の1941年に美術館として開放したものだが、ここも1945年5月25日の空襲で建物を焼失している（収集品は疎開していた）。この夜の空襲は山手地区最大規模の空襲だった。写真に写る表参道は、熱風の通り道となって、避難中の人々の命を多数奪っている。

2009 六本木

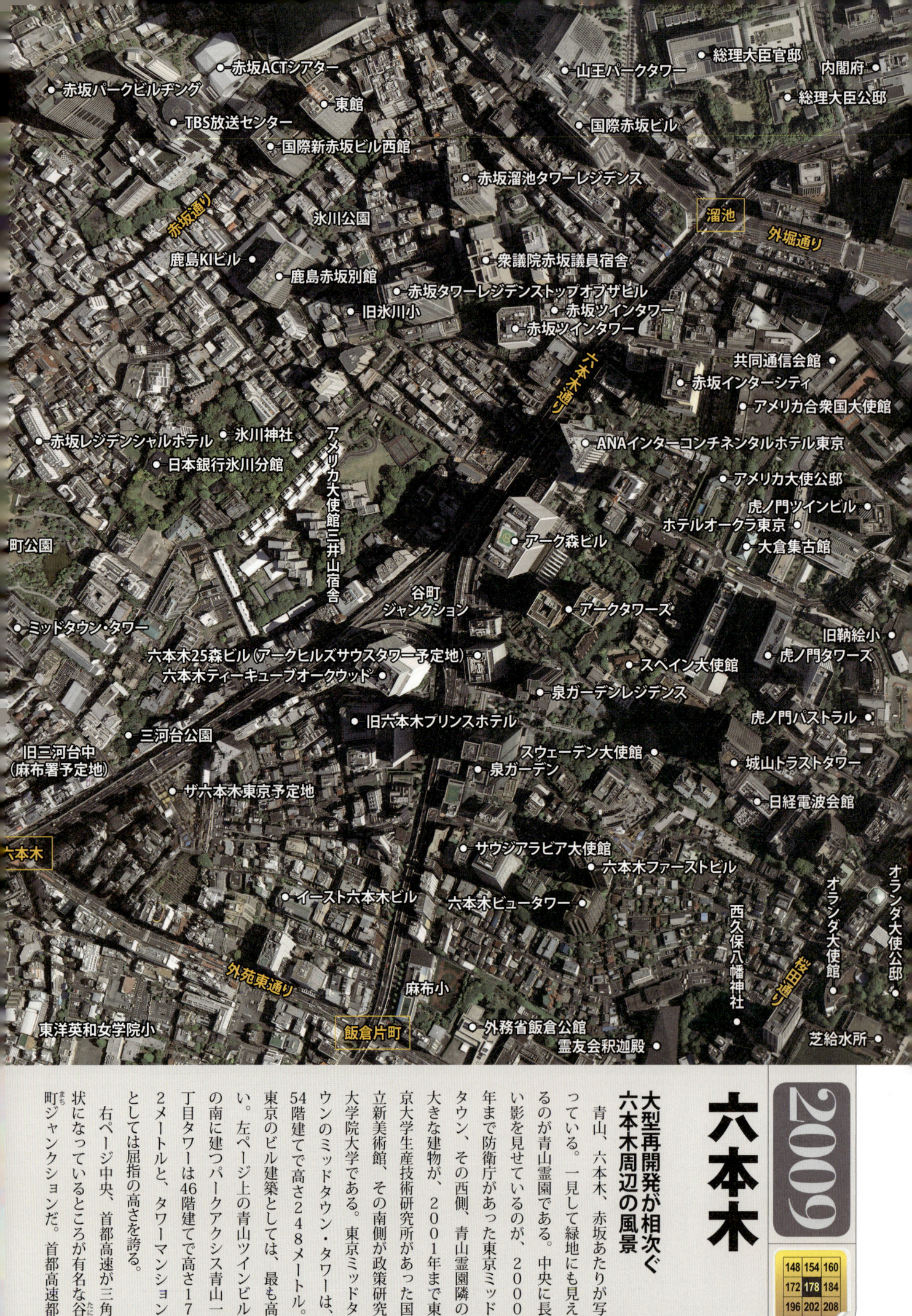

大型再開発が相次ぐ六本木周辺の風景

青山、六本木、赤坂あたりが写っている。一見して緑地にも見えるのが青山霊園である。中央に長い影を見せているのが、2000年まで防衛庁があった東京ミッドタウン、その西側、青山霊園隣の大きな建物が、2001年まで東京大学生産技術研究所があった国立新美術館、その南側が政策研究大学院大学である。東京ミッドタウンのミッドタウン・タワーは、54階建てで高さ248メートル。東京のビル建築としては、最も高い。左ページ上の青山ツインビルの南に建つパークアクシス青山一丁目タワーは46階建てで高さ172メートルと、タワーマンションとしては屈指の高さを誇る。右ページ中央、首都高速が三角状になっているところが有名な谷町ジャンクションだ。首都高速都

建物・施設ラベル（画像中）

- 赤坂パークビルヂング
- 赤坂ACTシアター
- 東館
- 山王パークタワー
- 総理大臣官邸
- 内閣府
- TBS放送センター
- 国際新赤坂ビル西館
- 国際赤坂ビル
- 総理大臣公邸
- 赤坂溜池タワーレジデンス
- 溜池
- 赤坂通り
- 外堀通り
- 氷川公園
- 鹿島KIビル
- 鹿島赤坂別館
- 衆議院赤坂議員宿舎
- 旧氷川小
- 赤坂タワーレジデンストップオブザビル
- 赤坂ツインタワー
- 赤坂ツインタワー
- 共同通信会館
- 赤坂インターシティ
- アメリカ合衆国大使館
- 六本木通り
- 赤坂レジデンシャルホテル
- 氷川神社
- 日本銀行氷川分館
- ANAインターコンチネンタルホテル東京
- アメリカ大使館宿舎
- アメリカ大使公邸
- 虎ノ門ツインビル
- ホテルオークラ東京
- 大倉集古館
- 町公園
- アーク森ビル
- 谷町ジャンクション
- アークタワーズ
- 旧鞆絵小
- ミッドタウン・タワー
- 六本木25森ビル（アークヒルズサウスタワー予定地）
- 六本木ティーキューブオークウッド
- スペイン大使館
- 虎ノ門タワーズ
- 泉ガーデンレジデンス
- 旧三河台中（麻布署予定地）
- 三河台公園
- 旧六本木プリンスホテル
- スウェーデン大使館
- 虎ノ門パストラル
- 泉ガーデン
- 城山トラストタワー
- ザ六本木東京予定地
- 日経電波会館
- 六本木
- サウジアラビア大使館
- 六本木ファーストビル
- イースト六本木ビル
- 六本木ビュータワー
- 西久保八幡神社
- オランダ大使公邸
- オランダ大使館
- 外苑東通り
- 桜田通り
- 麻布小
- 東洋英和女学院小
- 飯倉片町
- 外務省飯倉公館
- 霊友会釈迦殿
- 芝給水所

地図上のラベル（上から順、おおよその位置）:

- 秩父宮ラグビー場
- 東館
- カナダ大使館
- 青山ビル
- カナダ大使公邸
- 青山通り
- 青山ツインビル
- 本田技研工業本社
- 伊藤忠ビル
- パークアクシス青山一丁目タワー
- 青山OMスクエア
- 都営南青山アパート6号棟
- カンボジア大使館
- 青山小
- 玉窓寺
- 青山公園
- 龍谷寺
- 山王病院
- 青山公園
- 衆議院副議長公邸
- 赤坂高
- ウイング南青山
- 赤坂
- ヤマト運輸南青山宅急便センター
- 乃木神社
- 青山ザ・タワー
- 赤坂中
- 乃木坂
- 東京ミッドタウン
- 外苑東通り
- 青山葬儀所
- 乃木坂陸橋
- ガレリア
- 日本学術会議
- ミッドタウン・ウエスト
- 外苑西通り
- 国立新美術館
- ミッドタウン・イースト
- 別館
- 広閑院
- 青山公園
- 立山墓地
- NK青山ホームズ
- 青山霊園
- 政策研究大学院大学
- 米軍ヘリポート
- 六本木通り
- ハーディーバラックス（米軍将校宿舎）
- 赤坂プレスセンター（星条旗新聞社）
- 麻布署
- 長谷寺
- 大安寺
- 六本木ヒルズ
- 森タワー

心環状線から3号渋谷線が分岐するポイントである。かつては渋滞の名所として知られていたが、中央環状線の大橋ジャンクションが完成した現在では、以前ほどの激しい渋滞はあまりみられない。

このあたりは、1980年代以降、大規模な再開発が行われた地域である。高台から谷まで変化に富んだ麻布の地形をまるごと買収して、大規模なビル群に仕立てている。こうして誕生したのが、アークヒルズ（1986年）、城山ガーデン（1991年。旧城山ヒルズ）、泉ガーデン（2002年）、六本木ヒルズ（2003年）だ。六本木ヒルズ完成後も、虎ノ門タワーズ（2006年）、アークヒルズ仙石山森タワー（2012年）、六本木五丁目プロジェクト（旧麻布鳥居坂町）など、再開発事業はとどまるところを知らない。

この地域もまた、大戦末期にはたび重なる空襲に遭い、焼き尽くされた。その中で、赤坂の氷川神社（右ページ中央）は、1730年に徳川吉宗が建てた社殿が現存している。この建物は、港区有数の古建築である。

六本木

1975

六本木の中心にあった防衛庁の庁舎

戦後、六本木周辺にあった軍用地は、ことごとく接収されていた。そのため、六本木界隈は、かつての帝国陸軍の町からアメリカ将兵が闊歩する町に変わった。六本木がアメリカナイズされたのも当然である。その中心である六本木交差点からわずか200メートルほどの場所に防衛庁はあった。もとの歩兵第一聯隊跡である。

青山霊園の東にあった陸軍射撃場は昭和初期に廃止された。青山霊園東側の道路は霊園に沿ってカーブを描いていたが、射撃場の敷地を貫いて新道が開通している。射撃場跡地の大部分が倉庫などに転用されていったが、道路の西側は更地だった。1950年代に青山葬儀所が移転している。

歩兵第三聯隊の兵舎は、1962年以降、東京大学生産技術研究

――地図上の地名――

TBS会館 / TBS / 聖パウロ学園高跡 / 専福寺 / TBS赤坂ゴルフスタジオ / 国際自動車整備 / 重徳寺 / 氷川公園 / 日商岩井 / 首相官邸 / 総理府 / 日大三高・中 / 氷川小 / 衆議院議員宿舎 / 日本ユニパック / 小松製作所 / 帝産ボウル / 外堀通り / 特許庁 / 日本NCR / 三会堂ビル / 専売公社 / 赤坂電話局 / 日本短波放送 / 共同通信 / 葵会館 / 赤坂コーポラス / 六本木通り / アメリカ大使館(建替中) / 大蔵省印刷局 / 氷川神社 / ペリーハウス / アメリカ大使館三井山宿舎 / アメリカ大使公邸 / 日本鉱業 / ハリスハウス / 檜町公園 / グルーハウス / 大倉集古館 / ホテルオークラ / 大蔵省住宅 / 谷町ジャンクション / ホテルオークラ別館 / 鞆絵小 / ブリヂストン社宅 / 黒崎ビル / 25森ビル / スペイン大使館 / 鹿島建設察 / 三河台公園 / フィンランド大使館 / 日本IBM / 麻布ハイツアパート / 農林年金会館 / 三河台中 / 住友会館 / スウェーデン大使館 / 麻布グリーン会館 / 22森ビル / 六本木 / 六本木墓地 / 林野庁宿舎 / ご飯田桜 / ロア六本木ビル / オランダ大使館 / 麻布小 / 西久保八幡神社 / 外苑東通り / 東洋英和女学院小 / 外務省飯倉公館 / 霊友会 / 芝給水所 / 国土庁

150 156 162
174 180 186
198 204 210

地図上のラベル（位置順）:

- 秩父宮ラグビー場
- 青山通り
- ポーラ青山ビル
- 都営南青山一丁目アパート
- 山王病院
- カナダ大使館
- 東ドイツ大使館
- リキマンション
- クメール大使館
- ハザマビル
- 赤坂タウンハウス
- 赤坂パインクレスト
- 青山小
- 玉窓寺
- 青山公園
- 赤坂保健所
- 住宅公団赤坂アパート
- 青山公園
- 龍谷寺
- ヘキストジャパン
- ニュー赤坂コーポラ
- 赤坂高
- 衆議院事務総長公邸
- 聖パウロ女子修道院
- 檜町
- 電電公社倉庫
- 青山荘
- 乃木神社
- 都営アパート
- 乃木会館
- 赤坂中
- 健保会館
- 国鉄アパート
- 青山葬儀所
- 衆議院議員宿舎
- 防衛庁
- キューバ大使館
- 外苑西通り
- 青山霊園
- 日本学術会議
- 東大生産技術研究所
- 外苑東通り
- 20号館
- 防衛施設庁
- 広閑院
- 電電公社社宅
- デンマーク大使館
- 立山墓地
- 青山公園
- 東大物性研究所
- 米軍ヘリポート
- ラーチストンノート
- 麻布署
- 都営六本木六丁目アパート
- ハリウッド高等美容学校
- 東日ビル
- ハーディバラックス
- 星条旗新聞社
- 六本木通り
- 長谷寺
- 大安寺
- 都職員住宅
- 城南

所となっていた。麻布地区の旧軍用地の大部分は返還されたが、青山公園となるはずのヘリポートや数棟の建物はいまなお返還されていない。

終戦を境に、豪邸の運命も暗転した。右ページ右下、東久邇宮邸は林野庁宿舎となり、このころは麻布グリーン会館が建てられていた。ひところ各省庁がこぞって建てた公共の宿の一つである。

三井本邸は接収され、アメリカ大使館の職員宿舎となった。このころは、ペリーハウス、ハリスハウス、グルーハウスという3棟の建物があった。ペリーは幕末の艦隊司令官、ハリスは初代駐日領事、グルーは日米開戦時の駐日アメリカ大使である。現在のハリー・ウィーズ設計の白亜の建物が完成したのは、1983年である。

右ページ上方にあるTBSの社屋は、もとの近衛歩兵第三連隊跡である。やや見づらいが、敷地の一角に電波塔が立っているのが確認できる。この電波塔が、旧社屋とともに解体されたのは1995年である。

六本木 1948

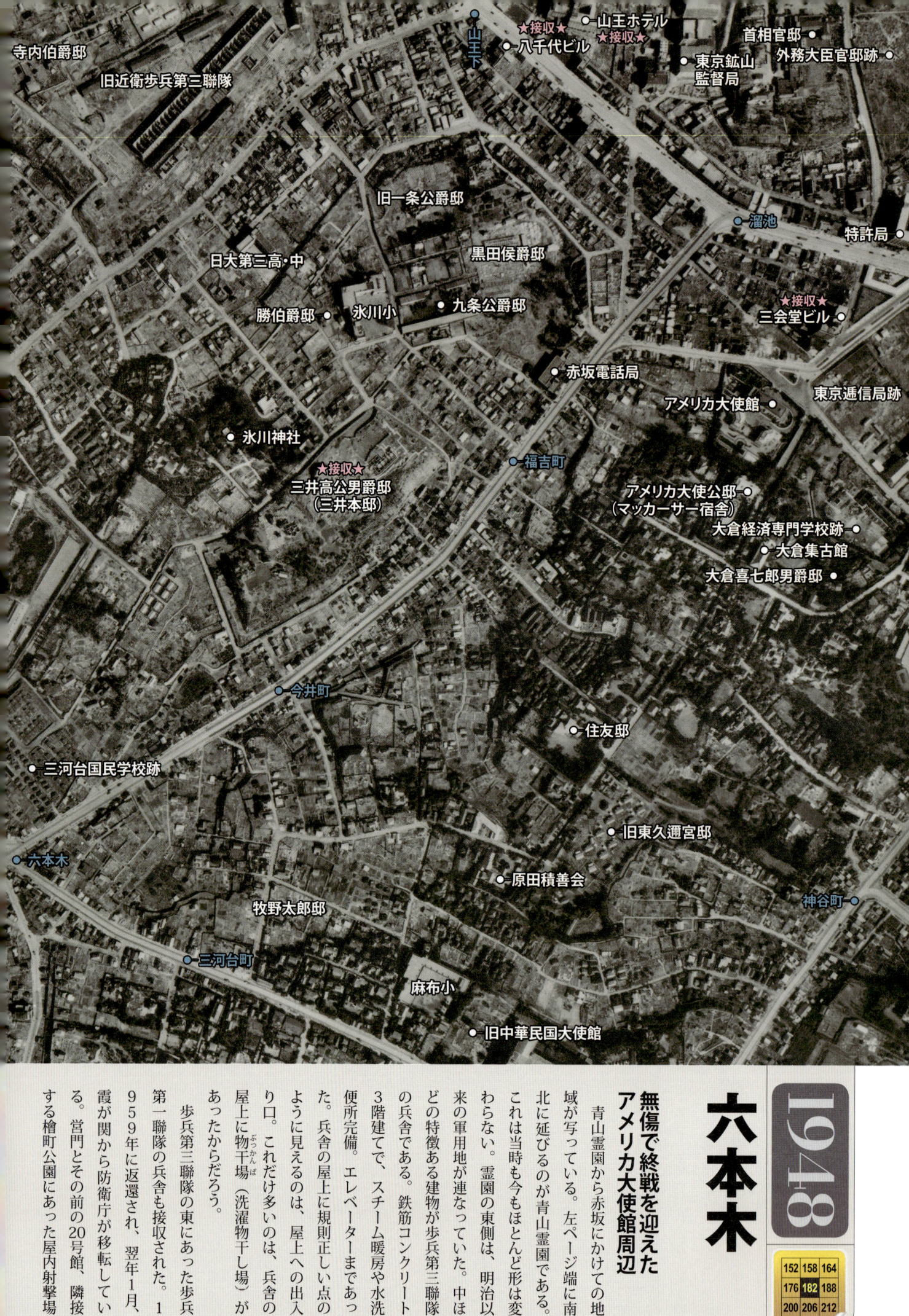

無傷で終戦を迎えたアメリカ大使館周辺

青山霊園から赤坂にかけての地域が写っている。左ページ端に南北に延びるのが青山霊園である。これは当時も今もほとんど形は変わらない。霊園の東側は、明治以来の軍用地が連なっていた。中ほどの特徴ある建物が歩兵第三聯隊の兵舎である。鉄筋コンクリート3階建てで、スチーム暖房や水洗便所完備。エレベーターまであった。兵舎の屋上に規則正しい点のように見えるのは、屋上への出入り口。これだけ多いのは、兵舎の屋上に物干場（洗濯物干場）があったからだろう。

歩兵第三聯隊の東にあった歩兵第一聯隊の兵舎も接収された。1959年に返還され、翌年1月、霞が関から防衛庁が移転している。営門とその前の20号館、隣接する檜町公園にあった屋内射撃場

地図上の地名・施設：
- 寺内伯爵邸
- 旧近衛歩兵第三聯隊
- 山王下
- ★接収★ 八千代ビル
- ★接収★ 山王ホテル
- 首相官邸
- 東京鉱山監督局
- 外務大臣官邸跡
- 旧一条公爵邸
- 黒田侯爵邸
- 溜池
- 特許局
- 日大第三高・中
- 九条公爵邸
- ★接収★ 三会堂ビル
- 勝伯爵邸
- 氷川小
- 赤坂電話局
- アメリカ大使館
- 東京逓信局跡
- 氷川神社
- 福吉町
- ★接収★ 三井高公男爵邸（三井本邸）
- アメリカ大使公邸（マッカーサー宿舎）
- 大倉経済専門学校跡
- 大倉集古館
- 大倉喜七郎男爵邸
- 今井町
- 住友邸
- 三河台国民学校跡
- 旧東久邇宮邸
- 六本木
- 原田積善会
- 神谷町
- 牧野太郎邸
- 三河台町
- 麻布小
- 旧中華民国大使館

地図ラベル（おおよその位置順）:

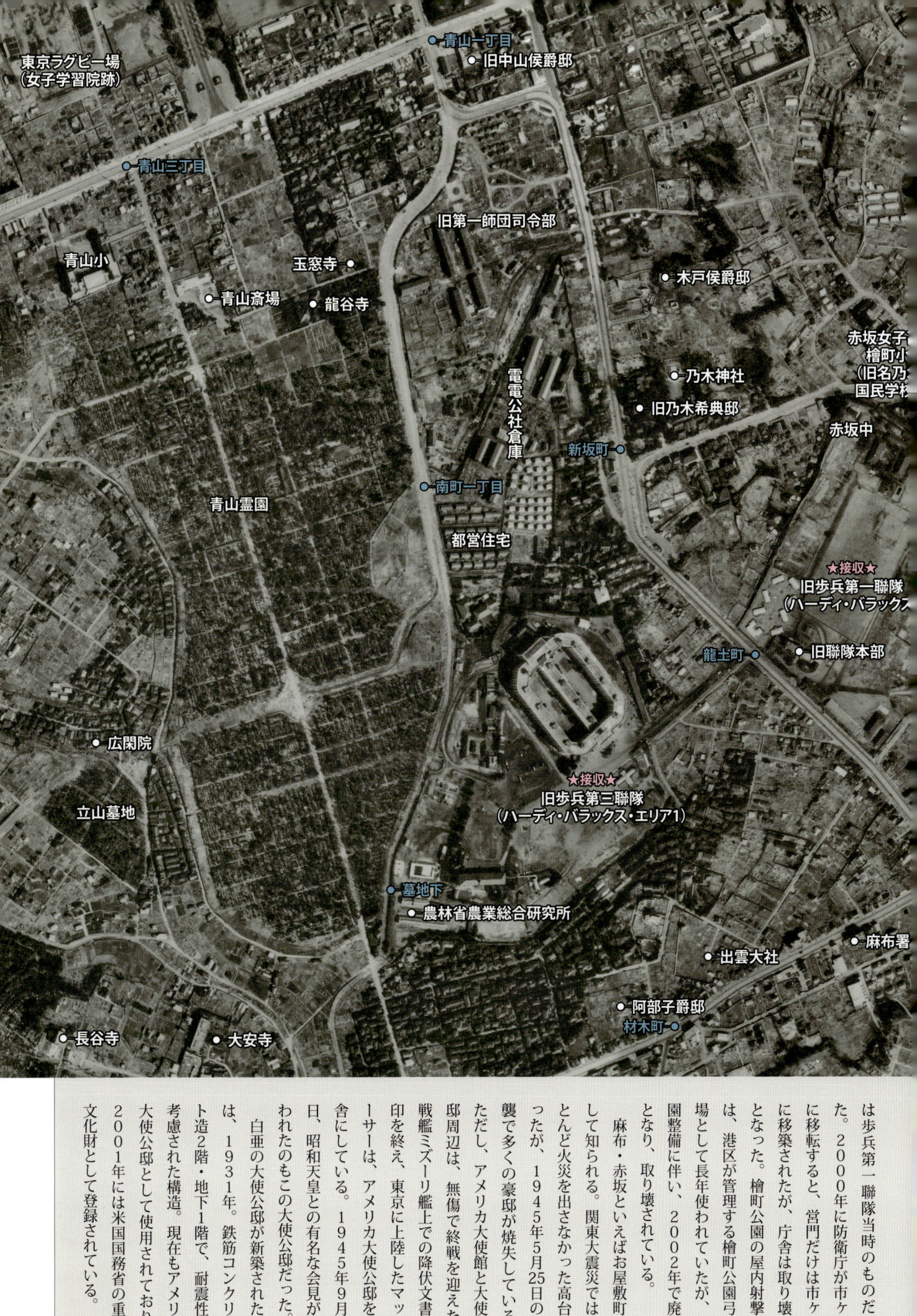

- 東京ラグビー場（女子学習院跡）
- 青山一丁目
- 旧中山侯爵邸
- 青山三丁目
- 青山小
- 玉窓寺
- 青山斎場
- 龍谷寺
- 旧第一師団司令部
- 木戸侯爵邸
- 赤坂女子檜町小（旧名乃国民学校）
- 乃木神社
- 旧乃木希典邸
- 赤坂中
- 電電公社倉庫
- 新坂町
- 南町一丁目
- 青山霊園
- 都営住宅
- ★接収★ 旧歩兵第一聯隊（ハーディ・バラックス）
- 龍土町
- 旧聯隊本部
- 広閑院
- 立山墓地
- ★接収★ 旧歩兵第三聯隊（ハーディ・バラックス・エリア1）
- 墓地下
- 農林省農業総合研究所
- 出雲大社
- 麻布署
- 阿部子爵邸
- 材木町
- 長谷寺
- 大安寺

本文:

は歩兵第一聯隊当時のものだった。2000年に防衛庁が市ヶ谷に移転すると、営門だけは市ヶ谷に移築されたが、庁舎は取り壊しとなった。檜町公園の屋内射撃場は、港区が管理する檜町公園弓道場として長年使われていたが、公園整備に伴い、2002年で廃止となり、取り壊されている。

麻布・赤坂といえばお屋敷町として知られる。関東大震災ではほとんど火災を出さなかった高台だったが、1945年5月25日の空襲で多くの豪邸が焼失している。

ただし、アメリカ大使館と大使公邸周辺は、無傷で終戦を迎えた。戦艦ミズーリ艦上での降伏文書調印を終え、東京に上陸したマッカーサーは、アメリカ大使公邸を宿舎にしている。1945年9月27日、昭和天皇との有名な会見が行われたのもこの大使公邸だった。

白亜の大使公邸が新築されたのは、1931年。鉄筋コンクリート造2階・地下1階で、耐震性も考慮された構造。現在もアメリカ大使公邸として使用されており、2001年には米国国務省の重要文化財として登録されている。

2009 新橋・汐留

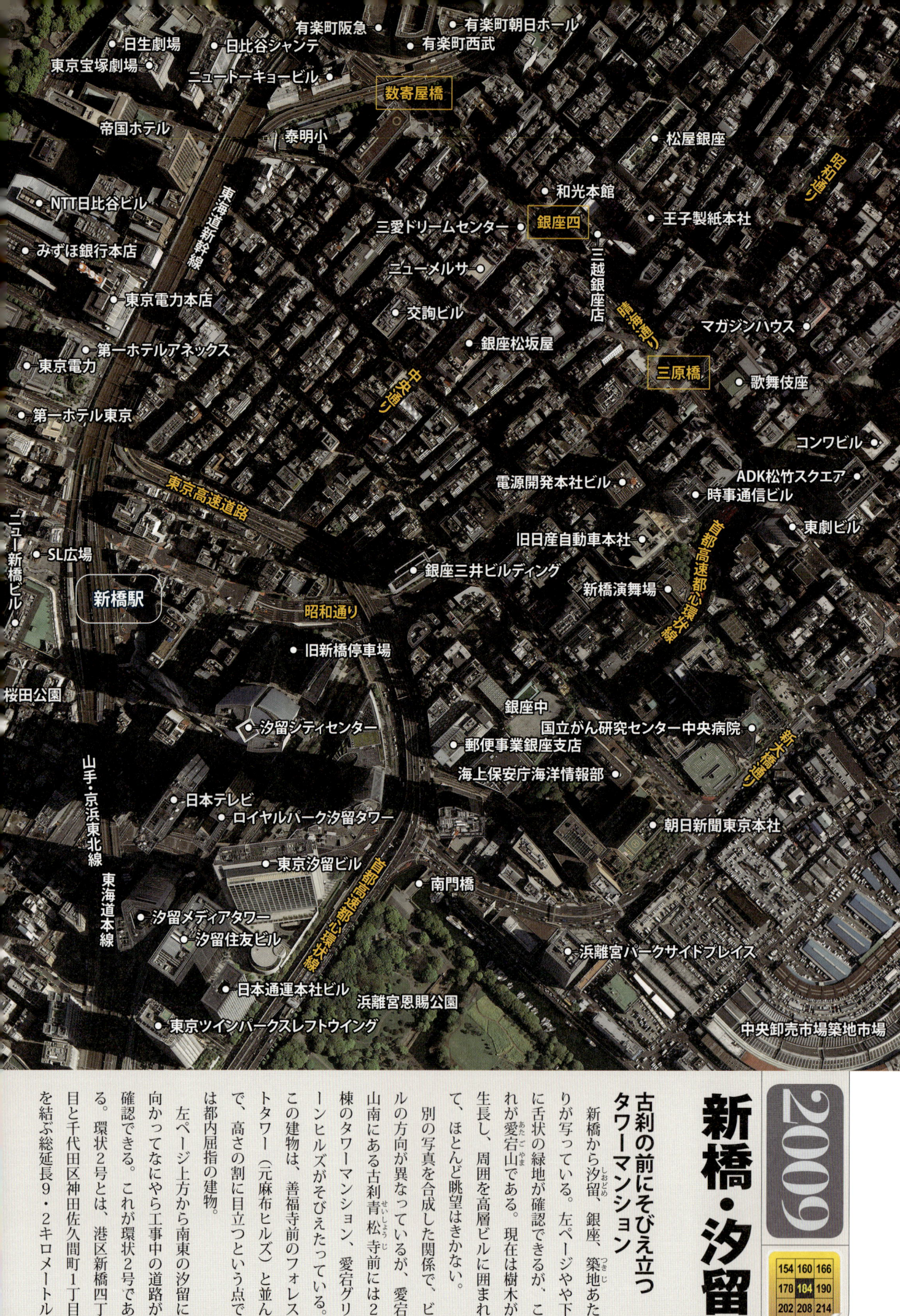

古刹の前にそびえ立つタワーマンション

新橋から汐留、銀座、築地あたりが写っている。左ページやや下に舌状の緑地が確認できるが、これが愛宕山である。現在は樹木が生長し、周囲を高層ビルに囲まれて、ほとんど眺望はきかない。

別の写真を合成した関係で、ビルの方向が異なっているが、愛宕山南にある古刹青松寺前には2棟のタワーマンション、愛宕グリーンヒルズがそびえたっている。この建物は、善福寺前のフォレストタワー（元麻布ヒルズ）と並んで、高さの割に目立つという点では都内屈指の建物。

左ページ上方から南東の汐留に向かってなにやら工事中の道路が確認できる。これが環状2号である。環状2号とは、港区新橋四丁目と千代田区神田佐久間町1丁目を結ぶ総延長9・2キロメートル

主な建物（地図注記）

- 日生劇場
- 東京宝塚劇場
- 有楽町阪急
- 日比谷シャンテ
- 有楽町朝日ホール
- 有楽町西武
- ニュートーキョービル
- 数寄屋橋
- 帝国ホテル
- 泰明小
- 松屋銀座
- NTT日比谷ビル
- 和光本館
- みずほ銀行本店
- 三愛ドリームセンター
- 銀座四
- 王子製紙本社
- 東京電力本店
- ニューメルサ
- 三越銀座店
- 昭和通り
- 第一ホテルアネックス
- 交詢ビル
- マガジンハウス
- 東京電力
- 銀座松坂屋
- 三原橋
- 中央通り
- 歌舞伎座
- 第一ホテル東京
- コンワビル
- 東京高速道路
- 電源開発本社ビル
- ADK松竹スクエア
- 時事通信ビル
- ニュー新橋ビル
- 旧日産自動車本社
- 首都高速都心環状線
- SL広場
- 銀座三井ビルディング
- 東劇ビル
- 新橋駅
- 新橋演舞場
- 昭和通り
- 旧新橋停車場
- 桜田公園
- 銀座中
- 汐留シティセンター
- 国立がん研究センター中央病院
- 郵便事業銀座支店
- 海上保安庁海洋情報部
- 日本テレビ
- ロイヤルパーク汐留タワー
- 朝日新聞東京本社
- 山手・京浜東北線
- 東海道本線
- 東京汐留ビル
- 南門橋
- 汐留メディアタワー
- 汐留住友ビル
- 浜離宮パークサイドプレイス
- 日本通運本社ビル
- 浜離宮恩賜公園
- 東京ツインパークスレフトウイング
- 中央卸売市場築地市場

- 総理大臣官邸
- 内閣府
- 合同庁舎四号館
- 中央合同庁舎5号館
- 総理大臣公邸
- 財務省
- 金融庁
- 経済産業省・中小企業庁
- 日比谷野外音楽
- 日本興亜損害保険本社
- 霞が関ビル
- 文部科学省
- 日比谷図書文化館
- 溜池
- 特許庁
- 日本郵政
- 経済産業省別館
- 日比谷公会堂
- 外堀通り
- 商船三井ビル
- 旧長銀本社ビル
- 虎ノ門
- 内幸
- JTビル
- 虎の門三井ビル
- 大同生命霞が関ビル
- 日比谷シティー
- 金刀比羅神社
- 外堀通り
- 共同通信会館
- 虎ノ門病院
- 日比谷セントラル
- 赤坂インターシティ
- 国立印刷局
- 日本石油本館
- アメリカ合衆国大使館
- 日立ハイテクビル
- 西新橋
- アメリカ大使公邸
- 虎ノ門ツインビル
- 西松建設
- ホテルオークラ東京
- 興和西新橋ビル
- 大倉集古館
- 虎ノ門ヒルズ予定地
- 南桜公園
- 37森ビル
- 環状2号（造成中）
- 日比谷通り
- 虎ノ門タワーズ
- NTT虎ノ門ビル
- ホテルオークラ東京別館
- 旧鞆絵小
- 桜田通り
- 虎ノ門パストラル
- 愛宕神社
- 城山トラストタワー
- 愛宕山
- 愛宕下通り
- 日経電波会館
- NHK放送博物館
- 旧港工業高
- 東京慈恵会医科大
- パークコート虎ノ門
- 附属病院
- 愛宕タワー
- 神谷町
- 愛宕グリーンヒルズフォレストタワー
- 青松寺
- 東京慈恵会医大
- 愛宕グリーンヒルズMORIタワー
- オランダ大使館
- オランダヒルズ森タワー
- 御成門中
- 警視庁新橋庁舎
- 芝給水所
- 福祉プラザさくら川
- 正則学院
- 御成門小
- 御成門
- 愛宕署

（現在は有明方面が新たに加えられたため、約14キロメートル）の都市計画道路である。そのうち虎ノ門以北の大部分は外堀通りとなっているが、外堀通りと第一京浜を結ぶ1350メートルの区間については、手つかずだった。大戦中、建物疎開の際に収用した道路用地を、戦後に地権者に返還したため、買収は一からやり直しとなった。バブル期には、用地取得だけで2兆円かかると見積もられたこともあるという。

この区間が着工されたのは2005年で、2014年3月に開通している。自動車道路は地下に通し、地上は公園道路や高層ビルとなる。ルートの中ほどの虎ノ門1丁目には、52階建て、高さ247メートルの虎ノ門ヒルズが完成しており、ミッドタウン・タワーに次いで東京で2番目に高いビル建築となっている。

汐留貨物駅跡地は再開発され、超高層ビル群の汐留シオサイトとなった。このエリアには、電通、日本テレビ、全日空、日本通運、ソフトバンクなど、日本を代表する企業が本社を構えている。

新橋・汐留 1975

葉脈のように美しい汐留貨物駅の線形

官庁やオフィスが建ち並ぶ左上の霞が関・日比谷、小規模な建物が建て込んでいる新橋駅西口から烏森界隈、そして独特の街路が走る銀座と、エリアごとの個性がにじみ出ている。

新橋駅日比谷口（西口）のSL広場は、テレビなどのサラリーマンへのインタビュー場所としてすっかりおなじみになった。広場にはC11機関車が置かれているが、新橋が鉄道発祥の地（鉄道開業時の新橋停車場は近くの汐留にあったが）だったことにちなみ、鉄道開業100周年を記念して、1972年に整備されたものである。新橋駅ホームをはさんで反対側の汐留口には、1957年に建碑された「鉄道唱歌の碑」が立ち、その脇にはD51の動輪が展示されている。汐留口にあった赤煉瓦の新

画像内ラベル：
日比谷三井ビル／日生劇場／日比谷映画劇場／朝日新聞社／ピカデリー／銀座メルサ／宝塚劇場／有楽座／ニュー東京ビル／日本劇場／数寄屋橋／三共／芸術座／泰明小／数寄屋橋阪急／松屋／帝国ホテル／ソニービル／三笠会館／和光／日比谷電電ビル／三愛／銀座四／銀座三越／王子製紙本社／第一勧銀本店／東京電力本店／外堀通り／銀座コアビル／クロサワ／三原橋地下街／平凡出版／京橋電話局／銀座電話局／資生堂本社／晴海通り／交詢社／キヤノン／三原橋／東京生命／中央通り／松坂屋／歌舞伎座／電通ビル／第一ホテル／松竹会館／コンワビル／銀座東急ホテル／東劇ビル／東京高速道路／C11機関車／銀座第一ホテル／日産自動車本社／ニュー新橋ビル／昭和通り／新橋演舞場／新橋駅／日本通運東京支店／中央第一中／国立がんセンター病院／桜田公園／東京南部小包集中局／海上保安庁水路部／市場橋／東海道・横須賀線／汐留貨物駅／東都水産冷凍工場／山手線・京浜東北線／住友築地ビル／東海道新幹線／三井造船別館／南門橋／日通関東支店／三幸実業／日本冷蔵／東京鉄道郵便局汐留分局／浜離宮恩賜庭園／中央卸売市場築地市場

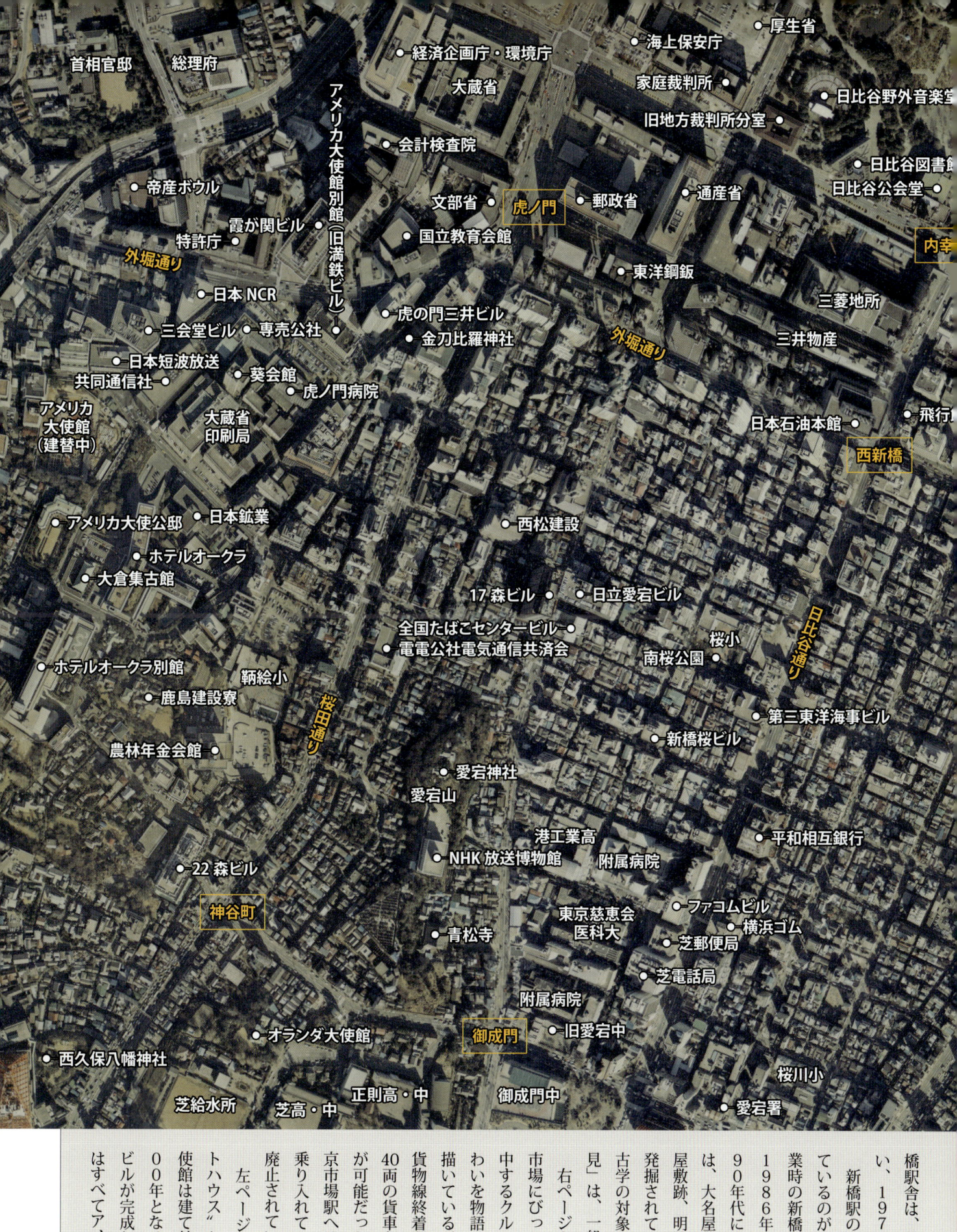

航空写真の注記（上部より、おおむね上から下・左から右の順）：

- 首相官邸
- 総理府
- 経済企画庁・環境庁
- 海上保安庁
- 厚生省
- 大蔵省
- 家庭裁判所
- 日比谷野外音楽堂
- 旧地方裁判所分室
- 帝産ボウル
- 会計検査院
- 日比谷図書館
- アメリカ大使館別館（旧満鉄ビル）
- 文部省
- 郵政省
- 通産省
- 日比谷公会堂
- 特許庁
- 霞が関ビル
- 国立教育会館
- **虎ノ門**
- 外堀通り
- 東洋鋼鈑
- **内幸**
- 日本NCR
- 虎の門三井ビル
- 三菱地所
- 三会堂ビル
- 専売公社
- 金刀比羅神社
- 外堀通り
- 三井物産
- 日本短波放送
- 葵会館
- 共同通信社
- 虎ノ門病院
- 大蔵省印刷局
- 日本石油本館
- 飛行
- アメリカ大使館（建替中）
- **西新橋**
- アメリカ大使公邸
- 日本鉱業
- 西松建設
- ホテルオークラ
- 大倉集古館
- 17森ビル
- 日立愛宕ビル
- 日比谷通り
- 全国たばこセンタービル
- 桜小
- 電電公社電気通信共済会
- 南桜公園
- ホテルオークラ別館
- 鞆絵小
- 桜田通り
- 鹿島建設寮
- 新橋桜ビル
- 第三東洋海事ビル
- 農林年金会館
- 愛宕神社
- 愛宕山
- 港工業高
- 平和相互銀行
- 22森ビル
- NHK放送博物館
- 附属病院
- **神谷町**
- 東京慈恵会医科大
- ファコムビル
- 青松寺
- 横浜ゴム
- 芝郵便局
- 芝電話局
- 附属病院
- オランダ大使館
- 旧愛宕中
- **御成門**
- 西久保八幡神社
- 桜川小
- 芝給水所
- 芝高・中
- 正則高・中
- 御成門中
- 愛宕署

橋駅舎は、横須賀線地下工事に伴い、1970年に取り壊された。新橋駅の右に美しい線形を描いているのが汐留貨物駅だ。鉄道開業時の新橋停車場で、国鉄末期の1986年に廃止されたが、1990年代に実施された遺跡調査では、大名屋敷だったころの遺物や屋敷跡、明治期の鉄道遺跡などが発掘されている。江戸や明治も考古学の対象になるのだという「発見」は、一般には新鮮だった。

右ページ右下、築地の中央卸売市場にびっしりと群がるように集中するクルマの多さが、築地の賑わいを物語る。外側の建物は弧を描いているが、これは汐留からの貨物線終着駅の東京市場駅。最大40両の貨車を横付けして荷役作業が可能だった荷卸し場である。東京市場駅へは汐留から専用列車が乗り入れていたが、1984年に廃止されている。

左ページ左端、"赤坂のホワイトハウス"と謳われたアメリカ大使館は建て替え中である。建国200年となる1977年に新しいビルが完成している。建物の部材はすべてアメリカ製品を用いた。

新橋・汐留 1948

内部が焼けた歌舞伎座、再開までの長い歳月

1940年の大手町火災で、明治以来大手町にあった大蔵省庁舎は焼失してしまった。この庁舎は関東大震災後に建てられた急造の仮庁舎だったが、霞が関への移転が決まり、1930年代後半には新庁舎がほぼ完成していた。しかし盧溝橋事件の勃発とその後の情勢悪化で、新庁舎の内装・外装工事は凍結。ところが大手町の庁舎が全焼したため、急遽内装工事を施して、霞が関に移転する。外装工事は施されず、ちっ放しの姿のまま、戦中、戦後を過ごした。大蔵省庁舎に外装工事が施されるのは、1962年になってからで、完工までに15カ月を要している。

明治初頭、外国人居留地だった築地は、海軍兵学寮や海軍経理学校、水路部などが置かれ、さながら

地図上の注記

★接収★
- ドーリットル球場
- 日東コーナーハウス（CIE図書館）
- 丸之内橋
- 東京宝塚劇場（アーニー・パイル劇場）
- 松村ビルニュートーキョー（ユニオン・ジャック・クラブ）
- 数寄屋橋
- 紀伊国橋
- 京橋商業高・泰明小
- 山下橋
- 東京電気ビル
- 伊東屋
- 数寄屋橋
- 松屋（東京PX）
- 豊玉橋
- 外濠川
- 服部時計店
- 日本勧業銀行
- 松村ビル（ニッポン・タイムス）
- 銀座四丁目
- 王子製紙
- 朝日橋
- 華北交通ビル（クラブ21）
- 日本電報通信社（ニューズウイーク）
- 黒沢ビル
- 大阪ビル
- 資生堂本社
- 交詢社ビル
- 三原橋
- 野村生命館
- 新幸橋
- 三原橋
- 木挽橋
- 歌舞伎座
- 祝橋
- 第一ホテル
- 銀座七丁目
- 賑橋
- 懇話会館
- 平洋ビル
- 土橋
- 難波橋
- 出雲橋
- 工業技術院
- 万年橋
- 新橋
- 木挽館跡
- 東京劇場
- 西口広場
- 八通八橋
- 采女橋
- 築地
- 新生マーケット
- 新橋
- 新橋演舞場
- 京橋郵便局
- 新橋駅
- 蓬莱橋
- 北門橋
- 新橋三業地
- 汐留貨物駅
- 京橋化学高
- 千代橋
- 築地病院
- 日比谷公園
- 逓信省資材部
- 市場橋
- 米軍東京陸軍病院
- 汐先橋
- 海上保安庁水路局
- 南門橋
- 尾張橋
- 新橋五丁目
- 汐留川
- 浜離宮恩賜庭園
- 中央卸売市場築地市場
- 日通汐留支店
- 日本通運倉庫

【地図上のラベル】

- 東京鉱山監督局
- 首相官邸
- 外務大臣官邸跡
- ★接収★ モータープール
- 海軍大臣官邸跡
- ★接収★ 日比谷公[園]
- 昭和会館
- 尚友倶楽部
- ★接収★ 大蔵省
- ★接収★ モータープール
- 日比谷音楽堂
- ★接収★ 旧華族会館（ピアス・クラブ）
- 文部省
- ★接収★ 旧海軍省（電話交換所）
- ★接収★ モータープール
- ★接収★ 日比谷公[園]
- 溜池
- 特許局
- 霞山会館
- 船舶会館・同潤会虎ノ門アパート
- ★接収★ 富国生命館（パーク・ホテル）
- 虎ノ門
- ★接収★ 三会堂ビル
- 旧東伏見官邸
- ★接収★ 満鉄ビル
- 金刀比羅宮
- 日産館（終戦連絡中央事務局）
- 東京放送会館（FEN）
- ★接収★ 正求堂ビル
- 東京逓信局跡
- アメリカ大使館
- 飛行館
- 田村町一丁目
- アメリカ大使公邸（マッカーサー宿舎）
- 大倉経済専門学校跡
- 西桜小
- ★接収★ 西松組
- ★接収★ 兼坂ビル
- 大倉喜七郎男爵邸
- 大倉集古館
- ★接収★ 日本郵船社員倶楽部
- 西久保巴町
- 北芝中予定地（鞆絵尋常高等小跡）
- 南桜小
- 南桜公園
- 鞆絵小・北芝中
- ★接収★ 愛宕山
- NHK愛宕山スタジオ
- 港工業高（愛宕国民学校高等科跡）
- 田村町四丁目
- 附属東京病院
- 神谷町
- 青松寺
- 東京慈恵会医科大
- ★接収★ 横浜ゴム
- 芝郵便局
- 芝電話局
- オランダ大使館
- 附属病院
- 愛宕中
- 飯倉一丁目
- 御成門
- 警察学校
- 桜川小
- 芝給水場
- 芝高・中
- 正則高
- 愛宕署

ら海軍の町だった。1888年に海軍兵学校（兵学寮の後身）は広島県の江田島に移転し、関東大震災後は大部分が中央卸売市場用地となった。築地の海軍施設は減っていったが、海図を作成していた水路部と海軍医学校は終戦までこの地にあった。終戦後、軍医学校と東京海軍病院は接収され、1948年5月の海上保安庁発足とともに海上保安庁水路局へと変わった。水路部は運輸省に移管されるが、水路部という名が復活するのは翌1949年である。

新橋駅前は、大戦末期に建物疎開が実施され、駅前や線路際に2500坪以上という広大な更地が出現していた。終戦後は闇市で賑わうことになる。西口の「新生マーケット」は1960年代半ばまで存続し、跡地に建設されたニュー新橋ビルが完成するのは、1971年である。

右ページ端に見える歌舞伎座も1945年5月25日の空襲で内部が完全に焼け落ち、使用不能となった。1951年3月、約1年かけた復旧工事がようやく完成するが、中央の大屋根はなくなっていた。

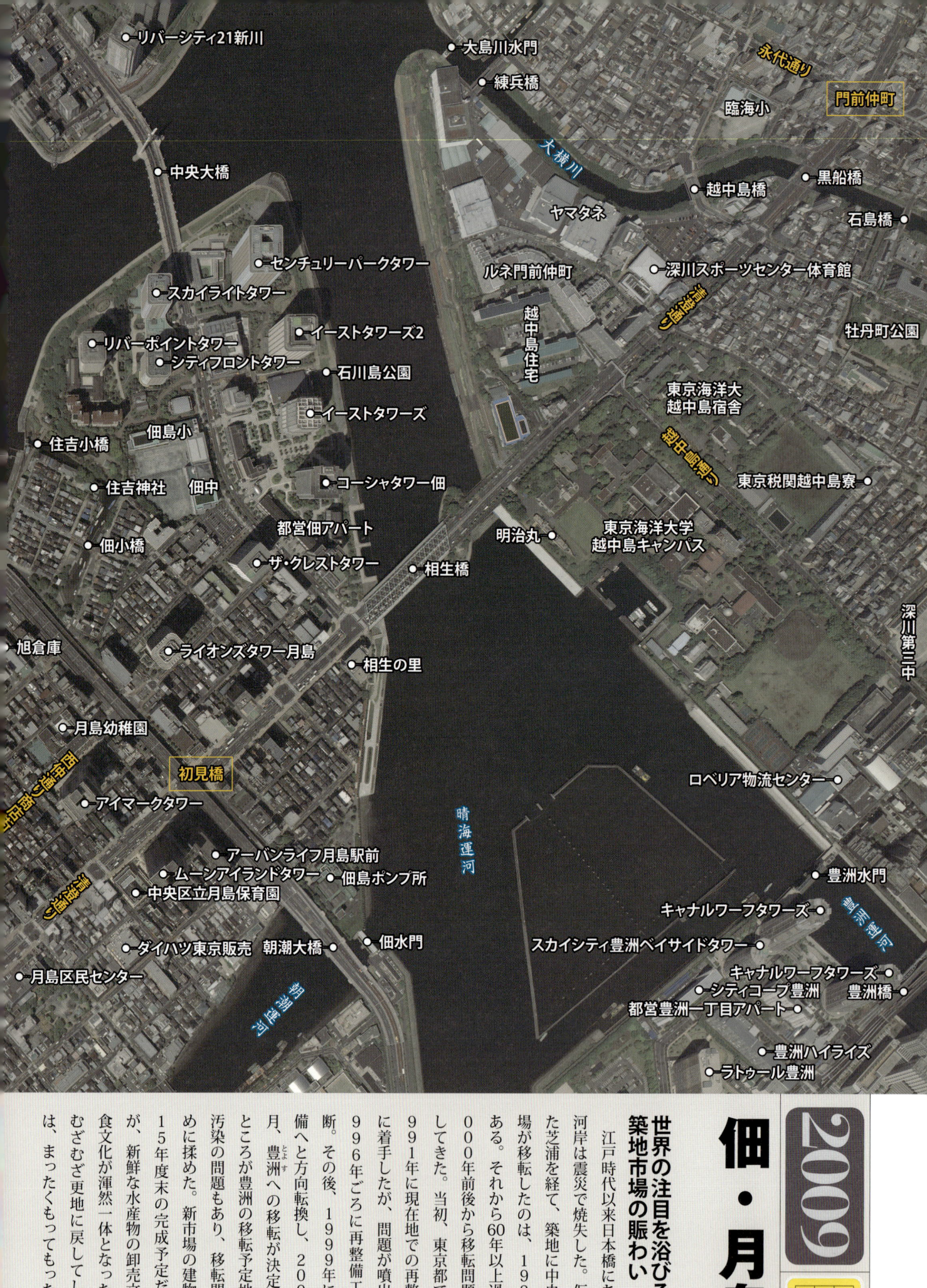

佃・月島 2009

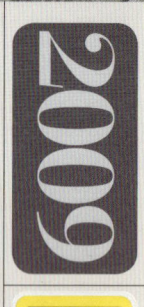

世界の注目を浴びる築地市場の賑わい

江戸時代以来日本橋にあった魚河岸は震災で焼失した。仮移転した芝浦を経て、築地に中央卸売市場が移転したのは、1935年である。それから60年以上過ぎた2000年前後から移転問題が浮上してきた。当初、東京都では、1991年に現在地での再整備事業に着手したが、問題が噴出して1996年ごろに再整備工事は中断。その後、1999年に移転整備へと方向転換し、2001年12月、豊洲への移転が決定された。ところが豊洲への移転予定地の土壌汚染の問題もあり、移転問題は揉めに揉めた。新市場の建物は2015年度末の完成予定だったが、新鮮な水産物の卸売文化と和食文化が渾然一体となった築地をむざむざ更地に戻してしまうのは、まったくもってもったいない

地図のラベル

- リバーシティ21新川
- 大島川水門
- 練兵橋
- 永代通り
- 門前仲町
- 臨海小
- 中央大橋
- 大横川
- 越中島橋
- 黒船橋
- ヤマタネ
- 石島橋
- センチュリーパークタワー
- ルネ門前仲町
- 深川スポーツセンター体育館
- スカイライトタワー
- 越中島住宅
- 牡丹町公園
- リバーポイントタワー
- イーストタワーズ2
- シティフロントタワー
- 石川島公園
- 東京海洋大越中島宿舎
- イーストタワーズ
- 住吉小橋
- 佃島小
- 越中島貨物線
- 東京税関越中島寮
- 住吉神社
- 佃中
- コーシャタワー佃
- 都営佃アパート
- 東京海洋大学越中島キャンパス
- 佃小橋
- 明治丸
- ザ・クレストタワー
- 相生橋
- 深川第三中
- 旭倉庫
- ライオンズタワー月島
- 相生の里
- 月島幼稚園
- 初見橋
- アイマークタワー
- ロベリア物流センター
- アーバンライフ月島駅前
- ムーンアイランドタワー
- 佃島ポンプ所
- 晴海運河
- 豊洲水門
- 中央区立月島保育園
- キャナルワーフタワーズ
- 朝潮運河
- ダイハツ東京販売
- 朝潮大橋
- 佃水門
- スカイシティ豊洲ベイサイドタワー
- 月島区民センター
- キャナルワーフタワーズ
- シティコープ豊洲
- 豊洲橋
- 都営豊洲一丁目アパート
- 朝潮運河
- 豊洲ハイライズ
- ラトゥール豊洲

地図上のラベル:

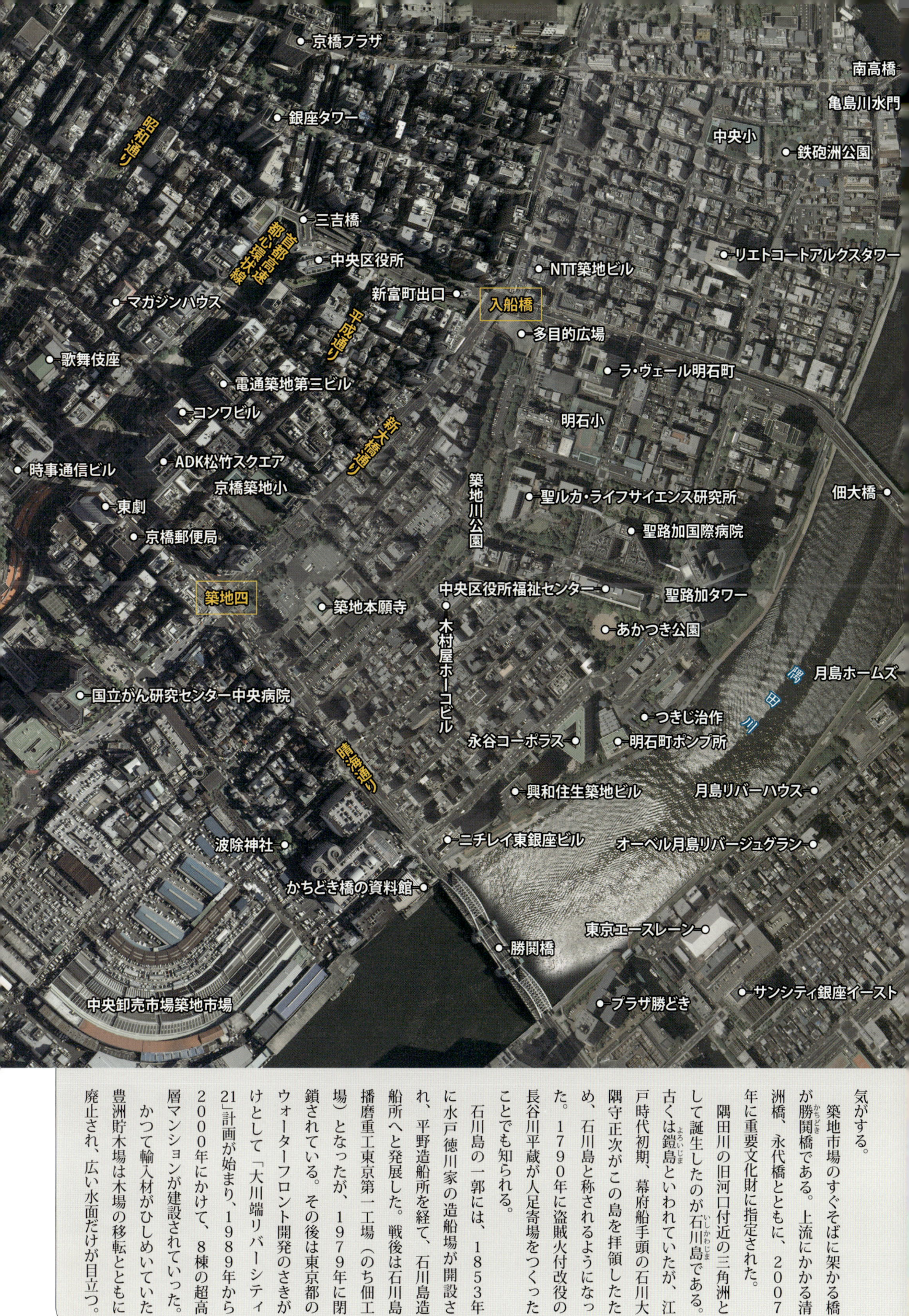

- 京橋プラザ
- 南高橋
- 亀島川水門
- 銀座タワー
- 中央小
- 鉄砲洲公園
- 昭和通り
- 三吉橋
- 築地小通り
- 中央区役所
- リエトコートアルクスタワー
- 新富町出口
- NTT築地ビル
- 入船橋
- マガジンハウス
- 多目的広場
- 平成通り
- ラ・ヴェール明石町
- 歌舞伎座
- 電通築地第三ビル
- 明石小
- コンワビル
- 新大橋通り
- 時事通信ビル
- ADK松竹スクエア
- 佃大橋
- 東劇
- 京橋築地小
- 築地川公園
- 聖ルカ・ライフサイエンス研究所
- 京橋郵便局
- 聖路加国際病院
- 築地四
- 中央区役所福祉センター
- 聖路加タワー
- 築地本願寺
- あかつき公園
- 木村屋ホーコビル
- 月島ホームズ
- 国立がん研究センター中央病院
- 隅田川
- 永谷コーポラス
- つきじ治作
- 清澄通り
- 明石町ポンプ所
- 興和住生築地ビル
- 月島リバーハウス
- 波除神社
- ニチレイ東銀座ビル
- オーベル月島リバージュグラン
- かちどき橋の資料館
- 東京エースレーン
- 勝鬨橋
- サンシティ銀座イースト
- 中央卸売市場築地市場
- プラザ勝どき

築地市場のすぐそばに架かる橋が勝鬨橋である。上流にかかる清洲橋、永代橋とともに、2007年に重要文化財に指定された。

隅田川の旧河口付近の三角洲として誕生したのが石川島である。古くは鎧島といわれていたが、江戸時代初期、幕府船手頭の石川大隅守正次がこの島を拝領したため、石川島と称されるようになった。1790年に盗賊火付改役の長谷川平蔵が人足寄場をつくったことでも知られる。

石川島の一郭には、1853年に水戸徳川家の造船場が開設され、平野造船所を経て、石川島造船所へと発展した。戦後は石川島播磨重工東京第一工場（のち佃工場）となったが、1979年に閉鎖されている。その後は東京都のウォーターフロント開発のさきがけとして「大川端リバーシティ21」計画が始まり、1989年から2000年にかけて、8棟の超高層マンションが建設されていった。かつて輸入材がひしめいていた豊洲貯木場は木場の移転とともに廃止され、広い水面だけが目立つ。

佃・月島 1975

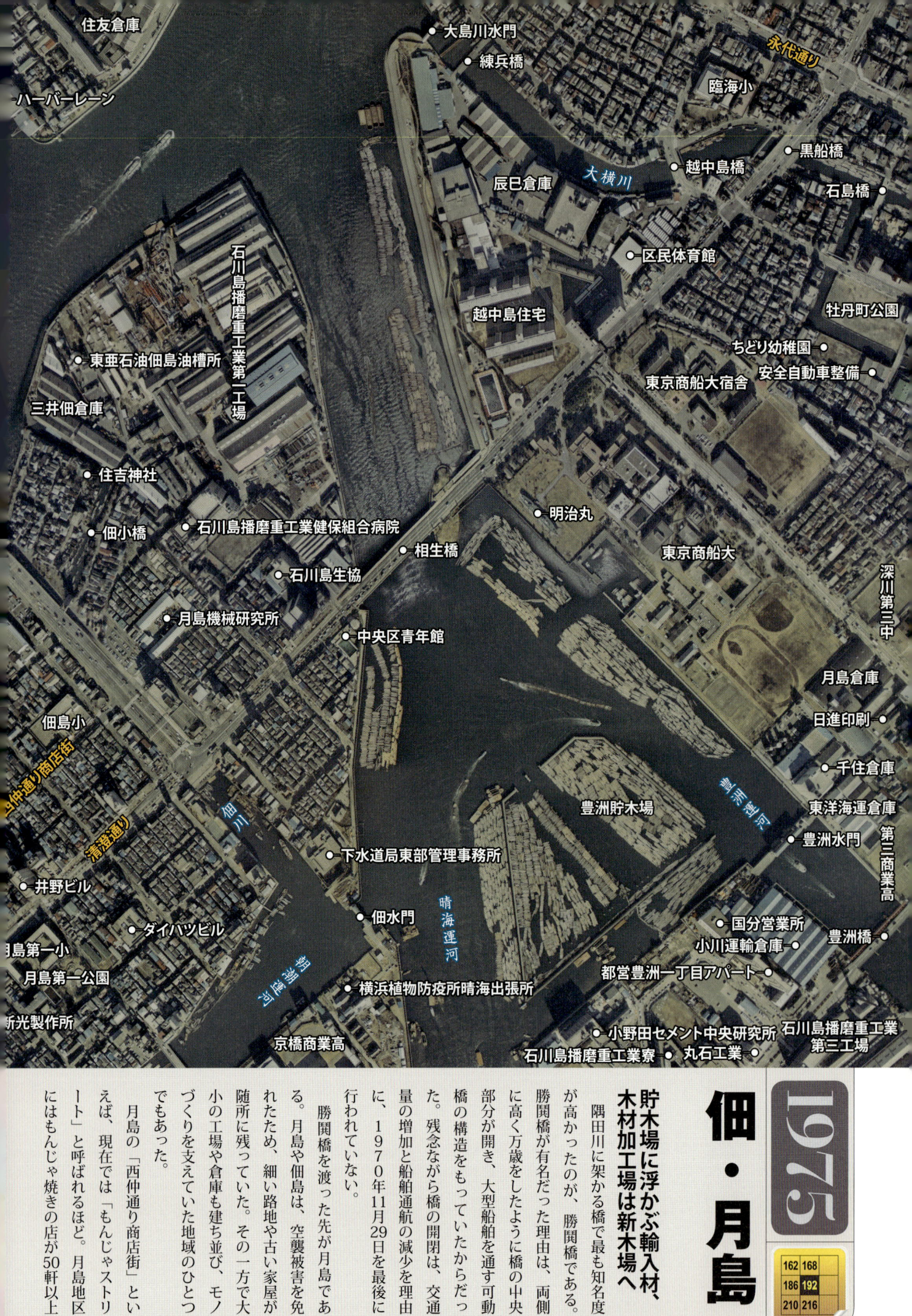

貯木場に浮かぶ輸入材、木材加工場は新木場へ

隅田川に架かる橋で最も知名度が高かったのが、勝鬨橋である。勝鬨橋が有名だった理由は、両側に高く万歳をしたように橋の中央部分が開き、大型船舶を通す可動橋の構造をもっていたからだった。残念ながら橋の開閉は、交通量の増加と船舶通航の減少を理由に、1970年11月29日を最後に行われていない。

勝鬨橋を渡った先が月島である。月島や佃島は、空襲被害を免れたため、細い路地や古い家屋が随所に残っていた。その一方で大小の工場や倉庫も建ち並び、モノづくりを支えていた地域のひとつでもあった。

月島の「西仲通り商店街」といえば、現在では「もんじゃストリート」と呼ばれるほど。月島地区にはもんじゃ焼きの店が50軒以上

地図上の注記

- 住友倉庫
- ハーバーレーン
- 大島川水門
- 練兵橋
- 永代通り
- 臨海小
- 越中島橋
- 黒船橋
- 辰巳倉庫
- 大横川
- 石島橋
- 石川島播磨重工業第二工場
- 東亜石油佃島油槽所
- 越中島住宅
- 区民体育館
- 牡丹町公園
- 三井佃倉庫
- ちどり幼稚園
- 安全自動車整備
- 東京商船大宿舎
- 住吉神社
- 佃小橋
- 石川島播磨重工業健保組合病院
- 明治丸
- 東京商船大
- 深川第三中
- 石川島生協
- 相生橋
- 月島機械研究所
- 中央区青年館
- 月島倉庫
- 日進印刷
- 佃島小
- 千住倉庫
- 佃川
- 東洋海運倉庫
- 西仲通り商店街
- 晴海運河
- 豊洲水門
- 第三商業高
- 清澄通り
- 豊洲貯木場
- 朝潮運河
- 井野ビル
- 国分営業所
- 豊洲橋
- 月島第一小
- ダイハツビル
- 小川運輸倉庫
- 月島第一公園
- 佃水門
- 都営豊洲一丁目アパート
- 下水道局東部管理事務所
- 新光製作所
- 横浜植物防疫所晴海出張所
- 小野田セメント中央研究所
- 石川島播磨重工業第三工場
- 京橋商業高
- 石川島播磨重工業寮
- 丸石工業

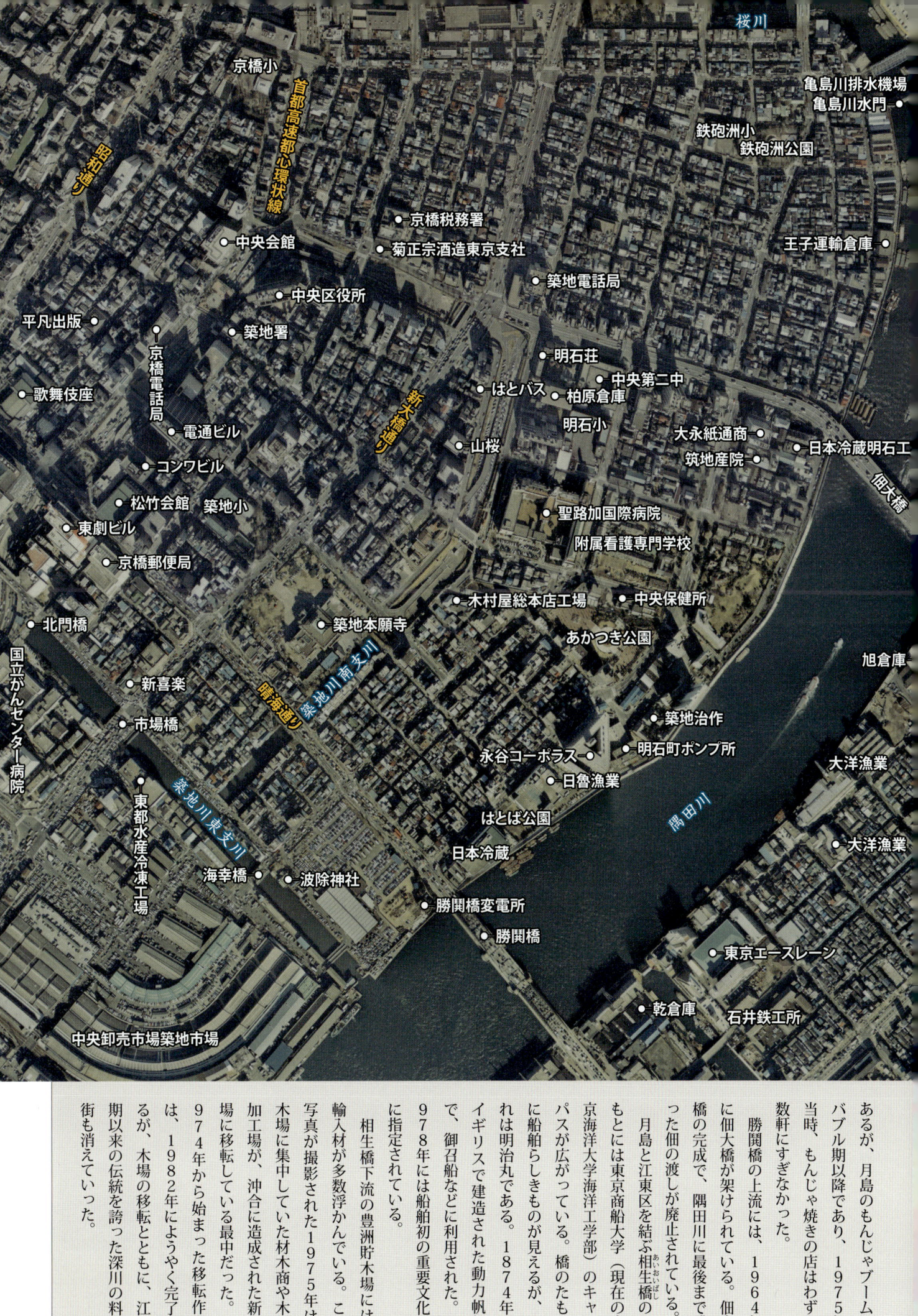

航空写真の注記（左上から概ね上→下、左→右）:

- 桜川
- 京橋小
- 首都高速都心環状線
- 亀島川排水機場
- 亀島川水門
- 鉄砲洲小
- 鉄砲洲公園
- 昭和通り
- 京橋税務署
- 中央会館
- 菊正宗酒造東京支社
- 平凡出版
- 中央区役所
- 築地電話局
- 王子運輸倉庫
- 築地署
- 京橋電話局
- 明石荘
- 中央第二中
- 歌舞伎座
- はとバス
- 柏原倉庫
- 電通ビル
- 新大橋通り
- 明石小
- 大永紙通商
- コンワビル
- 山桜
- 築地産院
- 日本冷蔵明石工
- 松竹会館
- 築地小
- 佃大橋
- 東劇ビル
- 聖路加国際病院
- 京橋郵便局
- 附属看護専門学校
- 北門橋
- 築地本願寺
- 木村屋総本店工場
- 中央保健所
- 国立がんセンター病院
- あかつき公園
- 旭倉庫
- 新喜楽
- 晴海通り
- 築地川南支川
- 市場橋
- 築地治作
- 永谷コーポラス
- 明石町ポンプ所
- 大洋漁業
- 日魯漁業
- 築地川東支川
- はとば公園
- 日本冷蔵
- 隅田川
- 東都水産冷凍工場
- 大洋漁業
- 海幸橋
- 波除神社
- 勝鬨橋変電所
- 東京エースレーン
- 勝鬨橋
- 乾倉庫
- 石井鉄工所
- 中央卸売市場築地市場

勝鬨橋の上流には、1964年に佃大橋が架けられている。佃大橋の完成で、隅田川に最後まで残った佃の渡しが廃止されている。月島と江東区を結ぶ相生橋のたもとには東京商船大学（現在の東京海洋大学海洋工学部）のキャンパスが広がっている。橋のたもとに船舶らしきものが見えるが、これは明治丸である。1874年にイギリスで建造された動力帆船で、御召船などに利用された。1978年には船舶初の重要文化財に指定されている。

相生橋下流の豊洲貯木場には、輸入材が多数浮かんでいる。この写真が撮影された1975年は、木場に集中していた材木商や木材加工場が、沖合に造成された新木場に移転している最中だった。1974年から始まった移転作業は、1982年にようやく完了するが、木場の移転とともに、江戸期以来の伝統を誇った深川の料亭街も消えていった。

あるが、月島のもんじゃブームはバブル期以降であり、1975年当時、もんじゃ焼きの店はわずか数軒にすぎなかった。

佃・月島 1948

最後まで渡船が残った佃島と月島の下町情緒

タワーマンションのさきがけとなった大川端リバーシティは、全域が石川島重工業の工場だった。この場所は、日本最初期の近代工業地帯である。1853年には、石川島の突端に石川島造船所が設立され、隣接して人足寄場があった。人足寄場は、明治に入ると石川島懲役場に変わった。1888年の東京府会で石川島分署（石川島監獄）の北豊島郡巣鴨村移転が決議され、1895年、巣鴨監獄が完成すると、石川島監獄は廃止となり、全域が石川島造船所の敷地となった。この写真でも、びっしりと工場が建て込む様子が見てとれる。

石川島から、佃島、月島にかけては、大工場から零細工場にいたるまでさまざまな工場があったにもかかわらず、大きな空襲被害は

地図上の注記

- 栄橋
- 巽橋
- 練兵橋
- 臨海小
- 門前仲町
- 臨海公園
- 大島川（大横川）
- 越中島橋
- 黒船橋
- 石川場橋
- ★接収★ 旧糧秣廠
- 古石場橋
- 越中島
- 古石場川
- 雀橋
- 石川島重工業
- ★接収★ 東京高等商船学校
- 月島渡
- 住吉神社
- 練習船明治丸
- 同潤会社宅
- 佃小橋
- 東京シャーリング
- ★接収★ 水産講習所
- 深川第三中予定地
- 相生橋
- 月島機械
- 佃橋
- 新佃島
- 水上消防署寮
- 佃島小
- 新月橋
- 佃川
- 初見橋
- 第三商業高
- 月島川
- 豊洲運河
- 横浜動植物検疫所
- 豊洲橋
- 月島通三丁目
- 月島第一小
- 朝潮運河
- 晴海運河
- 朝潮橋
- 月島第一中
- 石川島重工業第三工場

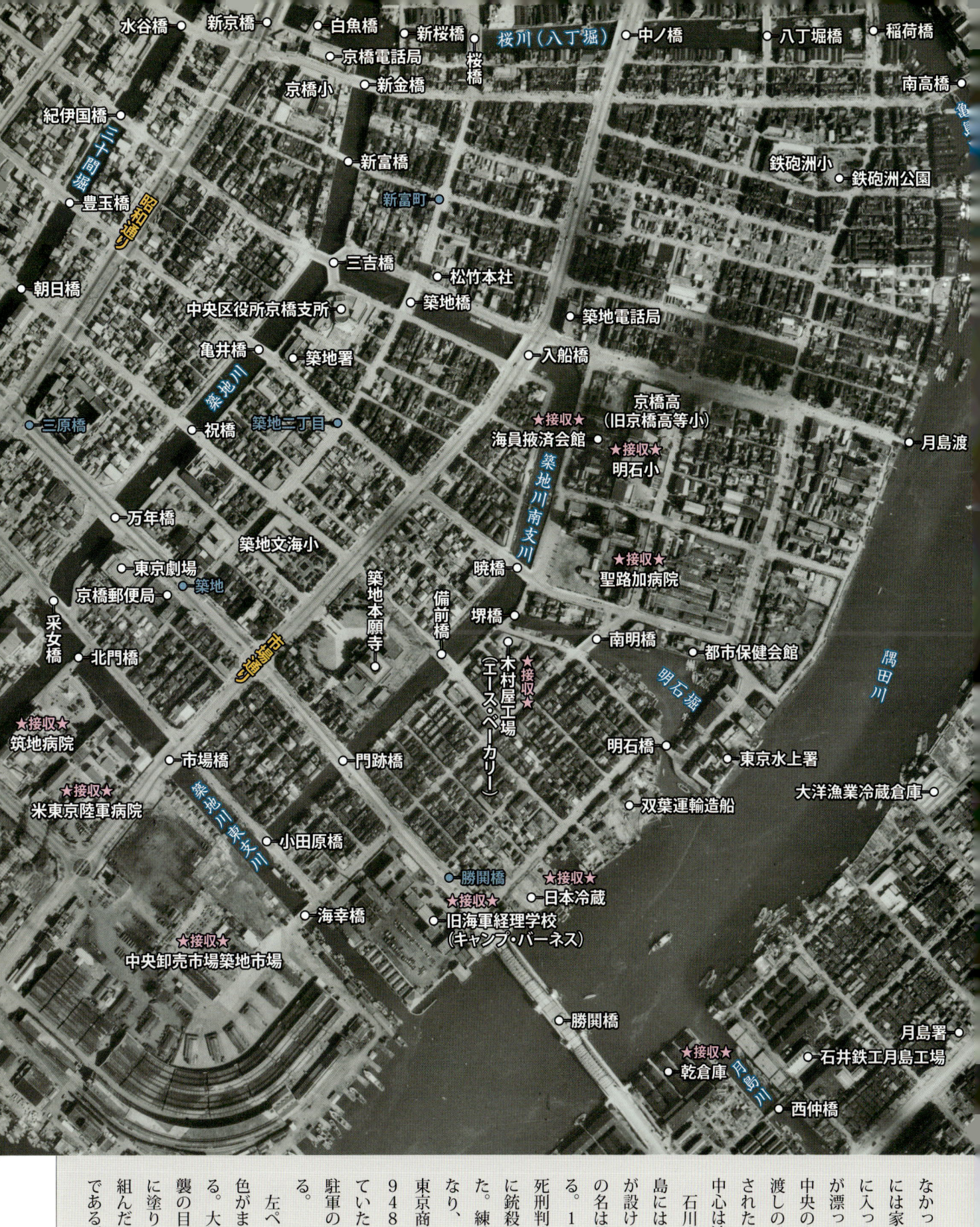

地図上の注記（上から、おおよその位置順）

- 水谷橋
- 新京橋
- 白魚橋
- 新桜橋
- 桜川（八丁堀）
- 中ノ橋
- 八丁堀橋
- 稲荷橋
- 京橋電話局
- 桜橋
- 南高橋
- 紀伊国橋
- 京橋小
- 新金橋
- 三十間堀
- 豊玉橋
- 昭和通り
- 新富橋
- 鉄砲洲小
- 鉄砲洲公園
- 新富町
- 朝日橋
- 三吉橋
- 松竹本社
- 中央区役所京橋支所
- 築地橋
- 築地電話局
- 亀井橋
- 築地署
- 入船橋
- ★接収★ 京橋高（旧京橋高等小）
- 三原橋
- 祝橋
- 築地三丁目
- 海員被済会館 ★接収★
- ★接収★ 明石小
- 月島渡
- 万年橋
- 築地文海小
- 築地川南支川
- 東京劇場
- 築地
- 築地本願寺
- 暁橋
- ★接収★ 聖路加病院
- 京橋郵便局
- 備前橋
- 采女橋
- 北門橋
- 堺橋
- 南明橋
- 都市保健館
- 明石堀
- 隅田川
- ★接収★ 築地病院
- 木村屋工場（エースベーカリー）★接収★
- 明石橋
- ★接収★ 米東京陸軍病院
- 市場橋
- 門跡橋
- 東京水上署
- 大洋漁業冷蔵倉庫
- 小田原橋
- 築地川槇支川
- 双葉運輸造船
- 海幸橋
- 勝鬨橋
- ★接収★
- ★接収★ 日本冷蔵
- ★接収★ 中央卸売市場築地市場
- 旧海軍経理学校（キャンプ・バーネス）
- 勝鬨橋
- 月島署
- 石井鉄工月島工場
- ★接収★ 乾倉庫
- 月島川
- 西仲橋

なかった。そのため、佃島や月島には家々の間に路地が走り、平成に入ったころまで懐かしい雰囲気が漂っていた。ちなみに、佃島の中央の大通りの突き当たりが佃の渡しの乗り場だった。渡船が廃止された現在でも、佃島の町並みの中心は渡船場なのである。

石川島の突端の対岸にある越中島には、明治初めに越中島練兵場が設けられた。今も架かる練兵橋の名は越中島練兵場にちなんでいる。1878年8月の竹橋事件で死刑判決を受けた53名が同年10月に銃殺されたのもこの練兵場だった。練兵場は1881年に廃止になり、陸軍糧秣本廠や憲兵隊、東京商船学校の用地になった。1948年当時はいずれも接収されていたが、越中島にはその後、進駐軍の運転練習場が設けられている。

左ページ下の築地市場の屋根の色がまだらなのは、空襲対策である。大規模施設と判断されて、空襲の目標とされないように、明暗に塗り分けて、小さな建物と入り組んだ街路に見えるようにしたのである。

2009 渋谷・広尾

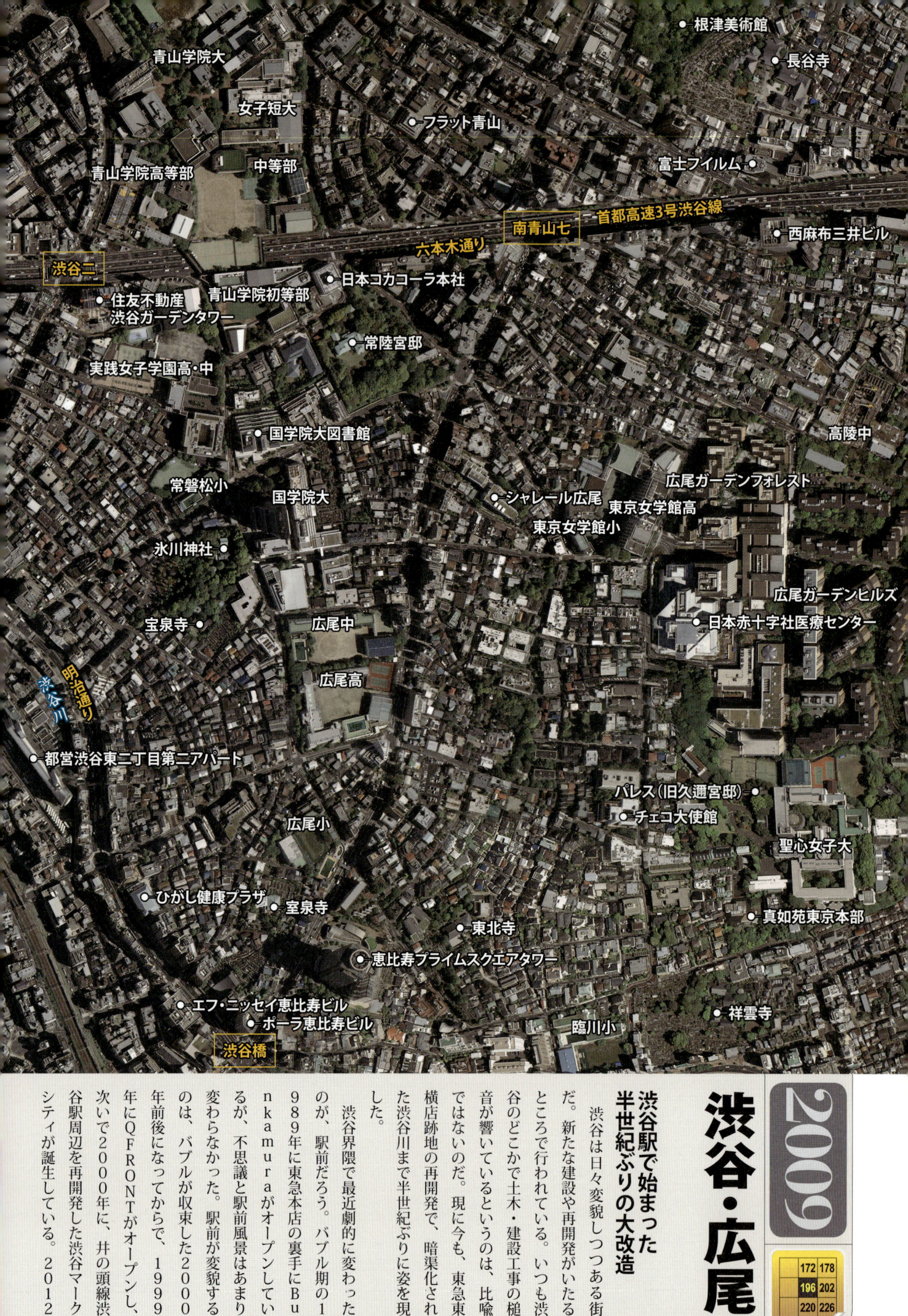

渋谷駅で始まった半世紀ぶりの大改造

渋谷は日々変貌しつつある街だ。新たな建設や再開発がいたるところで行われている。いつも渋谷のどこかで土木・建設工事の槌音が響いているというのは、比喩ではないのだ。現に今も、東急東横店跡地の再開発で、暗渠化された渋谷川まで半世紀ぶりに姿を現した。

渋谷界隈で最近劇的に変わったのが、駅前だろう。バブル期の1989年に東急本店の裏手にBunkamuraがオープンしているが、不思議と駅前風景はあまり変わらなかった。駅前が変貌するのは、バブルが収束した2000年前後になってからで、1999年にQFRONTがオープンし、次いで2000年に、井の頭線渋谷駅周辺を再開発した渋谷マークシティが誕生している。2012

地図中ラベル:
- 根津美術館
- 長谷寺
- 青山学院大
- 女子短大
- フラット青山
- 富士フイルム
- 青山学院高等部
- 中等部
- 首都高速3号渋谷線
- 南青山七
- 西麻布三井ビル
- 渋谷二
- 六本木通り
- 住友不動産 渋谷ガーデンタワー
- 青山学院初等部
- 日本コカコーラ本社
- 実践女子学園高・中
- 常陸宮邸
- 国学院大図書館
- 高陵中
- 常磐松小
- 広尾ガーデンフォレスト
- 国学院大
- シャレール広尾
- 東京女学館高
- 東京女学館小
- 氷川神社
- 広尾ガーデンヒルズ
- 宝泉寺
- 広尾中
- 日本赤十字社医療センター
- 明治通り
- 渋谷川
- 広尾高
- 都営渋谷東二丁目第二アパート
- パレス（旧久邇宮邸）
- チェコ大使館
- 広尾小
- 聖心女子大
- ひがし健康プラザ
- 室泉寺
- 東北寺
- 真如苑東京本部
- 恵比寿プライムスクエアタワー
- エフ・ニッセイ恵比寿ビル
- ポーラ恵比寿ビル
- 臨川小
- 祥雲寺
- 渋谷橋

航空写真中のラベル（上から、おおよその位置順）:

- 都知事公館
- 東急百貨店本店
- 西武渋谷A館
- マルイシティ渋谷
- メトロプラザ
- 明治通り
- Bunkamura
- Bunkamura通り
- B館
- 渋谷郵便局
- 八通仁青通り
- ザ・プライム
- Q FRONT
- SHIBUYA 109
- 宮益坂
- スクエア渋谷
- 京王渋谷駅
- 東館
- みずほ銀行渋谷事務センター
- 東京メトロ銀座線
- 渋谷ヒカリエ予定地
- 渋谷エクセルホテル東急
- 渋谷クロスタワー（旧東邦生命ビル）
- 渋谷マークシティ
- 東急東横店西館
- 南館
- 東急渋谷駅
- 首都高速3号渋谷線
- E・スペースタワー
- 渋谷東急プラザ
- 渋谷駅
- 渋谷署
- 金王八幡神社
- 玉川通り
- 三基商事東京支社
- 渋谷川
- 南平台
- セルリアンタワー
- 旧大和田小（渋谷区文化総合センター大和田建設中）
- 並木橋
- 渋谷ファーストプレイス
- 日本たばこ渋谷ビル
- 渋谷インフォスタワー
- 渋谷ガーデンフロント
- 東急本社
- 山手線
- 住友不動産渋谷ガーデンタワー予定地
- 渋谷プロパティー東急ビル
- レクサス渋谷
- カトリック渋谷教会
- 乗泉寺
- 鉢山中
- 渋谷清掃工場
- マレーシア大使館
- NTT渋谷ビル
- 菅刈小
- 猿楽小
- 西郷橋
- 西郷山公園
- 旧山手通り
- 菅刈公園
- 第一商業高
- 東急東横線
- 代官山フォーラム
- エジプト大使館
- 代官山アドレス
- 日本銀行目黒分館
- 目黒川

年には、東急文化会館跡地に渋谷ヒカリエがオープンした。東急文化会館といえば、1956年の開館以来、五島プラネタリウムで知られた渋谷のシンボルである（2003年に閉館）。

1950年以来、東急本社のあった桜丘には、2001年に41階建てのセルリアンタワーが完成している。高さ184メートルで、渋谷で最も高い超高層ビルである。

左ページ左隅に菅刈公園と西郷山公園という二つの公園がある。これらは昔、両方とも西郷従道邸の一部だった。この写真の旧山手通りの左下のほとんどが西郷邸だったというから、その広さがしのばれよう。

右ページの右端には、広尾ガーデンヒルズの建築群が見えている。広尾のイメージは高級住宅地というのが通り相場だが、その印象を高めたのが、広尾ガーデンヒルズである。敷地は、日本赤十字社医療センターの一部だったところで、1980年代半ばに完成をみた。現在は北西に隣接して、広尾ガーデンフォレストが完成している。

渋谷・広尾 1975

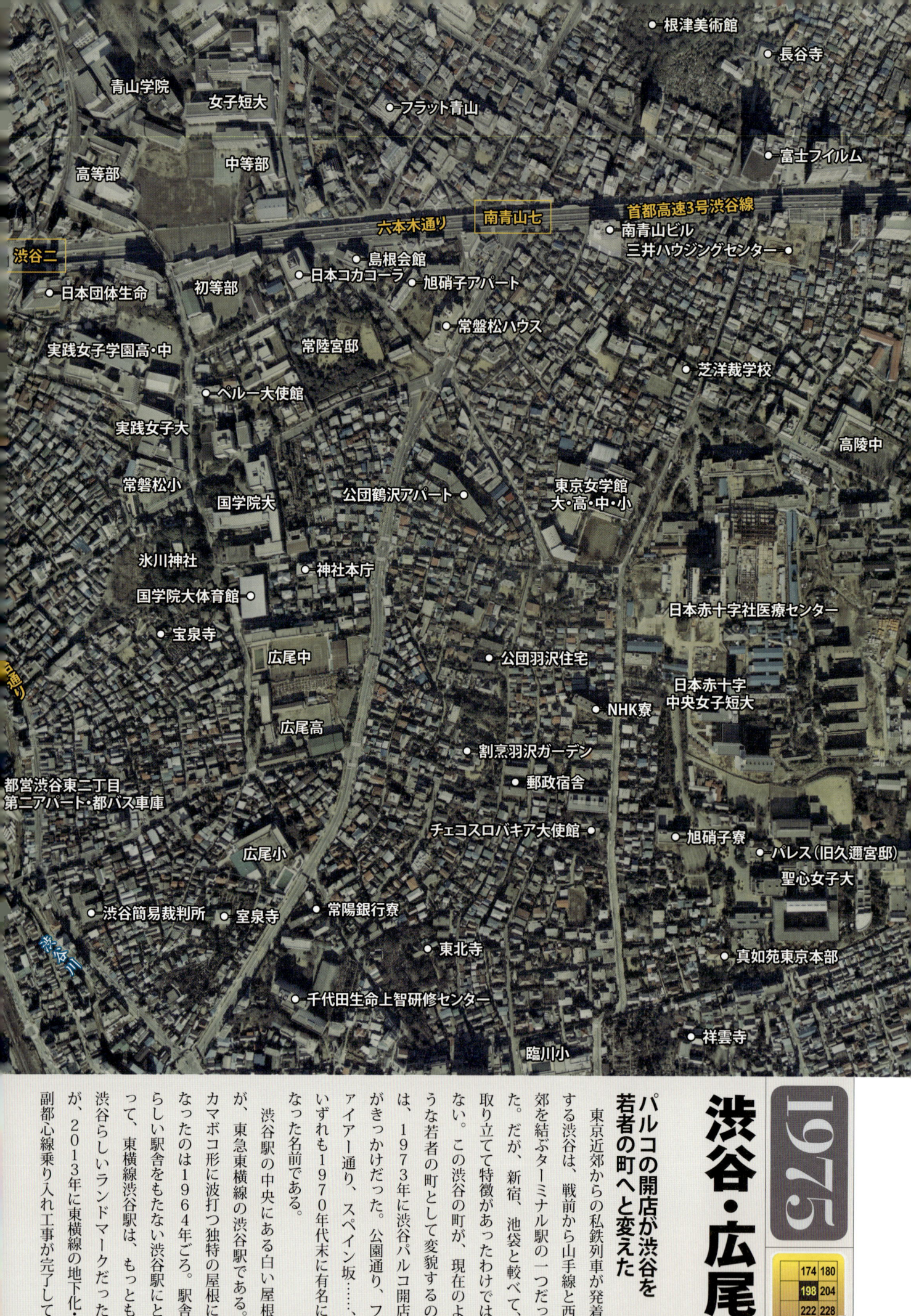

パルコの開店が渋谷を若者の町へと変えた

東京近郊からの私鉄列車が発着する渋谷は、戦前から山手線と西郊を結ぶターミナル駅の一つだった。だが、新宿、池袋と較べて取り立てて特徴があったわけではない。この渋谷の町が、現在のような若者の町として変貌するのは、1973年に渋谷パルコ開店がきっかけだった。公園通り、フアイアー通り、スペイン坂……いずれも1970年代末に有名になった名前である。

渋谷駅の中央にある白い屋根が、東急東横線の渋谷駅である。カマボコ形に波打つ独特の屋根になったのは1964年ごろ。駅舎らしい駅舎をもたない渋谷駅にとって、東横線渋谷駅は、もっとも渋谷らしいランドマークだったが、2013年に東横線の地下化・副都心線乗り入れ工事が完了して

地図上の注記

- 根津美術館
- 長谷寺
- 青山学院
- 女子短大
- フラット青山
- 富士フイルム
- 高等部
- 中等部
- 首都高速3号渋谷線
- 六本木通り
- 南青山七
- 南青山ビル
- 三井ハウジングセンター
- 渋谷二
- 島根会館
- 日本団体生命
- 初等部
- 日本コカコーラ
- 旭硝子アパート
- 実践女子学園高・中
- 常陸宮邸
- 常盤松ハウス
- ペルー大使館
- 芝洋裁学校
- 実践女子大
- 常磐松小
- 国学院大
- 公団鶴沢アパート
- 東京女学館 大・高・中・小
- 高陵中
- 氷川神社
- 神社本庁
- 国学院大体育館
- 日本赤十字社医療センター
- 宝泉寺
- 広尾中
- 公団羽沢住宅
- 日本赤十字中央女子短大
- 広尾高
- NHK寮
- 都営渋谷東二丁目 第二アパート・都バス車庫
- 割烹羽沢ガーデン
- 郵政宿舎
- 広尾小
- チェコスロバキア大使館
- 旭硝子寮
- パレス(旧久邇宮邸)
- 聖心女子大
- 渋谷簡易裁判所
- 室泉寺
- 常陽銀行寮
- 東北寺
- 真如苑東京本部
- 千代田生命上智研修センター
- 臨川小
- 祥雲寺

東急本店　　大盛堂書店　　　　　　青山通り
　　　　西武百貨店　　　　　渋谷郵便局
　　ミドリヤ　　　　　明治通り　　宮益坂
百軒店商店街　　　　　　　　　　　　第一勧銀事務センター
　　インテリア井門　渋谷東宝　東急東横店　　　　東邦生命ビル
　　　　　　　　　　　東急文化会館
　　　　　京王井の頭線　　営団地下鉄銀座線
　　　　　　　京王渋谷駅　　　東急渋谷駅
　　　　　　　　　　　　　　渋谷駅　　首都高速3号渋谷線
　　　　　渋谷東急プラザ　　　　　　渋谷署
　　　　　　　　　　　　　　　　　　　　金王八幡神
　南平台
　　　　　　東急電鉄本社　　　　渋谷駅貨物扱所
　　　　　　　　　　　　　　　公団渋谷並木橋アパート
　　　専売公社関東支社　大和田小
　　　　　　　　　　　　　　　　渋谷川　　並木橋
　　　　　　　　　　　　　　　山手線
フィリピン大使館
　　　　　　　　　　　　　公団うぐいす住宅
　　　山階鳥類研究所
ドミニコ会修道院　新日鉄社宅　　　　乗泉寺　鉢山中
マレーシア大使館
　　　専売公社アパート　西松建設社宅
　　渋谷統制
　　電話中継所　　　　　　　　　　渋谷電話局
旧山手通り　　　　　　　　　　　　　渋谷電話局別館　千代田電
　　　　　　　　　　　　　猿楽小　都営恵比寿西アパート
モロッコ大使公邸　西郷橋
　西郷山公園予定地　第一商業高　　　　　　　　東急東横線
国鉄アパート　　　　　　　電電公社アパート
　　　　　　　　　　　　　　　同潤会代官山アパート
　電電公社社宅

使命を終えた。現在は東急百貨店東横店東館などとともに地上駅の解体が進む。

東横線渋谷駅を高架橋でまたいで東西に走っているのが首都高速3号渋谷線。駅の東には、渋谷初の超高層ビルである32階建ての東邦生命ビルがそびえている。

首都高速3号渋谷線のうち、青山学院と渋谷2丁目交差点直下はトンネルでくぐっている。これは学校環境への配慮もあるのだろうが、地形の制約という一面も否めない。渋谷駅と青山学院との標高差は、20メートル以上もあるのだ。

青山学院から広尾高校までは、全体が高台となっており、明治初期は開拓使農場や御料牧場、陸軍の衛生材料倉庫などに利用されていた。大規模な建物と小規模住宅との土地利用界は、そのまま丘の輪郭となっている。

右端に見える日本赤十字社医療センターは、病棟を新築している時期で、その南には明治時代の旧病棟が残っていた。ここも医療センターと聖心女子大が丘の上に立地しており、周囲との土地利用界が地形の輪郭になっている。

渋谷・広尾 1948

駅前を川が流れていた、谷底に立地する渋谷駅

左ページ左下隅に西郷橋という名が見える。この橋はもともと三田用水を通す水道橋で、橋の左下の土地には西郷従道の広大な邸地が広がっていた。従道没後に家督を継いだ長男の従徳の代に西郷家は目黒を離れるが、空襲で和館などは焼失。戦後、残った西洋館周辺には国鉄官舎が建てられていった。西洋館も国鉄スワローズの合宿所などに利用されていたが、1963年に開館準備中の「明治村」に移されている。

西郷橋の南東の徳川公爵邸は、水戸徳川家の本邸だった場所。水戸家は、隅田川東岸の蔵屋敷跡に広大な邸宅を構えていたが、関東大震災で被災。邸地が公園用地（隅田公園）に指定されたため、南平台に移っていた。戦後、徳川家は二子玉川に転出し、邸地跡は航空

地図中の記載

- 青山学院
- 青山南町
- 高樹町
- 小松侯爵邸
- 実践女子学園
- 東伏見邸（東宮仮御所予定地）
- 華頂侯爵邸
- 久邇侯爵邸
- 上野伯爵邸
- 高陵中予定地（杉山金太郎邸）
- 常磐松小
- 国学院大
- 東京女学館高・中・小
- 神社本庁
- 赤十字社中央病院
- 広尾中予定地
- 聖心女子大
- 広尾高予定地
- ★接収★ 旧中村是公邸
- 上智橋
- 伊東伯爵邸
- 旧久邇宮邸
- 中通二丁目
- インターナショナルハイスクール
- 比丘橋
- 広尾小
- 宝泉寺
- 島津公爵邸
- 渋谷川
- 福沢駒吉邸
- 庚申橋
- 祥雲寺
- 臨川小

航空写真の地名・施設名（位置ラベル）：

- 大向小予定地（渋谷小）
- 宇田川
- 渋谷川
- 渋谷郵便局・渋谷電報局
- 渋谷駅
- 百軒店
- 渋谷駅前
- 東横百貨店
- 営団地下鉄銀座線
- 京王渋谷駅
- 渋谷駅前
- 長井亜歴山邸
- 京王井之頭線
- 道玄坂変電所
- 渋谷三業地
- 稲荷橋
- 金王八幡神社
- 金王橋
- 渋谷署
- 八幡橋
- 徒歩橋
- 大和田小
- 日通渋谷営業所
- 並木橋
- 久松伯爵邸
- 山階侯爵邸
- 氷川橋
- 鉢山中予定地
- 渋谷電話局
- 渋谷変電所
- 山手線
- 都バス渋谷車庫
- 尚侯爵邸
- 岩倉公爵邸
- ノースウェスト航空社宅予定地
- 東横東横線
- 渋谷統制電話中継所
- ヨット鉛筆
- 猿楽小
- 西郷橋
- 第一商業高
- 旧西郷侯爵邸
- 徳川公爵邸
- 同潤会代官山アパート
- 上村男爵邸

会社や電電公社の社宅へと変わった。

渋谷駅の南、ちょうど稲荷橋のあたりに貨物ヤードが見えている。当初の渋谷駅はこの位置にあったが、1920年の山手線の高架化とともに現在の位置に移った。駅の東西には広場が見えているが、この空間は1944年に空襲の延焼を防ぐ建物疎開で生まれた新しい広場である。それまでは線路際まで商店が軒を連ね、川が流れていた。駅の南西側は玉川電車の砂利置き場があったが、そこも大戦中に大拡張している。

右ページ下の福沢邸は、福沢諭吉の婿養子の桃介が屋敷を構えていた。この家で桃介は、1938年に生涯を閉じている。その後この家の当主は桃介の長男駒吉となったが、戦後売却されて、千代田生命の研修センターになった。

日本赤十字社中央病院（現在の日本赤十字社医療センター）の南には、久邇宮邸があった。香淳皇后が生まれ育った御殿である。1947年、聖心学院が敷地と御殿を購入し、翌年、聖心女子大学が開学している。

麻布

2009

プリンスホテルと土地交換した大使館

左ページ下端に、ドイツ大使館が見える。明治初めは海軍監獄で、昭和戦前期は政治家の小泉策太郎邸だった。ドイツ大使館の東隣に遊休地の目立つ広大な四辺形があるが、ここは2003年まで自治大学校があった場所。跡地は、EU代表部やパキスタン大使館などへと変わった。さらにその右にはフィンランド大使館がある。フィンランド大使館は、戦前から麻布簞笥町（六本木3丁目）の六本木プリンスホテル（現在は解体）の場所にあった。1970年代に土地を交換して、かつて麻布プリンスホテルのあったこの場所に移ってきたのである。麻布プリンスホテルは、藤田政輔（鮎川義介の実弟、日本鉱業社長）の屋敷をそのままホテルにしたものだが、もとは鷹司公爵邸だった。

地図上の注記

- 六本木デュープレックスタワー
- 麻布小
- 飯倉片町
- 外務省飯倉公館
- 西久保八幡神社
- オランダ大使館
- 東洋英和女学院小
- オランダヒルズ森タワー
- 芝給水所
- 日本銀行鳥居坂分館
- 麻布郵便局
- フィリピン大使館
- 霊友会釈迦殿
- 外苑東通り
- 東洋英和女学院中
- 飯倉
- 東洋英和女学院大学院
- ブリヂストン美術館永坂分館
- ロシア連邦大使館
- 機械振興会館
- 国際文化会館
- メソニック38MTビル
- 首都高速都心環状線
- 東京アメリカンクラブ
- シンガポール大使館
- 麻布台ビル
- 東京タワー
- 参議院副議長公邸
- 旧飯倉小
- 十番稲荷神社
- 東京タワースタジオ
- 明治通り
- 桜田通り
- オーストリア大使館
- 麻布十番商店街
- 一ノ橋ジャンクション
- キューバ大使館
- 首都高速都心環状線
- 赤羽橋
- 賢崇寺
- 古川
- パークコート麻布十番タワー
- ツイン一の橋
- サンウッド三田パークサイドタワー
- 善福寺
- シティタワー麻布十番
- 国際医療福祉大学三田病院
- チリ大使館
- 東京さぬき倶楽部
- 東京都済生会中央病院
- 三田清風ガーデン
- 三田国際ビルアネックス
- 二の橋
- 赤羽小
- 三田国際ビル
- かんぽ生命東京サービスセンター
- 三田共用会議所
- 三田高
- 首都高速2号目黒線
- オーストラリア大使館
- ゆうあい南麻布
- 綱町三井倶楽部
- 東町小
- イタリア大使館
- 慶応綱島グランド

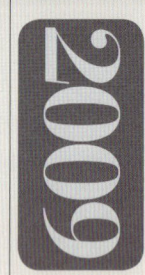

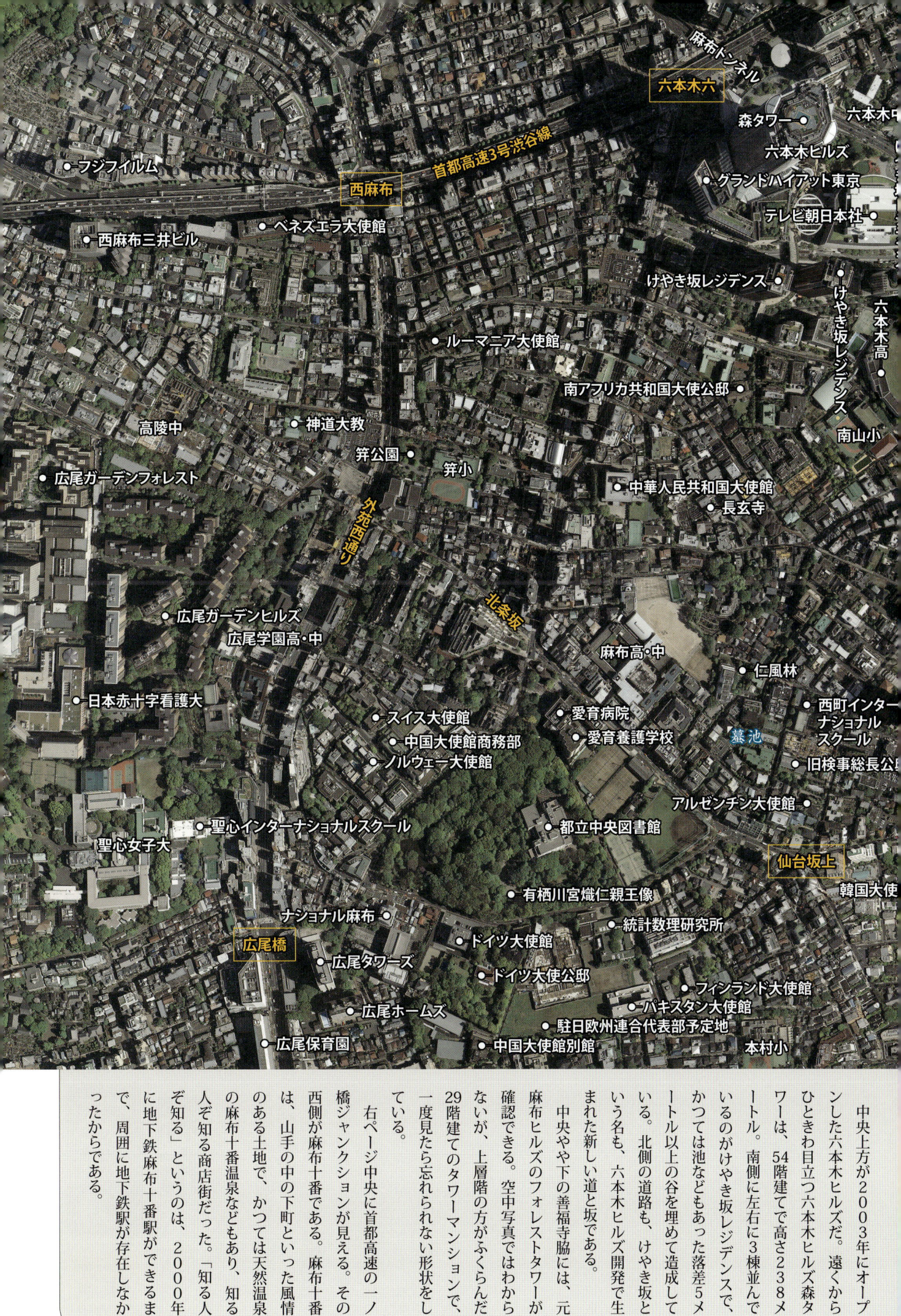

航空写真上の地名・施設名ラベル（おおむね上から、位置関係に沿って）：

- 麻布トンネル
- 六本木六
- 森タワー
- 六本木ヒルズ
- フジフイルム
- 首都高速3号渋谷線
- 西麻布
- グランドハイアット東京
- テレビ朝日本社
- 西麻布三井ビル
- ベネズエラ大使館
- けやき坂レジデンス
- けやき坂レジデンス
- 六本木高
- ルーマニア大使館
- 南アフリカ共和国大使公邸
- 高陵中
- 神道大教
- 南山小
- 広尾ガーデンフォレスト
- 笄公園
- 笄小
- 中華人民共和国大使館
- 長玄寺
- 外苑西通り
- 北条坂
- 広尾ガーデンヒルズ
- 広尾学園高・中
- 麻布高・中
- 仁風林
- 西町インターナショナルスクール
- 日本赤十字看護大
- スイス大使館
- 中国大使館商務部
- 愛育病院
- 愛育養護学校
- 墓池
- 旧検事総長公邸
- 聖心インターナショナルスクール
- ノルウェー大使館
- アルゼンチン大使館
- 聖心女子大
- 都立中央図書館
- 仙台坂上
- 有栖川宮熾仁親王像
- 韓国大使
- ナショナル麻布
- 統計数理研究所
- 広尾橋
- ドイツ大使館
- 広尾タワーズ
- ドイツ大使公邸
- フィンランド大使館
- 広尾ホームズ
- パキスタン大使館
- 広尾保育園
- 駐日欧州連合代表部予定地
- 中国大使館別館
- 本村小

中央上方が2003年にオープンした六本木ヒルズだ。遠くからひときわ目立つ六本木ヒルズ森タワーは、54階建てで高さ238メートル。南側に左右に3棟並んでいるのがけやき坂レジデンスで、かつては池などもあった落差5メートル以上の谷を埋めて造成している。北側の道路も、けやき坂という名も、六本木ヒルズ開発で生まれた新しい道と坂である。

中央やや下の善福寺脇には、元麻布ヒルズのフォレストタワーが確認できる。空中写真ではわからないが、上層階の方がふくらんだ29階建てのタワーマンションで、一度見たら忘れられない形状をしている。

右ページ中央に首都高速の一ノ橋ジャンクションが見える。その西側が麻布十番である。麻布十番は、山手の中の下町といった風情のある土地で、かつては天然温泉のある麻布十番温泉などもあり、知る人ぞ知る商店街だった。「知る人ぞ知る」というのは、2000年に地下鉄麻布十番駅ができるまで、周囲に地下鉄駅が存在しなかったからである。

麻布 1975

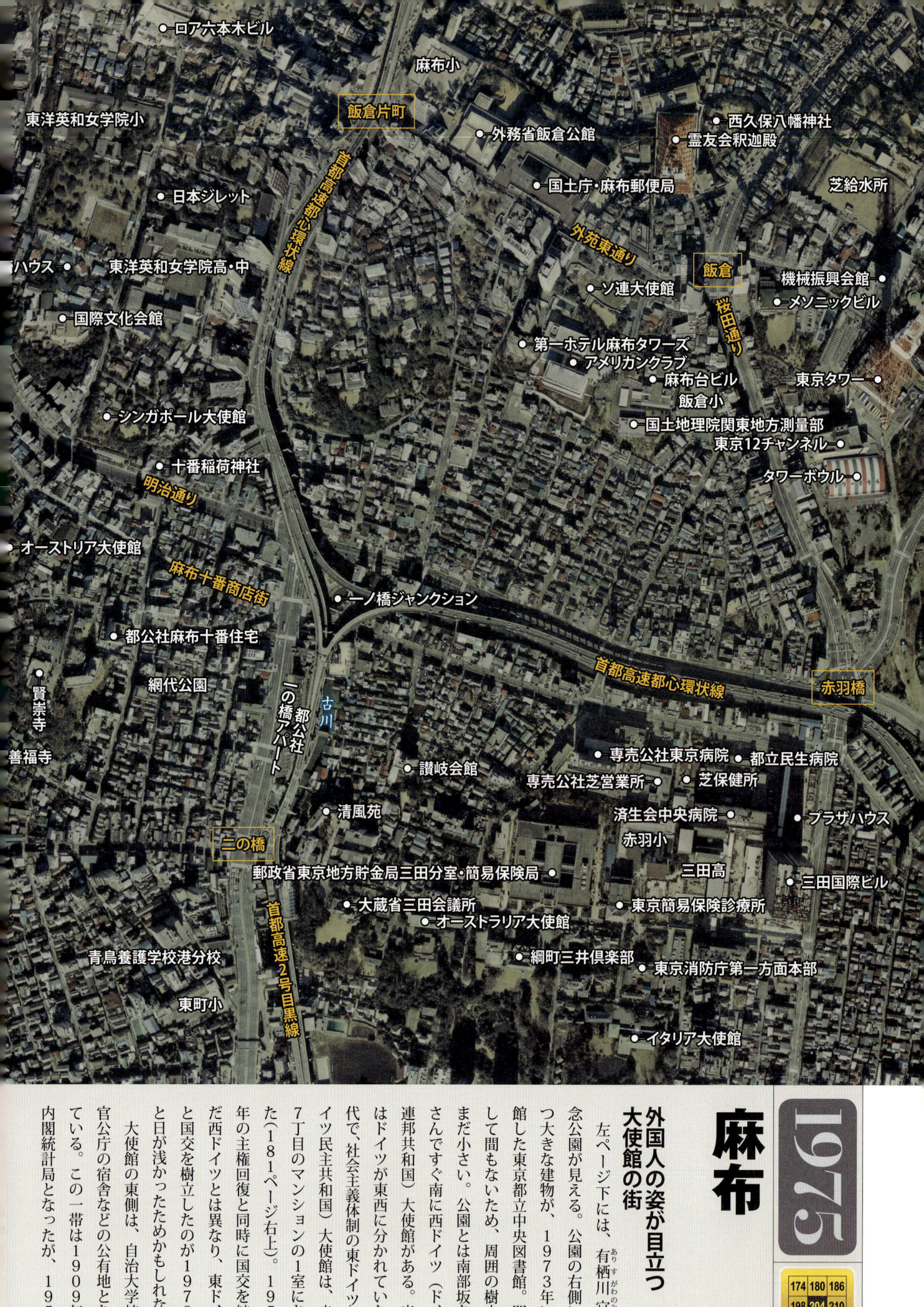

外国人の姿が目立つ大使館の街

左ページ下には、有栖川宮記念公園が見える。公園の右側に建つ大きな建物が、1973年に開館した東京都立中央図書館。開館して間もないため、周囲の樹木はまだ小さい。公園とは南部坂をはさんですぐ南に西ドイツ（ドイツ連邦共和国）大使館がある。当時はドイツが東西に分かれていた時代で、社会主義体制の東ドイツ（ドイツ民主共和国）大使館は、赤坂7丁目のマンションの1室にあった（181ページ右上）。1955年の主権回復と同時に国交を結んだ西ドイツとは異なり、東ドイツと国交を樹立したのが1973年と日が浅かったためかもしれない。

大使館の東側は、自治大学校や官公庁の宿舎などの公有地となっている。この一帯は1909年に内閣統計局となったが、1954

地図上の地名

- ロア六本木ビル
- 麻布小
- 東洋英和女学院小
- 飯倉片町
- 外務省飯倉公館
- 西久保八幡神社
- 霊友会釈迦殿
- 日本ジレット
- 首都高速都心環状線
- 国土庁・麻布郵便局
- 芝給水所
- ハウス
- 東洋英和女学院高・中
- 外苑東通り
- 飯倉
- 機械振興会館
- メソニックビル
- 国際文化会館
- ソ連大使館
- 桜田通り
- 第一ホテル麻布タワーズ
- アメリカンクラブ
- 麻布台ビル
- 東京タワー
- 飯倉小
- シンガポール大使館
- 国土地理院関東地方測量部
- 東京12チャンネル
- 十番稲荷神社
- タワーボウル
- 明治通り
- オーストリア大使館
- 麻布十番商店街
- 一ノ橋ジャンクション
- 首都高速都心環状線
- 赤羽橋
- 都公社麻布十番住宅
- 賢崇寺
- 網代公園
- 都公社一の橋アパート
- 善福寺
- 古川
- 讃岐会館
- 専売公社東京病院
- 都立民生病院
- 清風苑
- 専売公社芝営業所
- 芝保健所
- 済生会中央病院
- プラザハウス
- 二の橋
- 赤羽小
- 郵政省東京地方貯金局三田分室・簡易保険局
- 三田高
- 三田国際ビル
- 大蔵省三田会議所
- 東京簡易保険診療所
- オーストラリア大使館
- 青鳥養護学校港分校
- 綱町三井倶楽部
- 東京消防庁第一方面本部
- 首都高速2号目黒線
- 東町小
- イタリア大使館

174 180 186
198 204 210
222 228 234

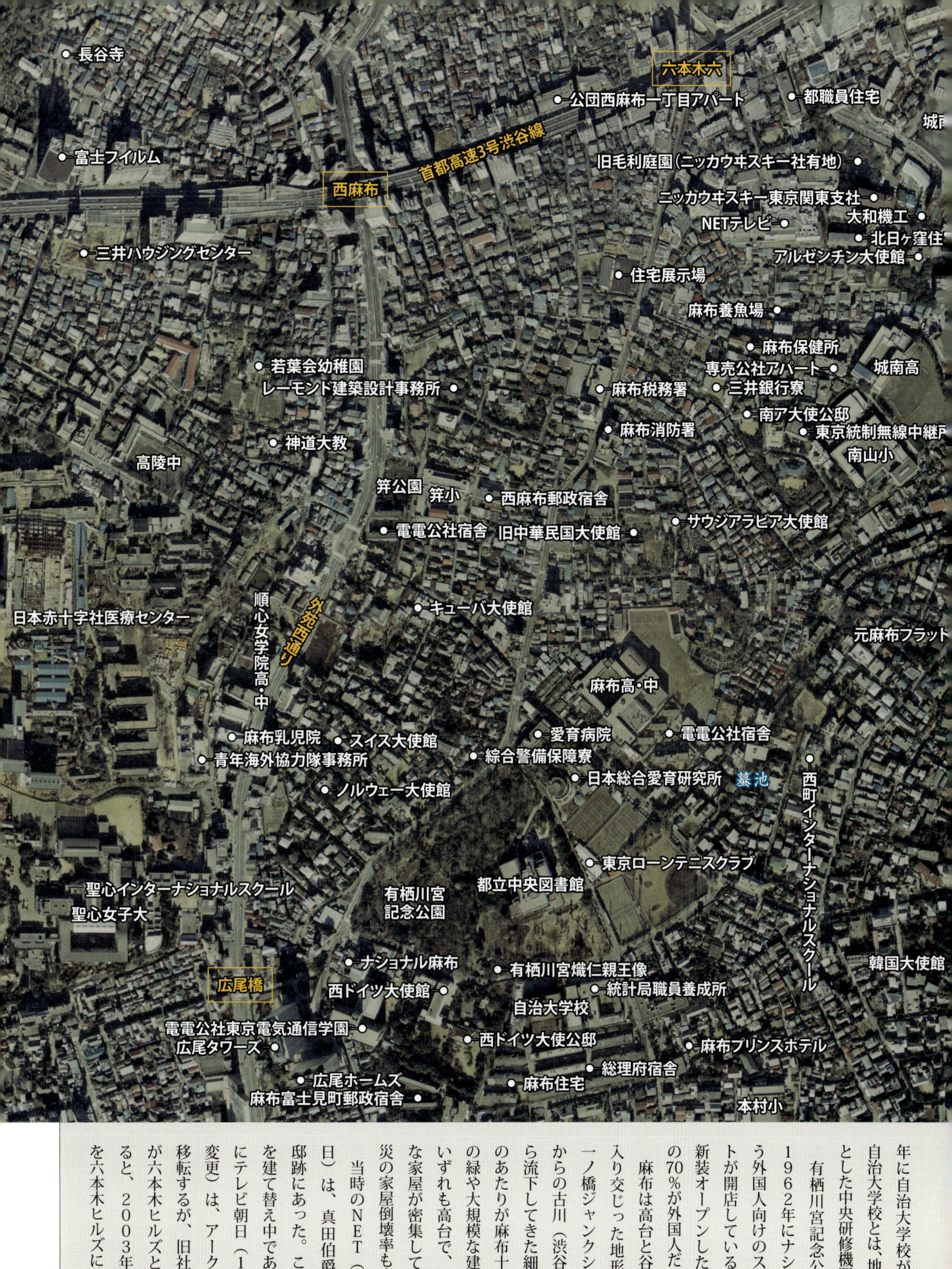

- 長谷寺
- 六本木六
- 公団西麻布一丁目アパート
- 都職員住宅
- 首都高速3号渋谷線
- 富士フイルム
- 旧毛利庭園（ニッカウヰスキー社有地）
- 西麻布
- ニッカウヰスキー東京関東支社
- NETテレビ
- 大和機工
- 北日ヶ窪住
- アルゼンチン大使館
- 三井ハウジングセンター
- 住宅展示場
- 麻布養魚場
- 麻布保健所
- 若葉会幼稚園
- 専売公社アパート
- 城南高
- レーモンド建築設計事務所
- 麻布税務署
- 三井銀行寮
- 神道大教
- 麻布消防署
- 南ア大使公邸
- 東京統制無線中継戸
- 高陵中
- 南山小
- 笄公園
- 笄小
- 西麻布郵政宿舎
- 電電公社宿舎
- 旧中華民国大使館
- サウジアラビア大使館
- 日本赤十字社医療センター
- 順心女学院高・中
- 外苑西通り
- キューバ大使館
- 元麻布フラット
- 麻布乳児院
- スイス大使館
- 麻布高・中
- 青年海外協力隊事務所
- 愛育病院
- 電電公社宿舎
- ノルウェー大使館
- 綜合警備保障寮
- 日本総合愛育研究所
- 墓池
- 西町インターナショナルスクール
- 聖心インターナショナルスクール
- 聖心女子大
- 有栖川宮記念公園
- 東京ローンテニスクラブ
- 都立中央図書館
- ナショナル麻布
- 有栖川宮熾仁親王像
- 韓国大使館
- 広尾橋
- 西ドイツ大使館
- 統計局職員養成所
- 自治大学校
- 電電公社東京電気通信学園
- 広尾タワーズ
- 西ドイツ大使公邸
- 麻布プリンスホテル
- 広尾ホームズ
- 麻布住宅
- 総理府宿舎
- 麻布富士見町郵政宿舎
- 本村小

有栖川宮記念公園入口前には、1962年にナショナル麻布という外国人向けのスーパーマーケットが開店している。2012年に新装オープンしたが、今も来店客の70％が外国人だという。

麻布は高台と谷や低地が複雑に入り交じった地形を呈している。一ノ橋ジャンクション付近が、南からの古川（渋谷川下流）と西から流下してきた細流の合流点。このあたりが麻布十番である。周囲の緑や大規模な建物がある一帯はいずれも高台で、谷沿いに小規模な家屋が密集している。関東大震災の家屋倒壊率も高かった。

当時のNET（現在のテレビ朝日）は、真田伯爵（旧松代藩主）邸跡にあった。この写真では社屋を建て替える中である。1986年にテレビ朝日（1977年に本社を移転するが、旧社屋があった場所が六本木ヒルズとして再開発されると、2003年にふたたび本社を六本木ヒルズに移している。

自治大学校とは、地方公務員を対象とした中央研修機関である。年に自治大学校が移転している。

1948 麻布

有栖川宮記念公園が現在の姿になるまで

左ページに有栖川宮記念公園が見える。戊辰の役で東征大総督という大役を担った有栖川宮熾仁親王は、副島種臣邸（旧福岡藩主黒田家上屋敷。現在の国会議事堂付近）を御殿としたが、親王薨去後は宮内省が買収して霞ヶ関離宮となった。家督を継承した弟の威仁親王は、三年町（現在の内閣府付近）に本邸を構えていたが、土子である栽仁王の新邸として購入したのが麻布盛岡町の屋敷地2万7000余坪である。ところが栽仁王は1908年に20歳で早世。威仁親王も1913年に薨去したため有栖川宮家は断絶する。宮家の廃絶を惜しんだ大正天皇の意向で、第三皇子の光宮宣仁親王にその祭祀を継承させた。宣仁親王は1927年に高輪に邸宅を得たため、1934年、麻

地図注記

- 三河台町
- 麻布小
- 旧中華民国大使館
- 西久保八幡神社
- 港区役所
- 飯倉片町
- 飯倉一丁目
- ★接収★ 旧逓信省貯金局
- 東洋英和女学院高・中・小
- 川崎男爵邸
- ★接収★ 旧水交社
- 岩崎男爵邸（ロックフェラー財団国際文化会館予定地）
- 紅葉館跡
- 三縁亭跡
- ★接収★ 日本経緯度原点
- 飯倉国民学校跡（旧白石多士良邸）
- 飯倉四丁目
- 宝珠院
- 一ノ橋・一之橋
- 新堀橋
- 賢崇寺
- 中之橋
- 旧飯倉尋常小跡
- 日本エヤ・ブレーキ
- 麻布中ノ橋
- 赤羽橋
- 小山橋
- 専売公社東京病院
- 善福寺
- 赤羽橋
- 二ノ橋・二之橋
- 赤羽小
- 三田高
- 済生会病院
- 東京地方簡易保険局貯金局
- 大蔵大臣公邸（渋沢敬三子爵邸）
- ★接収★ ポーランド大使館（旧蜂須賀侯爵邸）
- ★接収★ 三井倶楽部
- 東京消防庁三田分室（旧田中長兵衛邸）
- 三田署
- 桂公爵邸
- 古川
- 東町国民学校跡
- ★接収★ イタリア大使館

地図上のラベル（北から南、概ね上から下）:

- 阿部子爵邸
- 材木町
- 城南中（府立第三高等女学校跡）
- 高樹町
- 霞町
- 真田伯爵邸
- セクレタリーカレッジ
- 城南高
- 井上侯爵邸
- 大久保子爵邸
- 高陵中予定地（杉山金太郎邸）
- 小村侯爵邸
- 南山小
- 笄小
- 山田伯爵邸
- 旧満洲国大使館
- 後藤伯爵邸
- 赤十字病院下
- 堤康次郎邸
- 順心女子学園高・中
- 麻布高・中
- 聖心女子大
- 東郷茂徳邸
- 愛育会附属病院
- ★接収★ 松方正熊邸
- 墓池
- 東京ローンテニスクラブ
- 旧久邇宮邸
- 有栖川宮記念公園
- 聖心インターナショナルスクール
- ★接収★ 旧養正館
- 松方正作邸
- 広尾橋
- 郵政省職業訓練所
- 旧小泉策太郎邸
- 総理庁統計局
- 藤田政輔邸
- 本村小

布の邸地は東京市に下賜された。有栖川宮記念公園の高台、現在都立図書館が建っている平坦地は東京府に下賜され、高松宮によって清風園と名づけられた。その中央には、皇太子誕生の奉祝記念事業として1937年12月、修養施設の養正館が建てられた。本館のほか、講堂、静修堂、宿泊施設清風寮からなり、本館には絵画陳列室が設けられ、78点の「国史絵画」が展示されていた。1946年4月に接収され、中華民国国連代表団が、1953年6月まで使用したのち、取り壊された。

接収解除後、都立教育研究所発足とともに庁舎として使われている。もとは元勲井上馨や実業家赤星鉄馬の邸宅だった由緒を持ち、昭和期には京都から七代目小川治兵衛を招いて、庭園を整備していた。戦災で建物はすべて焼失したが、アメリカのロックフェラー財団の肝いりで国際文化会館が建設されたが、土台は岩崎邸のものをそのまま用いている。

中央上方の岩崎男爵邸は、三菱財閥の四代当主岩崎小弥太の邸宅。

浜松町 2009

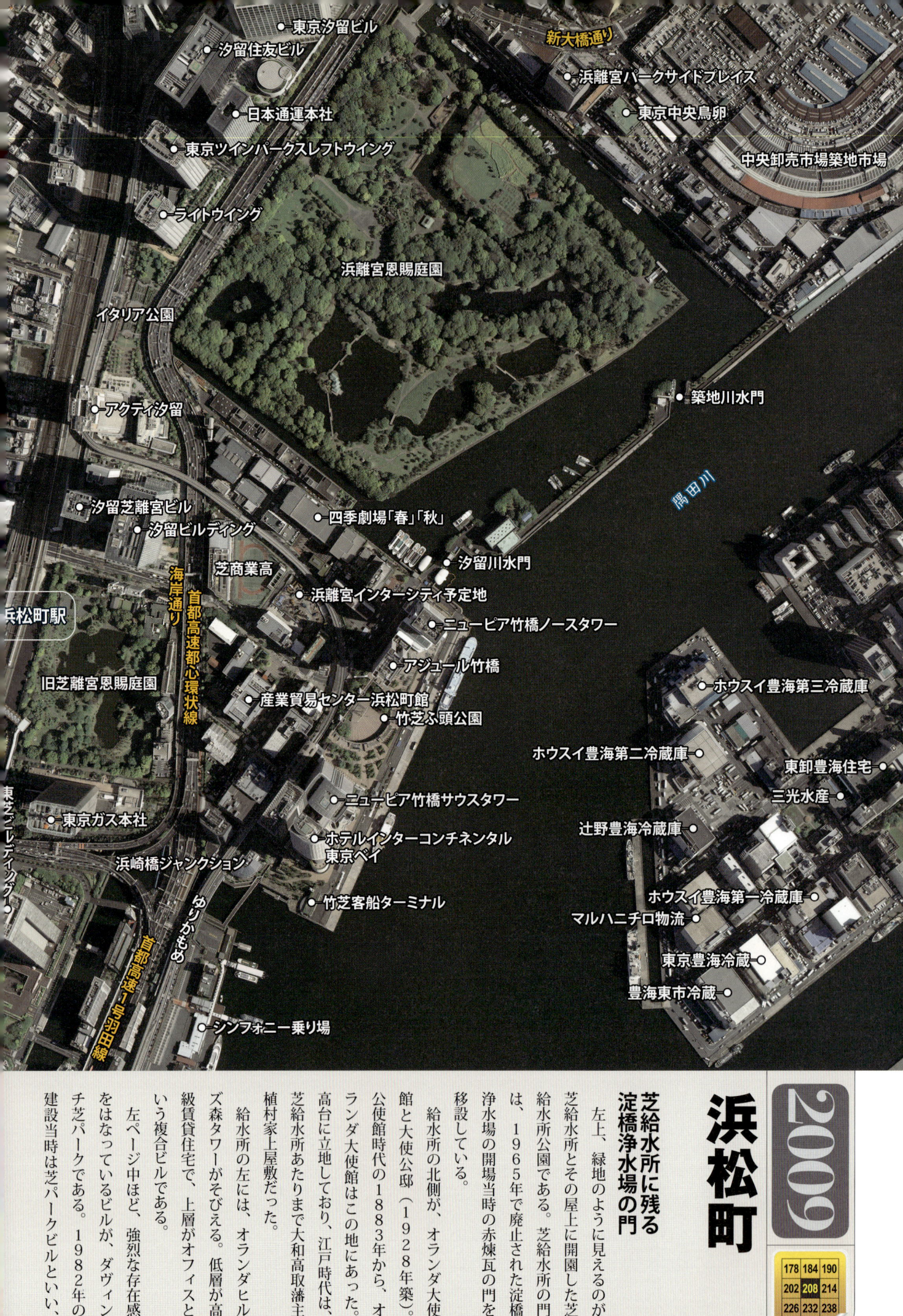

芝給水所に残る淀橋浄水場の門

左上、緑地のように見えるのが芝給水所とその屋上に開園した芝給水所公園である。芝給水所の門は、1965年で廃止された淀橋浄水場の開場当時の赤煉瓦の門を移設している。

給水所の北側が、オランダ大使館と大使公邸（1928年築）。公使館時代の1883年から、オランダ大使館はこの地にあった。高台に立地しており、江戸時代は、芝給水所あたりまで大和高取藩主植村家上屋敷だった。

給水所の左には、オランダヒルズ森タワーがそびえる。低層が高級賃貸住宅で、上層がオフィスという複合ビルである。

左ページ中ほど、強烈な存在感をはなっているビルが、ダヴィンチ芝パークである。1982年の建設当時は芝パークビルといい、

地図上の主な建造物

- 東京汐留ビル
- 汐留住友ビル
- 日本通運本社
- 東京ツインパークスレフトウイング
- ライトウイング
- 浜離宮恩賜庭園
- イタリア公園
- 浜離宮パークサイドプレイス
- 東京中央鳥卵
- 中央卸売市場築地市場
- アクティ汐留
- 築地川水門
- 隅田川
- 汐留芝離宮ビル
- 汐留ビルディング
- 四季劇場「春」「秋」
- 芝商業高
- 汐留川水門
- 浜松町駅
- 旧芝離宮恩賜庭園
- 海岸通り
- 首都高速都心環状線
- 浜離宮インターシティ予定地
- ニュービア竹橋ノースタワー
- アジュール竹橋
- ホウスイ豊海第三冷蔵庫
- 産業貿易センター浜松町館
- 竹芝ふ頭公園
- 東京ガス本社
- ホウスイ豊海第二冷蔵庫
- 東卸豊海住宅
- 三光水産
- ニュービア竹橋サウスタワー
- ホテルインターコンチネンタル東京ベイ
- 辻野豊海冷蔵庫
- 東芝ブレディックグ
- 浜崎橋ジャンクション
- 竹芝客船ターミナル
- ホウスイ豊海第一冷蔵庫
- マルハニチロ物流
- ゆりかもめ
- 東京豊海冷蔵
- 豊海東市冷蔵
- 首都高速1号羽田線
- シンフォニー乗り場
- 新大橋通り

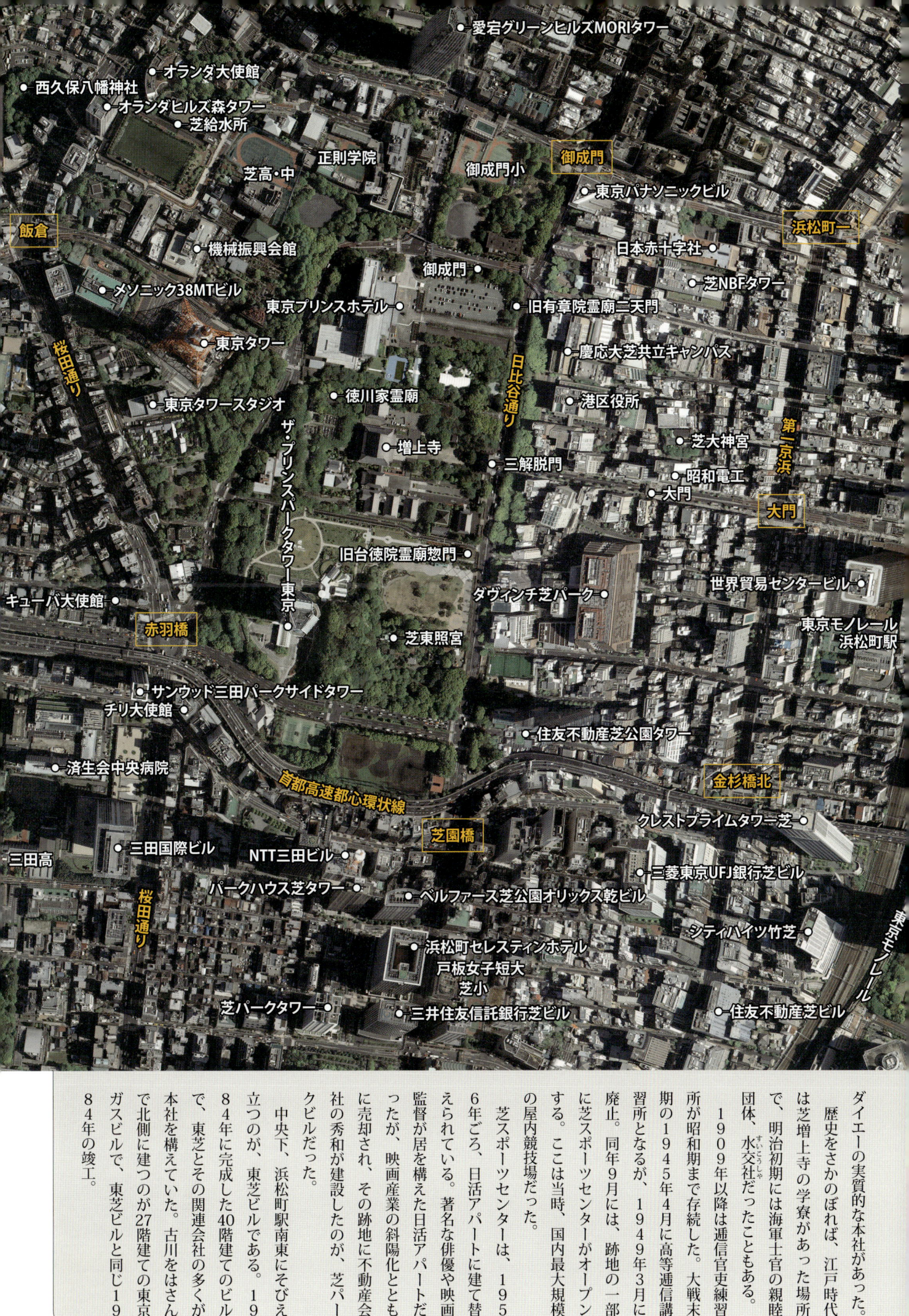

ダイエーの実質的な本社があった。歴史をさかのぼれば、江戸時代は芝増上寺の学寮があった場所で、明治初期には海軍士官の親睦水交社だったこともある。1909年以降は逓信官吏練習所が昭和期まで存続した。大戦末期の1945年4月に高等逓信講習所となるが、1949年3月に廃止。同年9月には、跡地の一部に芝スポーツセンターがオープンする。ここは当時、国内最大規模の屋内競技場だった。

芝スポーツセンターは、1956年ごろ、日活アパートに建て替えられている。著名な俳優や映画監督が居を構えた日活アパートだったが、映画産業の斜陽化とともに売却され、その跡地に不動産会社の秀和が建設したのが、芝パークビルだった。

中央下、浜松町駅南東にそびえ立つのが、東芝ビルである。1984年に完成した40階建てのビルで、東芝とその関連会社の多くが本社を構えていた。古川をはさんで北側に建つのが27階建ての東京ガスビルで、東芝ビルと同じ1984年の竣工。

1975 浜松町

都電車庫跡に建つ世界貿易センタービル

戦災を受けた増上寺と芝公園は、戦後復興期に大変貌を遂げた。もっとも激変したのが徳川家霊廟である。深閑とした霊廟は、東京プリンスホテルと芝ゴルフ練習場に姿を変えている。芝ゴルフ練習場の場所には、2005年にザ・プリンス・パークタワー東京がオープンした。

戦後の芝を代表するランドマークが、1958年に完成した東京タワー（正式名「日本電波塔」）である。高さ333メートル（ただし海水面からの数値。地上面は標高18メートル）という当時世界最高の自立式鉄塔として建築が始まった東京タワーの建築場所は、江戸時代は金地院境内だった。開業当初は、標高150メートルの展望台だけで営業を開始したが、高層建築が見当たらなかった

地図中の注記（上から・左列）

- 日通関東支局
- 東京鉄道郵便局汐留分局
- 山手・京浜東北線
- 東鉄局新橋庁舎
- 国鉄東京第二工事局
- 都営アパート
- 東海道新幹線
- 新橋保線区
- 東海道・横須賀線
- 国鉄汐留客貨車区
- 第二総合庁舎
- 国鉄資材部
- 郵政官舎
- 第一総合庁舎
- 浜松町駅
- 東京ガス器材管理センター
- 旧芝離宮恩賜庭園
- 富士ゼロックス東京商品センター
- 首都高速都心環状線
- 東芝浜松町ビル
- 巳倉庫
- 首都高速1号羽田線

地図中の注記（中央・右）

- 汐留貨物駅
- 浜離宮恩賜庭園
- 新大橋通り
- 三幸実業
- 日本冷蔵
- 中央卸売市場築地市場
- 築地川水門
- 隅田川
- 東京南鉄道管理局東京印刷所
- 国鉄芝浦寮
- 浜離宮排水機場
- 都営勝どき五丁目アパート
- 勝どきハイツ
- 芝商業高
- 汐留川水門
- 汐留駅貨物中継所
- 竹芝ビル
- 国際浜松町ビル
- 日本冷蔵
- 大嘉倉庫
- 月島埠頭
- 都計量検定所
- 都住宅局管理部
- 都公文書館・職員研修所
- ふ頭公園
- 徳永冷蔵
- 日本水産
- 竹芝船客待合所
- 豊海公園
- 清澄通り
- 日通竹芝倉庫
- 鈴江組倉庫
- 浜崎橋ジャンクション
- 消防訓練場
- 東京水産会館
- 東京水産冷蔵
- 大洋豊海荘
- 日本炭素ドライアイス
- 東冷蔵
- 東京市場冷蔵
- 東京豊海冷蔵
- 東京市場冷蔵
- 東京都日の出桟橋倉庫

180	186	192
204	**210**	216
228	234	238

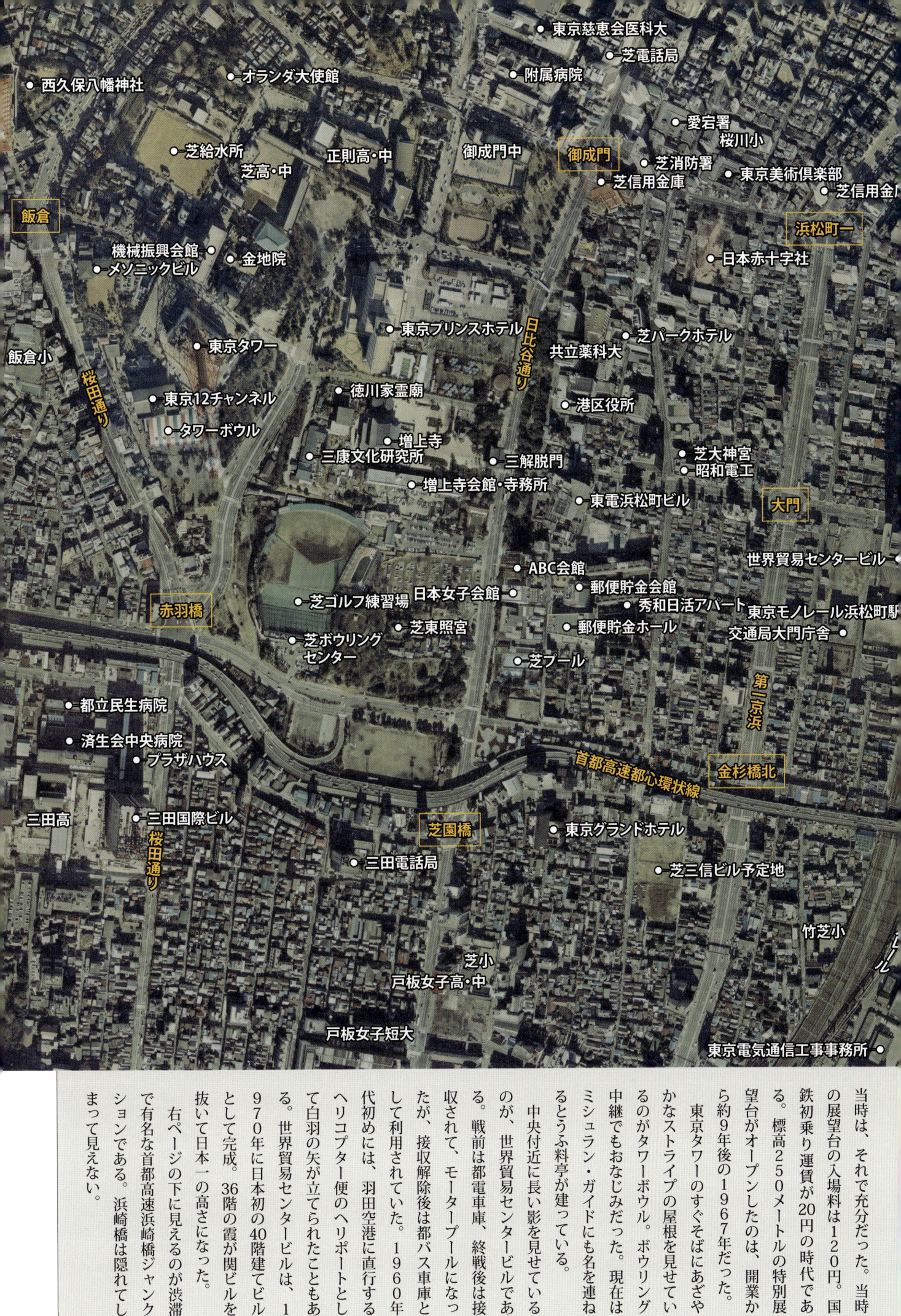

地図ラベル（上から、おおむね位置順）:

- 東京慈恵会医科大
- 芝電話局
- 西久保八幡神社
- オランダ大使館
- 附属病院
- 愛宕署
- 桜川小
- 飯倉
- 芝給水所
- 芝高・中
- 正則高・中
- 御成門中
- 御成門
- 芝消防署
- 東京美術倶楽部
- 芝信用金庫
- 芝信用金庫
- 浜松町一
- 機械振興会館
- 金地院
- メソニックビル
- 日本赤十字社
- 飯倉小
- 桜田通り
- 東京タワー
- 東京プリンスホテル
- 日比谷通り
- 芝パークホテル
- 東京12チャンネル
- 徳川家霊廟
- 共立薬科大
- タワーボウル
- 港区役所
- 増上寺
- 三解脱門
- 芝大神宮
- 三康文化研究所
- 昭和電工
- 増上寺会館・寺務所
- 東電浜松町ビル
- 大門
- ABC会館
- 世界貿易センタービル
- 芝ゴルフ練習場
- 日本女子会館
- 郵便貯金会館
- 赤羽橋
- 芝東照宮
- 秀和日活アパート
- 東京モノレール浜松町駅
- 芝ボウリングセンター
- 郵便貯金ホール
- 交通局大門庁舎
- 芝プール
- 都立民生病院
- 第二京浜
- 済生会中央病院
- プラザハウス
- 首都高速都心環状線
- 金杉橋北
- 三田高
- 三田国際ビル
- 芝園橋
- 桜田通り
- 東京グランドホテル
- 三田電話局
- 芝三信ビル予定地
- 竹芝小
- 芝小
- 戸板女子高・中
- 戸板女子短大
- 東京電気通信工事事務所

当時は、それで充分だった。当時の展望台の入場料は120円。国鉄初乗り運賃が20円の時代であり、標高250メートルの特別展望台がオープンしたのは、開業から約9年後の1967年だった。東京タワーのすぐそばにあざやかなストライプの屋根を見せているのがタワーボウル。ボウリング中継でもおなじみだった。現在はミシュラン・ガイドにも名を連ねるとらふぐ料亭が建っている。

中央付近に長い影を見せているのが、世界貿易センタービルである。戦前は都電車庫、終戦後は接収されて、モータープールになったが、接収解除後は都バス車庫として利用されていた。1960年代初めには、羽田空港に直行するヘリコプター便のヘリポートとして白羽の矢が立てられたこともある。世界貿易センタービルは、1970年に日本初の40階建てビルとして完成。36階の霞が関ビルを抜いて日本一の高さになった。右ページの下に見えるのが渋滞で有名な首都高速浜崎橋ジャンクションである。浜崎橋は隠れてしまって見えない。

日通汐留営業所
日通倉庫
汐留川
延遼館跡
築地川
★接収★
中央卸売市場築地市場
橋工事部
浜離宮恩賜庭園
新銭座鴨場
庚申堂鴨場
浜中・神明小
鉄道技術研究所
汐入池
芝保健所
芝商業高
月島
浜松町駅
都統計部
日本冷蔵
旧芝離宮恩賜庭園
都立工業奨励館
★接収★
QM倉庫
新和運輸倉庫
都港湾局
竹芝桟橋
東海汽船発着所
日本製薬
東京ガス本社
★接収★
RDPキャンプ
鈴江組倉庫
古川
浜崎橋
古川可動橋
竹芝運河
辰巳倉庫
芝浦運河
場工業
★接収★
QM倉庫
日ノ出桟橋

1948 浜松町

戦災で大きな痛手を負った芝増上寺

江戸時代、徳川家の菩提寺として、江戸有数の境域を誇っていたのが芝の増上寺である。広大な境域には、坊中寺院48、百数十に及ぶ学寮が立ち並んでいた。徳川家の祈願寺である上野の寛永寺のように彰義隊の戦火で焼けることはなかったが、排仏毀釈の嵐が吹き荒れた明治初期、寺は大教院（神官の養成機関）の本部となり、本堂は大教院神殿とされてしまった。しかも1873年には、境内全体の土地が召し上げられて、芝公園に指定されてしまう。このとき公園に選ばれたのは、芝のほか、上野・浅草・深川・飛鳥山の5カ所である。公園といっても、現在の都市公園とは異なり、園地の中に伽藍が点在している奈良公園のような雰囲気に近い。芝公園の面積は約16万8500坪と、増上寺

182 188 194
206 212 218
230 236 238

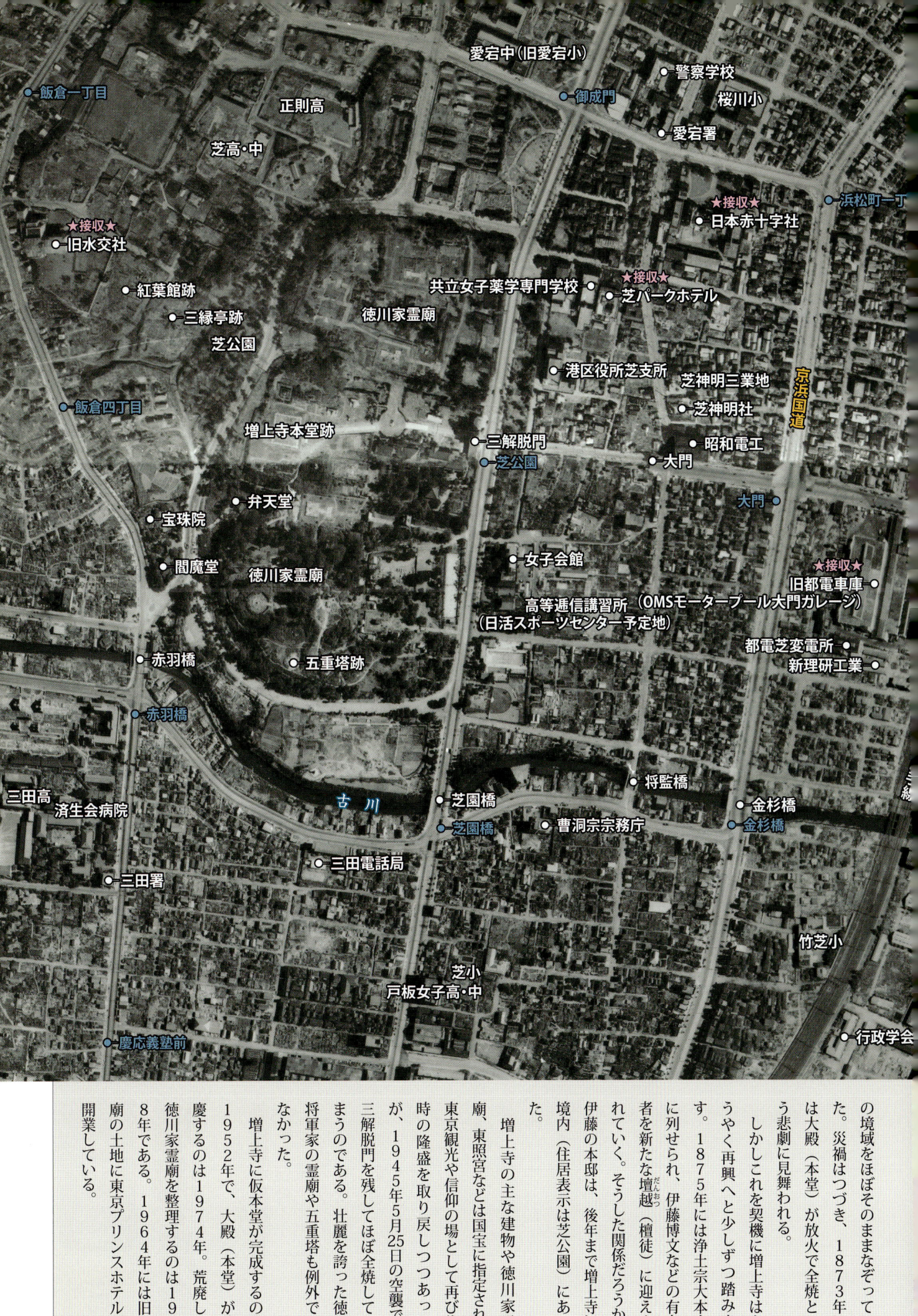

- 飯倉一丁目
- 正則高
- 愛宕中(旧愛宕小)
- 警察学校
- 桜川小
- 御成門
- 愛宕署
- 芝高・中
- ★接収★ 旧水交社
- ★接収★ 日本赤十字社
- 浜松町一丁
- 紅葉館跡
- 三縁亭跡
- 徳川家霊廟
- 共立女子薬学専門学校
- ★接収★ 芝パークホテル
- 芝公園
- 港区役所芝支所
- 芝神明三業地
- 芝神明社
- 京浜国道
- 飯倉四丁目
- 増上寺本堂跡
- 三解脱門
- 昭和電工
- 芝公園
- 大門
- 弁天堂
- 大門
- 宝珠院
- 女子会館
- 閻魔堂
- 徳川家霊廟
- 高等逓信講習所(OMSモータープール大門ガレージ)
- (日活スポーツセンター予定地)
- ★接収★ 旧都電車庫
- 赤羽橋
- 都電芝変電所
- 五重塔跡
- 新理研工業
- 赤羽橋
- 三田高
- 済生会病院
- 将監橋
- 金杉橋
- 芝園橋
- 芝園橋
- 曹洞宗宗務庁
- 金杉橋
- 三田電話局
- 三田署
- 竹芝小
- 芝小
- 戸板女子高・中
- 慶応義塾前
- 行政学会

の境域をほぼそのままなぞっていた。災禍はつづき、1873年には大殿(本堂)が放火で全焼という悲劇に見舞われる。
しかしこれを契機に増上寺はようやく再興へと少しずつ踏み出す。1875年には浄土宗大本山に列せられ、伊藤博文などの有力者を新たな壇越(檀徒)に迎え入れていく。そうした関係だろうか、伊藤の本邸は、後年まで増上寺旧境内(住居表示は芝公園)にあった。

増上寺の主な建物や徳川家霊廟、東照宮などは国宝に指定され、東京観光や信仰の場として再び往時の隆盛を取り戻しつつあったが、1945年5月25日の空襲で、三解脱門を残してほぼ全焼してしまうのである。壮麗を誇った徳川将軍家の霊廟や五重塔も例外ではなかった。

増上寺に仮本堂が完成するのは1952年で、大殿(本堂)が落慶するのは1974年。荒廃した徳川家霊廟を整理するのは1958年である。1964年には旧霊廟の土地に東京プリンスホテルが開業している。

晴海・月島 2009

護衛艦を建造したドックは今…

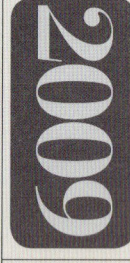

まず目を奪うのが左ページ中央にそそり立つ2棟の超高層ビル。これがマンションというのだから驚く。その名をザ・トーキョー・タワーズといい、2008年に完成した、地上54階、高さ194メートルのタワーマンション。完成当時、国内最高層のマンションで、2棟合わせた戸数は約2800戸に達する。ちょっとした自治体レベルの人口だ。

中央付近に晴海アイランドトリトンスクエアの象徴となっている三つのビルが見える。トリトンスクエアは、晴海団地を再開発して生まれたオフィスや住居、商業施設などの複合施設で、2001年の完成。商業施設は晴海トリトンという名で親しまれている。最も高いオフィスタワーXは44階建てで、高さは195メートル。

地図ラベル

- ダイハツ東京販売
- 月島図書館
- 月島第一児童公園
- 佃水門
- 朝潮大橋
- キャナルタワーズ
- スカイシティ豊洲ベイサイドタワー
- シティコープ豊洲
- 朝潮運河
- 朝潮橋
- 晴海総合高
- 警視庁第一方面交通機動隊
- ラトゥール豊洲
- 芝浦工業大豊洲キャンパス
- 首都大学東京晴海キャンパス
- 豊洲ONビル
- パークアクシス豊洲
- 晴海中
- 晴月橋
- 晴海ビュータワー
- 真月島公園
- 豊洲レジデンス
- IHI本社
- 月島第三小
- 春海橋
- 晴海通り
- 晴海橋梁
- 春海運河
- 晴海トリトンテラス
- 晴海アーバンタワー
- パークシティ豊洲
- 晴海通り
- 春海橋公園
- アーバンドック
- ららぽーと豊洲
- 晴海センタービル
- 旧造船所No.2ドック
- アーバンゲートブリッジ
- 豊洲公園
- ゆりかもめ
- ガスの科学館
- 晴海大橋

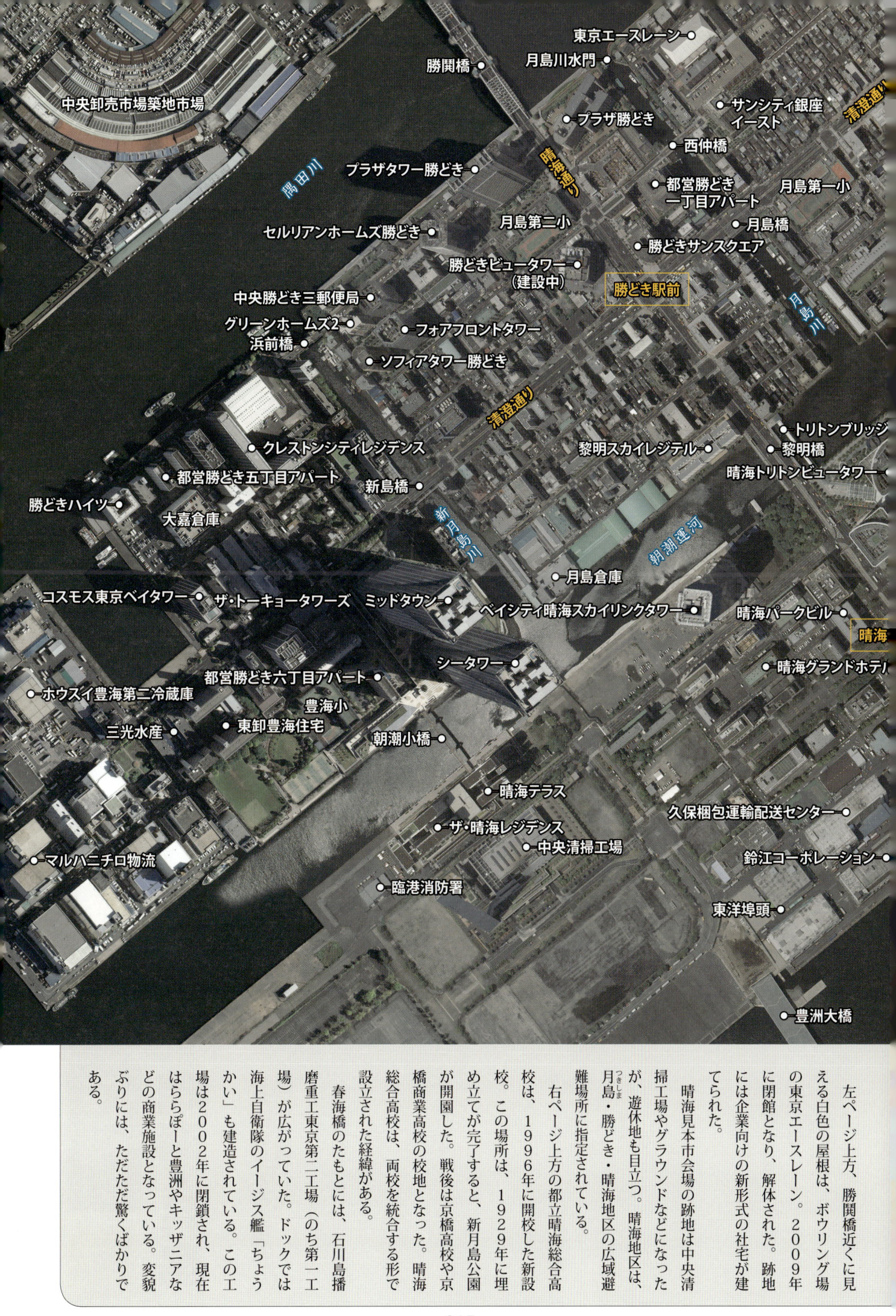

航空写真ラベル（上から、おおよその位置順）:

- 中央卸売市場築地市場
- 勝鬨橋
- 月島川水門
- 東京エースレーン
- プラザ勝どき
- サンシティ銀座イースト
- 清澄通り
- 隅田川
- プラザタワー勝どき
- 晴海通り
- 西仲橋
- 都営勝どき一丁目アパート
- 月島第一小
- セルリアンホームズ勝どき
- 月島第二小
- 月島橋
- 勝どきビュータワー（建設中）
- 勝どき駅前
- 勝どきサンスクエア
- 中央勝どき三郵便局
- フォアフロントタワー
- 月島川
- グリーンホームズ2
- 浜前橋
- ソフィアタワー勝どき
- 清澄通り
- クレストンシティレジデンス
- 黎明スカイレジテル
- トリトンブリッジ
- 都営勝どき五丁目アパート
- 新島橋
- 黎明橋
- 勝どきハイツ
- 晴海トリトンビュータワー
- 大嘉倉庫
- 新月島川
- 月島倉庫
- 朝潮運河
- コスモス東京ベイタワー
- ザ・トーキョータワーズ
- ミッドタウン
- ベイシティ晴海スカイリンクタワー
- 晴海パークビル
- 晴海
- シータワー
- 晴海グランドホテル
- 都営勝どき六丁目アパート
- ホウスイ豊海第二冷蔵庫
- 豊海小
- 三光水産
- 東卸豊海住宅
- 朝潮小橋
- 晴海テラス
- 久保梱包運輸配送センター
- ザ・晴海レジデンス
- 中央清掃工場
- 鈴江コーポレーション
- マルハニチロ物流
- 臨港消防署
- 東洋埠頭
- 豊洲大橋

　左ページ上方、勝鬨橋近くに見える白色の屋根は、ボウリング場の東京エースレーン。2009年に閉館となり、解体された。跡地には企業向けの新形式の社宅が建てられた。

　晴海見本市会場の跡地は中央清掃工場やグラウンドなどになったが、遊休地も目立つ。晴海地区は、月島・勝どき・晴海地区の広域避難場所に指定されている。

　右ページ上方の都立晴海総合高校は、1996年に開校した新設校。この場所は、1929年に埋め立てが完了すると、新月島公園が開園した。戦後は京橋商業高校や京橋高校の校地となった。晴海総合高校は、両校を統合する形で設立された経緯がある。晴海橋のたもとには、石川島播磨重工業東京第二工場（のち第一工場）が広がっていた。ドックでは海上自衛隊のイージス艦「ちょうかい」も建造されている。この工場は2002年に閉鎖され、現在ははらっぱーと豊洲やキッザニアなどの商業施設となっている。変貌ぶりには、ただただ驚くばかりである。

1975 晴海・月島

日本一の見本市会場が晴海に出現した

終戦までほとんど建築物のなかった晴海の埋立地は、1960年代半ばころには、物流の中心として機能していた。越中島と晴海埠頭を結ぶ専用線は1957年に開通。晴海運河に架かる橋梁（晴海橋梁）は、線路が撤去された現在も残っている。

晴海に最も早く完成した大規模施設は、倉庫ではなく住宅だった。中央から右ページ上にかけて、十数棟の集合住宅が並んでいるが、1957年から翌年にかけて完成した日本住宅公団の晴海団地である。晴海町2丁目から3丁目（現在の晴海1丁目）に15棟が建てられ、戸数が700戸近くに達した。高嶺の花の高級アパートだったという。大部分が5階建てだったが、15号館だけは10階建てで、エレベーターが完備していた。15号館を

主な地点

- 第一小
- 月島第一公園
- ダイハツビル
- 佃水門
- 豊洲貯木場
- 小川運輸倉庫
- 朝潮運河
- 横浜植物防疫所晴海出張所
- 月島警察署
- 都営豊洲一丁目アパート
- 月島福寿マンション
- 朝潮橋
- 都立商科短大晴海校舎
- 小野田セメント中央研究所
- 石川島播磨重工業工寮
- 京橋商業高
- 京橋高
- 春海運河
- 石川島工業高
- 石川島体育館
- 晴月橋
- 月島第三小
- 晴海ボウリングセンター
- 新東西
- 中央第三中
- 春海橋
- 石川島播磨重工業 第三工場
- 日通晴海ターミナル
- 15号館
- 港湾局専用線晴海橋梁
- 菱電運輸
- 技術研究所
- 都営晴海アパート
- 豊洲総合事務所
- 小野田セメント
- 都営晴海アパート
- 石川島播磨重工業 第二工場
- ホテル浦島
- 日東製粉
- 鈴江組倉庫
- 豊洲公園
- 港湾事務所
- 石川島豊洲社宅
- 石炭埠頭

設計したのは、モダニズム建築の旗手として日本建築界をリードした前川國男。エレベーターの停止階を3・6・9階のみとして、その3フロアのみ共用廊下を配置。これは、共用部面積を少なくし、非廊下階住戸のプライバシーや採光を確保する効果があった。この手法は、その後の公団住宅に広く応用されている。

左ページ下方に並ぶ建築群が、1959年に完成した東京国際見本市会場である。ジュラルミン製の戦闘機を思わせる銀屋根は、1960年代の進歩の象徴だったといえるかもしれない。1966年に放送されたウルトラマンのボディが銀色をしていたのも時代背景を考えると合点がゆく。

晴海の見本市会場といえば、東京モーターショーの会場としてあまりにも有名である。第20回を迎えた1973年までは毎年開催されたが、その年起こった石油ショックの影響で、以後は隔年開催となっている。ちなみに「コミケ」（コミックマーケット）が晴海で開催されるようになったのは、1981年以降である。

晴海・月島 1948

万国博覧会会場になるはずだった埋立地

家屋や工場、倉庫がびっしりと並んだ月島とは対照的に、昭和初期に新しく埋め立てられた晴海は、大半が更地のまま終戦を迎えた。終戦直後から晴海埋立地は接収されており、ほどなくして飛行場の跡地に建設されていったのが、晴海見本市会場である。

晴海は、全体が1940年の「万国博覧会」主会場に予定されていた。現在の晴海通りが万博会場へのメイン道路で、勝鬨橋と黎明橋を渡った先の晴海に、ずらりとパビリオンが並ぶはずだった。可動式の跳開橋という珍しい構造を持つ勝鬨橋も、万国博開催を見越して建設が決まった施設である。

ところが、日中間の武力衝突が全面戦争の色合いを帯びた1938年7月、万博覧会とオリンピ

画像中のラベル：
- 月島通三丁目 / 第一小・第三小
- 朝潮運河
- 朝潮橋
- ★接収★ 駐留軍施設
- 横浜動植物検疫所
- ★接収★ 旧月島第三国民学校
- 旧万国博覧会事務局
- 日興産業
- 新月島公園
- 春海運河
- 春海橋
- 豊洲運河
- 豊洲橋
- 石川島重工業第三工場
- 石川島重工業第二工場
- 豊洲消防署
- 刑務所支所

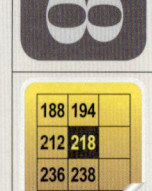

航空写真ラベル:
- 中央卸売市場築地市場 ★接収★
- 勝鬨橋
- 乾倉庫 ★接収★
- 月島署
- 乾倉庫 ★接収★
- 西仲橋
- 都営住宅
- 月島機械
- 隅田川
- 月島第二中・第二小
- 月島橋
- 月島川
- 月島通り
- 月島通八丁目
- 浜前橋
- 日本倉庫
- 東海興発
- 水産試験所
- 月島第三中
- セメント試験場
- 新島橋
- 黎明寮
- 新月島川
- 黎明橋
- 朝潮運河
- 鉄管試験場
- 東京第一陸軍病院月島分院跡
- 晴海飛行場予定地 ★接収★

ックの返上が決まった。この時点で異国風の屋根をもつ万国博覧会事務局の立派な建物は完成していた。中止イベントに大規模な事務局は必要ないため、事務局は朝潮橋近くにこぢんまりした庁舎を建てて移転することになり、建物は東京第一陸軍病院月島分院に転用された。月島分院の建物は、空襲で焼失した可能性が高い。

右ページの豊洲埋立地は1932年に完成したばかりの埋立地だが、ここも万博会場予定地だった。延期決定からわずか半年後の1939年2月、石川島造船所は豊洲埋立地に深川第一工場の操業を開始している。さらに1943年9月には、深川第二工場が稼働した。

1946年6月、石川島重工（1945年6月に改称）は、石川島の第一工場（旧本社工場）を生産機・起重機工場に、第二工場（旧深川第一工場）を船舶・艤装工場に、第三工場（旧深川第二工場）を機関工場に分業体制を確立。1947年3月からは、第二工場が米国船舶管理局の指定工場となり、アメリカ船舶の修理を行うこととになる。

恵比寿 2009

数奇な運命をたどった目黒区役所庁舎

撮影区域は、中目黒から南東に向かって恵比寿あたりである。左上から南東に向かって目黒川が流れている。目黒川と並行して山手通りが走るが、山手通り沿いだけが、防火壁のような高層ビルとなっている。

左ページ上端部が代官山である。約1万7000平方メートルの地域全体が再開発されて、2000年に代官山アドレスに生まれ変わった。36階建てのタワーマンション「ザ・タワー」を中心とした約500戸の住宅、区営のスポーツ施設や公園も併設された施設である。この場所には、1927年から1996年までの70年間、32棟もの同潤会代官山アパートがあり、さらにさかのぼれば、青山女学院(のち青山学院に合併)の校地だった。1922年に青山学院が移転してきた翌年、関東大学院だった。

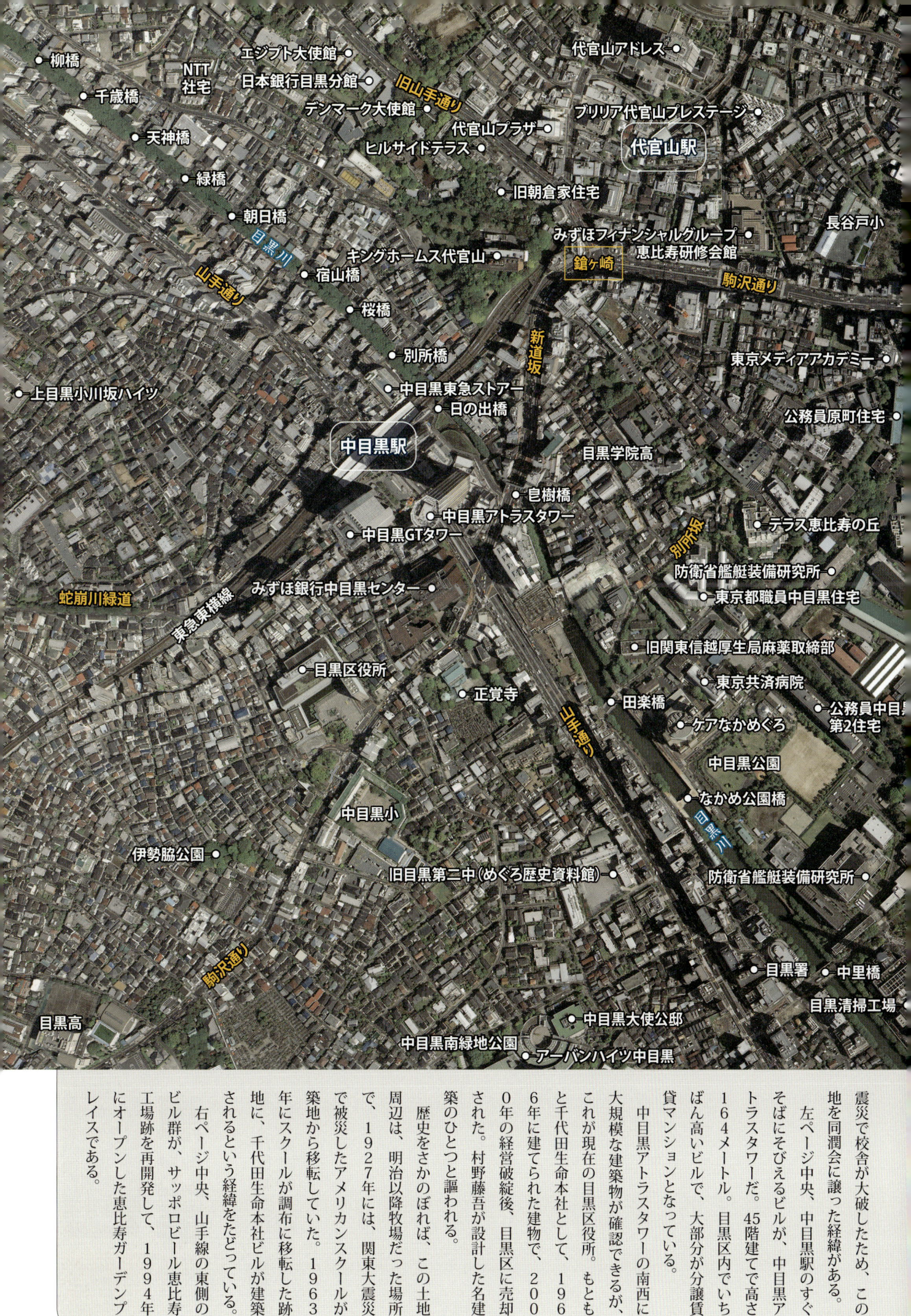

- 柳橋
- 千歳橋
- NTT社宅
- エジプト大使館
- 日本銀行目黒分館
- 旧山手通り
- 代官山アドレス
- 天神橋
- デンマーク大使館
- 代官山プラザ
- ブリリア代官山プレステージ
- 緑橋
- ヒルサイドテラス
- 代官山駅
- 朝日橋
- 旧朝倉家住宅
- 目黒川
- キングホームス代官山
- みずほフィナンシャルグループ恵比寿研修会館
- 長谷戸小
- 山手通り
- 宿山橋
- 鎗ヶ崎
- 駒沢通り
- 桜橋
- 新道坂
- 上目黒小川坂ハイツ
- 別所橋
- 東京メディアアカデミー
- 中目黒東急ストアー
- 日の出橋
- 公務員原町住宅
- 中目黒駅
- 目黒学院高
- 皀樹橋
- 中目黒アトラスタワー
- テラス恵比寿の丘
- 中目黒GTタワー
- 別所坂
- 防衛省艦艇装備研究所
- 蛇崩川緑道
- 東急東横線
- みずほ銀行中目黒センター
- 東京都職員中目黒住宅
- 旧関東信越厚生局麻薬取締部
- 東京共済病院
- 公務員中目黒第2住宅
- 目黒区役所
- 正覚寺
- 田楽橋
- ケアなかめぐろ
- 中目黒公園
- なかめ公園橋
- 目黒川
- 中目黒小
- 防衛省艦艇装備研究所
- 伊勢脇公園
- 旧目黒第二中(めぐろ歴史資料館)
- 駒沢通り
- 目黒署
- 中里橋
- 目黒高
- 目黒清掃工場
- 中目黒大使公邸
- 中目黒南緑地公園
- アーバンハイツ中目黒

震災で校舎が大破したため、この地を同潤会に譲った経緯がある。

左ページ中央、中目黒駅のすぐそばにそびえるビルが、中目黒アトラスタワーだ。45階建てで高さ164メートル。目黒区内でいちばん高いビルで、大部分が分譲賃貸マンションとなっている。

中目黒アトラスタワーの南西に大規模な建築物が確認できるが、これが現在の目黒区役所。もともと千代田生命本社として、1966年に建てられた建物で、2000年の経営破綻後、目黒区に売却された。村野藤吾が設計した名建築のひとつと謳われる。

歴史をさかのぼれば、この土地周辺は、明治以降牧場だった場所で、1927年には、関東大震災で被災したアメリカンスクールが築地から移転していた。1963年にスクールが調布に移転した跡地に、千代田生命本社ビルが建築されるという経緯をたどっている。

右ページ中央、山手線の東側のビル群が、サッポロビール恵比寿工場跡を再開発して、1994年にオープンした恵比寿ガーデンプレイスである。

1975 恵比寿

ビール工場が招き寄せた恵比寿という地名

目黒の旧海軍技術研究所（左ページやや下）の広大な用地は空襲の被害も受けず、設備はそのまま戦後に受け継がれた。ここには1975年当時、防衛庁技術研究所のほか、通産省や科学技術庁の研究施設もあった。

目黒川の北東側には急な坂道がつづいており、台地の上は、南西方向に視界が開けた景勝地だった。キングホームスとある緑に囲まれた高級マンションが、目黒元富士が築かれていた土地である。近くの別所坂上の近藤重蔵屋敷に築かれた富士塚は、目黒新富士と称されたが、その子富士蔵が人を殺めて流罪となり、屋敷は人手に渡った。1959年に国際電信電話（KDD）目黒研究所が建設されると、富士塚は破壊されている。山腹にあった富士講の石碑は構内に残さ

地図ラベル

- 千代田生命上智研修センター
- 臨川小
- 祥雲寺
- 明治通り
- 渋谷川
- 大黒ビル
- サクマ製菓
- 公団恵比寿アパート
- サッポロビール寮
- 恵比寿駅
- 恵比寿ビル
- サッポロビール
- 広尾病院
- 貨物取扱所
- 長島梱包
- エビスグランドホテル
- 恵比寿郵便局
- カルピス食品工業恵比寿工場
- 専売公社アパート
- 電電公社アパート
- 加計塚小
- 山手線
- 外苑西通り
- 親和銀行社宅
- アメリカ橋
- 四角池
- 首都高速白金料金所
- サッポロビール貯水池
- サッポロビール恵比寿工場
- 厚生中央病院
- 目黒パークレーン
- ポーランド大使館
- 首都高速2号目黒線
- 日の丸自動車教習所
- 伊藤ハム
- 国立自然教育園
- 林野庁講習所
- 田道小
- 都営住宅
- 都教育研究所

地図ラベル

- 柳橋
- 千歳橋
- 電電公社官舎
- 旧山手通り
- 同潤会代官山アパート
- カルピス食品
- 大洋無線
- 東京コカコーラボトリング
- 福砂屋東京工場
- 都営アパート
- 中央官庁渋谷会議所
- 代官山駅
- 日本興業銀行社宅
- 東京服飾アカデミー
- 緑橋
- 朝日橋
- 目黒川
- 国鉄上目黒アパート
- キングホームス
- 光雲閣ホテル
- ハンガリー大使館
- 長谷戸小
- 山手通り
- 宿山橋
- 鎗ヶ崎
- 駒沢通り
- 社会保険庁分室
- 別所橋
- 新道坂
- 上目黒分譲住宅
- 中目黒駅
- ラインハウス
- 中目黒マンション
- 皀樹橋
- 私立目黒高
- 防衛研究所
- 全国小売酒販会館
- 都営上目黒一丁目アパート
- 別所坂
- KDD研究所
- 諏訪山
- 中目黒ハイツ
- 都職員目黒寮
- 富士銀行中目黒センター
- 東急東横線
- 関東信越地区取締官事務所
- 東京共済病院
- 防衛庁技術研究本第一研究所
- 千代田生命本社
- 目黒信用金庫
- 正覚寺
- 山手通り
- 田楽橋
- 科学技術庁金属材料技術研究所
- 中目黒小
- スタンレー電気
- 目黒川
- 防衛庁実験池
- 目黒第二中
- レナウン倉庫
- レナウン工場
- 中里橋
- 東京電機東京工場
- 通産省工業技術
- 駒沢通り
- 目黒高
- 東京ガス整圧所
- 中目黒南緑地公園
- ガスタンク
- 目黒署
- レナウン工場

本文

れていたが、研究所跡地がマンションとなった現在は、別所坂の途中の児童公園に移されている。

サッポロビール恵比寿工場（1964年、日本麦酒を社名変更。1971年に目黒工場を改称。この年、エビスビールが28年ぶりに復活）は都心の一等地に広大な用地を構えていた。この高台にビール工場が立地したのは、1889年である。当時の荏原郡目黒村三田（現在の目黒区三田）に、煉瓦造りの3階建ての醸造場が完成。付近に停車場はなく、立地にあたって考慮された一番の要素は、三田用水に近接していたことであった。ビール工場は、瓶を洗浄する大量の水を必要としていたのである。1901年には工場に隣接して恵比寿停車場ができる。駅名は工場で生産する「恵比寿ビール」に因んだものである。「恵比寿」は工場名だが、現在も地名として存在する。駅は当初、貨物専用駅として開業したが、日露戦争後の1906年に旅客の取り扱いを開始している。工場ができた当初は田園の中に浮島のように存在したこの工場も、1975年当時は住宅地に囲まれていた。

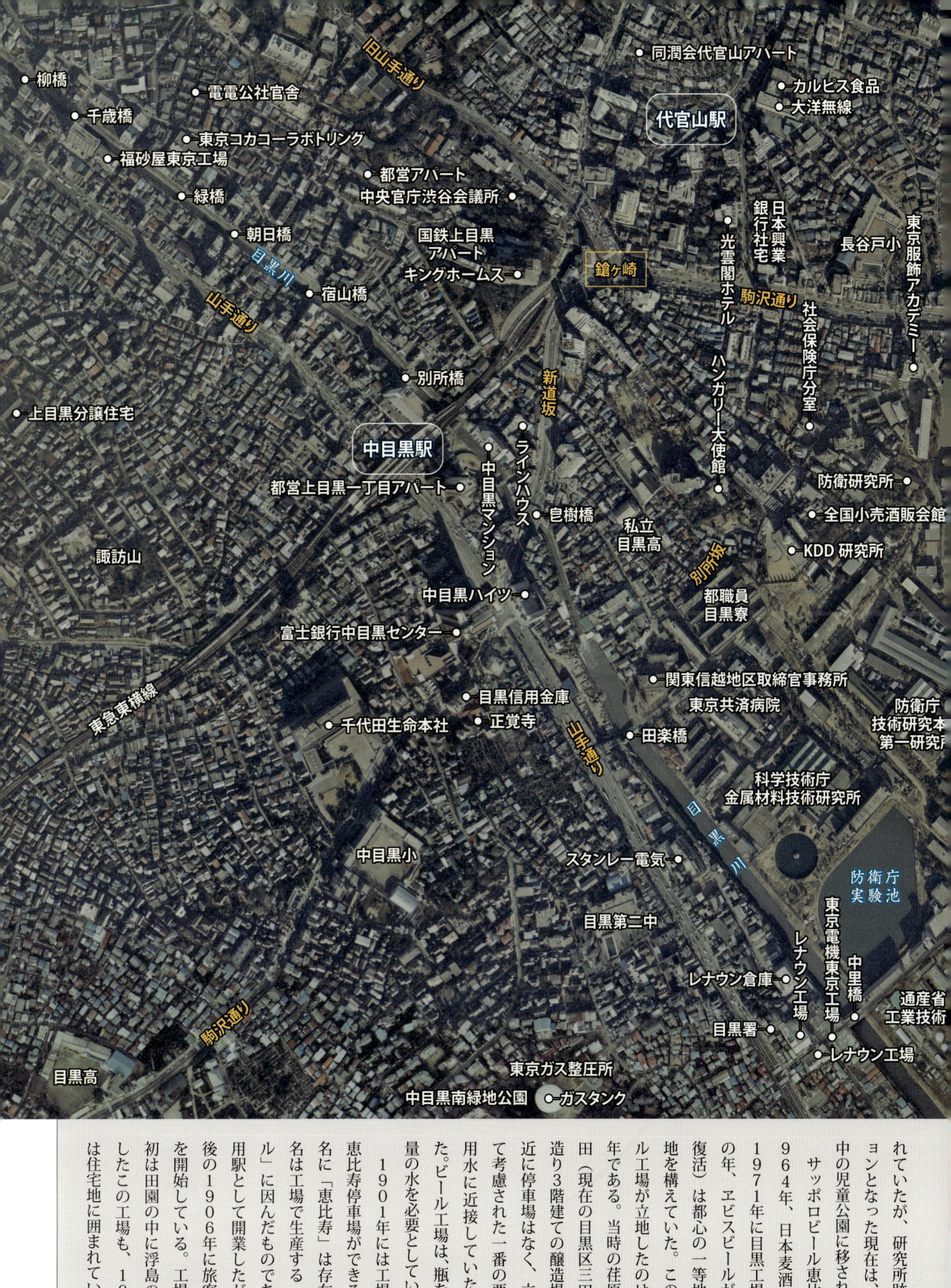

恵比寿 1948

「大和」の技術を生んだ海軍の研究所

目黒川から恵比寿駅周辺である。左ページ中央下方の広大な敷地は、終戦まで海軍技術研究所で、1945年11月以降接収され、エビス・キャンプと呼ばれた。ここに駐留していたのは英連邦軍（オーストラリア軍）である。

海軍技術研究所とは、1923年に海軍造兵廠・海軍艦型試験所・海軍航空機試験所が合体して誕生した組織で、当初は築地にあった。ところが同年9月の関東大震災で被災。その後バラックで復旧したが、1930年に目黒に移転している。実験池の北側に、左右に長い建物が確認できるが、内部は水槽になっており、ここで戦艦大和に用いられた球形艦首などの新技術が試験された。1936年現在の所属人員は、軍人・軍属など合わせて約1060名を数えた。

地図上の注記:
- 庚申橋
- 渋谷橋
- 人道橋
- 一本橋
- 渋谷川
- 恵比寿橋
- 新橋
- 山下橋
- 新豊沢橋
- 臨川小
- 下通二丁目
- エビス本庄映画
- 恵比寿駅前
- 恵比寿駅
- エビスミリオン座
- 加計塚小
- アメリカ橋
- 四角池
- 山手線
- 大日本麦酒目黒工場
- 三笠宮邸
- 電気化学工業目黒研究所
- 吉田豊吉邸
- 旧白金御料地（教育自然園）
- 東京工業試験所目黒分室
- 田道小
- 電気通信大
- 旧国民精神文化研究所（教育研修所）

200 206
224 230
244 250

・徳川公爵邸
・上村男爵邸
同潤会代官山アパート
・千歳橋
目黒川
代官山駅
・朝日橋
・宿山橋
根津嘉一郎邸
下通五丁目
長谷戸小
・別所橋
東京高等技芸学院
東急東横線
堀田伯爵邸
(旧鷹司公爵邸)
・石川橋
目黒高・中
中目黒駅
・観音橋
・皀樹橋
柳井信治邸
諏訪山
・原邸
・スター座
引揚援護庁恵比寿別館
中目黒
蛇崩川
・伊勢脇橋
・高砂ゴム工業
・国立衛生試験所目黒分場
・東京共済病院
★接収★
・アメリカン・スクール
・正覚寺
・田楽橋
★接収★
・旧海軍技術研究所
(エビス・キャンプ)
中目黒小
目黒川
実験池
目黒第二中予定地
・目黒署
・中里橋
目黒女子高
ガスタンク

もともとここには海軍の火薬製造所があった。その歴史は江戸時代までさかのぼる。1857年、幕府は、千駄ヶ谷（現在の国立競技場付近）にあった焔硝蔵（火薬庫）の移転と砲薬調合用の水車場の建設をもくろむ。目黒川に面して立地しているのは、こうした背景があったのである。
1956年1月に接収解除されると、翌年8月、防衛庁技術研究所目黒試験場が設置された。1958年には、防衛研修所（現在の防衛研究所）が霞が関から移転している。
代官山近くの根津嘉一郎邸は、もとの岩倉具視別邸。眼下を目黒川が流れ、遠く富士山も望める風光明媚な土地で、1812年には富士塚が築かれている。近くの近藤重蔵屋敷に築かれた富士塚より7年先にできたため、目黒元富士という名で親しまれた。1878年に岩倉邸の敷地となったため、富士塚の石祠、石碑などは現在の大橋氷川神社に移されている（現存）。その後も塚山は残っていたが、1939年、根津邸の建物が新築された際に破壊された。

白金・三田 2009

地下鉄の新規開業で急に脚光を浴びた町

白金から三田にかけて、おびただしいほどのマンションが建ち並んでいる。それまで地下鉄の恩恵がおよんでいなかった白金地区に、白金台、白金高輪という二つの地下鉄駅ができたのは、2000年である。閑静な住宅地だった白金周辺にマンションが激増したのも、ちょうどこの時期。駅の開業と前後して、シロガネーゼという言葉が流行語となったのを覚えている人も多いだろう。

白金料金所方面に向かって、首都高速2号目黒線が確認できる。全線高架路線だが、このうち大現寺橋までの区間は、古川（渋谷川下流）の上に建設されている。中央下端の緑地に見えるのが、結婚式場や宴会場として名高い八芳園である。ここはかつて薩摩藩主島津家の抱屋敷で、明治に入る

地図中の注記

- 網町三井倶楽部
- イタリア大使館
- 慶応綱町グランド
- 桜田通り
- 慶応義塾中等部
- 慶応義塾大
- ハンガリー大使館
- （東京インターナショナルスクール）
- 慶応女子高
- 三田二
- 古川橋病院
- 三菱東京UFJ銀行東京事務センター
- 女性就業支援センター
- 産業安全会館
- 首都高速2号目黒線
- 三田ハウス
- 古川橋
- 旧南海小
- UR田町駅前住宅
- 普連土学園高・中
- 聖徳大幼児教育専門学校
- 三田中
- クウェート大使館
- 札の辻
- 旧芝浜中
- 桜田通り
- 金タワー
- NBFプラチナタワー
- 白金アエルシティ
- NBF高輪ビル
- 明治安田生命三田ビル
- 三田ツインビル西館
- 白金一
- 亀塚公園
- 御田小
- 御田八幡神社
- 三田ツインビル東館
- 魚藍坂
- 三田台公園
- ザ・イトヤマタワー
- 笹川記念館
- 三田署
- 高輪郵便局
- グランパークタワー
- 高輪消防署
- NTTデータ三田ビル
- 東京トヨタ本社
- キャピタルマークタワー
- 高松中
- 高輪皇族邸（旧高松宮邸）
- 第一京浜
- 田町TCKビル
- 伊皿子坂
- 三田ナショナルコート
- スリランカ大使館
- 田町きよたビル
- 都営高輪一丁目アパート
- 田町車両センター（現東京総合車両センター田町センター）
- 東京トヨペット
- トヨタテクノクラフト
- 芝浦小
- 東海大付属高輪台高・中
- 高輪高・中
- 関電工本社

地図上のラベル（位置順・おおむね上から）:

- パキスタン大使館
- 駐日EU代表部予定地
- 料亭有栖川清水
- 本村小
- 中国大使館別館
- フィンランド大使館
- 外苑西通り
- 都営広尾五丁目アパート
- イラン大使公邸
- 天現寺（建替中）
- フランス大使公邸
- イラン大使館
- 天現寺橋
- フランス大使館
- 光林寺
- 麻布グリーンテラス
- 広尾病院
- ニュー山王ホテル（米軍施設）
- インペリアル広尾
- 明治通り
- 古川
- 慶応幼稚舎
- 北里研究所
- 北里研究所病院
- 恵比寿通り
- 恵比寿三
- 北里大
- 三光小
- 神応小
- 朝日中
- 氷川神社
- 立行寺
- ザ・レジデンス白金スイート
- グランスイート白金マークス
- 聖心女子高
- 白金独身寮
- 都職員白金住宅
- 首都高速白金料金所
- 東京トヨペット
- 覚林寺（清正公）
- 清正公前
- 東大医科学研究所附属病院
- 外苑西通り
- 桜田通り
- 国立自然教育園
- 旧公衆衛生院
- シェラトン都ホテル東京
- 明治学院大
- 目黒通り
- 八芳園
- 港白金台郵便局

と実業家の渋沢喜作（渋沢栄一の従兄）邸になったが、周囲の市街化を嫌った渋沢が1915年に手放し、その後は久原財閥が手に入れている。久原房之助が手にした邸地を、戦後の1950年に八芳園として開業したのである。

八芳園の北隣の大きな建物が、シェラトン都ホテル東京だ。都ホテル東京として開業したのは1979年で、それまでは、保守政治家として知られた藤山愛一郎の豪邸だった。もとは実父の藤山雷太が明治時代に手に入れた邸地で、1932年に贅を尽くした和洋の屋敷を新築している。洋館と書院は取り壊されたが、3層の楼閣は名古屋市の龍興寺に移築された（愛知県指定文化財）。

右ページ中央の超高層ビルが、2005年に完成した白金アエルシティ。白金タワーとNBFプラチナタワーの2棟の超高層ビルが目を惹く。とりわけマンション主体の白金タワーは43階で、高さは142メートルに達する。第一京浜沿いの三田ツインビル西館も43階建ての超高層ビルで、高さは179メートルもある。

1975 白金・三田

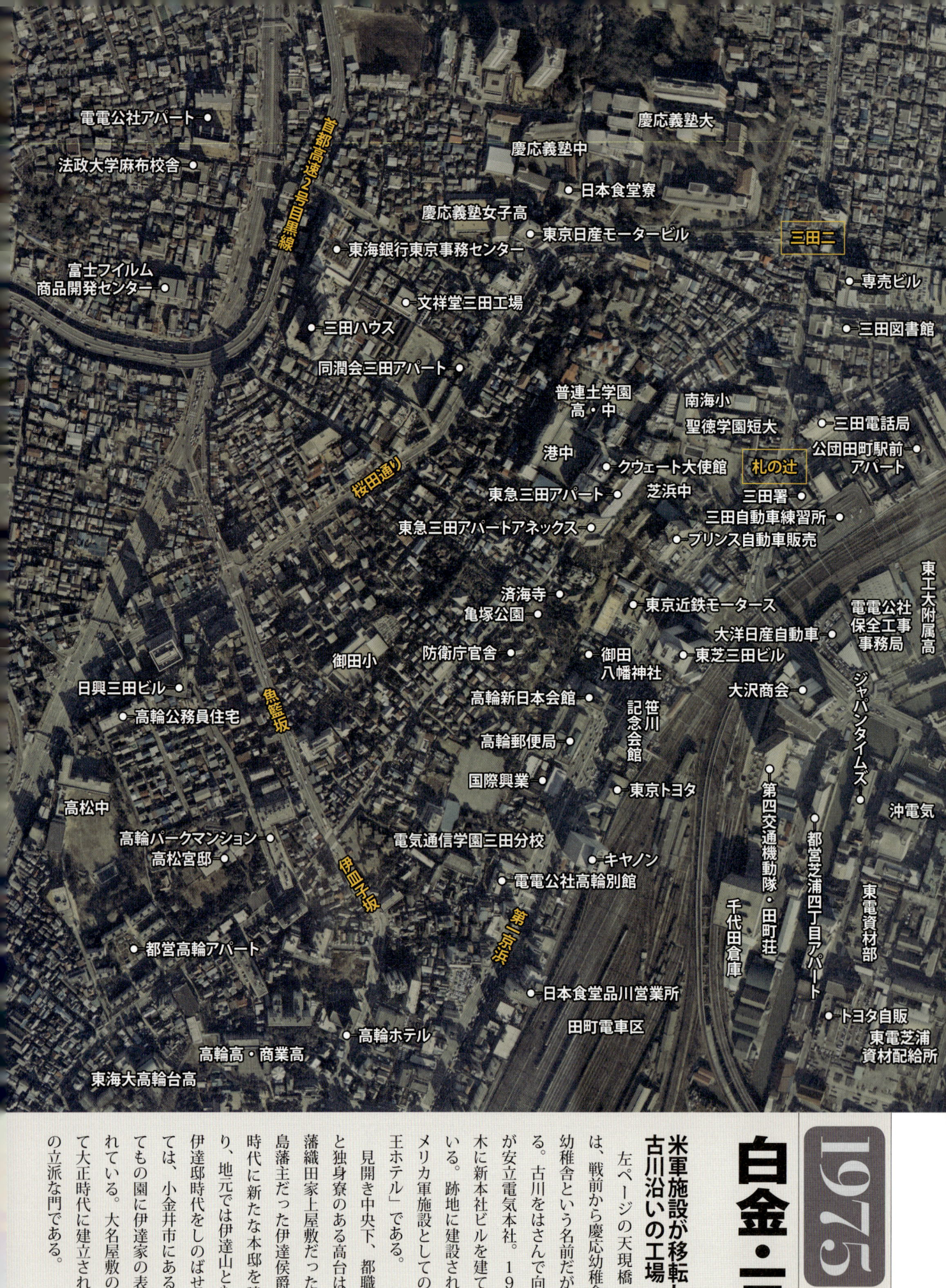

米軍施設が移転した古川沿いの工場

左ページの天現橋のたもとには、戦前から慶応幼稚舎がある。古川という名前だが小学校であるが安立電気本社。1979年に厚木に新本社ビルを建てて移転している。跡地に建設されたのが、アメリカ軍施設としての「ニュー山王ホテル」である。

見開き中央下、都職員白金住宅と独身寮のある高台は、大和芝村藩織田家上屋敷だった場所。宇和島藩主だった伊達侯爵家が、大正時代に新たな本邸を建設しており、地元では伊達山とも称された。伊達邸時代をしのばせるものとしては、小金井市にある江戸東京たてもの園に伊達家の表門が移築されている。大名屋敷の表門を模して大正時代に建立された総欅造りの立派な門である。

地図上の注記（抜粋）

- 電電公社アパート
- 法政大学麻布校舎
- 富士フイルム商品開発センター
- 首都高速2号目黒線
- 慶応義塾大
- 慶応義塾中
- 慶応義塾女子高
- 日本食堂寮
- 東京日産モータービル
- 三田二
- 東海銀行東京事務センター
- 専売ビル
- 文祥堂三田工場
- 三田図書館
- 三田ハウス
- 同潤会三田アパート
- 普連土学園高・中
- 南海小
- 聖徳学園短大
- 三田電話局
- 港中
- 公団田町駅前アパート
- クウェート大使館
- 桜田通り
- 札の辻
- 東急三田アパート
- 芝浜中
- 三田署
- 東急三田アパートアネックス
- 三田自動車練習所
- プリンス自動車販売
- 済海寺
- 東京近鉄モータース
- 東工大附属高
- 亀塚公園
- 大洋日産自動車
- 電電公社保全工事事務局
- 御田小
- 防衛庁官舎
- 御田八幡神社
- 東芝三田ビル
- 日興三田ビル
- 高輪新日本会館
- 笹川記念会館
- 大沢商会
- ジャパンタイムズ
- 高輪公務員住宅
- 魚藍坂
- 高輪郵便局
- 沖電気
- 高松中
- 国際興業
- 東京トヨタ
- 都営芝浦四丁目アパート
- 東電資材部
- 高輪パークマンション
- 高松宮邸
- 電気通信学園三田分校
- キヤノン
- 第四交通機動隊・田町荘
- 伊皿子坂
- 電電公社高輪別館
- 千代田倉庫
- 都営高輪アパート
- 第二京浜
- トヨタ自販
- 東電芝浦資材配給所
- 日本食堂品川営業所
- 高輪ホテル
- 田町電車区
- 高輪高・商業高
- 東海大高輪台高

航空写真上のラベル（おおむね上から、左から右へ）:

- 外苑西通り
- 麻布住宅
- 総理府宿舎
- 麻布プリンスホテル
- 広尾ホームズ
- 麻布富士見町郵政宿舎
- 中華人民共和国大使館
- 本村小
- 都営広尾五丁目アパート
- ホーマットアンバサダー
- 都公社本村町住宅
- イラン大使館
- 天現寺
- フランス大使館
- 天現寺橋
- 光琳寺
- 帝人パピリオ
- 広尾病院
- 安立電気本社
- 明治通り
- 慶応幼稚舎
- 古川
- 北里研究所病院
- 都営白金台三丁目住宅
- 恵比寿三
- 北里大
- 白金郵政宿舎
- 三光小
- 神応小
- 朝日中
- ナザレ修女会
- 氷川神社
- 立行寺
- 聖心女子学院 高・中・小
- 住信白金クラブ
- 三光起業
- 白金独身寮
- 白金台町住宅組合
- 外務省白金分室
- 清正公前
- 東大医科学研究所
- 覚林寺（清正公）
- 近鉄大飯店白金苑
- 国立自然教育園
- 附属病院
- 外苑西通り
- 公衆衛生院
- 目黒通り
- 八芳園
- 桜田通り
- 明治学院大

その南の明治学院大学（この写真に写っている現在のキャンパスの北側部分）は海軍墓地跡。正式には「白金海軍葬儀場」といった。この墓地は、信濃松本藩主松平家下屋敷だった土地に、1873年に開設されたもので、音羽の陸軍墓地と同時期の創建。戦後、明治学院大学に払い下げられている。かつての墓地をしのぶものは、敷地の片隅にたたずむ「旧海軍人白金墓地記念堂」のみである。

右下を走る国鉄線の内側がかつての海岸線。その左は、断崖といってもいいくらいの崖と高台が広がっていた。月の岬という佳名があった景勝地で、この写真でいえば、済海寺あたりから南が該当する。済海寺は幕末から明治にかけて、フランス領事館（のち公使館）となった寺院である。

済海寺のすぐ南が、亀塚の墳丘。かつては、亀塚公園から200メートル南の三田台公園までが華頂宮邸の敷地で、宮邸時代の外壁が、聖坂沿いに亀塚公園を取り囲んでいる。一部は、1936年に臣籍降下した音羽正彦侯爵（朝香宮家出身）の邸地にもなった。

白金・三田 1948

分割されて縮小した高輪台の高松宮邸

白金から三田にかけてのエリアである。写真上方を左右に流れているのが渋谷川（古川）で、箪笥川（暗渠化）と合流する天現寺橋から下流は、古川と名を変える。

左ページ下方、東大伝染病研究所は、東大安田講堂などと同じく内田祥三の設計。内田は東大工学部教授時代、関東大震災復興の学内建築の設計を主導した人物。現在、東大を象徴する建物の多くは内田の手になる。

中央時計台から左半分の研究棟が1934年に、右半分の旧病院棟が1937年に完成している。1947年に設立された国立予防衛生研究所もこの庁舎の一部を間借りしていた。研究所が白金御料地の西隣にあった海軍大学校跡地に移るのは1955年。伝染病研究所の南東にある公衆

地図上の地名

- 中央労働学園
- 曹渓寺
- 法政大学第一工業高
- 三之橋
- 慶応義塾女子高
- 慶応義塾大
- 慶応義塾前
- 徳川伯爵邸
- 新古川橋
- 古川橋
- 図書印刷・学校図書
- 専売局倉庫
- 南海小
- 都営アパート
- 同潤会三田アパート
- 普連土学園高・中
- 港中予定地
- 聖徳女子学園予定地
- 札ノ辻
- 浅野総一郎邸（芝浜中予定地）
- 日本精工
- 魚籃坂下
- 御田小
- 旧華頂宮邸
- 旧音羽侯爵邸
- 高輪郵便局
- 札之辻橋
- 逓信省倉庫
- 柳沢伯爵邸
- 藻塩橋
- 百代橋
- 松ヶ丘住宅
- 横河橋梁製作所
- 高松中予定地
- 高松宮邸
- 旧高松宮邸（貿易庁迎賓館）
- 伊皿子
- 京浜国道
- 田町電車区
- 新芝運河
- 沖電気
- 都営高輪アパート予定地
- 高輪電話局
- 田町九丁目
- 東海道本線
- 横須賀線
- 東光電気
- 山本伯爵邸
- 高輪高・中
- 東海高
- 東京芝浦自動車
- 高島屋工作

旧小泉策太郎邸　総理庁統計局　旧藤田政輔邸
本村小
山下橋　都電広尾車庫
新豊沢橋　天現寺　フランス大使館
天現寺橋
広尾病院　回生橋　光林寺　パピリオ
天現寺橋　　　　　　　　　　　　　四ノ橋
亀屋橋　安立電気　　　　　　　　四之
慶応幼稚舎　狸橋　　　光林寺前
　　　　　　　　　　古川　五之橋
　　　　　　養老橋　青山橋
北里研究所・附属病院
三光小
白金ポンプ場
神応小　朝日中予定地
立行寺
聖心女子学院
高・中・小
★接収★
服部ハウス
裏門　伊達侯爵邸（都白金公舎予定地）
附属病院
東大伝染病研究所
清正公前
覚林寺（清正公）
国立公衆衛生院　藤山愛一郎邸
旧白金御料地　日吉坂上　海軍墓地
（教育自然園）　　久原房之助邸
都営住宅　　　　　　　　明治学院

衛生院の建物は、1937年にロックフェラー財団の寄贈で完成。内田祥三の設計である。中央部、高松中学校から松ヶ丘住宅、都営アパートにかけての区画は、終戦まで全域が高松宮邸だった。1946年には宣仁親王も宮邸を出て、こぶりの別当（いわば執事）宅に移った。その後、邸宅は光輪閣と呼ばれて迎賓館として使われたほか、内親王の結婚式にも用いられている。老朽化した建物が1972年に取り壊されると、翌年、平屋建ての高松宮邸が新築された。

旧東海道の札ノ辻にあった浅野邸は、セメント会社で財を成した越中出身の実業家浅野総一郎の豪邸。「紫雲閣」と呼ばれ、外装内装とも贅を尽くした建物は、伊東忠太の設計で1909年に完成していた。塔屋をもった構造で、屋根の上には金の鯱が輝いていた。この邸宅も1945年5月25日の空襲で跡形もなくなった。

慶応義塾近くに徳川伯爵邸が見える。ここは明治以降、田安徳川家の邸地だったが、1950年に慶応義塾女子高校となった。

- 東芝本社
- 鈴与浜松町ビル
- マルハニチロ物流
- シンフォニー乗り場
- ゆりかもめ
- 日の出ふ頭
- 日の出駅
- 洋伸ブックセンター
- 晴海ふ頭公園
- 芝浦ジャンクション
- 東京都日の出南上屋
- パーク芝浦
- 芝浦内貿一号上屋
- 芝浦ふ頭
- 芝浦内貿二号上屋
- 芝浦ふ頭駅
- 芝浦内貿二号上屋
- 富士倉庫運輸芝浦営業所

芝浦 2009

工業地帯から住宅地へ生まれ変わった埋立地

田町駅から日の出埠頭にかけての湾岸地域が写っている。左ページの芝浦地区は、大部分が戦前の埋立地で、昭和期までは工場や倉庫地帯だったが、バブル期を境に土地利用形態は一変し、超高層ビルが林立している。

そのいくつかを紹介すると、上から見ると三角形状で内部が中空というキャピタルマークタワー(左ページ左下)は、2005年の完成で47階建て。沖電気本社工場の土地に建つ。その少し上にあるグランパークタワーは、オフィスと住居の複合ビルで、1996年の完成で35階建て。かつてはNTT関連企業が使用していた。2012年の完成のため、空中写真には表れないが、グランパークタワーと線路を挟んだ北側に、33階建ての複合ビル、三田ベルジュ

芝パークタワー　三井住友信託銀行芝ビル
　　　　　　　　　　　　　　　　　　　　　　　　　　シーバンスN館
慶応義塾大（東京インターナショナルスクール）
桜田通り　日本電気本社ビル　東京女子学園高　日比谷通り　第一京浜
　　　　　　　　　　　　　　　　　　　　　　　　　　シーバンスS館
　　　　　　　　　　　　　　　　　　　　　　　　芝浦一
三田二　都営芝五丁目アパート　第一京浜
旧南海小
　　　　　　　　　　　　　　　　　　イーストアーク
　　　　　　　　　　　カテリーナ三田タワースイートウエストアーク
聖徳大幼児教育専門学校　UR田町駅前住宅　三菱自動車工業本社　本芝公園　ダヴィンチ跡（現DAIWA芝浦ビル）　旧海岸通り　ヤナセ本社
　　　　　　　女性就業支援センター　森永製菓本社
　　　　　　　産業安全技術館
　　　　　　　　　　　　　　　　　　　　　　　　　　　　　　第三東運ビル
札の辻　　　田町駅
　　　　　　　　　　港区スポーツセンター　　新芝運河　UR芝浦二丁目住宅
　　　　　　　　　　旧芝浦小
　　　　　　　東海道新幹線
　　　　　　　　　　東工大附属科学技術高
　　　　　　　　　　　　　　　　　　　　　　　　　　　　　　　　　　　栗林運輸
　　　　　　　　　　　　　パークタワー芝浦ベイワードアーバンウイング
　　　　　　　　　　　　　　　　　　　　　　　　　　　　芝浦運河
　　　グランパークタワー
　　　　　　　　　　　　　　　　　芝浦工業大芝浦キャンパス　　　　海岸通り
　　　住友不動産三田ツインビル東館　　　　　　　田町ハイレーン
三田署
　　　新芝南運河　旧海岸通り　　　五十嵐冷蔵本社
　　　　　　　　　ホテルJALシティ田町東京
　　　キャピタルマークタワー
　　　　　　　　　　　　　　　　　　　　　　　芝浦アイランドエアタワー
　　　　　　　　　　　　　　　　　　　　　　　三菱倉庫芝浦ビル
　　　　　　　　　　　　　　　　　　　芝浦アイランドグローヴタワー
田町CKビル
田町きよたビル
三田ナショナルコート
　　　旧海岸通り　　芝浦アイランドブルームタワー　東京都港湾労働者第三宿泊所
　　　　　　　　　　　　　　　　ヨコソーレインボータワー（旧カネボウ本社）
東京トヨペット
トヨタテクノクラフト　　芝浦ポンプ所
関電工本社

ユビルが建てられている。線路際の土地には、2002年ごろまで三田自動車練習所が立地していた。キャピタルマークタワーの東、超高層ビルが集中している一郭が、芝浦アイランドである。以前は都バスの芝浦自動車工場の敷地で、その南には、三井製糖東部工場が立地していた"島"だ。約6万2000平方メートルの敷地に、4棟の超高層ビルがつぎつぎと竣工した。いずれも48階ないし49階というタワーマンションで、総戸数は約4000戸。現在、約1万人が居住するが、これは港区の湾岸地域のなかでも突出して多い。

芝浦運河の西側とは対照的に、運河の東側の日の出埠頭（芝浦2丁目）や芝浦埠頭（海岸3丁目）の風景は、戦後期からあまり変わらず、倉庫が並んでいる。

異彩をはなっているのが、モノレールからもよく見える旧カネボウ本社ビル（1995年完成）である。階数こそ23階だが、直角三角形をしたビルは、目立つことこのうえない。今では14階以上が賃貸マンションになっている。

東京都日の出桟橋倉庫
東京市場冷蔵第二工場
日の出埠頭
東京サンケイ印刷
毎日新聞ブックセンター
アサノコンクリート芝浦工場
晴海埠頭
東京都日の出南上屋
輸出荷物検査所
芝浦貨物駅
東京都芝浦桟橋上屋
芝浦埠頭
富士倉庫運輸

1975 芝浦

あのジュリアナは芝浦の片隅にあった

明治末まで、東海道本線の東側は海だった。地名のとおりの「芝浦」が広がっていたのである。山手線や新幹線からもよく見えた田町のガスタンクが写っている。この敷地には東京ガスの研究施設もあったが、ガスタンクは2007年ごろに解体され、現在は「みなとパーク芝浦」として再開発中である。その左の細い二条線は、浜松町と羽田空港を結ぶ東京モノレールの軌条である。

左ページ上には、日本電気の本社工場が写っている。古びた鉄筋コンクリート造りの建物群である。今から思えば、この写真が撮影された1975年ごろは、「メイド・イン・ジャパン」がもっとも輝いていた時代かもしれない。ガスタンクそばに東京ポートボウルの建物が見える。バブルの時

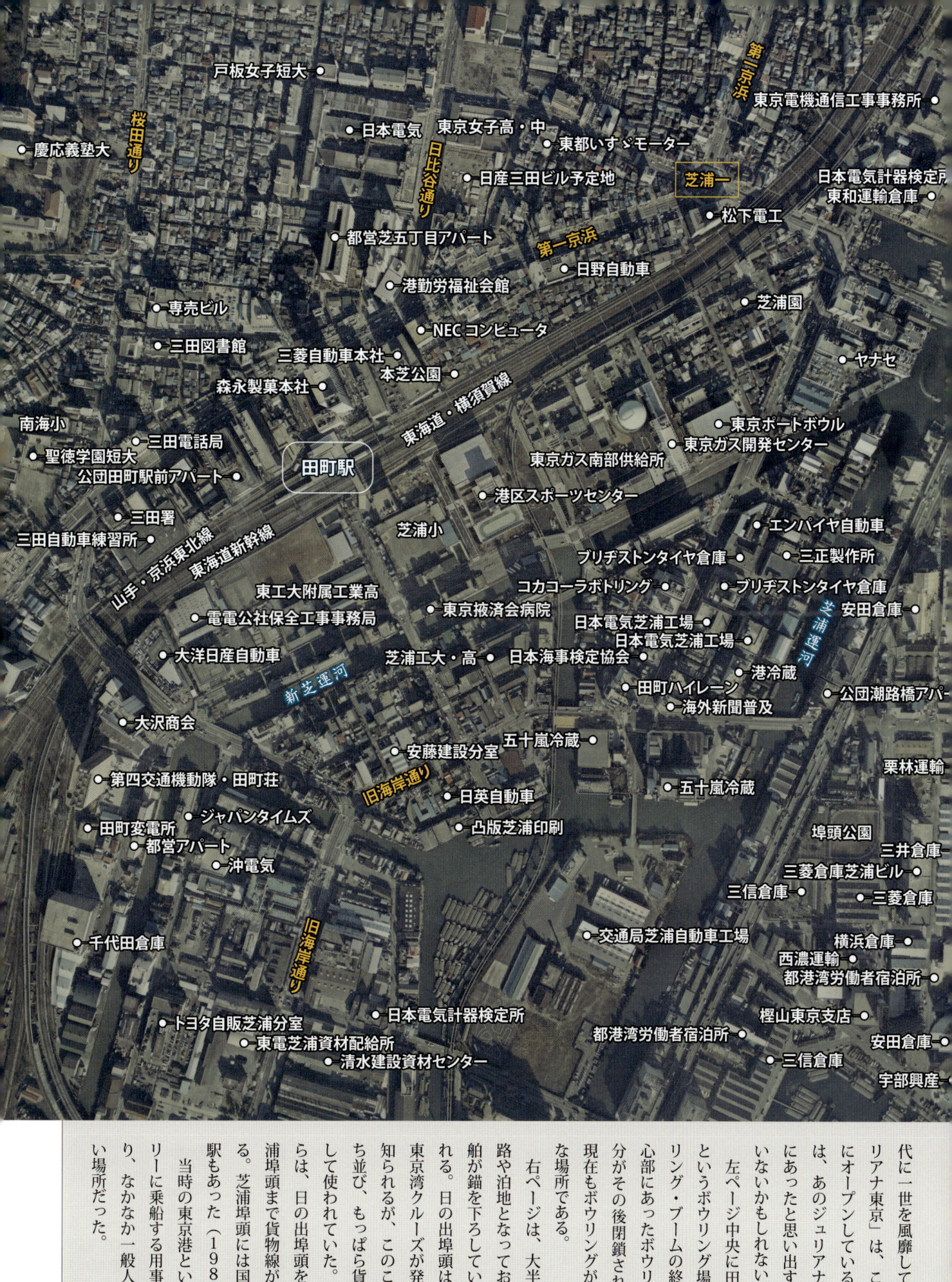

航空写真上の注記（右上から時計回り・およその位置順）:

- 第二京浜
- 東京電機通信工事事務所
- 東都いすゞモーター
- 日本電気計器検定所
- 東和運輸倉庫
- 芝浦一
- 松下電工
- 芝浦園
- ヤナセ
- 東京ポートボウル
- 東京ガス開発センター
- エンパイヤ自動車
- 三正製作所
- ブリヂストンタイヤ倉庫
- 芝浦運河
- 安田倉庫
- 港冷蔵
- 田町ハイレーン
- 海外新聞普及
- 公団潮路橋アパート
- 栗林運輸
- 埠頭公園
- 三井倉庫
- 三菱倉庫芝浦ビル
- 三菱倉庫
- 三信倉庫
- 横浜倉庫
- 西濃運輸
- 都港湾労働者宿泊所
- 樫山東京支店
- 安田倉庫
- 宇部興産
- 三信倉庫
- 都港湾労働者宿泊所
- 交通局芝浦自動車工場
- 日本電気計器検定所
- 清水建設資材センター
- 東電芝浦資材配給所
- トヨタ自販芝浦分室
- 千代田倉庫
- 旧海岸通り
- 沖電気
- 都営アパート
- 田町変電所
- ジャパンタイムズ
- 第四交通機動隊・田町荘
- 大沢商会
- 大洋日産自動車
- 電電公社保全工事事務局
- 東工大附属工業高
- 新芝運河
- 安藤建設分室
- 五十嵐冷蔵
- 日英自動車
- 凸版芝浦印刷
- 五十嵐冷蔵
- 芝浦工大・高
- 日本海事検定協会
- 日本電気芝浦工場
- 日本電気芝浦工場
- コカコーラボトリング
- ブリヂストンタイヤ倉庫
- 東京撚済会病院
- 港区スポーツセンター
- 東京ガス南部供給所
- 芝浦小
- 田町駅
- 東海道新幹線
- 山手・京浜東北線
- 三田自動車練習所
- 三田署
- 公団田町駅前アパート
- 聖徳学園短大
- 南海小
- 森永製菓本社
- 三菱自動車本社
- 本芝公園
- 東海道・横須賀線
- 三田図書館
- 専売ビル
- 慶応義塾大
- 桜田通り
- 戸板女子短大
- 日本電気
- 東京女子高・中
- 日比谷通り
- 日産三田ビル予定地
- 第一京浜
- 都営芝五丁目アパート
- 港勤労福祉会館
- NECコンピュータ
- 日野自動車

代に一世を風靡して消えた「ジュリアナ東京」は、このビルの一角にオープンしている。今となっては、あのジュリアナが芝浦の片隅にあったと思い出す人はほとんどいないかもしれない。

左ページ中央に田町ハイレーンというボウリング場がある。ボウリング・ブームの終焉とともに都心部にあったボウリング場の大部分がその後閉鎖されていくなか、現在もボウリングがメインの稀有な場所である。

右ページは、大半が東京港の航路や泊地となっており、多数の船舶が錨を下ろしている様子が見られる。日の出埠頭は、水上バスや東京湾クルーズが発着することで知られるが、このころは倉庫が建ち並び、もっぱら貨物専用埠頭として使われていた。汐留貨物駅からは、日の出埠頭を経由して、芝浦埠頭まで貨物線が敷設されている。芝浦埠頭には国鉄の芝浦貨物駅もあった（1985年廃止）。

当時の東京港というのは、フェリーに乗船する用事でもないかぎり、なかなか一般人は近づきがたい場所だった。

芝浦運河
★接収★
QM倉庫
新浜橋
日ノ出桟橋
浦東運河
芝浦岸壁

芝浦 1948

料亭が並んだ通りに今も残る芝浦の検番跡

遠浅海岸が広がっていた芝浦一帯も、明治から大正にかけて埋め立てられ、美しい芝浜の面影はとうに失われていた。上から左下に向かって延びる線路の北側がかつての海岸線だったわけだから、造成規模の大きさがわかる。このころは、東海道本線と横須賀線は線路を共用しており、京浜東北線も山手線と共用していた。京浜東北線が山手線と分離運転を実施するのは1956年11月、横須賀線が東海道本線と完全に分離されるのは1980年10月である。

埋立地の造成は工業の発展と軌を一にしていた。埋立地の大部分は工場や倉庫、港湾施設だったが、左ページのガスタンクの東側に見える家屋密集地が「芝浦三業地」である。「検番」だった1936年築の建物が現存し、有形文化財

航空写真ラベル:
- 戸板女子高・中
- 芝小
- 慶応義塾前
- 東京女子校・中
- 行政学会
- 慶応義塾大
- 日本電気本社
- 池貝鉄工
- 東京港口
- 京浜国道
- 都電三田車庫
- 芝浦園
- 芝浦会館
- 専売局倉庫
- 三田
- 芝浦三業地
- 南浜橋
- 南海小
- 雑魚場
- 山手線
- 梁瀬自動車
- 京浜国道
- 森永製菓ビル
- 森永製菓
- 日之出橋
- ガスタンク
- 東京ガス芝供給所
- 東京倉庫運輸
- 田町駅
- 竹芝橋
- 札ノ辻
- 芝浦小
- 鹿島橋
- エンパイア自動車
- 日本精工
- 交通局芝浦倉庫
- 香取橋
- 浦島橋
- 東京工業専門学校
- ★接収★ コカコーラ
- 三正製作所
- 霞橋
- 新芝北運河
- 日本電気芝浦
- 札之辻橋
- 逓信省倉庫
- 新芝橋
- 東京龍野製作所
- 芝浦運河
- 新芝運河
- 芝浦高
- 藻塩橋
- 芝潟橋
- 潮路橋
- 百代橋
- ★接収★ 五十嵐冷蔵
- 五十嵐冷蔵
- 横河橋梁製作所
- 新芝南運河
- 太陽倉庫
- 凸版印刷
- 舟路橋
- コカコーラ倉庫
- 八千代橋
- ★接収★ 東京QM倉庫
- 芝浦浪板工業所
- 都財務局芝浦貯炭所
- 大塚自動車工業
- 新芝運河
- 交通局車輛工場
- 高島屋工作所
- 芝浦西運河
- 東京芝浦自動車
- 夕凪橋
- ★接収★ 東京QM倉庫
- 東京鉄骨橋梁

に指定されている。施主は目黒雅叙園の創業者として知られる細川力蔵で、細川はもともと芝浦園（芝浦雅叙園）の経営者。いちばん大きな建物が芝浦園である。少し下に、東京倉庫運輸という文字が見えるが、ここは1991年にオープンした「ジュリアナ東京」のあった場所である。道路（旧海岸通り）をへだてた東側の梁瀬自動車工場は、輸入自動車販売のヤナセのこと。

左ページ下の三号埋立地（芝浦3丁目）には東京都交通局の都電の車輌工場があり、北側の船路橋から軌道が延びていた。芝浦アイランドとして再開発されるのはずっと先である。

三田四国町には、通信会社として発展していた日本電気の本社工場があった。ここは、バブル真っ盛りの1990年に43階建ての日本電気本社ビルが建設されたことで知られる。

日本電気工場の南には都電三田車庫がある。周囲の路線が1967年に廃止されると車庫も役目を終え、跡地は都営アパートや港区立勤労福祉会館になった。

深川豊洲

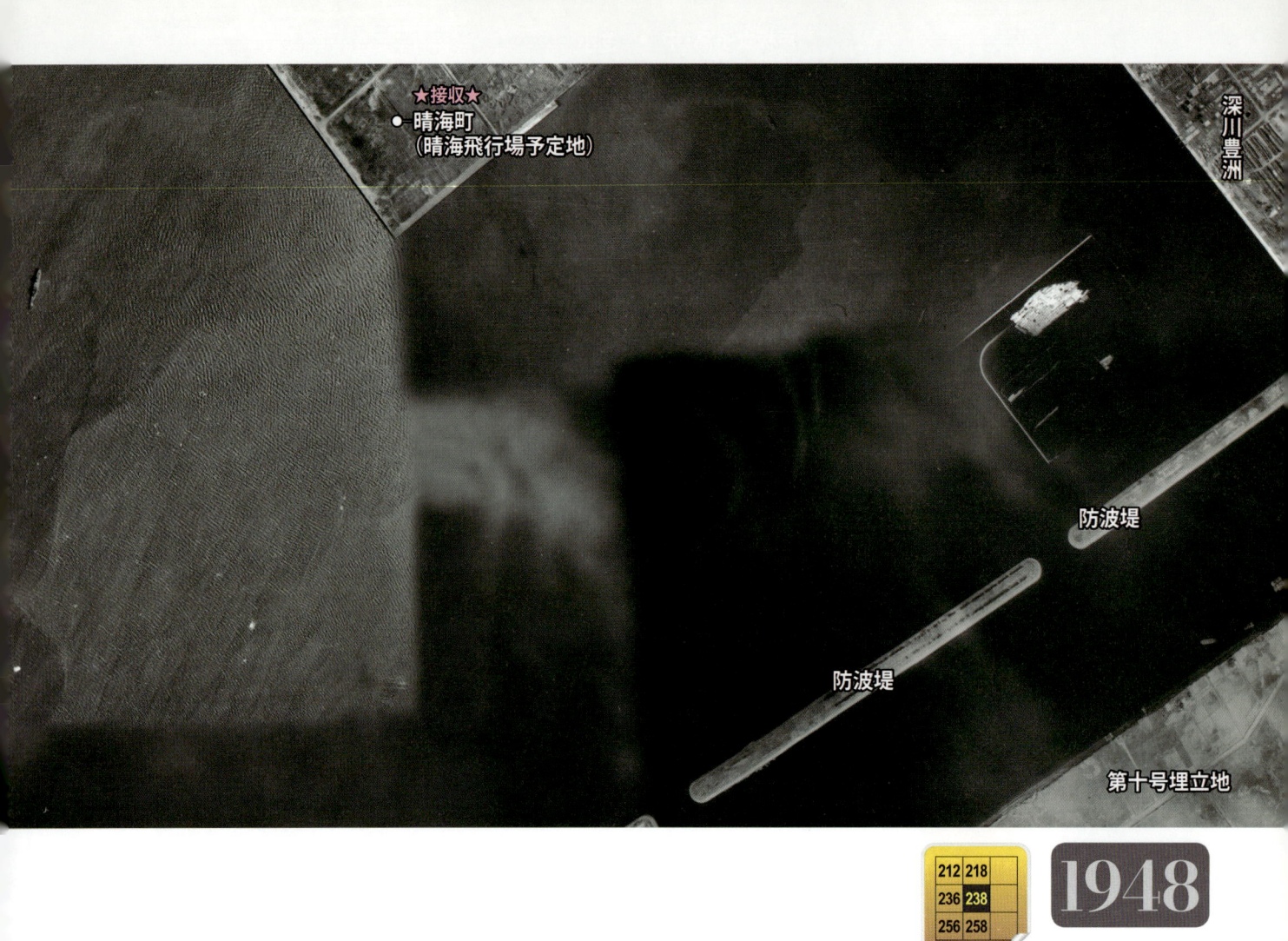

★接収★
晴海町（晴海飛行場予定地）

防波堤

防波堤

第十号埋立地

1948

新豊洲

市場予定地はかつての発電所とガス工場

東京港が国際港として「開港」するのは、対米開戦直前の1941年5月20日である。意外に遅い気がするのは、横浜港とのかねあいがあったからである。東京港を国際港にしようという動きは明治時代からあったが、横浜港の地位を脅かされると考えた神奈川県の有力者が反対していたことが一因だった。

もっとも、当時の東京港は、竹芝、日の出、芝浦埠頭があるだけで、埋め立て地は晴海までしかなかった。横浜港とは比較にならないほど、小規模な港湾施設だったのも事実である。

東京開港から4年経った1945年8月、終戦。東京は焼け野原となり、海外から食料や物資を陸揚げする港湾設備の整備が急務となった。1947年ごろから、東京港応急整備工事が開始される。

右側の防波堤の北側の海面に豊洲の埋め立てが造成されるのは、1948年ごろからである。豊洲は、燃料や発電の拠点として期待された埋立地だった。1950年、豊洲石炭埠頭の一部が完成し、

豊洲地区の埋立地には、石油タンクや石炭（コークス）の山、ガス施設の管で埋めつくされている。都心へのエネルギー供給基地だったこの場所に、築地の中央卸売市場の移転計画が持ち上がると、誰が予想ただろう。現在は、卸売市場移転に備えて、まったくの更地となり、ゆりかもめの市場前駅だけがぽつんとある状態だ。だがはたして、この場所への市場移転は適切なのだろうか。そんなことを考えないわけにはいかない。

豊洲の南にはおびただしい輸入木材が浮かんでいる。有明貯木場である。当時は丸太のまま木材運搬船で輸入することがほとんどだった。現在はほとんどが加工材として輸入されるため、水面に浮かぶ丸太や木場の角乗はすっかり昔語りとなった。有明貯木場は、平成期に埋め立てられている。

操業を開始している。1975年、埋立地は、劇的に姿を変えた。左上には晴海の見本市会場の銀屋根が輝いている。その下にはバラックのような建物が見える。昭和戦後期、この貧弱な船客待合所が世界各国の豪華客船を迎えていたのだ。現在の晴海客船ターミナルがオープンするのは1991年である。

1975

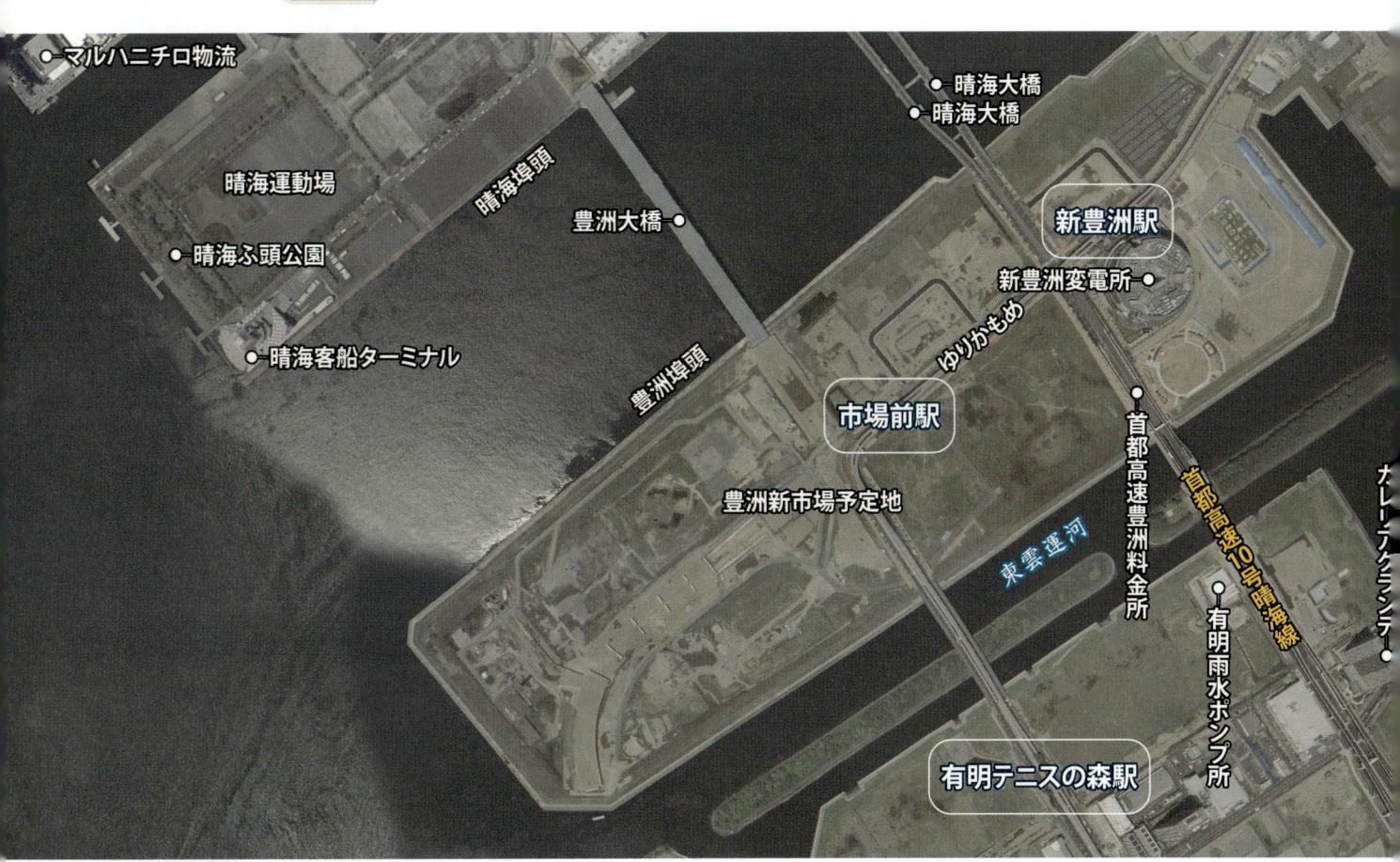

- 国際貿易センター
- 晴海ふ頭公園
- 晴海埠頭
- 船客待合所
- 石炭埠頭
- 豊洲埠頭
- 東電新東京火力発電所
- 東京鉄鋼埠頭
- 東京ガス豊洲工場
- 東雲運河
- 変電所
- 東京ガス豊洲工場
- 有明貯木場
- 東雲ゴルフ場

210	216
234	238
254	258

2009

- マルハニチロ物流
- 晴海大橋
- 晴海大橋
- 晴海運動場
- 晴海埠頭
- 豊洲大橋
- 新豊洲駅
- 晴海ふ頭公園
- 新豊洲変電所
- 晴海客船ターミナル
- ゆりかもめ
- 豊洲埠頭
- 市場前駅
- 豊洲新市場予定地
- 首都高速豊洲料金所
- 東雲運河
- 首都高速10号晴海線
- 有明雨水ポンプ所
- カレードクランシティ
- 有明テニスの森駅

208	214
232	238
252	258

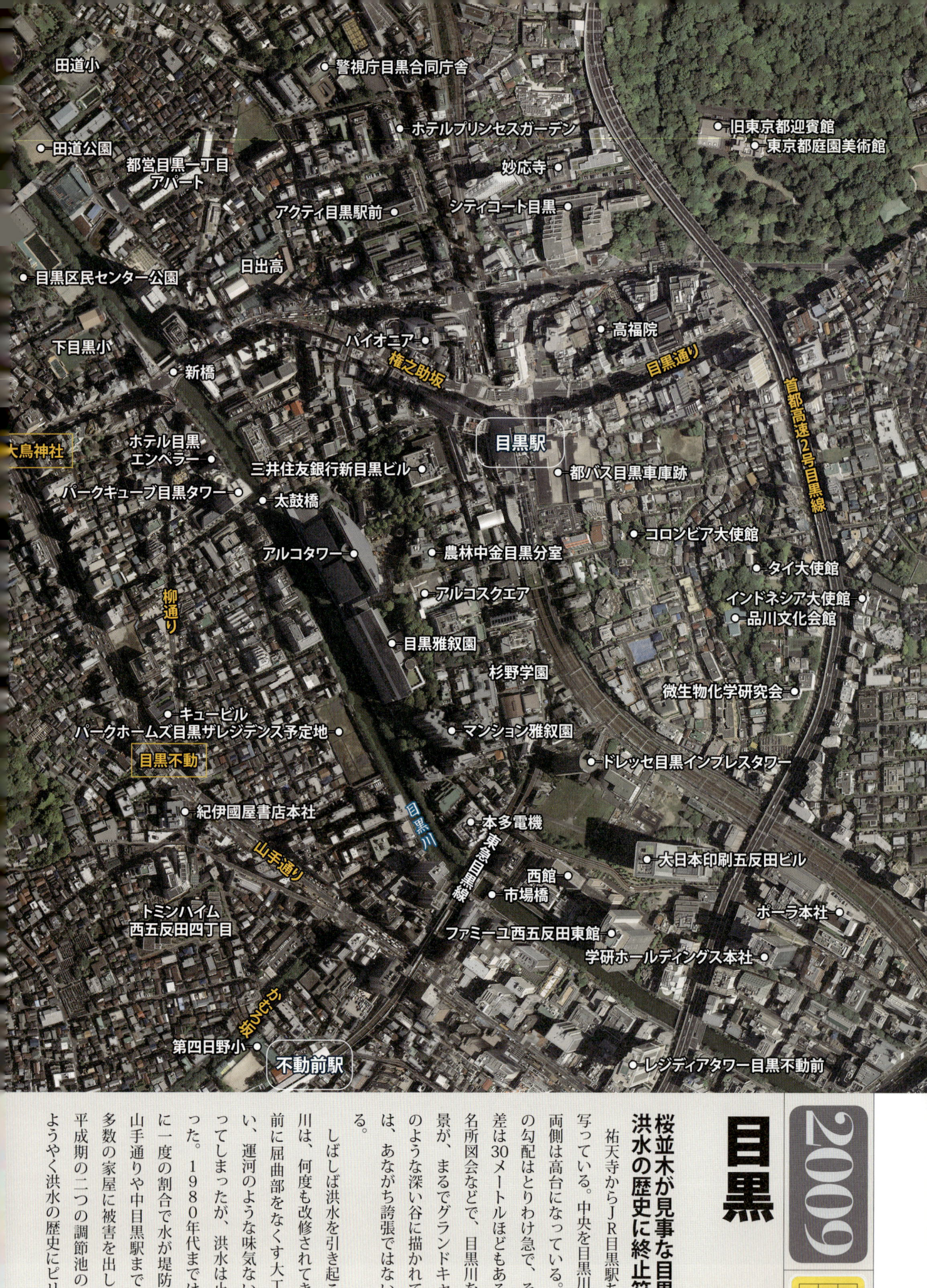

目黒 2009

桜並木が見事な目黒川、洪水の歴史に終止符

祐天寺からJR目黒駅あたりが写っている。中央を目黒川が流れ、両側は高台になっている。北東側の勾配はとりわけ急で、その標高差は30メートルほどもある。江戸名所図会などで、目黒川を望む風景が、まるでグランドキャニオンのような深い谷に描かれているのは、あながち誇張ではないのである。

しばしば洪水を引き起こす目黒川は、何度も改修されてきた。戦前に屈曲部をなくす大工事を行い、運河のような味気ない姿になってしまったが、洪水は止まなかった。1980年代までは、数年に一度の割合で水が堤防を越え、山手通りや中目黒駅まで冠水し、多数の家屋に被害を出していた。平成期の二つの調節池の完成で、ようやく洪水の歴史にピリオドが

地図内の注記

- 田道小
- 田道公園
- 都営目黒一丁目アパート
- 警視庁目黒合同庁舎
- ホテルプリンセスガーデン
- 妙応寺
- 旧東京都迎賓館
- 東京都庭園美術館
- アクティ目黒駅前
- シティコート目黒
- 目黒区民センター公園
- 日出高
- 下目黒小
- 高福院
- 新橋
- パイオニア
- 権之助坂
- 目黒通り
- 首都高速2号目黒線
- 大鳥神社
- ホテル目黒エンペラー
- 目黒駅
- 都バス目黒車庫跡
- パークキューブ目黒タワー
- 三井住友銀行新目黒ビル
- 太鼓橋
- コロンビア大使館
- アルコタワー
- 農林中金目黒分室
- タイ大使館
- アルコスクエア
- インドネシア大使館
- 品川文化会館
- 柳通り
- 目黒雅叙園
- 杉野学園
- 微生物化学研究会
- キュービル
- マンション雅叙園
- パークホームズ目黒ザレジデンス予定地
- ドレッセ目黒インプレスタワー
- 目黒不動
- 紀伊國屋書店本社
- 目黒川
- 本多電機
- 大日本印刷五反田ビル
- 山手通り
- 西館
- 市場橋
- トミンハイム西五反田四丁目
- ポーラ本社
- さくら通り
- ファミーユ西五反田東館
- 第四日野小
- 不動前駅
- 学研ホールディングス本社
- レジディアタワー目黒不動前

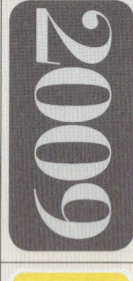

打たれた感がある。

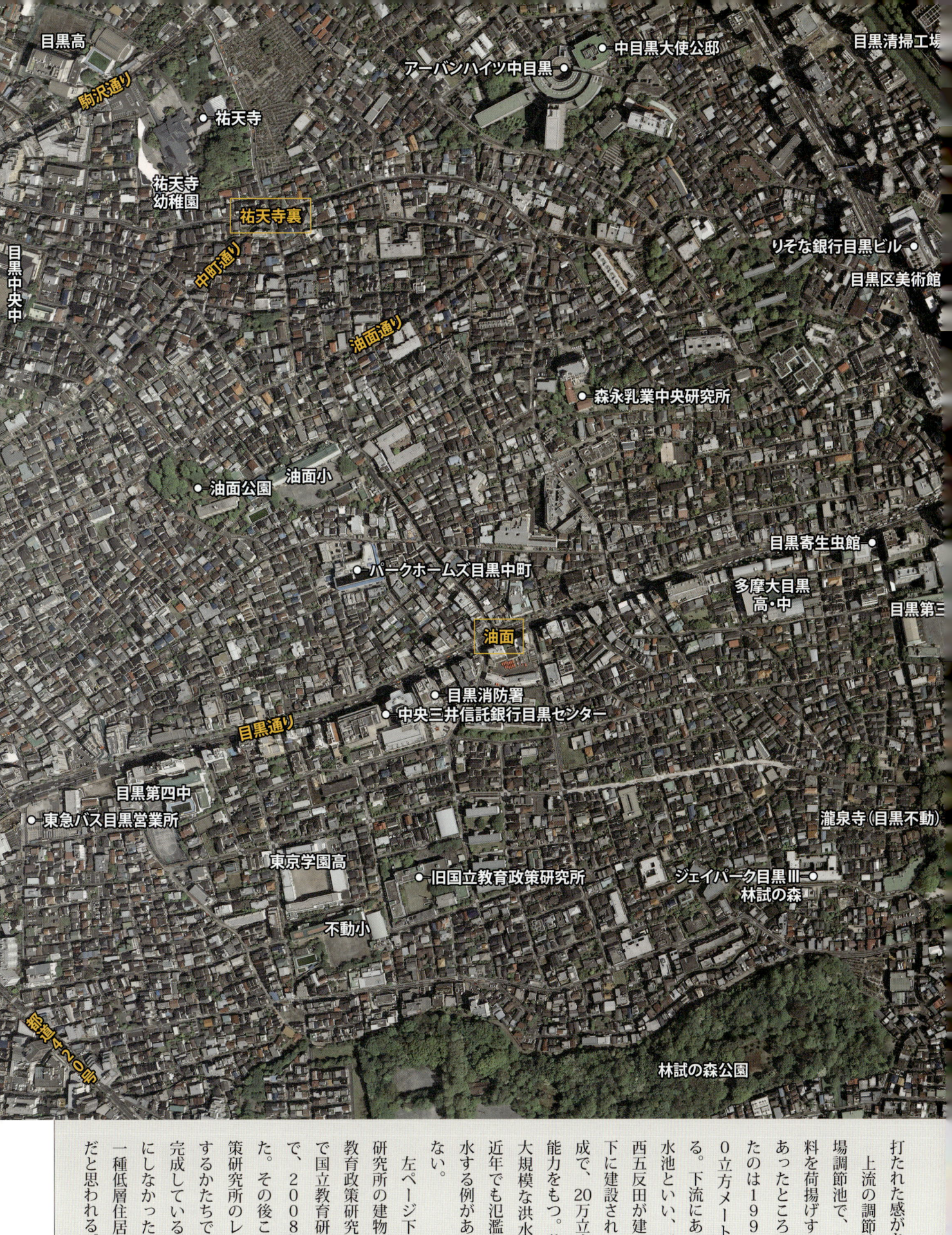

上流の調節池が、中目黒の船入場調節池で、かつては町工場の材料を荷揚げする船入場（舟溜）があったところに造られた。完成したのは1990年で、5万500 0立方メートルの貯水能力がある。下流にある調節池は、荏原貯水池といい、区民住宅ファミーユ西五反田が建つ旧荏原市場跡の地下に建設された。2001年の完成で、20万立方メートルを溜める能力をもつ。荏原貯水池完成後は大規模な洪水は起きていないが、近年でも氾濫危険水位を越えて増水する例があるので、油断はできない。

左ページ下には、国立教育政策研究所の建物が見えている。国立教育政策研究所は、2001年まで国立教育研究所とよばれた施設で、2008年に霞が関に移転した。その後この場所には、教育政策研究所のレイアウトをほぼ踏襲するかたちで、低層マンションが完成している。タワーマンションにしなかったのは、この一帯が第一種低層住居専用地域だったためだと思われる。

目黒

1975

旧宮邸が庭園美術館に生まれ変わるまで

右上の旧朝香宮邸は、1954年12月の吉田茂の総理退陣とともに公邸ではなくなり、翌年4月からは迎賓館として各国の賓客を迎えるようになった。赤坂離宮が迎賓館として改修された1974年に白金迎賓館が役割を終えて白金プリンス迎賓館として催事や結婚式場などに使用されている。この建物が東京都庭園美術館として開館するのは、建設から半世紀を経た1983年である。

旧朝香宮邸の南側には、タイ大使公邸が80年もの時を刻んでいる。この公邸は1934年に完成したゴシック様式の建物。1943年にタイ政府が購入する前は、醬油で財を築いた十代目浜口吉右衛門の屋敷だった。吉右衛門の妹が嵯峨侯爵家に縁付いた縁で、満洲国皇帝溥儀の弟溥傑と嵯峨浩の

地図上の地名

- 田道小
- 都営住宅
- 都教育研究所
- 専売公社アパート
- 白金迎賓館
- 旧朝香宮邸
- 都営住宅
- 東京営林局
- 目黒プラザ
- 予防衛生研究所
- 目黒区民センター公園
- 日出女子学園高・中
- 目黒西口ビル
- ホーチキ
- 下目黒小
- 権之助坂
- パイオニア
- 高福院
- ツバメコート
- 新橋
- 目黒駅
- 目黒通り
- 三井銀行目黒支店
- 東急目黒駅
- 大鳥神社
- 三井銀行事務センター
- 香港園
- 田村電機製作所
- 都バス目黒営業所
- 山手通り
- 太鼓橋
- 目黒雅叙園
- 目黒駅前アパート
- コロンビア大使館
- 雅叙園観光ホテル
- 農林中金寮
- 松下電送機器
- ドレスメーカー学院
- タイ大使館
- タイ大使公邸
- 東邦モーターズ
- 三越配送所
- オリンピック製薬工場
- インドネシア大使館
- 石橋ビル
- 目黒川
- 杉野女子大
- 一ツ橋印刷
- 微生物科学研究所
- 東名急行バス東京営業所
- 万有製薬工場
- 杉野女子短大
- 国鉄動力車会館
- 荏原電機工業
- マンション雅叙園
- 本多電機
- 目黒不動
- 目黒変電支区
- 参議院副議長公邸
- 東京海上文書センター
- 国鉄西五反田三丁目アパート
- 万有製薬配送センター
- 山手冷蔵
- 大日本印刷五反田工場
- 首都高速2号目黒線
- 沖電気社宅
- 東電南東京電力所
- 市場橋
- 中央卸売市場荏原市場
- 電信電話料金局
- 朝鮮第七初中級学校
- 東京国税局書庫
- 日興システムセンター予定地
- ポーラ化粧品
- 東京日産サービスセンター
- 大日本印刷
- 田谷病院
- 東洋工業
- フジカラーサービス五反田現像所
- 大崎電話局
- 第四日野小
- 不動前駅

222	228
242	248
262	268

地図上のラベル（位置順）：

- 目黒高
- 駒沢通り
- 祐天寺
- レナウン
- ガスタンク
- 東京ガス整圧所
- 目黒税務署
- 東京ガス社宅
- 独身寮
- 松風園コーポ
- 松風園ハイツ
- 祐天寺裏
- 林野庁宿舎
- 目黒区民センター
- 協和銀行目黒事務センター予定地
- 興銀寮
- 東京高周波電気炉
- 森永乳業中央研究所
- 日本郵船社宅
- 油面公園
- 油面小
- 金毘羅坂
- 専売公社アパート
- ヤマハ音楽振興会
- 目黒学園女子商業高
- 目黒第三中
- 目黒消防署
- 興銀寮
- 目黒通り
- 三井信託センター
- 目黒第四中
- 目黒不動（瀧泉寺）
- 東急目黒営業所
- 東京学園高
- 国立教育研究所
- 農林中金南泉寮
- 小野田セメント社宅
- 三井銀行社宅
- 不動小
- 王子製紙社宅
- 昭和電工社宅
- 林業試験場宿舎
- 林業講習所
- 林業試験場

（吉右衛門の姪にあたる）の見合いが行われたこともある。

目黒という地名の語源になった目黒不動（瀧泉寺）の境内林が見えている。江戸時代、目黒一帯は人家もまばらだったが、白金から目黒不動までの道は、参詣道として栄えており、参詣客向けの店がつづいていた。

目黒駅は、蒲田方面から東急目蒲線も乗り入れていた。この時点では東急目黒駅は地上駅だったが、1997年に地下化され、2000年には、営団地下鉄南北線と都営地下鉄三田線が乗り入れている。このとき目蒲線が目黒線と多摩川線に分割されたため、1923年以来親しまれた目蒲線という線名は消えている。

その南東に建つ集合住宅が国鉄アパートで、南側の大きな屋根が中央卸売市場荏原市場である。荏原市場は、1936年に東京市中央卸売市場荏原分場として業務を開始。神田などと並ぶ青果市場だったが、1989年に大田市場青果部が開場すると廃止された。跡地にはファミーユ西五反田が建てられている。

地図内注記（上から下、左右）:

- 田道小
- 教育研修所（旧国民精神文化研究所）
- 三条公爵邸
- 総理大臣公邸（旧朝香宮邸）
- 都営住宅予定地
- 大村伯爵邸
- ★接収★ 海軍大学校
- 山手線
- 久米四三彦邸（後年参議院議長公邸）→
- 日出女子学園高・中
- 下目黒小
- 新橋
- 目黒駅
- 目黒駅前
- 東急目黒駅
- 太鼓橋
- 花房子爵邸
- 旧浜口吉右衛門邸（タイ公使館）
- 目黒雅叙園
- 目黒川
- 山手通り
- 東急目蒲線
- 中央卸売市場 荏原分場
- 谷山橋
- 第四日野小
- 不動前駅

目黒 1948

芝浦雅叙園の成功が目黒雅叙園を生んだ

このあたりのランドマークになっていたのが、左ページ上、中目黒の丘にあったガスタンクである。森の中に円筒形に組まれた鉄骨とガスタンクが屹立している様は、遠くからでもよく見えた。地元では新寺山と呼ばれていたらしい。今では森もガスタンクも消えて、マンションが建ち並んでいる。その中に、中目黒大使公邸というのがある。大使公邸を所有しない国が多数入居するマンションである。人家がまばらに見えるのは、この付近が1945年5月24日に空襲を受けたからである。

目黒川東岸の斜面に目黒雅叙園がある。芝浦の自邸を芝浦雅叙園という料亭に改装して繁昌させていた細川力蔵が、実業家の岩永裕吉（長与専斎の四男として生まれ、母方の叔父岩永省一の養子に）邸

224 230
244 250
264 270

- 目黒女子高・目黒第五中
- 祐天寺
- ガスタンク
- 東京ガス目黒整圧所
- 田道橋
- 馬喰坂
- 三井化学工業目黒研究所
- 森永乳業
- 油面小
- 目黒学園女子高・中
- 目黒第三予定地
- 日本郵便逓送第一清明寮
- 目黒消防署
- 目黒不動(瀧泉寺)
- 目黒第四中予定地
- 不動小・東京商業高
- 農林省林業試験場

を入手し、目黒雅叙園をオープンさせたのが1931年。その後、1943年まで、贅を尽くし数寄を凝らした2号館から7号館を建設した。大戦末期は海軍病院分室になっていたという。この大規模な木造建物群が空襲を免れたのは奇跡といえるかもしれない。

終戦まで目黒駅の北東には海軍大学校があった。もともと築地にあった施設だが、関東大震災で被災したため、陸軍衛生材料廠跡に新校舎を建設して、1932年に移転した。頑丈な建物は戦後国立予防衛生研究所が使用している。1992年に研究所が戸山に移転した後も建物は残っていたが、1999年に取り壊された。

白金御料地には朝香宮邸があったが、このころは外務大臣公邸として使われている。総理大臣公邸とあるのは、1948年に外務大臣を務めた芦田均、吉田茂の両名とも総理大臣だったからだ。吉田はこの建物を大変好み、在任中は白金に居住していた。吉田離任後は白金迎賓館として使用されるが、所有権は、朝香家から堤康次郎の国土計画に移っていた。

高輪・品川 2009

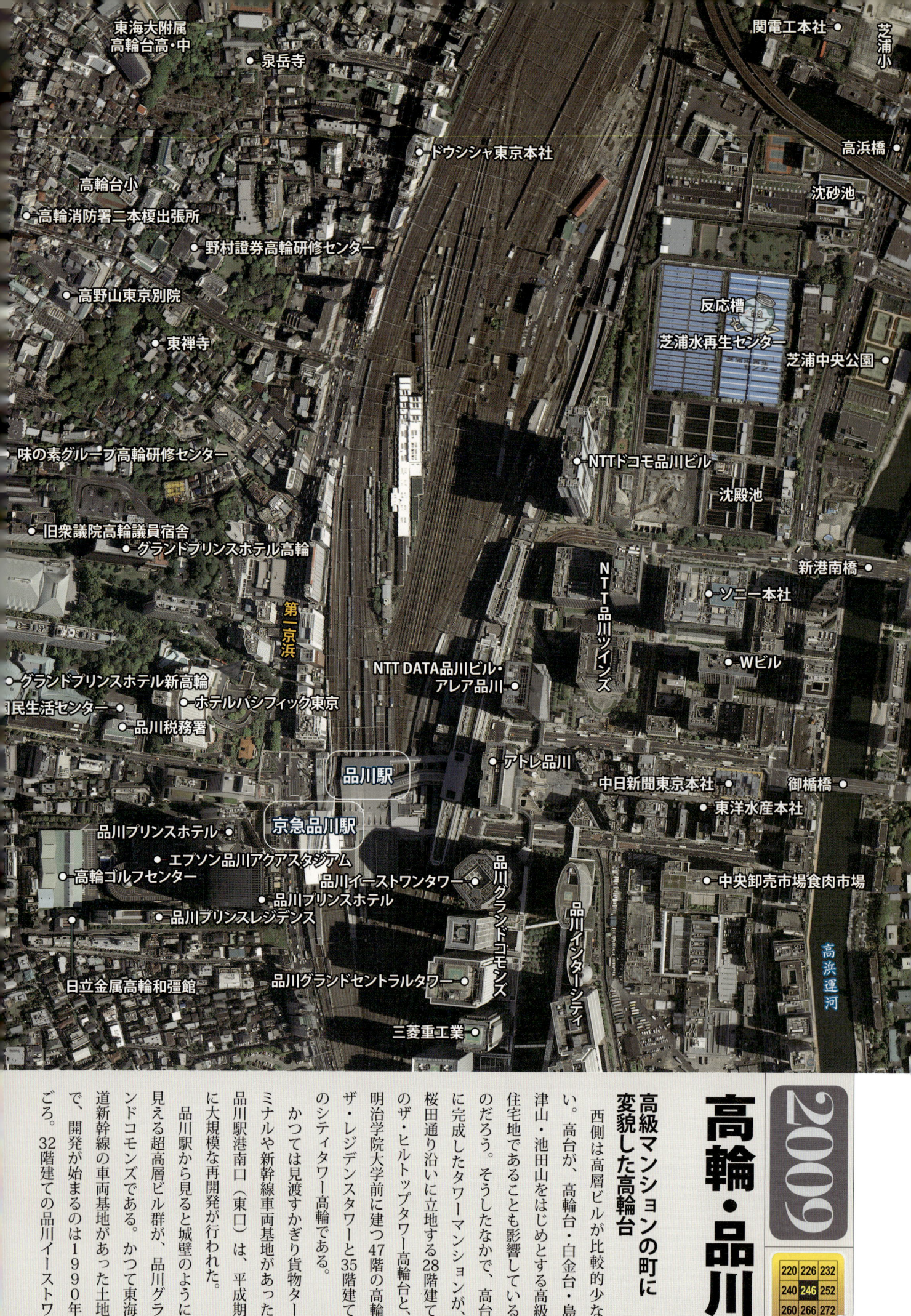

高級マンションの町に変貌した高輪台

西側は高層ビルが比較的少ない。高台が、高輪台・白金台・島津山・池田山をはじめとする高級住宅地であることも影響しているのだろう。そうしたなかで、高台に完成したタワーマンションが、桜田通り沿いに立地する28階建てのザ・ヒルトップタワー高輪台と、明治学院大学前に建つ47階の高輪ザ・レジデンスタワーと35階建てのシティタワー高輪である。

かつては見渡すかぎり貨物ターミナルや新幹線車両基地があった品川駅港南口（東口）は、平成期に大規模な再開発が行われた。品川駅から見ると城壁のように見える超高層ビル群が、品川グランドコモンズである。かつて東海道新幹線の車両基地があった土地で、開発が始まるのは1990年ごろ。32階建ての品川イーストワ

地図中の注記

- 東海大附属高輪台高・中
- 泉岳寺
- 関電工本社
- 芝浦小
- 高輪台小
- ドウシャ東京本社
- 高浜橋
- 高輪消防署二本榎出張所
- 沈砂池
- 野村證券高輪研修センター
- 反応槽
- 芝浦水再生センター
- 高野山東京別院
- 芝浦中央公園
- 東禅寺
- NTTドコモ品川ビル
- 沈殿池
- 味の素グループ高輪研修センター
- NTT品川ツインズ
- 新港南橋
- ソニー本社
- 旧衆議院高輪議員宿舎
- グランドプリンスホテル高輪
- Wビル
- 第一京浜
- グランドプリンスホテル新高輪
- NTT DATA品川ビル・アレア品川
- 民生活センター
- ホテルパシフィック東京
- 品川税務署
- 品川駅
- アトレ品川
- 中日新聞東京本社
- 御楯橋
- 京急品川駅
- 東洋水産本社
- 品川プリンスホテル
- エプソン品川アクアスタジアム
- 品川イーストワンタワー
- 品川グランドコモンズ
- 中央卸売市場食肉市場
- 高輪ゴルフセンター
- 品川プリンスホテル
- 品川インターシティ
- 品川プリンスレジデンス
- 高浜運河
- 日立金属高輪和彊館
- 品川グランドセントラルタワー
- 三菱重工業

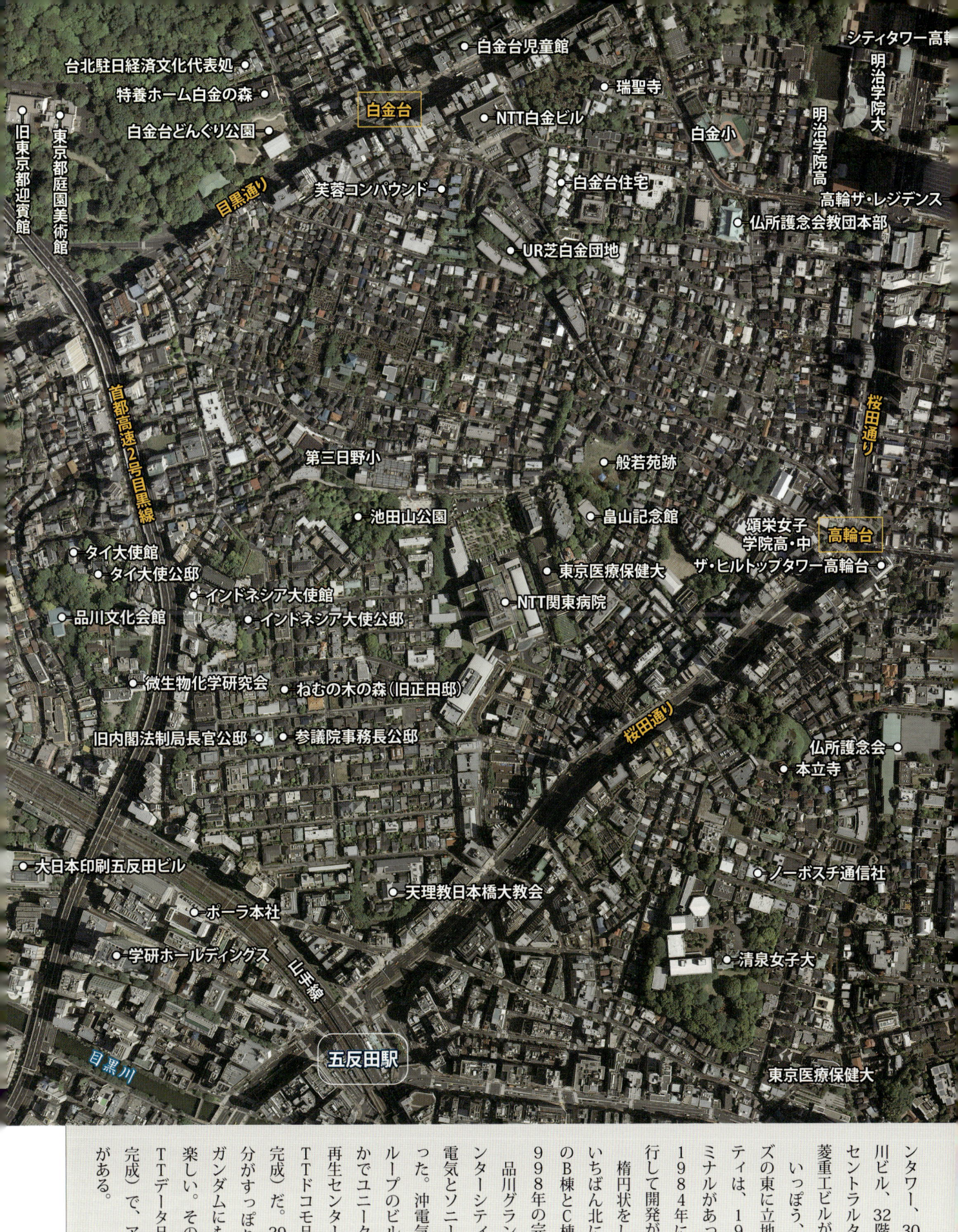

ンタワー、30階建ての太陽生命品川ビル、32階建ての品川グランドセントラルタワー、28階建ての三菱重工ビルが並ぶ。

いっぽう、品川グランドコモンズの東に立地する品川インターシティは、1980年まで貨物ターミナルがあった場所。国鉄時代の1984年に用地が売却され、先行して開発が動き出している。楕円状をした32階建てのA棟がいちばん北にあり、南に31階建てのB棟とC棟が並ぶ。いずれも1998年の完成。

品川グランドコモンズと品川インターシティの北側は、以前は沖電気とソニーの広大な工場用地だった。沖電気の跡地にはNTTグループのビルが建ち並ぶ。そのなかでユニークな形なのが、芝浦水再生センターの西側に屹立するNTTドコモ品川ビル（2003年完成）だ。29階建てだが、中層部分がすっぽり空いている珍しい構造。ガンダムにもたとえられる意匠が楽しい。その南が、27階建てのNTTデータ品川ビル（2003年完成）で、アレア品川という愛称がある。

247

航海中央卸売市場

高浜橋

東海大短大
泉岳寺
高輪台小
高輪消防署
野村證券高輪明生寮
田町電車区
住友金属寮
下水道局芝浦水処理センター
港区立港南荘団地
東禅寺
東芝高輪クラブ
特建工業
衆議院高輪議員会館予定地
品川客車区
日野自動車販売
高輪プリンスホテル
高輪プリンス会館
東京トヨペット営業所
沖電気工業
ソニー芝浦工場
ホテルパシフィック東京
第二京浜
京浜急行本社
東京観光ホテル
高島屋芝浦第一センター
ゴルフセンター
コクヨ
品川税務署
品川駅東口
日本新聞インキ
公団港南一丁目住宅
高輪東武ホテル
京品ホテル
京急品川駅・京急百貨店
中日ドラゴンズ練習場
中日新聞社東京本社
御楯橋
品川ボウリングセンター
東洋水産
品川スケートセンター
高輪美術館
日立金属高輪和彊館
中央卸売市場食肉市場
高浜運河
東京水産大
新幹線
東京第一運転所
森村学園女子部

高輪・品川 1975

ブルートレインが走り回っていた時代

左ページ下が五反田駅で、その北が高級住宅地として有名な池田山である。この一角に参議院副議長公邸という文字が見える。ここはのちに内閣法制局長官公邸となったが、永田町の首相官邸を建て替える際、当時の小泉純一郎総理が約2年半にわたって公邸として使用している。その後は中央省庁の「五反田共用会議所」となったがほどなく売却されている。

池田山の東斜面の部分には、関東逓信病院が立地している。1952年、日本電信電話公社の病院として開設。1999年にNTT東日本関東病院と改称している。

高輪にあった広大な宮邸も大変貌を遂げた。旧竹田宮邸は高輪プリンスホテルとなり、旧北白川宮邸はプリンス会館となり、ゴルフセンターとなった（のちに全体が新高輪

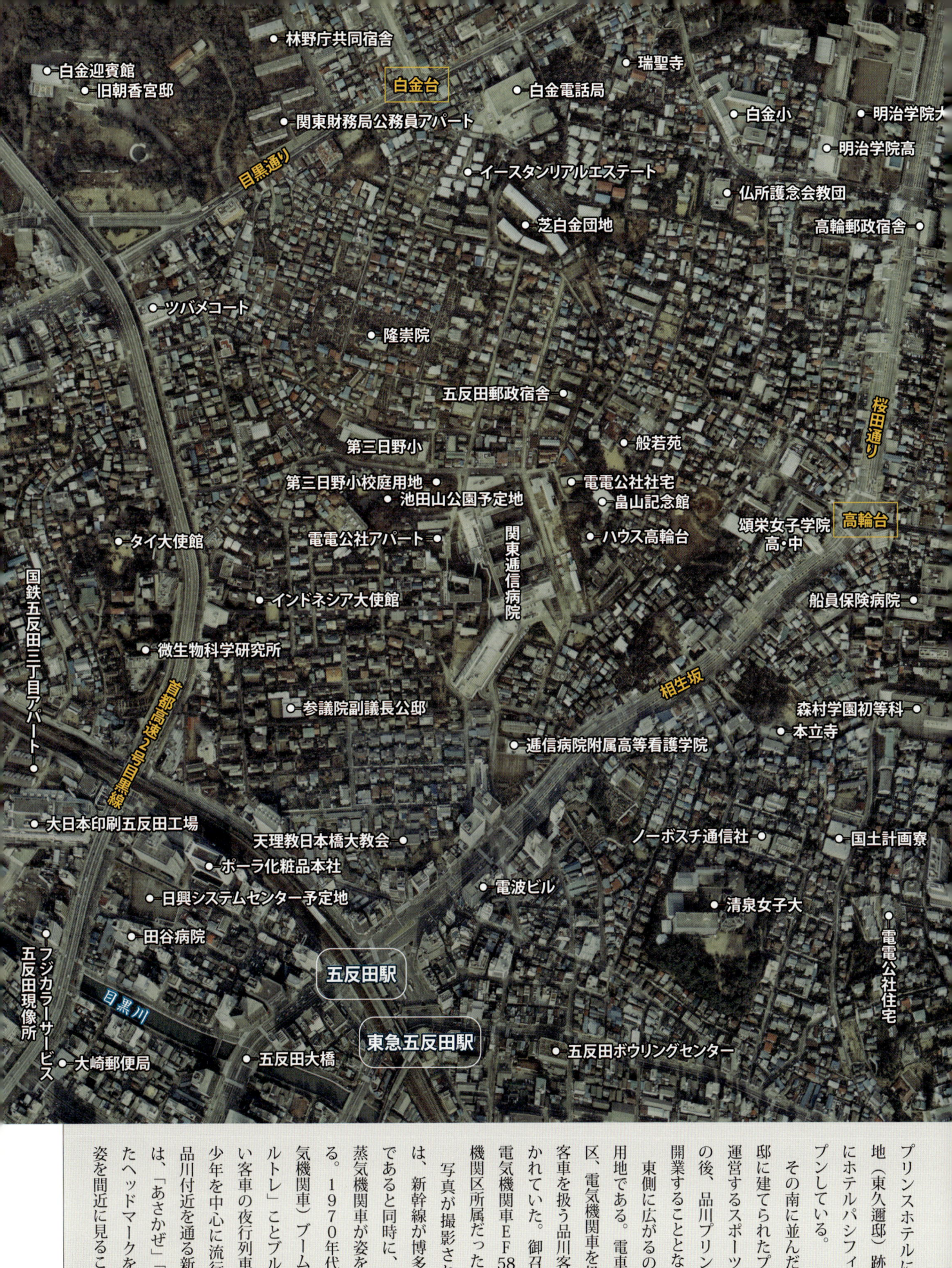

航空写真中の注記（北から南、左から右に概ね）:

- 白金迎賓館
- 旧朝香宮邸
- 林野庁共同宿舎
- 白金台
- 白金電話局
- 瑞聖寺
- 白金小
- 明治学院大
- 関東財務局公務員アパート
- 明治学院高
- 目黒通り
- イースタンリアルエステート
- 仏所護念会教団
- 芝白金団地
- 高輪郵政宿舎
- ツバメコート
- 隆崇院
- 五反田郵政宿舎
- 桜田通り
- 第三日野小
- 般若苑
- 第三日野小校庭用地
- 電電公社社宅
- 池田山公園予定地
- 畠山記念館
- タイ大使館
- 電電公社アパート
- 関東逓信病院
- ハウス高輪台
- 頌栄女子学院高・中
- 高輪台
- 国鉄五反田三丁目アパート
- インドネシア大使館
- 船員保険病院
- 微生物科学研究所
- 首都高速2号目黒線
- 相生坂
- 参議院副議長公邸
- 森村学園初等科
- 逓信病院附属高等看護学院
- 本立寺
- 大日本印刷五反田工場
- 天理教日本橋大教会
- ノーボスチ通信社
- 国土計画寮
- ポーラ化粧品本社
- 日興システムセンター予定地
- 電波ビル
- 清泉女子大
- フジカラーサービス五反田現像所
- 田谷病院
- 電電公社住宅
- 大崎郵便局
- 目黒川
- 五反田駅
- 五反田大橋
- 東急五反田駅
- 五反田ボウリングセンター

プリンスホテルに）。旧高輪御用地（東久邇邸）跡には1971年にホテルパシフィック東京がオープンしている。

その南に並んだ建物は、旧毛利邸に建てられたプリンスホテルが運営するスポーツ施設である。その後、品川プリンスホテルとして開業することとなる。

東側に広がるのが、広大な国鉄用地である。電車を扱う田町電車区、電気機関車を扱う東京機関区、客車を扱う品川客車区の三つに分かれていた。御召列車を牽引した電気機関車EF58 61号機も東京機関区所属だった。

写真が撮影された1975年は、新幹線が博多まで全通した年であると同時に、国鉄営業線から蒸気機関車が姿を消した年でもある。1970年代前半のSL（蒸気機関車）ブームに代わって、「ブルトレ」ことブルートレイン（青い客車の夜行列車）の撮影が、青少年を中心に流行し始めていた。品川付近を通る新幹線の車窓からは、「あさかぜ」「さくら」といったヘッドマークを付けた機関車の姿を間近に見ることができた。

1948 高輪・品川

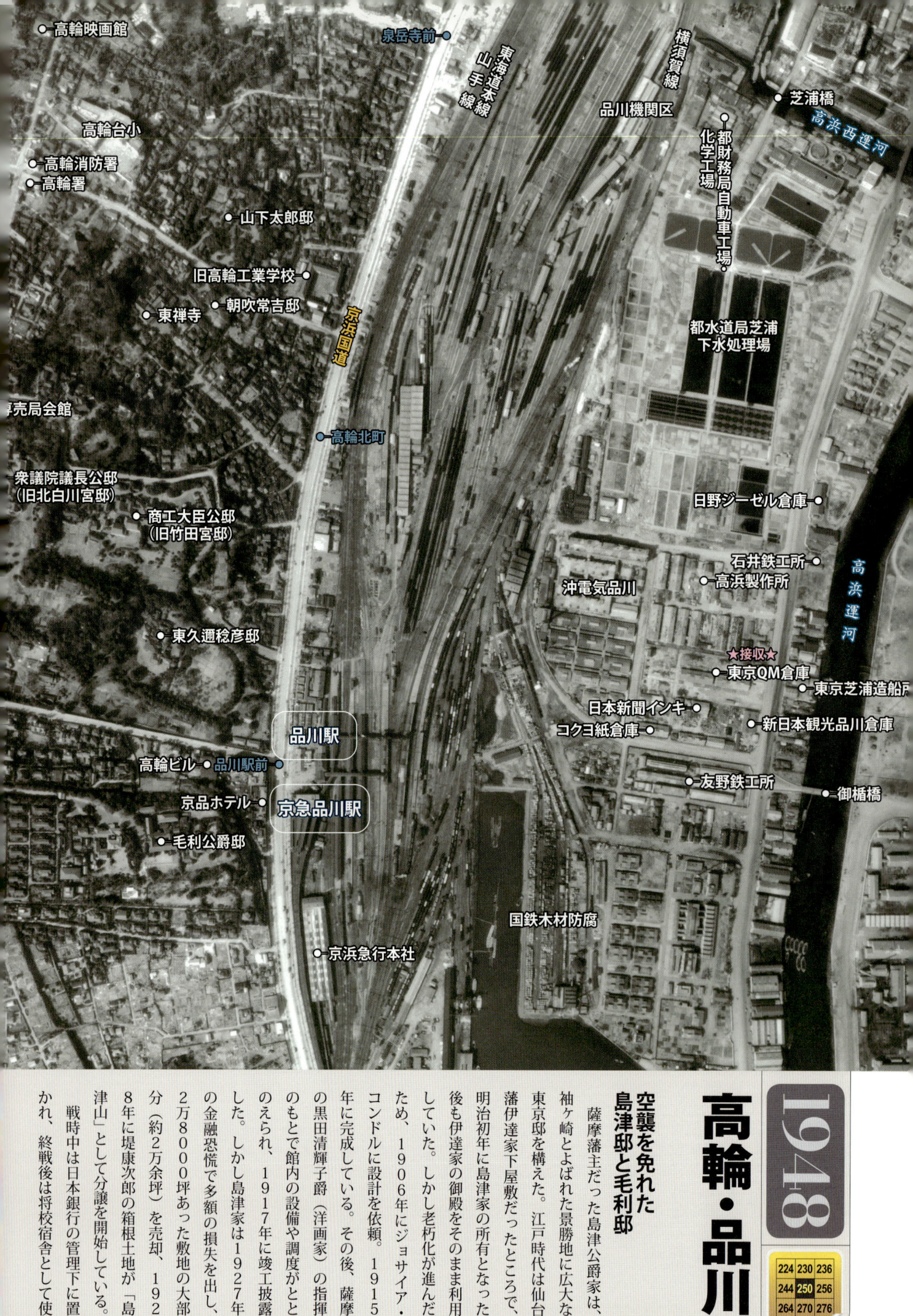

空襲を免れた島津邸と毛利邸

薩摩藩主だった島津公爵家は、袖ヶ崎とよばれた景勝地に広大な東京邸を構えた。江戸時代は仙台藩伊達家下屋敷だったところで、明治初年に島津家の所有となった後も伊達家の御殿をそのまま利用していた。しかし老朽化が進んだため、1906年にジョサイア・コンドルに設計を依頼。1915年に完成している。その後、薩摩の黒田清輝子爵（洋画家）の指揮のもとで館内の設備や調度がととのえられ、1917年に竣工披露した。しかし島津家は1927年の金融恐慌で多額の損失を出し、2万8000坪あった敷地の大部分（約2万余坪）を売却し、1928年に堤康次郎の箱根土地が「島津山」として分譲を開始している。戦時中は日本銀行の管理下に置かれ、終戦後は将校宿舎として使

（地図中のラベル）
- 高輪映画館
- 泉岳寺前
- 東海道本線
- 山手線
- 横須賀線
- 品川機関区
- 芝浦橋
- 高浜西運河
- 高輪台小
- 都財務局自動車工場
- 化学工場
- 高輪消防署
- 高輪署
- 山下太郎邸
- 都水道局芝浦下水処理場
- 旧高輪工業学校
- 東禅寺
- 朝吹常吉邸
- 京浜国道
- 日野ジーゼル倉庫
- 石井鉄工所
- 高浜製作所
- 高浜運河
- 専売局会館
- 高輪北町
- 沖電気品川
- 衆議院議長公邸（旧北白川宮邸）
- ★接収★
- 東京QM倉庫
- 東京芝浦造船所
- 商工大臣公邸（旧竹田宮邸）
- 日本新聞インキ
- コクヨ紙倉庫
- 新日本観光品川倉庫
- 東久邇稔彦邸
- 友野鉄工所
- 御楯橋
- 品川駅
- 高輪ビル・品川駅前
- 京品ホテル
- 京急品川駅
- 毛利公爵邸
- 国鉄木材防腐
- 京浜急行本社

地図上の注記（上から下、おおよその位置順）:

- 明治学院
- 白金小
- 白金台町
- 藤原銀次郎邸
- 白金郵便局
- 二本榎
- （大久保侯爵邸）
- 第三日野小
- 般若苑
- 頌栄女子学園高・中
- 関東逓信病院予定地
- 池田侯爵邸
- 小早川子爵邸
- 白金猿町
- 森村学園初等科
- 樺山伯爵邸
- 日本家政学院
- 奥平伯爵邸
- ★接収★
- 島津公爵邸
- 山手線
- 五反田駅前
- 五反田駅
- 目黒川
- 五反田川暗渠
- 白木屋
- 本村橋
- 五反田劇場
- 大崎橋
- 東急五反田駅

用された。清泉女子大学が1961年に日銀から購入して移転した後も、旧島津邸の洋館は、大学本館として保存・活用されている。

旧畠山邸は、荏原製作所を創業した畠山一清の邸宅。もとは薩摩出身の寺島宗則伯爵邸だった。畠山は、奈良般若寺の客殿や能舞台を移築するなど、贅を尽くした豪邸を構えたが、戦後、邸地の大部分は売却され、1948年に料亭「般若苑」が開業。政財界人に好まれた般若苑は、三島由紀夫の『宴のあと』のモデルとなったことでも知られる。

品川駅の西側には広大な北白川・竹田の両宮邸と皇室用地（高輪南町御用邸）があった。二つの宮邸は堤康次郎の国土計画が手に入れ、プリンスホテルとなった。高輪南町御用邸は、朝香宮が居住していたが、1933年に白金の新邸が完成してからは空家だった。戦後は、麻布の屋敷を失った総理経験者の東久邇宮稔彦王が、臣籍降下後の1960年代まで住みつづけている。御用邸跡は、京急が開発したホテルパシフィック東京や品川税務署になった。

レインボーブリッジ／首都高速台場線／ゆりかもめ

第六台場

第三台場

品川内貿上屋

鳥の島

港南 2009

レインボーブリッジが拓いたお台場新時代

左が芝浦で、中ほどが品川埠頭。レインボーブリッジを渡った先が、お台場である。運河と港の間に多様な埋立地が並び、それらを結ぶ橋梁と道路は、水都としての魅力を存分に見せている。

きれいな円を描いているのは、レインボーブリッジのループ道路で、その下には新交通ゆりかもめの軌道が確保されている。

1993年に完成したレインボーブリッジは、芝浦とお台場を結ぶ吊り橋。長さは798メートル、主塔の高さは126メートルに達する。橋上からは、東京のパノラマが一望できる。

橋のすぐそばに浮かんでいるのが、第六台場である。史蹟公園に指定されているが、樹木が繁茂し、石垣は相当傷んでいる。その右下の防波堤は鳥の島と名づけられて

226	232	238
246	252	258
266	272	278

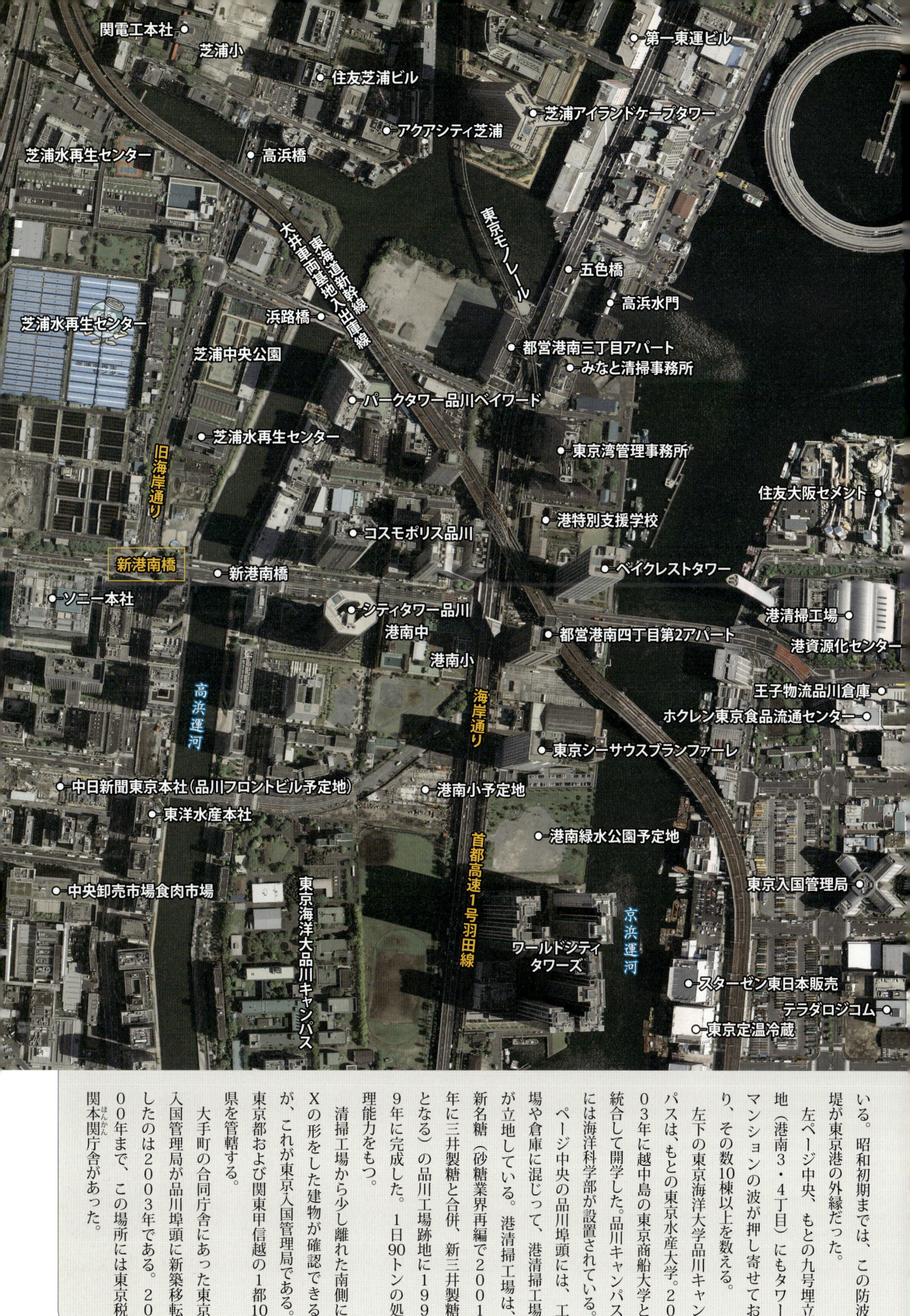

航空写真のラベル（位置順・上から下、左から右を目安に）:

- 関電工本社
- 第一東運ビル
- 芝浦小
- 住友芝浦ビル
- 芝浦アイランドケープタワー
- アクアシティ芝浦
- 芝浦水再生センター
- 高浜橋
- 東京モノレール
- 五色橋
- 東海道新幹線
- 大井車両基地入出庫線
- 高浜水門
- 芝浦水再生センター
- 浜路橋
- 芝浦中央公園
- 都営港南三丁目アパート
- みなと清掃事務所
- パークタワー品川ベイワード
- 芝浦水再生センター
- 東京湾管理事務所
- 旧海岸通り
- コスモポリス品川
- 港特別支援学校
- 住友大阪セメント
- 新港南橋
- 新港南橋
- ベイクレストタワー
- ソニー本社
- シティタワー品川
- 港清掃工場
- 港南中
- 都営港南四丁目第2アパート
- 港資源化センター
- 港南小
- 海岸通り
- 王子物流品川倉庫
- ホクレン東京食品流通センター
- 高浜運河
- 東京シーサウスブランファーレ
- 中日新聞東京本社（品川フロントビル予定地）
- 港南小予定地
- 東洋水産本社
- 港南緑水公園予定地
- 首都高速1号羽田線
- 東京入国管理局
- 中央卸売市場食肉市場
- 東京海洋大品川キャンパス
- 京浜運河
- ワールドシティタワーズ
- スターゼン東日本販売
- テラダロジコム
- 東京定温冷蔵

いる。昭和初期までは、この防波堤が東京港の外縁だった。左ページ中央、もとの九号埋立地（港南3・4丁目）にもタワーマンションの波が押し寄せており、その数10棟以上を数える。

左下の東京海洋大学品川キャンパスは、もとの東京商船大学と2003年に越中島の東京水産大学と統合して開学した。品川キャンパスには海洋科学部が設置されている。

ページ中央の品川埠頭には、工場や倉庫に混じって、港清掃工場が立地している。港清掃工場は、新名糖（砂糖業界再編で2001年に三井製糖と合併、新三井製糖となる）の品川工場跡地に1999年に完成した。1日90トンの処理能力をもつ。

清掃工場から少し離れた南側にXの形をした建物が確認できるが、これが東京入国管理局である。東京都および関東甲信越の1都10県を管轄する。

大手町の合同庁舎にあった東京入国管理局が品川埠頭に新築移転したのは2003年である。2000年まで、この場所には東京税関本関庁舎があった。

東京海上保安部
日本水難救済会

第六台場

第三台場

内貿上屋
内貿上屋
内貿上屋
外貿上屋
外貿上屋
横浜倉庫営業所

第三台場貯木場

東京都港湾局海運貨物野積場

1975 港南

埋立地にもあった陸上自衛隊の分屯地

左ページ上から南東に向けて斜めに横切っているのは、東海道新幹線回送線と東海道貨物線である。貨物線は、汐留貨物駅から浜松町を経由して大井埠頭の東京貨物ターミナル駅を結んでおり、大汐線という通称もある。新幹線の回送線は大井車両基地を結ぶ。

五色橋そばの汚泥処理工場は、隣接する芝浦水再生センターの付属施設である。近年その機能は城南島の南部スラッジプラントに移管されている。汚泥処理工場跡地には芝浦水再生センターの新ポンプ棟を建設する話もある。

同じ埋立地の左下には都営芝浦第二団地がある。ここは現在、43階建てのシティタワー品川という24階建ての都営港南四丁目第3アパートなどに建て替えられている。

地図ラベル（北から南、西から東へ）

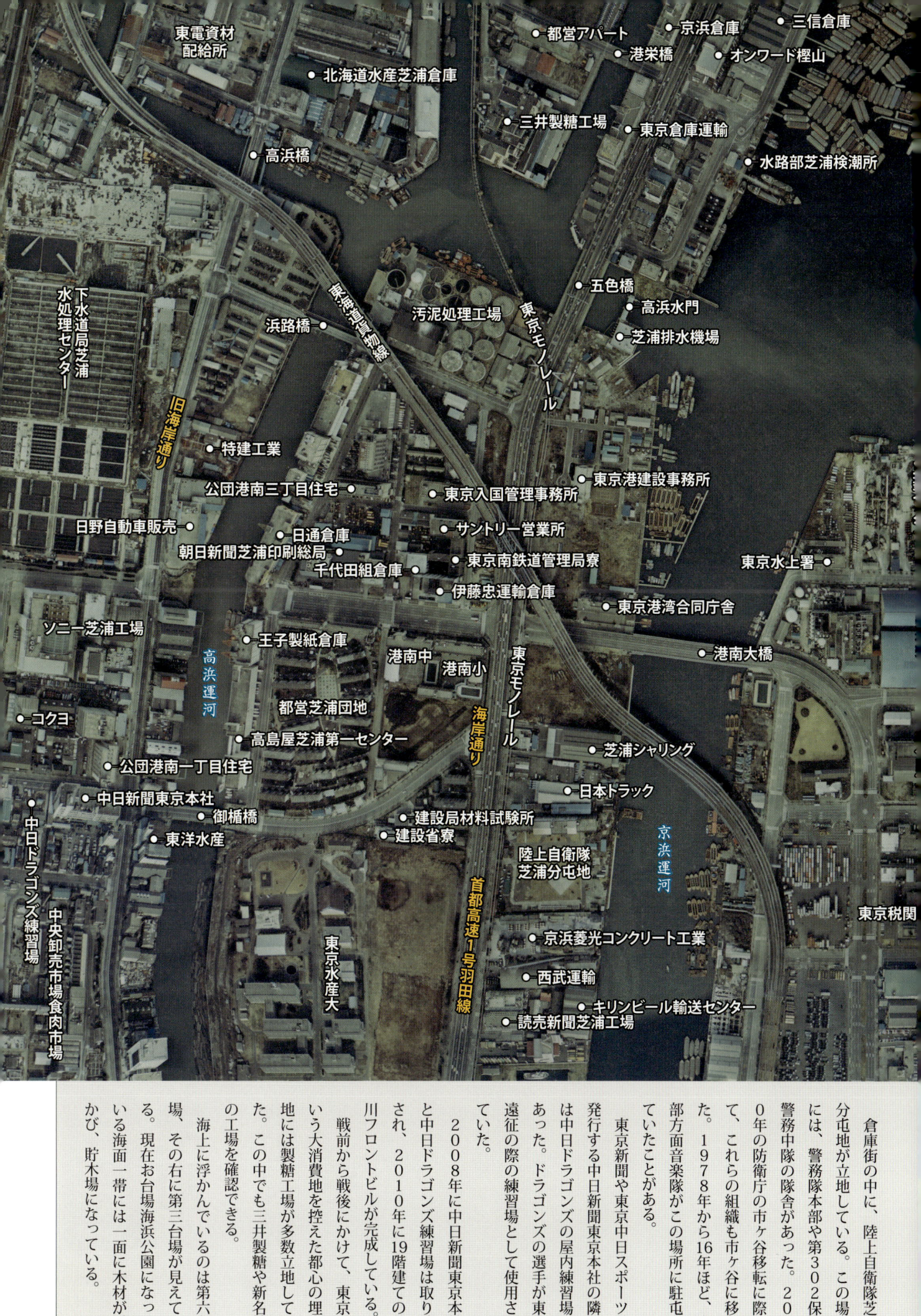

- 東電資材配給所
- 都営アパート
- 京浜倉庫
- 三信倉庫
- 北海道水産芝浦倉庫
- 港栄橋
- オンワード樫山
- 高浜橋
- 三井製糖工場
- 東京倉庫運輸
- 水路部芝浦検潮所
- 下水道局芝浦水処理センター
- 浜路橋
- 東海道新幹線
- 汚泥処理工場
- 五色橋
- 高浜水門
- 東京モノレール
- 芝浦排水機場
- 旧海岸通り
- 特建工業
- 公団港南三丁目住宅
- 東京入国管理事務所
- 東京港建設事務所
- 日野自動車販売
- 日通倉庫
- サントリー営業所
- 朝日新聞芝浦印刷総局
- 千代田組倉庫
- 東京南鉄道管理局寮
- 東京水上署
- 伊藤忠運輸倉庫
- 東京港湾合同庁舎
- ソニー芝浦工場
- 王子製紙倉庫
- 港南中
- 港南小
- 東京モノレール
- 港南大橋
- コクヨ
- 高浜運河
- 都営芝浦団地
- 海岸通り
- 芝浦シャリング
- 公団港南一丁目住宅
- 高島屋芝浦第一センター
- 日本トラック
- 中日新聞東京本社
- 御楯橋
- 東洋水産
- 建設局材料試験所
- 建設省寮
- 陸上自衛隊芝浦分屯地
- 京浜運河
- 中日ドラゴンズ練習場
- 中央卸売市場食肉市場
- 東京水産大
- 首都高速1号羽田線
- 京浜菱光コンクリート工業
- 東京税関
- 西武運輸
- キリンビール輸送センター
- 読売新聞芝浦工場

倉庫街の中に、陸上自衛隊芝浦分屯地が立地している。この場所には、警務隊本部や第302保安警務中隊の隊舎があった。2000年の防衛庁の市ヶ谷移転に際して、これらの組織も市ヶ谷に移った。1978年から16年ほど、東部方面音楽隊がこの場所に駐屯していたことがある。

東京新聞や東京中日スポーツを発行する中日新聞東京本社の隣には中日ドラゴンズの屋内練習場があった。ドラゴンズの選手が東京遠征の際の練習場として使用されていた。

2008年に中日新聞東京本社と中日ドラゴンズ練習場は取り壊され、2010年に19階建ての品川フロントビルが完成している。

戦前から戦後にかけて、東京という大消費地を控えた都心の埋立地には製糖工場が多数立地していた。この中でも三井製糖や新名糖の工場を確認できる。

海上に浮かんでいるのは第六台場、その右に第三台場が見えている。現在お台場海浜公園になっている海面一帯には一面に木材が浮かび、貯木場になっている。

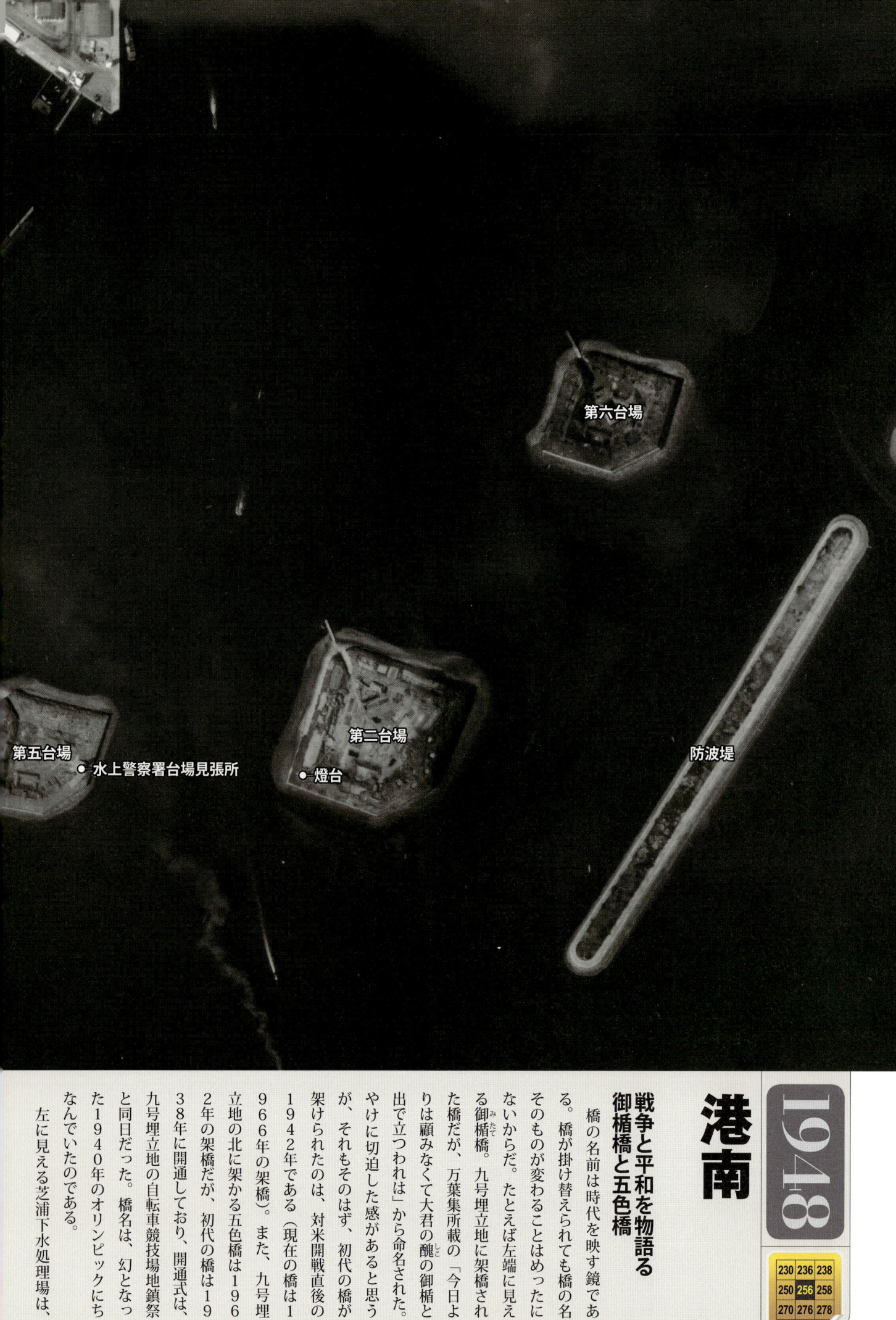

画像中のラベル:
- 第六台場
- 第五台場
- 水上警察署台場見張所
- 燈台
- 第二台場
- 防波堤

港南 1948

戦争と平和を物語る御楯橋と五色橋

　橋の名前は時代を映す鏡である。橋が掛け替えられても橋の名そのものが変わることはめったにないからだ。たとえば左端に見える御楯橋。九号埋立地に架橋された橋だが、万葉集所載の「今日よりは顧みなくて大君の醜の御楯と出で立つわれは」から命名された。やけに切迫した感があると思うが、それもそのはず、初代の橋が架けられたのは、対米開戦直後の1942年である（現在の橋は1966年の架橋）。また、九号埋立地の北に架かる五色橋も1942年の架橋だが、初代の橋は1938年に開通しており、開通式は、九号埋立地の自転車競技場地鎮祭と同日だった。橋名は、幻となった1940年のオリンピックにちなんでいたのである。

　左に見える芝浦下水処理場は、

港栄橋
★接収★
芝浦アイススケート場
芝浦西運河
芝浦運河
★接収★
東京QM倉庫
芝浦橋
東光電気
朝日冷蔵
中島倉庫
高浜西運河
高浜橋
都財務局自動車工場・化学工場
五色橋
浜路橋
水道局芝浦下水処理場
水道局用地
★接収★
東京QM倉庫
日野ジーゼル倉庫
石井鉄工所
高浜製作所
高浜運河
★接収★
東京QM倉庫
東京芝浦造船所
日本新聞インキ
新日本観光品川車庫
コクヨ紙倉庫
友野鉄工所
御楯橋
★接収★
旧海軍経理学校

三河島、砂町に次ぐ東京市内三番目の下水処理場で、1931年に稼働を開始している。この処理場が完成したおかげで、丸の内のオフィス街のトイレは完全な水洗式になった。それまでは浄化槽にためた後は汲み取りを必要としたため、悪臭が漂っていたのだ。

ウォーターフロントの象徴のように見られがちな「お台場」という名称だが、台場とは砲台を意味した。ペリー艦隊の再来航に備えて幕末に急造されたもので、品川台場で完成したのは6基あったが、現在残されているのは第三台場と第六台場の2つのみ。この写真では、第二、第五、第六の3つの台場が写っている。このうち第五台場は、南側の第一台場とともに品川埠頭の埋立地の一部となり、1962年から翌年にかけて行われた品川埠頭埋め立て造成で、その一部として埋設された。

第二台場は航行の支障になるという理由で撤去された。頑丈にできていたため、撤去作業は難航し、1959年から始まった工事は、1961年12月までおよんだ。石垣の一部は晴海ふ頭公園に残る。

第七台場（未完成）

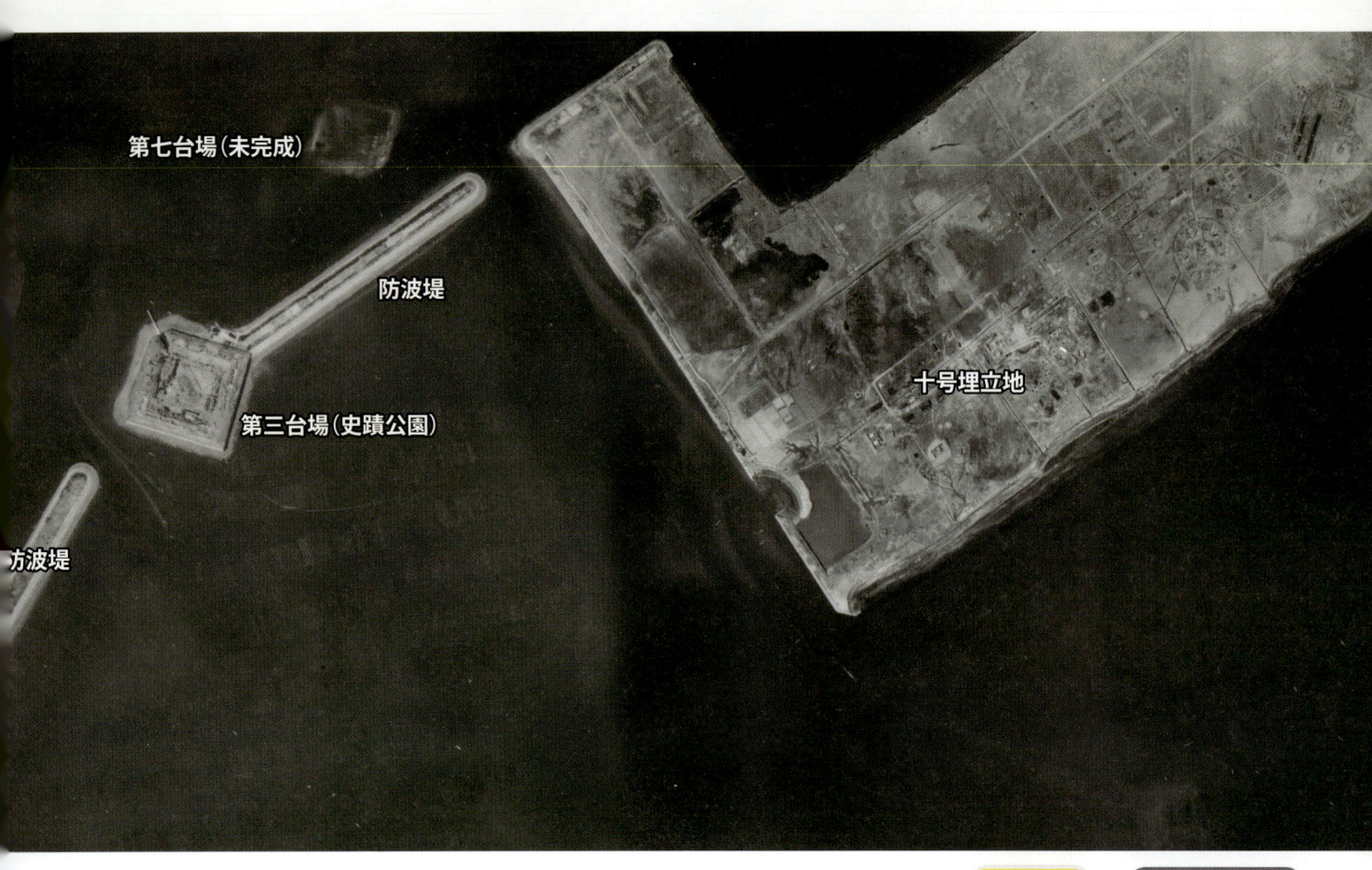

防波堤

第三台場（史蹟公園）

防波堤

十号埋立地

1948

お台場

貯木場と野積場だった40年前のお台場風景

東京港では、1955年ごろから、竹芝、日の出、芝浦の各岸壁をはじめ、接収されていた大部分の荷揚げ施設が返還された。しかし岸壁に余裕がなかった当時、東京港で主流だったのは、岸壁に接岸しての荷役ではなく、艀（はしけ）による荷揚げだった。そのため港内は大混雑していた。そこで1956年、10年計画となる東京港港湾計画を策定し、大規模な港湾整備がはじまる。お台場貯木場の整備が行われたのもこの時期である。

1948年の空中写真には、東京港の防波堤と第三台場がぽつんと浮かんでいる。中央上にぼんやり見えるのが第七台場である。第七台場とは、幕末に築造された品川台場のひとつで、完成直前で放棄された。満潮時には海面の下に隠れるが、潮が引くと顔を出す。第七台場は、東京港を行き来する船舶が増えるにつれて危険な存在として意識されるようになり、1965年に撤去されている。

右側は十号埋立地。現在の有明である。昆虫の巣のようにも見える土盛りは高射砲陣地跡だろうか。1975年の空中写真では、現在の風景とはかけ離れた光景が広がっている。一帯は、貯木場や材木置き場、野積場などとして使用されており、第三台場周辺の水面は、輸入材でびっしりと埋めつくされている。

現在のお台場周辺は、都心のリゾートといった印象がある。ところが空撮してみると、まだまだ剥き出しの土地の多いことがわかる。

1975年の有明の埋立地で大きな面積を占めている草地は、東雲（しののめ）ゴルフクラブである。1952年に開場した名門ゴルフクラブだ。この写真撮影から6年経った1981年に閉鎖された。その後、ゴルフクラブは、新たなコースを栃木県塩谷郡高根沢町に求めて移転、同名の東雲ゴルフクラブとして再開されている。跡地には、有明テニスの森が1983年に開園している。公園の象徴である有明コロシアムが完成するのは、1987年。1991年には、開閉式の屋根になった。日本を代表するテニスコートである。現在の有明といえば、東京ビッグサイトの所在地として名高い。この施設は、晴海の見本市会場閉場と同じ年、1996年に開場した見本市会場である。

258

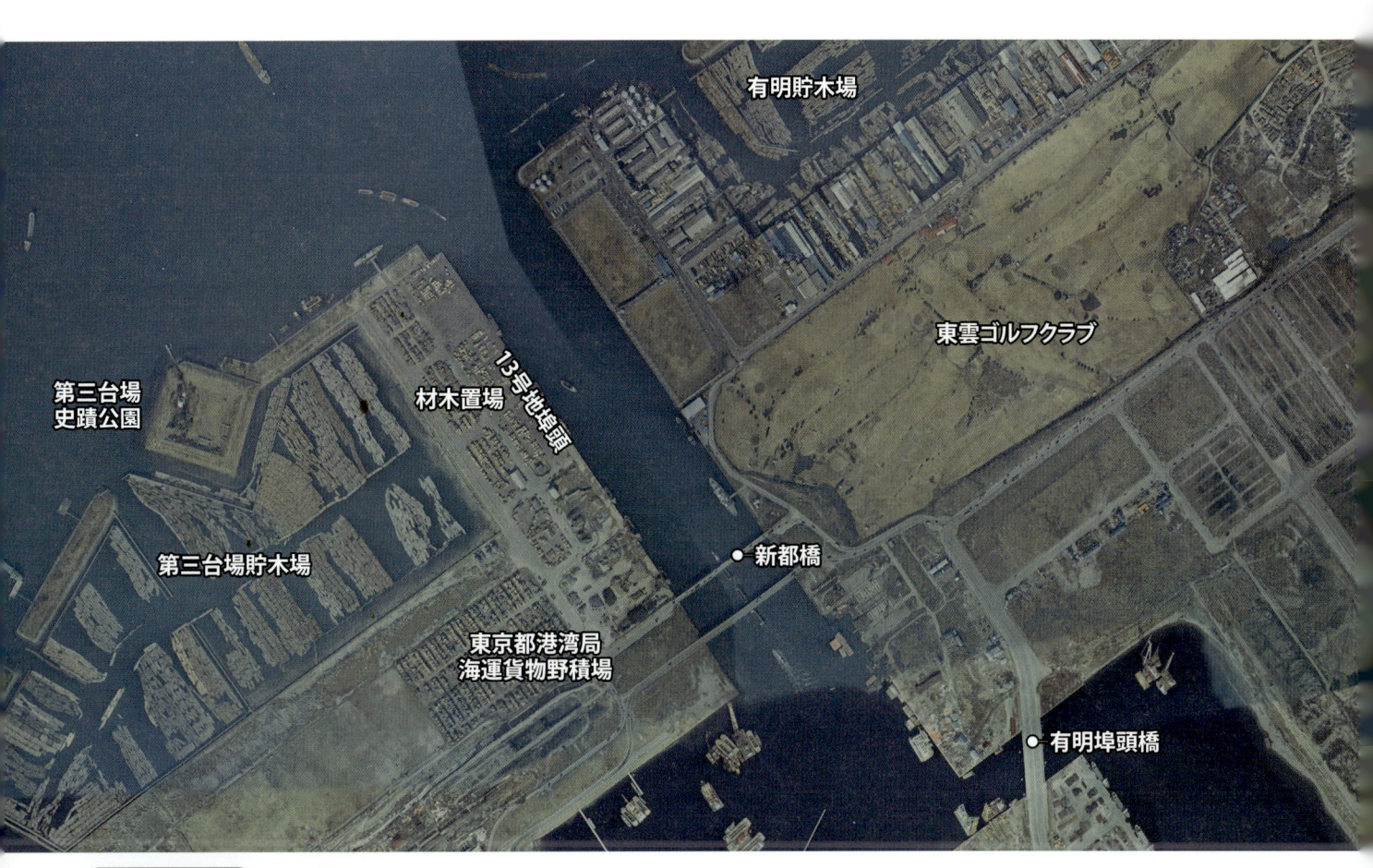

1975

- 有明貯木場
- 東雲ゴルフクラブ
- 第三台場史蹟公園
- 材木置場
- 13号地埠頭
- 第三台場貯木場
- 新都橋
- 東京都港湾局海運貨物野積場
- 有明埠頭橋

2009

- ディファ有明
- 首都高速晴海線／ゆりかもめ
- 有明コロシアム
- 首都高速台場線／ゆりかもめ
- 有明清掃工場
- 国際展示場駅
- 有明駅
- シーリアお台場
- がん研有明病院
- 台場公園
- 港陽中・小
- 有明スポーツセンター
- 有明パークビル
- 第三台場
- お台場レインボー公園
- 東京ベイ有明ワシントンホテル
- TOC有明
- シーリアお台場
- のぞみ橋
- 鳥の島
- 有明JCT
- お台場海浜公園
- 東京ファッションタウンビル東館
- シーリアお台場
- 東京都水の科学館
- 西館
- 東京ビッグサイト
- お台場海浜公園駅
- アニヴェルセル東京ベイ
- デックス東京ビーチ
- 夢の大橋
- 国際展示場正門駅
- 有明客船ターミナル
- ホテルトラスティ東京ベイサイド
- アクアシティお台場
- フジテレビ
- 首都高速湾岸線
- パレットタウン

武蔵小山

武蔵小山と戸越銀座、元気な商店街

首都高速2号目黒線、第二京浜（国道1号）や中原街道（都道2号）、鉄道の東急目黒線や東急池上線は、いずれも北東から南西に向かって延びている。都心部から郊外に向かって放射状に建設された路線であることを示している。放射線に較べて環状線が貧弱なのはここでも同じだ。環状道路といえるのは、左上から右下に走る都道420号くらいのものである。この道路は、山手通りと環七通りの間に計画された道路だが、計画策定から70年近くたっても、全通の見込みはたっていない。左ページ上端の緑は林試の森公園。1989年に開園するまで樹影はそれほど濃くなかったが、ずいぶん緑が育っている。

林試公園の南を南西に延びる道路はかむろ坂通り。区画整理で誕生

画像中のラベル：
- かむろ坂
- 攻玉社高・中
- 城南信用金庫本店
- 山手通り
- 桜田通り
- 第一日野小
- 首都高速2号目黒線
- 第二TOCビル
- ゆうほうと
- 大陽日酸本社
- 桐ヶ谷斎場
- 旧日野中（第一日野小予定地）
- 五反田文化センター
- TOCビル
- 長応寺
- 東急池上線
- 星薬科大
- 荏原第一中
- 荏原出入口
- 藤倉航装
- ライフ大崎百反通店
- 戸越出入口
- 東京三菱UFJ銀行五反田研修所
- 東電戸越変電所
- 百反通り
- 都営荏原二丁目アパート・荏原複合施設
- 荏原二丁目
- 戸塚橋
- 荏原平塚中
- 戸越銀座駅
- 戸越台中
- 京陽小
- 戸越銀座商店街
- 荏原消防署
- 旧荏原第二中
- 都道420号
- 第二京浜
- 戸越八幡神社
- 中延小

2009

地図上のラベル：
- 林試の森公園
- 公務員小山台住宅
- 公務員小山台住宅
- ドルフ目黒
- 月光原小
- 小山台小
- 目黒中央体育館入口
- 小山台高
- 康済会病院
- 武蔵小山駅
- パークホームズ武蔵小山
- 目黒区立中央体育館
- 向原小
- 武蔵小山商店街パルム
- 東急ストア
- パルム駐車場
- ステラメゾン武蔵小山
- 荏原第六中
- 小山小
- 西小山駅
- 旧平塚小
- サミット西小山店
- サミット荏原四丁目店
- NTT荏原ビル
- 立会道路
- 中原街道
- 目黒第九中
- 荏原郵便局

生した道路で、桜並木のみごとさで知られるようになった。

かつての目蒲線は、2000年に目黒線と改称し、2006年に不動前～洗足間が地下化された。地下化直後、軌道跡の大部分は更地だったが、現在では公園や住宅などへの転用が進んでいる。

武蔵小山駅を基点に南東と南西方向には商店街のアーケードが延びている。とりわけ南東方向の武蔵小山商店街「パルム」のアーケードは、都内最長の800メートルに達し、加盟店舗は約200軒以上を数える。現在、再開発して40階以上のビルを建設する計画が進んでおり、数年後には大きく姿を変えてしまいそうだ。

「パルム」のアーケードが途切れたすぐそばから、東西方向に戸越銀座商店街がはじまる。こちらは長さ1・3キロメートルで店舗数は約400軒を数える。

この商店街が、銀座商店街のお墨付きを得て戸越銀座を名乗ったのは、1927年7月の商店会発足時である。翌8月に開業した池上電鉄（東急池上線）の新駅は、最初から戸越銀座駅だった。

1975 武蔵小山

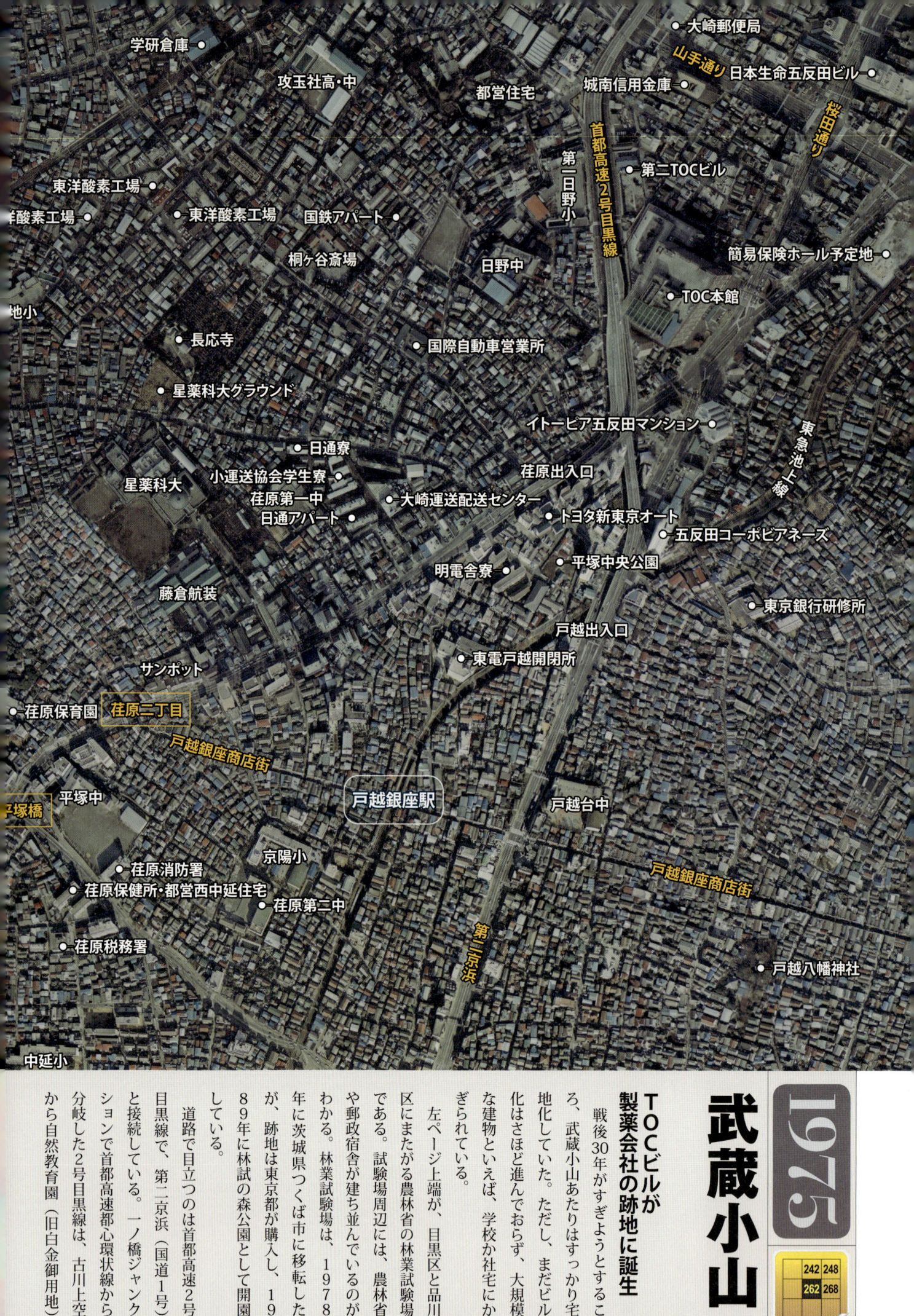

TOCビルが製薬会社の跡地に誕生

戦後30年がすぎようとするころ、武蔵小山あたりはすっかり宅地化していた。ただし、まだビル化はさほど進んでおらず、大規模な建物といえば、学校か社宅にかぎられている。

左ページ上端が、目黒区と品川区にまたがる農林省の林業試験場である。試験場周辺には、農林省や郵政宿舎が建ち並んでいるのがわかる。林業試験場は、1978年に茨城県つくば市に移転したが、跡地は東京都が購入し、1989年に林試の森公園として開園している。

道路で目立つのは首都高速2号目黒線で、第二京浜（国道1号）と接続している。一ノ橋ジャンクションで首都高都心環状線から分岐した2号目黒線は、古川上空から自然教育園（旧白金御用地）

地図内ラベル

- 学研倉庫
- 攻玉社高・中
- 都営住宅
- 大崎郵便局
- 山手通り
- 日本生命五反田ビル
- 桜田通り
- 東洋酸素工場
- 東洋酸素工場
- 酸素工場
- 国鉄アパート
- 城南信用金庫
- 首都高速2号目黒線
- 第二TOCビル
- 地小
- 桐ヶ谷斎場
- 日野中
- 第二日野小
- 簡易保険ホール予定地
- TOC本館
- 長応寺
- 国際自動車営業所
- 星薬科大グラウンド
- イトーピア五反田マンション
- 東急池上線
- 星薬科大
- 日通寮
- 小運送協会学生寮
- 荏原第一中
- 日通アパート
- 大崎運送配送センター
- 荏原出入口
- トヨタ新東京オート
- 五反田コーポビアネーズ
- 藤倉航装
- 明電舎寮
- 平塚中央公園
- 東京銀行研修所
- 戸越出入口
- サンポット
- 東電戸越開閉所
- 荏原保育園
- 荏原二丁目
- 戸越銀座商店街
- 平塚橋
- 平塚中
- 戸越銀座駅
- 戸越台中
- 京陽小
- 荏原消防署
- 荏原保健所・都営西中延住宅
- 荏原第二中
- 戸越銀座商店街
- 第二京浜
- 荏原税務署
- 戸越八幡神社
- 中延小

地図上の注記:
- 農林省小山台住宅
- 農林省林業試験場
- 林試寮
- 農林省小山台住宅
- 小山台住宅
- 農林省小山台住宅
- 長谷川電機製作所
- 月光原小
- ドルフ目黒
- 小山台小
- 小山台高
- 康済会病院
- 武蔵小山駅
- 東電小山支社
- 大丸百貨店
- 東亜百貨店
- 目黒区立中央体育館
- 武蔵小山商店街
- 向原小
- 月光保育園
- 三葉製作所
- 荏原武蔵野会館
- 西友ストア
- 荏原第六中
- 小山小
- 西小山駅
- 平塚小
- 荏原電話局別館
- 荏原電話局
- 目黒第九中
- 荏原郵便局

脇を通って、第二京浜（戸越出入口）と中原街道（荏原出入口）にそれぞれ出入口を開いている。開通は1967年で、その後の延伸はない。

ランドマークだった星製薬本社の跡地には、1970年、複合施設のTOC（東京卸売センター）ビルがオープンしている。星一族の手を離れた星製薬を傘下に収めたのが、鉄鋼などで財を成し、ホテルニューオータニを建設した大谷米太郎である。TOCビルは、1968年に病没した大谷の生前最後の事業といえるものだった。そのTOCビルも完成から40年以上経ち、昨今では建て替えが取りざたされるようになっている。

ところで東西に延びる戸越銀座が一直線なのは、意外にも偶然の産物。もとは谷筋の地形で、中央を直線状に川が流れていた。とこ ろが、関東大震災後、戸越一帯は都心部からの住民流入で人口が急増。この谷を開発する機運が盛り上がる。川を暗渠化し、本家の銀座で使われなくなった道路敷の煉瓦を譲り受け、造成途上の道に並べていった経緯がある。

1948 武蔵小山

時代を先取りしていた第二京浜道路

1947年に旧品川区と合併して現在の品川区の一部となった荏原区は、品川区の南西に位置していた。この写真の撮影範囲は、もとの荏原区の中心地にあたるわけだが、中小工場が集中していたため空襲目標となり、1945年5月24日と25日の空襲で、中心部はほとんど焼失していた。

右ページに見える大きなロータリーが大崎広小路交差点で、中原街道と分岐して、南に延びているのが新京浜（第二京浜）。主要道や鉄道線との交差はロータリーや立体交差を用い、片側2車線で電線を埋設するなど、破格の高規格道路だった。1952年には新京浜が国道1号に指定されている。

この地域を代表するランドマークが、星薬科大学と星製薬である。「星」とは創業者星一の姓で、S

画像内ラベル：
- 行元寺
- 攻玉社高・中
- 氷川神社
- 安楽寺
- 第一日野小
- 東洋酸素機械
- 桐ヶ谷火葬場
- 日野中
- 星製薬本社・大崎工場
- 長応寺
- 品川用水
- 星薬科大
- 荏原第一中予定地
- 東急池上線
- 桐ヶ谷駅（休止）
- 藤産業
- 中原街道
- 日本ゴム工業
- 戸塚橋
- 都営住宅
- 戸越銀座駅
- 京陽小
- 品川区役所荏原支所
- 荏原第二中予定地
- 新京浜国道
- 戸越銀座通り
- 中延小

地図上の注記（上から、位置順）:

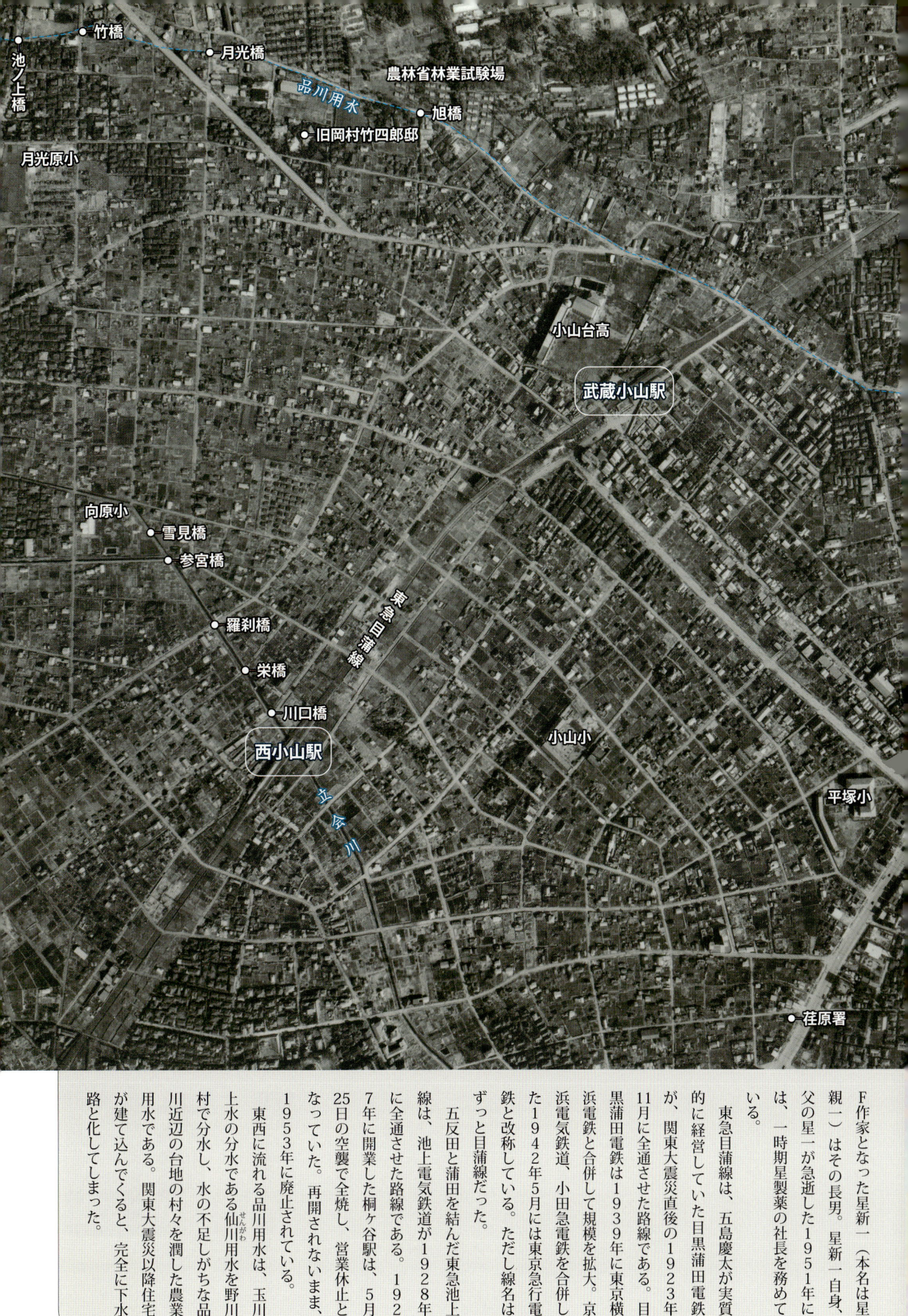

- 池ノ上橋
- 竹橋
- 月光橋
- 品川用水
- 農林省林業試験場
- 旧岡村竹四郎邸
- 旭橋
- 月光原小
- 小山台高
- 武蔵小山駅
- 向原小
- 雪見橋
- 参宮橋
- 東急目蒲線
- 羅刹橋
- 栄橋
- 川口橋
- 西小山駅
- 小山小
- 立会川
- 平塚小
- 荏原署

F作家となった星新一（本名は星親一）はその長男。星新一自身は、一時期星製薬の社長を務めていた父の星一が急逝した1951年に、一時期星製薬の社長を務めている。

東急目蒲線は、五島慶太が実質的に経営していた目黒蒲田電鉄が、関東大震災直後の1923年11月に全通させた路線である。目黒蒲田電鉄は1939年に東京横浜電気鉄道と合併して規模を拡大。京浜電気鉄道、小田急電鉄を合併した1942年5月には東京急行電鉄と改称している。ただし線名はずっと目蒲線だった。

五反田と蒲田を結んだ東急池上線は、池上電気鉄道が1928年に全通させた路線である。1927年に開業した桐ヶ谷駅は、5月25日の空襲で全焼し、営業休止となっていた。再開されないまま、1953年に廃止されている。

東西に流れる品川用水は、玉川上水の分水である仙川用水を野川村で分水し、水の不足がちな品川近辺の台地の村々を潤した農業用水である。関東大震災以降住宅が建て込んでくると、完全に下水路と化してしまった。

265

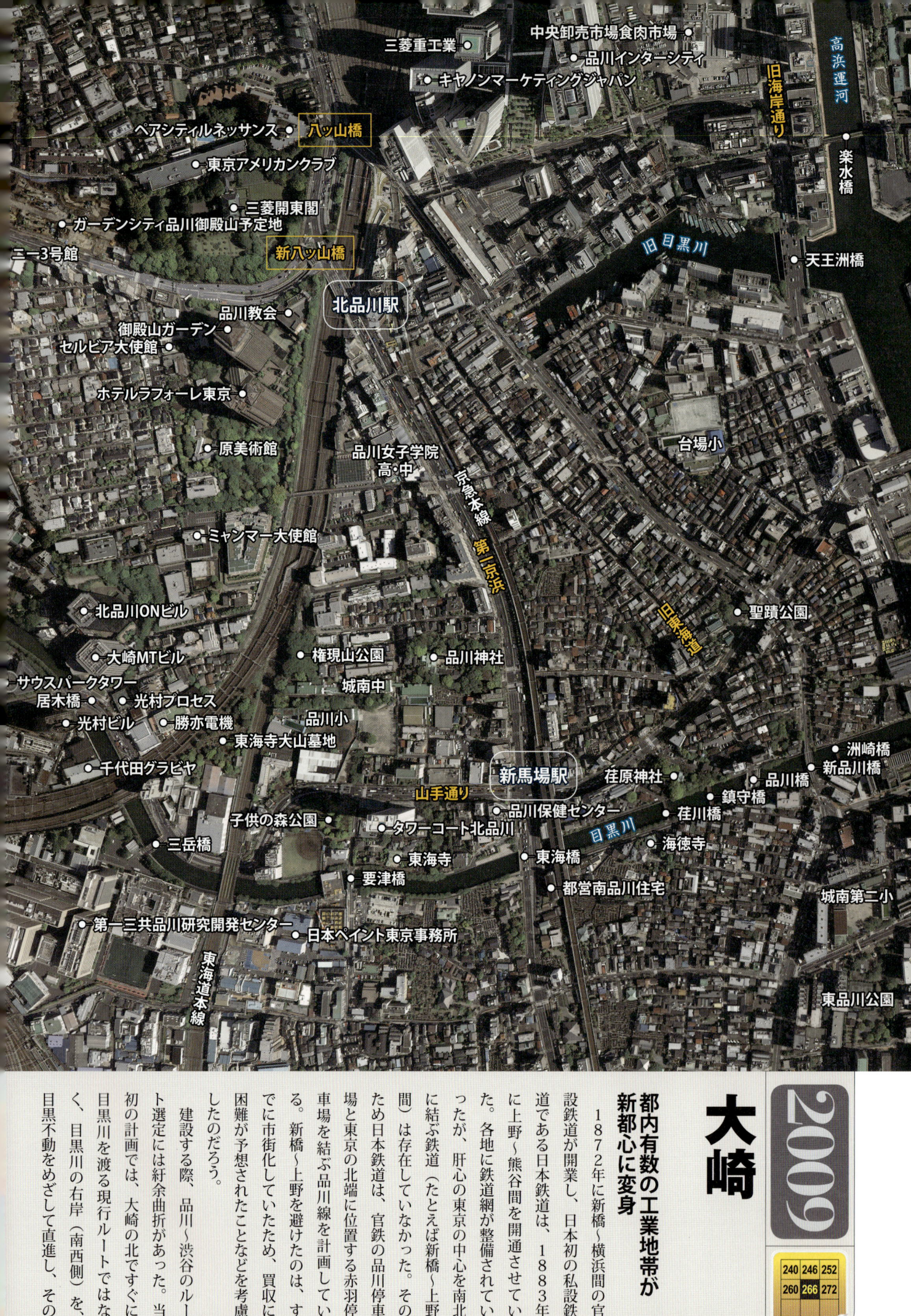

大崎 2009

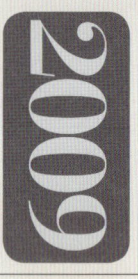

都内有数の工業地帯が新都心に変身

1872年に新橋〜横浜間の官設鉄道が開業し、日本初の私設鉄道である日本鉄道は、1883年に上野〜熊谷間を開通させていた。各地に鉄道網が整備されていったが、肝心の東京の中心を南北に結ぶ鉄道（たとえば新橋〜上野間）は存在していなかった。そのため日本鉄道は、官鉄の品川停車場と東京の北端に位置する赤羽停車場を結ぶ品川線を計画していた。新橋〜上野を避けたのは、すでに市街化していたため、買収に困難が予想されたことなどを考慮したのだろう。

建設する際、品川〜渋谷のルート選定には紆余曲折があった。当初の計画では、大崎の北ですぐに目黒川を渡る現行ルートではなく、目黒川の右岸（南西側）を、目黒不動をめざして直進し、その

主な地点・施設

- 中央卸売市場食肉市場
- 三菱重工業
- 品川インターシティ
- キヤノンマーケティングジャパン
- 高浜運河
- 旧海岸通り
- ペアシティルネッサンス
- 八ッ山橋
- 東京アメリカンクラブ
- 楽水橋
- 三菱開東閣
- ガーデンシティ品川御殿山予定地
- 新八ッ山橋
- 旧目黒川
- 天王洲橋
- ニー3号館
- 北品川駅
- 品川教会
- 御殿山ガーデン
- セルビア大使館
- ホテルラフォーレ東京
- 原美術館
- 品川女子学院高・中
- 台場小
- ミャンマー大使館
- 京急本線
- 第二京浜
- 北品川ONビル
- 旧東海道
- 聖蹟公園
- 大崎MTビル
- 権現山公園
- 品川神社
- サウスパークタワー
- 居木橋
- 光村プロセス
- 城南中
- 光村ビル
- 勝亦電機
- 品川小
- 東海寺大山墓地
- 千代田グラビヤ
- 洲崎橋
- 新品川橋
- 子供の森公園
- 新馬場駅
- 荏原神社
- 品川橋
- 三岳橋
- タワーコート北品川
- 品川保健センター
- 鎮守橋
- 東海寺
- 山手通り
- 荏川橋
- 東海橋
- 目黒川
- 海徳寺
- 要津橋
- 都営南品川住宅
- 第一三共品川研究開発センター
- 日本ペイント東京事務所
- 城南第二小
- 東海道本線
- 東品川公園

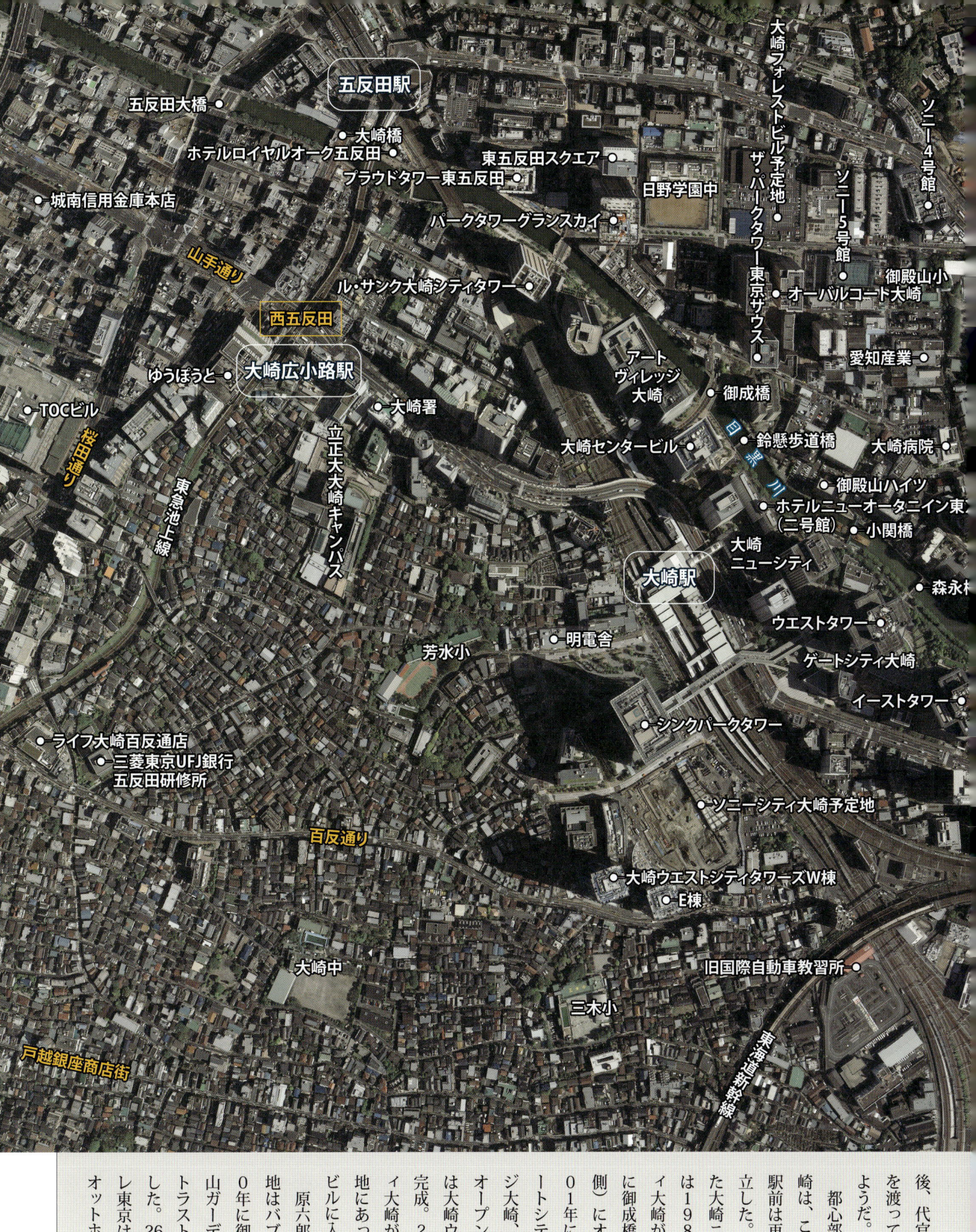

地図ラベル（上から、おおむね上→下・左→右）

- 五反田大橋
- 大崎橋
- 五反田駅
- ホテルロイヤルオーク五反田
- 東五反田スクエア
- 大崎フォレストビル予定地
- ソニー4号館
- プラウドタワー東五反田
- ザ・パークタワー東京サウス
- 城南信用金庫本店
- パークタワーグランスカイ
- 日野学園中
- ソニー5号館
- 山手通り
- ル・サンク大崎シティタワー
- 御殿山小
- オーバルコート大崎
- 西五反田
- アートヴィレッジ大崎
- 愛知産業
- ゆうほうと
- 大崎広小路駅
- 大崎署
- 御成橋
- TOCビル
- 立正大大崎キャンパス
- 大崎センタービル
- 鈴懸歩道橋
- 大崎病院
- 桜田通り
- 御殿山ハイツ
- 東急池上線
- ホテルニューオータニイン東京（二号館）
- 小関橋
- 芳水小
- 大崎ニューシティ
- 明電舎
- 大崎駅
- 森永
- ウエストタワー
- ゲートシティ大崎
- イーストタワー
- シンクパークタワー
- ライフ大崎百反通店
- 三菱東京UFJ銀行五反田研修所
- 百反通り
- ソニーシティ大崎予定地
- 大崎ウエストシティタワーズW棟
- E棟
- 大崎中
- 旧国際自動車教習所
- 三木小
- 戸越銀座商店街
- 東海道新幹線

　後、代官山の谷をめざして目黒川を渡って駆け上がるルートだったようだ。

　都心部屈指の工業地帯だった大崎は、この20年で大きく変わった。駅前は再開発され、高層ビルが林立した。再開発のさきがけとなった大崎ニューシティが完成したのは1987年。続いてゲートシティ大崎が1999年に完成。さらに御成橋を渡った目黒川左岸（北側）にオーバルコート大崎が2001年にでき、2007年にはゲートシティの北にアートヴィレッジ大崎、新西口にシンクパークがオープンしている。2009年にはこの地にあった工場群がすべて超高層ビルに入れ替わっているのだ。

　原六郎の邸宅だった御殿山の土地はバブル期に開発され、1990年に御殿山ガーデンに変更。現在は御殿山トラストシティとしてオープンした。26階建てのホテルラフォーレ東京は、2013年に東京マリオットホテルになった。

1975 大崎

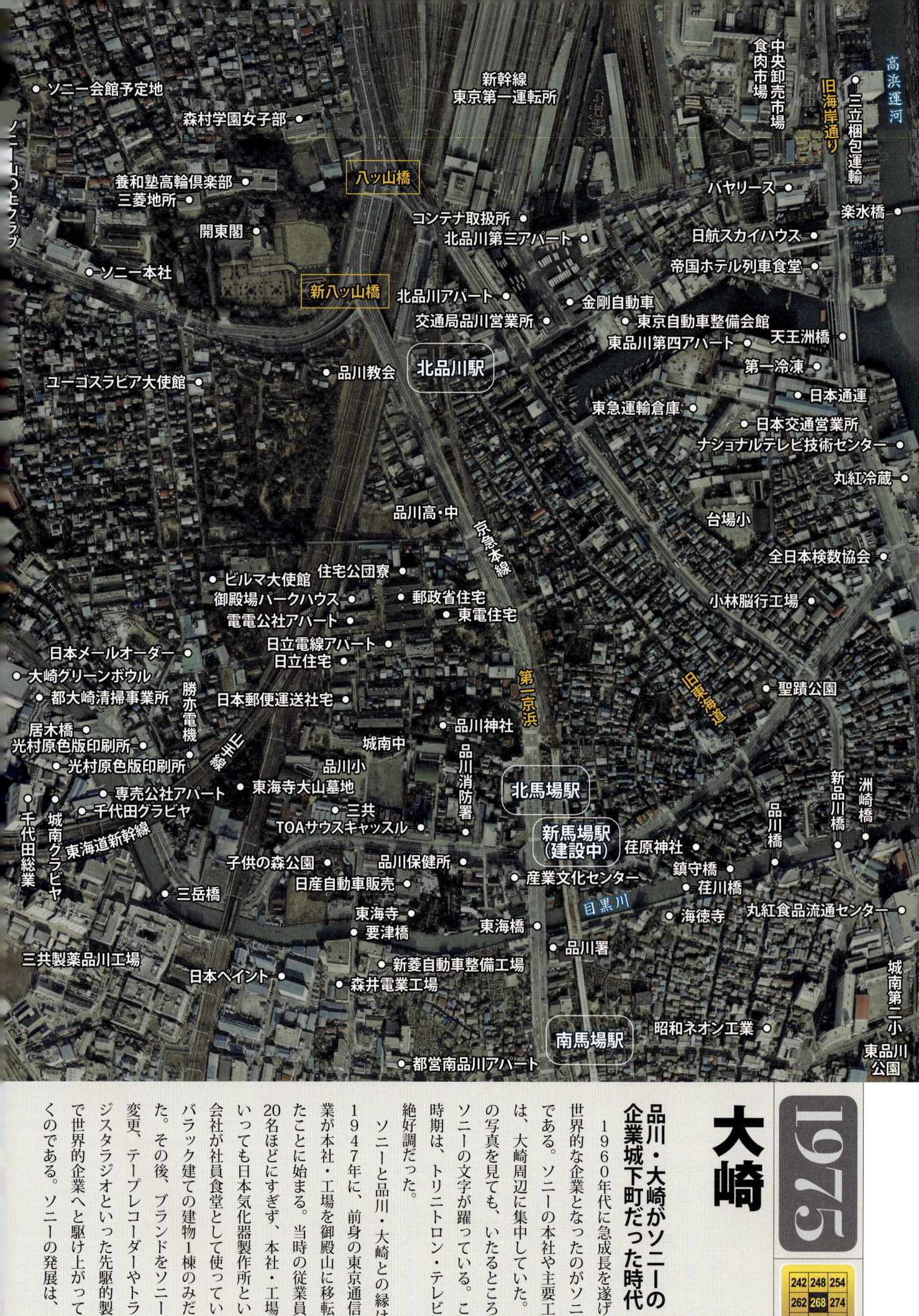

品川・大崎がソニーの企業城下町だった時代

1960年代に急成長を遂げて世界的な企業となったのがソニーである。ソニーの本社や主要工場は、大崎周辺に集中していた。この写真を見ても、いたるところにソニーの文字が躍っている。この時期は、トリニトロン・テレビが絶好調だった。

ソニーと品川・大崎との縁は、1947年に、前身の東京通信工業が本社・工場を御殿山に移転したことに始まる。当時の従業員は20名ほどにすぎず、本社・工場といっても日本気化器製作所という会社が社員食堂として使っていたバラック建ての建物1棟のみだった。その後、ブランドをソニーに変更、テープレコーダーやトランジスタラジオといった先駆的製品で世界的企業へと駆け上がっていくのである。ソニーの発展は、品

地図中の注記

- ソニー会館予定地
- ソニーのヒミツ
- 森村学園女子部
- 新幹線東京第一運転所
- 中央卸売市場
- 食肉市場
- 旧海岸通り
- 高浜運河
- 養和塾高輪倶楽部
- 三菱地所
- 八ッ山橋
- 三立梱包運輸
- 開東閣
- コンテナ取扱所
- 北品川第三アパート
- バヤリース
- 楽水橋
- ソニー本社
- 新八ッ山橋
- 北品川アパート
- 交通局品川営業所
- 金剛自動車
- 日航スカイハウス
- 帝国ホテル列車食堂
- 東京自動車整備会館
- 東品川第四アパート
- 天王洲橋
- ユーゴスラビア大使館
- 品川教会
- 北品川駅
- 第一冷凍
- 日本通運
- 東急運輸倉庫
- 日本交通営業所
- ナショナルテレビ技術センター
- 丸紅冷蔵
- 品川高・中
- 京急本線
- 台場小
- 全日本検数協会
- ビルマ大使館
- 住宅公団寮
- 御殿場パークハウス
- 郵政省住宅
- 東電住宅
- 小林脳行工場
- 電電公社アパート
- 日本メールオーダー
- 日立電線アパート
- 日立住宅
- 第二京浜
- 旧東海道
- 聖蹟公園
- 大崎グリーンボウル
- 都大崎清掃事業所
- 日本郵便運送社宅
- 居木橋
- 勝亦電機
- 品川神社
- 光村原色版印刷所
- 城南中
- 光村原色版印刷所
- 品川小
- 品川消防署
- 新品川橋
- 洲崎橋
- 専売公社アパート
- 東海寺大山墓地
- 品川橋
- 千代田グラビヤ
- 三共
- 北馬場駅
- 城南グラビヤ
- TOAサウスキャッスル
- 新馬場駅(建設中)
- 荏原神社
- 鎮守橋
- 東海道新幹線
- 子供の森公園
- 品川保健所
- 産業文化センター
- 荏川橋
- 千代田総業
- 日産自動車販売
- 海徳寺
- 丸紅食品流通センター
- 三岳橋
- 東海寺
- 東海橋
- 目黒川
- 品川署
- 城南第二小
- 三共製薬品川工場
- 要津橋
- 小川公園
- 日本ペイント
- 新菱自動車整備工場
- 森井電業工場
- 昭和ネオン工業
- 都営南品川アパート
- 南馬場駅

地図上のラベル（位置別）:

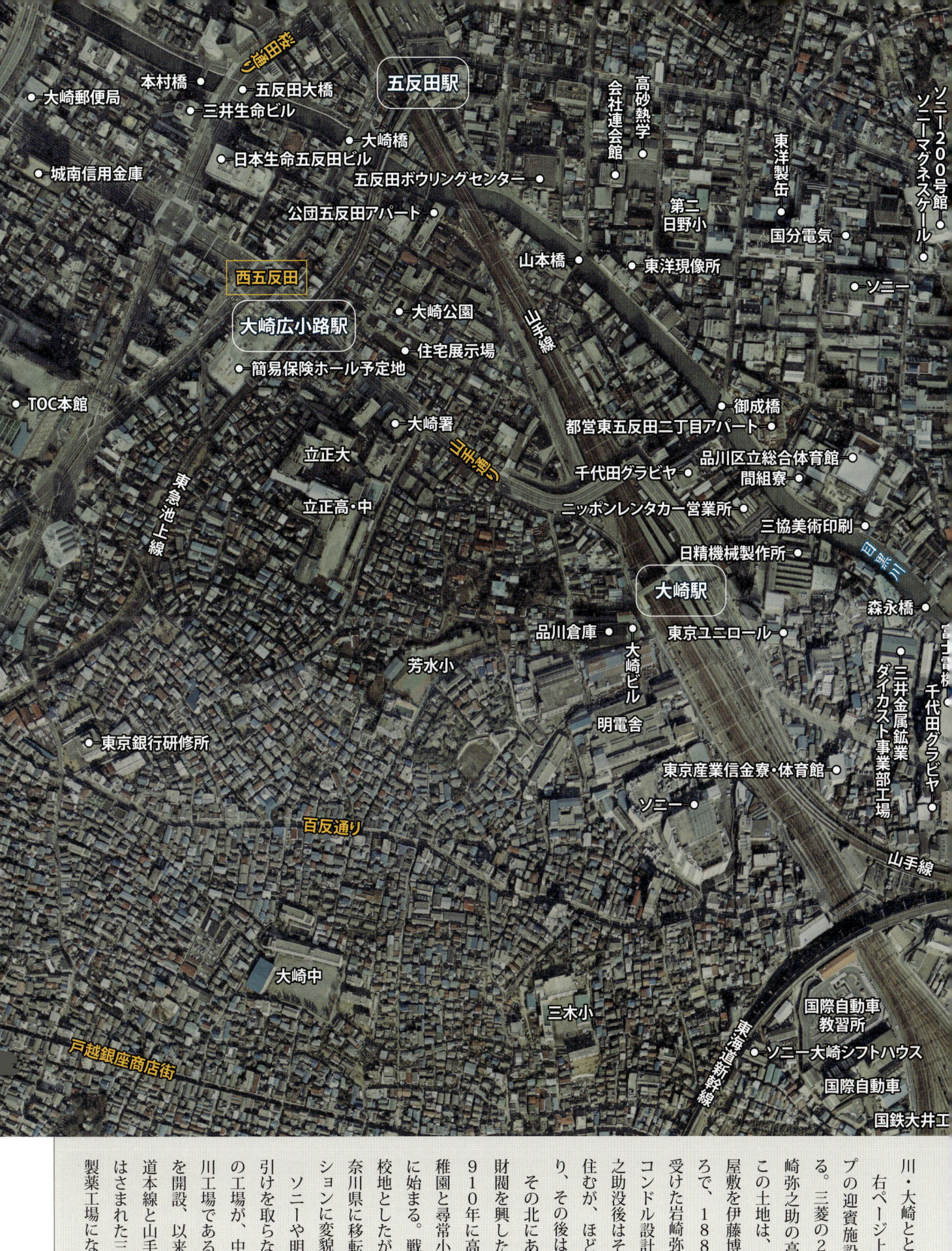

- ソニー200号館
- ソニーマグネスケール
- 大崎郵便局
- 本村橋
- 五反田大橋
- 五反田駅
- 高砂熱学
- 三井生命ビル
- 会社連会館
- 東洋製缶
- 大崎橋
- 日本生命五反田ビル
- 五反田ボウリングセンター
- 第二日野小
- 国分電気
- 城南信用金庫
- 公団五反田アパート
- 山本橋
- 東洋現像所
- ソニー
- 西五反田
- 大崎広小路駅
- 大崎公園
- 山手線
- 住宅展示場
- 簡易保険ホール予定地
- 御成橋
- TOC本館
- 大崎署
- 都営東五反田二丁目アパート
- 立正大
- 千代田グラビヤ
- 品川区立総合体育館
- 間組寮
- 立正高・中
- ニッポンレンタカー営業所
- 三協美術印刷
- 東急池上線
- 日精機械製作所
- 目黒川
- 大崎駅
- 森永橋
- 品川倉庫
- 東京ユニロール
- 富士電機
- 芳水小
- 大崎ビル
- 千代田グラビヤ
- 明電舎
- 三井金属鉱業
- ダイカスト事業部工場
- 東京銀行研修所
- 東京産業信金寮・体育館
- ソニー
- 山手線
- 百反通り
- 大崎中
- 国際自動車教習所
- 三木小
- ソニー大崎シフトハウス
- 東海道新幹線
- 国際自動車
- 戸越銀座商店街
- 国鉄大井工

川・大崎とともにあった。右ページ上方には、三菱グループの迎賓施設である開東閣がある。三菱の2代目当主となった岩崎弥之助の高輪邸の建物だ。この土地は、近江水口藩加藤家下屋敷を伊藤博文が本邸としたところで、1889年に伊藤から譲り受けた岩崎弥之助が、ジョサイア・コンドル設計の洋館を建てた。弥之助没後はその子の小弥太が一時住むが、ほどなく麻布鳥居坂に移り、その後は開東閣となった。

その北にある森村学園は、森村財閥を興した森村市左衛門が、1910年に高輪の自邸の一部に幼稚園と尋常小学校を開設したことに始まる。戦後、旧邸地をすべて校地としたが、1978年から神奈川県に移転し、現在は高級マンションに変貌している。

ソニーや明電舎といった企業に引けを取らないくらい広大な敷地の工場が、中央下の三共製薬の品川工場である。1908年に工場を開設、以来拡張を重ねて、東海道本線と山手線と国鉄大井工場にはさまれた三角形の土地の大半が製薬工場になっている。

大崎 1948

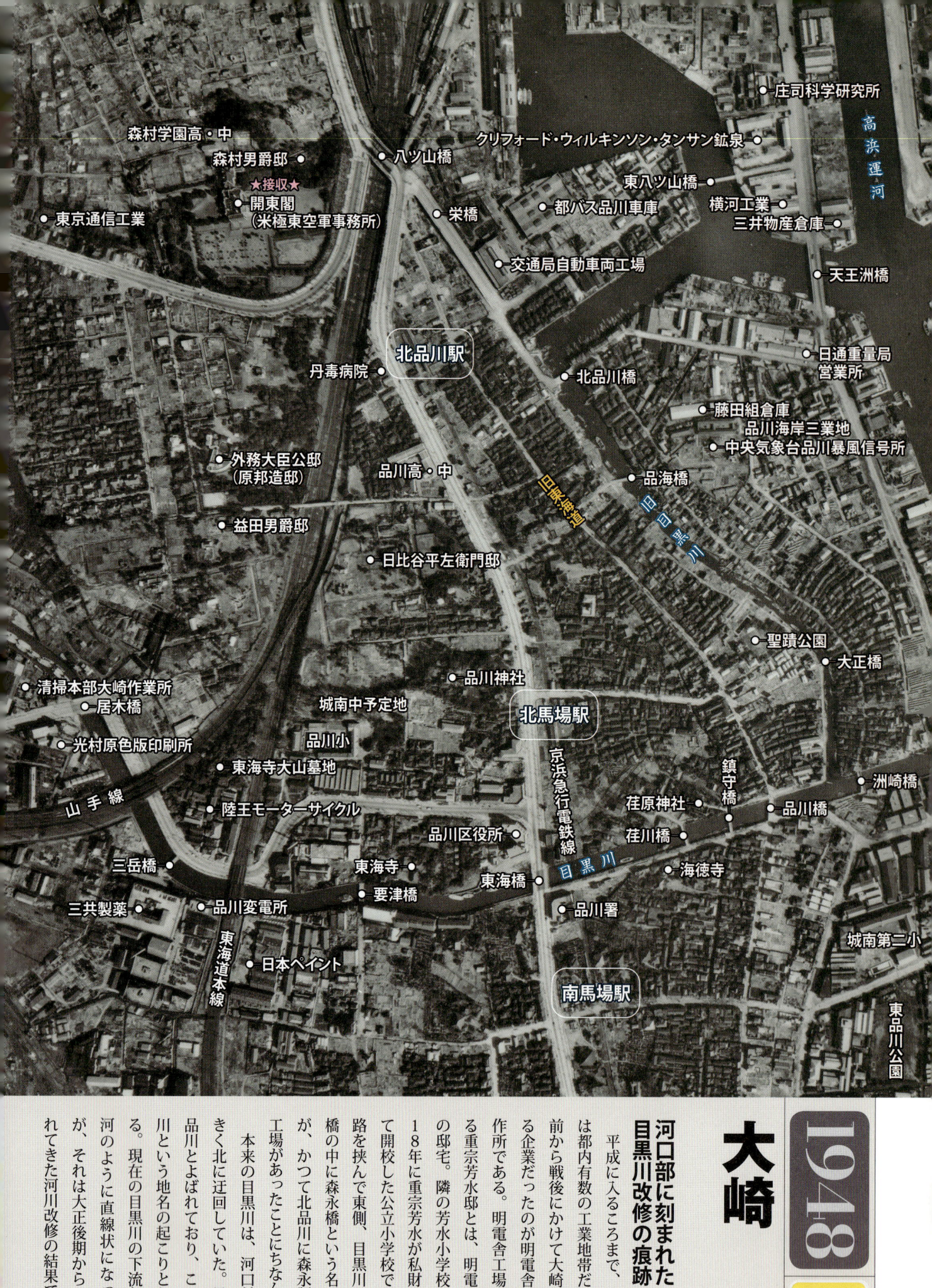

河口部に刻まれた目黒川改修の痕跡

平成に入るころまで、大崎周辺は都内有数の工業地帯だった。戦前から戦後にかけて大崎を代表する企業だったのが明電舎と園池製作所である。明電舎工場の脇にある重宗芳水邸とは、明電舎創業者の邸宅。隣の芳水小学校は、1918年に重宗芳水が私財を寄付して開校した公立小学校である。線路を挟んで東側、目黒川に架かる橋の中に森永橋という名が見えるが、かつて北品川に森永製菓大崎工場があったことにちなんでいる。

本来の目黒川は、河口付近で大きく北に迂回していた。最下流は品川とよばれ、この川が品川という地名の起こりとなっている。現在の目黒川の下流部は、運河のように直線状になっているが、それは大正後期からつづけられてきた河川改修の結果である。

地図中の地名（主なもの）

- 庄司科学研究所
- 高浜運河
- 森村学園高・中
- 森村男爵邸
- 開東閣（米極東空軍事務所）★接収★
- 八ツ山橋
- クリフォード・ウィルキンソン・タンサン鉱泉
- 東八ツ山橋
- 横河工業
- 都バス品川車庫
- 三井物産倉庫
- 東京通信工業
- 栄橋
- 交通局自動車両工場
- 天王洲橋
- 丹毒病院
- 北品川駅
- 北品川橋
- 日通重量局営業所
- 外務大臣公邸（原邦造邸）
- 品川高・中
- 藤田組倉庫
- 品川海岸三業地
- 中央気象台品川暴風信号所
- 益田男爵邸
- 旧東海道
- 旧目黒川
- 品海橋
- 日比谷平左衛門邸
- 聖蹟公園
- 大正橋
- 清掃本部大崎作業所
- 品川神社
- 居木橋
- 城南中予定地
- 北馬場駅
- 光村原色版印刷所
- 品川小
- 鎮守橋
- 洲崎橋
- 東海寺大山墓地
- 京浜急行電鉄線
- 荏原神社
- 品川橋
- 陸王モーターサイクル
- 荏川橋
- 山手線
- 品川区役所
- 東海寺
- 東海橋
- 目黒川
- 海徳寺
- 三岳橋
- 要津橋
- 品川署
- 三共製薬
- 品川変電所
- 南馬場駅
- 城南第二小
- 東海道本線
- 日本ペイント
- 東品川公園

地図上のラベル（上から、おおむね左→右）:
- 谷山橋
- 五反田駅
- 本村橋
- 白木屋
- 五反田劇場
- 品川製作所
- 第一日野小
- 大崎橋
- 第三日野小
- 日本気化器
- 目黒川
- 山本橋
- 御殿山
- 山手線
- 東光電気
- 大崎広小路駅
- 御成橋
- 星製薬本社・大崎工場
- 塚本商工
- 立正大・高・中
- 東大崎橋
- 東急池上線
- 高砂鉄工
- 日本精工
- 森永橋
- 大崎駅
- 桐ヶ谷駅（休止）
- 芳水小
- 明電舎本社・大崎工場
- 重宗芳水邸
- 園池製作所
- 山手線
- 貨物線（品鶴線）
- 品川変電所
- 明電舎品川
- 大崎中予定地
- 三木小
- 戸越銀座通り
- 行慶寺

河口部は大きく北に蛇行して東京湾に注いでいたが、1931年に完成した改修工事で、新国道（現在の第一京浜）から河口までの流路を変更し、一直線に東京湾に流下するようにした。荏原神社の北側を蛇行して流れていた流路を南側に付け替えたりもしている。洲崎橋手前から北に折れる旧流路が船溜りとして残っていることが確認できるが、その後埋め立てられ、道路に変わった。

品海橋を渡った先、気象台と藤田組倉庫がある五角形の土地は、幕末、御殿山下台場だった。現在は台場小学校やマンションになっているが、御台場だった土地の輪郭は道路になっており、たどることができる。

旧東海道沿いに聖蹟公園の文字が見えるが、かつての北品川宿本陣（鳥山邸）跡。本陣跡が「聖蹟」を冠する公園となったのは、1867年の明治天皇東京行幸の際の仮行在所となったからだ。その後は警視庁品川病院（通称検査場）が建てられていたが、1936年に病院を移転させ、1938年11月15日に開園の日を迎えている。

天王洲 2009

天王洲アイルは湾岸再開発の先駆け

中央付近、大井火力発電所と品川火力発電所が、目黒川河口部を挟んで南北に向かい合うかたちで立地している。稼働から40年が経過した品川火力発電所の発電施設は、2000年代に石炭から都市ガスを燃料にする新設備に更新されていたが、大井火力発電所については、1970年代当時の原油を燃料とする施設のままだった。2011年の東日本大震災直後、電力需給が逼迫すると、都市ガスを燃料にする2基の緊急設置電源が新設されている。

天王洲埋立地は、1980年代後半から再開発が始まり、1992年に湾岸地域の先陣を切るかたちで、「天王洲アイル」がオープン。同時に東京モノレールの天王洲アイル駅が開業している。オフィスビル中心だが、第一ホテル東京シ

ラベル：
- 品川埠頭
- 品川コンテナターミナル
- ホテル日航東京
- ホテルグランパシフィック ル・ダイバ
- 潮風公園
- 首都高速湾岸線
- 東京港トンネル
- 船の科学館

地図上の地名・施設名

- 旧海岸通り
- 中央卸売市場食肉市場
- ワールドシティタワーズアクアタワー
- 東京定温冷蔵
- テラダロジウム
- 東八ツ山公園
- 楽水橋
- 東京海洋大品川キャンパス
- 東京モノレール
- 天王洲ファーストタワー
- 住友倉庫
- ニチレイ
- 天王洲大橋
- 松岡冷蔵
- 天王洲水門
- ヤマト運輸天王洲ビル
- 天王洲運河
- 天王洲ふれあい橋
- 天王洲橋
- 第一ホテル東京シーフォート
- 天王洲アイル駅
- シーフォートスクエア
- 天王洲銀座劇場
- 天王洲セントラルタワー
- スフィアタワー
- 日本通運東京海外引越支店
- 台場小
- 天王洲郵船ビル
- 東海道新幹線
- 大井車両基地入出庫線
- 海岸通り
- 品川ふ頭橋
- 天王洲変電所
- 東品川公園
- 新東海橋
- 天王洲ビュータワー
- 天王洲公園
- 東電品川火力発電所
- 日本航空本社
- 天王洲パークサイドビル
- 天王洲運河
- 目黒川水門
- 海岸通り
- 東品川橋
- 若潮橋
- アイル橋
- 天王洲南運河
- 昭和橋
- 目黒川
- 洲崎橋
- 新品川橋
- 東品川海上公園
- 品川橋
- 鎮守橋
- 首都高速1号羽田線
- 東京モノレール
- 京浜運河
- ラグナタワー
- 城南第二小
- 品川シーサイドレジデンス
- 旧東海道
- イマジカ品川プロダクションセンター
- 東電大井火力発電所
- 東品川公園

ーフォート、演劇専用劇場「アートスフィア」(2006年に天王洲銀座劇場に変更)など、のちの天王洲のウォーターフロント再開発の見本となる壮大な計画だった。北東にあった第四台場の石垣を生かしたボードウォークなど、歴史を感じさせる工夫も凝らしている。

天王洲埋立地が天王洲アイルとして再開発された際、南北2本の人道橋が架橋されている。北側の天王洲運河に架かるのが天王洲ふれあい橋。昔の鉄道橋でよく見かけたトラス橋(部材を三角形に組み合わせて支える構造の橋梁)で、そのレトロな美しさからか、しばしば映画やテレビドラマの撮影に利用されている。南側の天王洲南運河に架かるのがアイル橋で、こちらはアーチ橋の一種のニールセンローゼ橋である。二つの橋を見比べて歩くのも面白いだろう。

右ページ右端の船の科学館は、まだ臨海副都心に何もなかった1974年に開館した施設だったが、2011年に本館展示を休止。南極観測船「宗谷」の展示公開と屋外展示場での収蔵物展示を中心に規模を縮小した。

1975 天王洲

品川埠頭に誕生したコンテナ専用埠頭

左ページの天王洲埋立地を東京モノレールが縦断しているが、1975年当時、始発の浜松町を出たモノレールが最初に停まるのは、ずっと南、7・1キロ先の大井競馬場前だった。モノレールの恩恵のなかった天王洲埋立地に存在したのは、多数の倉庫と都営住宅、それに自動車練習所と野球場ぐらいのものだった。埋立地北東隅の旧第四台場には石油タンクがびっしり建てられている。

品川火力発電所が稼働を開始したのは1960年、その南の大井火力発電所は、1971年に運転を開始している。

1975年といえば、第4次中東戦争をきっかけとした石油ショックの記憶さめやらぬ時期。原油の高騰などで、20年近く安定していた電気料金の大幅値上げが実施

外貿上屋
品川埠頭
日本コンテナ・ターミナルコンテナ置場

13号地公園

首都高速湾岸線建設中

船の科学館

油貯蔵タンク

274

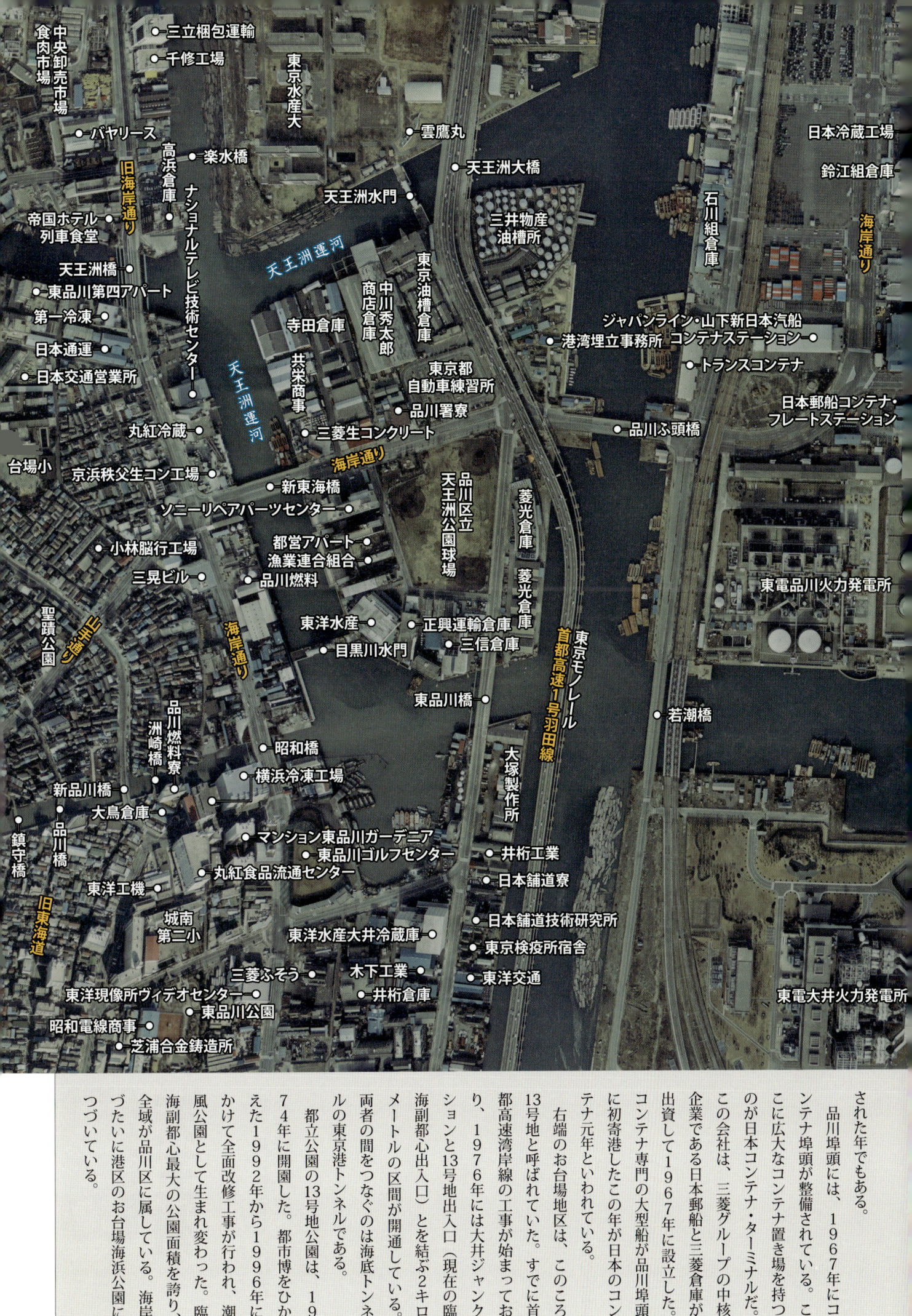

品川埠頭には、1967年にコンテナ埠頭が整備されている。ここに広大なコンテナ置き場を持つのが日本コンテナ・ターミナルだ。この会社は、三菱グループの中核企業である日本郵船と三菱倉庫が出資して1967年に設立した。コンテナ専門の大型船が品川埠頭に初寄港したこの年が日本のコンテナ元年といわれている。

右端のお台場地区は、この13号地と呼ばれていた。すでに首都高速湾岸線の工事が始まっており、1976年には大井ジャンクションと13号地出入口（現在の臨海副都心出入口）とを結ぶ2キロメートルの区間が開通している。両者の間をつなぐのは海底トンネルの東京港トンネルである。都立公園の13号地公園は、1974年に開園した。都市博をひかえた1992年から1996年にかけて全面改修工事が行われ、潮風公園として生まれ変わった。臨海副都心最大の公園面積を誇り、全域が品川区に属している。海岸づたいに港区最大のお台場海浜公園につづいている。

1948 天王洲

埋立地に移転していた海軍経理学校

第一台場が東京湾に浮かんでいる。大砲こそ置かれていないが、北側の船着き場をはじめ、幕末、川越藩が駐屯していた当時とあまり変わらない構造が見てとれる。第一台場と北側の第五台場は、1962年から翌年にかけて行われた九号埋立地埋め立て造成工事で消滅した。第四台場は7割方完成したところで無期延期（放棄）されていたが、1883年、緒明造船所（おあけ）となった。1939年には、目黒川改修工事に伴う浚渫土砂処分場として埋め立てられ、全体が天王洲になっている。このとき埋め立て地は品川区となったが、もとの第四台場の部分だけはそのまま芝区に属した。第四台場の土地が品川区となったのは、1955年だった。

左ページ上方の九号埋立地には旧海軍経理学校と記されている。

航空写真の注記（上から順）:

- 高浜運河
- ★接収★ 旧海軍経理学校
- 第一台場
- 横河工業
- 天王洲運河
- 東八ツ山橋
- 三井物産倉庫
- 第四台場跡
- 天王洲橋
- 日通重量局営業所
- 新東海橋架橋中
- 品川海岸三業地
- 中央気象台品川暴風信号所
- 農林省木炭事務所
- 旧目黒川
- 聖蹟公園
- 大正橋
- 品川燃料
- 東京引抜鋼管
- 目黒川新河口
- 品川橋
- 昭和橋
- 大塚鉄工
- 目黒川
- 洲崎橋
- 鎮守橋
- 井上製作所
- 品川燃料・豆炭
- 旧東海道
- 城南第二小
- 東海印刷
- 東品川公園
- 小糸製作所

ここは現在東京海洋大学品川キャンパスになっているが、大戦中は海軍経理学校の校地だったのである。1943年に海軍経理学校の品川分校として開校し、翌1944年には品川分校を本校に昇格させ、築地の校舎が分校となった。終戦直後の1954年、越中島の校舎が接収されたために横須賀市久里浜で教育を行っていた東京水産大学の移転先に決まった経緯がある。

海軍経理学校を受験したのは大学卒業生が多く、2年間現役勤務して予備役（除隊）となった。中曽根康弘元総理をはじめ、戦後の政財界で活躍した人材を多く輩出したことでも知られる。

1938年に開校した城南第二小学校の西側の道がかつての海岸線である。その延長線上に延びる道は、海岸線をなぞっており、中央気象台品川暴風信号所が目黒川の河口の突端で、ここに御殿山下台場が築かれていた。

沖合に黒い影のように見えるのは、海苔養殖のヒビ（ソダともいう）である。

青海

海から陸へと劇的に変化した町

最初の空中写真では、海だけが写っている。この地域の埋め立ては、1961年の東京港改定港湾計画で策定されたもので、台場・青海地区の埋め立てがほぼ完了するのは、1971年である。

2枚めの空中写真では、造成されたばかりの土地に、船の科学館だけが開館している。左上がお台場、下が青海地区だが、青海に向かって延びる道路のうち左側の道路は仮設道路だ。1985年ごろには痕跡もとどめずに消滅して、右側の片側2車線の道路が青海地区を縦貫している。現在はコンテナがびっしり並ぶ青海や有明地区もまだ造成途中。青海コンテナ埠頭の供用が始まるのは1985年である。

右下には、1974年に完成したばかりのフェリーターミナルが写っている。1970年代から1980年代、フェリーは、トラックやトレーラーによる物流手段としてはもちろん、マイカー時代の新しい旅行手段として脚光をあびたものだった。東京フェリーターミナルを発着するフェリー路線は、最盛期の昭和から平成にかけて、釧路、苫小牧、高知（那智勝浦経由）、新門司（徳島経由）の各便が就航していた。まだ未明の時間帯にフェリーが着岸すると、人気のなかった埋立地を、大型トレーラーから乗用車、バイクにいたるまで、列をなして都心に向かう光景が、連日繰り広げられた。

現在、お台場から青海地区は、官庁・オフィス・学術・アミューズメントエリアへと変貌を遂げた。お台場は首都高速湾岸線をはじめ、新交通ゆりかもめ（東京臨海新交通臨海線）やりんかい線（東京臨海高速鉄道）が通る交通の要衝となり、青海地区北部は外国人にも人気の日本科学未来館や大江戸温泉物語などの施設が並んでいる。空中写真ではわからないが、下方に写っている21階建てのテレコムセンターは、中央部が大きく空いた、凱旋門のような形をしている。内部に広いアトリウム（吹き抜け空間）があるため、テレビドラマの空港のシーンに登場することでも有名である。

青海地区南部はコンテナ埠頭となっており、青海コンテナ埠頭の全バースが完成するのは1996年である。岸壁にコンテナ荷揚げ用クレーンが並ぶさまは、壮観の一語につきる。

1948

1975

- 13号地公園
- 台場大橋
- 十号地埠頭（東岸壁）
- 船の科学館
- 海上バス乗り場
- 青海ふ頭公園造成中
- 十号地埠頭（西岸壁）
- 外貿易定期船埠頭
- 東京フェリー南ターミナルビル

2009

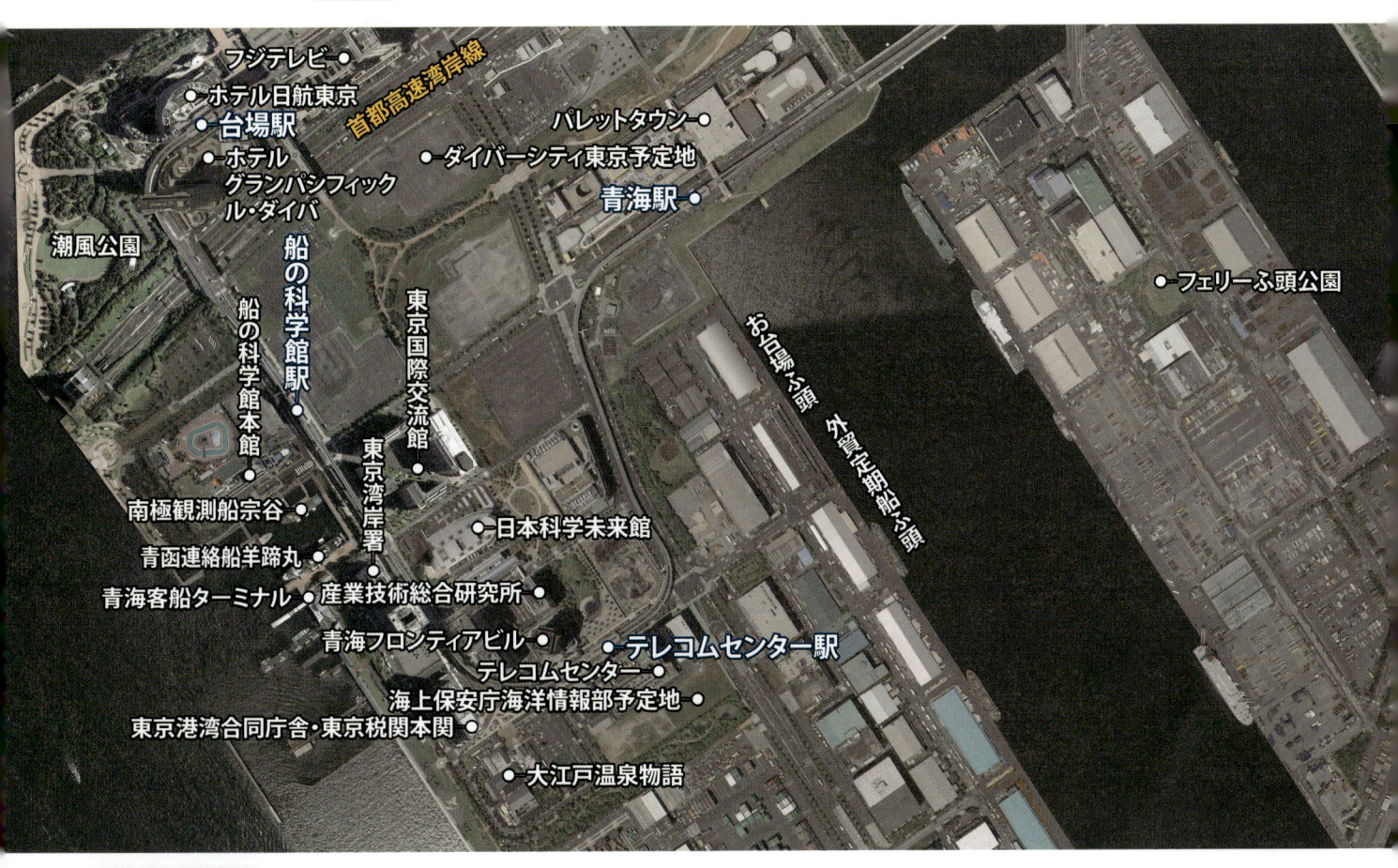

- フジテレビ
- 首都高速湾岸線
- ホテル日航東京
- 台場駅
- パレットタウン
- ホテルグランパシフィック ル・ダイバ
- ダイバーシティ東京予定地
- 青海駅
- 潮風公園
- 船の科学館
- 船の科学館駅
- フェリーふ頭公園
- 船の科学館本館
- 東京国際交流館
- 南極観測船宗谷
- 東京湾岸署
- お台場ふ頭
- 青函連絡船羊蹄丸
- 日本科学未来館
- 外貿定期船ふ頭
- 青海客船ターミナル
- 産業技術総合研究所
- 青海フロンティアビル
- テレコムセンター駅
- テレコムセンター
- 海上保安庁海洋情報部予定地
- 東京港湾合同庁舎・東京税関本関
- 大江戸温泉物語

西暦	和暦	月	事項
		4	日本初の超高層ビル　霞が関ビルディング（36階）竣工
			西武百貨店渋谷店オープン
			東名高速道路部分開通　東京〜厚木間など
		6	小笠原諸島返還
		9	第3次都電撤去（7線区廃止）
		11	都営地下鉄1号線（現：浅草線）大門〜泉岳寺間延伸、全線開業
		12	「東京都中期計画1968」発表、初めてシビルミニマム設定
			都営地下鉄6号線（現：三田線）巣鴨〜志村（現：高島平）間開業
1969	44	1	全共闘系の学生が占拠していた東大安田講堂封鎖解除
		3	営団地下鉄東西線　東陽町〜西船橋間延伸、全線開業
		10	第4次都電撤去（3線区廃止）
		11	パルコ（池袋）オープン
		12	営団地下鉄千代田線　北千住〜大手町間開業
1970	45	3	第5次都電撤去（3線区廃止）
		8	銀座、新宿、池袋、浅草で東京初の歩行者天国実施
		12	「東京都中期計画1970」発表
1971	46	3	第6次都電撤去（8線区廃止）
		3	多摩ニュータウンの入居始まる
		6	新宿初の超高層ビル　京王プラザホテル（47階）全館オープン
1972	47	10	後楽園競輪場最終レース（以後休止）
		11	第7次都電撤去（7線区廃止。以後、現荒川線のみとなる）
1973	48	4	国鉄武蔵野線　府中本町〜新松戸間開業
1974	49	3	旧赤坂離宮を改修した迎賓館完成
		9	多摩川水害　狛江市内の多摩川堤防決壊
		10	営団地下鉄有楽町線　池袋〜銀座一丁目間開業
1975	50	4	地方自治法改正（区長公選）
1977	52	11	立川基地全面返還
1978	53	3	営団地下鉄千代田線　代々木公園〜代々木上原間延伸、全線開業
		4	サンシャイン60オープン
		5	新東京国際空港（現：成田国際空港）開業、東京国際空港（羽田空港）は国内便専用となる
		7	都営地下鉄1号線、6号線がそれぞれ浅草線、三田線に改称
		8	営団地下鉄半蔵門線　渋谷〜青山一丁目間開業
		9	東急ハンズ渋谷店オープン
		12	都営地下鉄新宿線　岩本町〜東大島間開業
1979	54	4	鈴木俊一都知事当選
1981	56	2	日本劇場閉館
1982	57	10	西武有楽町線小竹向原〜新桜台間開業
		12	「東京都長期計画」を20年ぶりに策定
1984	59	10	有楽町センタービル（有楽町マリオン）オープン
1985	60	1	両国国技館開館
		3	東北・上越新幹線上野開業
		9	都庁舎移転条例可決
			国鉄埼京線開業
1986	61	4	アークヒルズオープン
		11	伊豆大島三原山噴火　全島民避難
			「第二次東京都長期計画」の策定
1987	62	4	国鉄分割民営化、JRに
			有明コロシアム開園
		6	「臨海部副都心開発基本構想」の決定
1988	63	3	東京ドーム開場
		6	営団地下鉄有楽町線　新富町〜新木場間延伸、全線開業
		12	JR京葉線　新木場〜南船橋間延伸開業

平成

西暦	和暦	月	事項
1989	元	3	都営地下鉄新宿線　篠崎〜本八幡間延伸、全線開業
		6	都のシンボルマーク告示
1990	2	3	JR京葉線　東京〜新木場間延伸、全線開業
		10	東京芸術劇場オープン
1991	3	4	新都庁舎が西新宿に開庁
		6	東北・上越新幹線東京開業
		11	羽村町が27番目の市として羽村市となる
			営団地下鉄南北線　駒込〜赤羽岩淵間開業
		12	都営地下鉄12号線（現：大江戸線）　光が丘〜練馬間開業
1993	5	3	江戸東京博物館開館
		8	レインボーブリッジ開通
1994	6	10	恵比寿ガーデンプレイスオープン
1995	7	3	地下鉄サリン事件
		4	青島幸男都知事に当選
		5	翌年開催予定だった世界都市博覧会が中止
		9	秋川市・五日市町が合併し「あきる野市」となる
		11	臨海新交通ゆりかもめ　新橋（仮）〜有明間開業
1996	8	3	東京臨海高速鉄道りんかい線　新木場〜東京テレポート間開業
		4	東京ビッグサイトオープン
		10	タカシマヤタイムズスクエアオープン
1997	9	1	東京国際フォーラムオープン
1998	10	4	新宿サザンテラスオープン
1999	11	3	お台場パレットタウンオープン
		4	石原慎太郎都知事に当選
2000	12	1	多摩都市モノレールの全線開業
		4	アクアシティお台場オープン
			防衛庁（現：防衛省）　六本木から市ヶ谷へ移転
		9	三宅島噴火　全島民避難
			営団地下鉄南北線目黒〜溜池山王間延伸、全線開業
			都営三田線三田〜目黒間延伸、全線開業
		12	都営大江戸線　国立競技場〜大門〜都庁前延伸、全線開業
2001	13	1	田無市と保谷市が合併し西東京市となる
		3	「電子都庁推進計画」の策定
2002	14	9	旧丸ビル跡地に丸の内ビルディングオープン
		12	東京臨海高速鉄道りんかい線　天王洲アイル〜大崎間延伸、全線開業
2003	15	3	営団地下鉄半蔵門線　水天宮前〜押上間延伸、全線開業
		4	六本木ヒルズオープン
2004	16	4	帝都高速度交通営団が民営化、東京地下鉄（株）に
2005	17	9	神田川・環状7号線地下調整池（第二期）で取水を開始
		10	首都高速道路公団が民営化、首都高速道路（株）に
			東京外かく環状道路（関越道〜東名高速間）の考え方を発表
2006	18	2	表参道ヒルズオープン
		3	ゆりかもめ　有明〜豊洲間延伸、全線開業
		6	中央環状品川線の事業に着手
2007	19	3	東京ミッドタウンオープン
2008	20	3	日暮里・舎人ライナー開業
		6	東京メトロ副都心線全線開業
2010	22	10	東京国際空港（羽田空港）に新国際ターミナル開業
2011	23	3	東日本大震災
2012	24	5	東京スカイツリー開業
		7	東京中央郵便局跡地にJPタワーオープン
		10	東京駅丸の内口駅舎復原工事完成
2013	25	3	東急東横線渋谷駅地下化　副都心線との直通運転開始
2014	26	3	環状2号　虎ノ門〜新橋開通
		6	虎ノ門ヒルズオープン

東京　主要年表（明治5年以前は太陰暦）

明治

西暦	和暦	月	事項
1868	慶応4	7	江戸を東京と改称（後に「東京」）に
		8	東京府開庁
1869	明治2	2	太政官東京遷移布告（事実上の遷都を決定）
1872	5	1	廃藩置県により旧東京府を廃し、東京府を更置
		9	新橋～横浜間鉄道開業
1873	6	10	芝、上野、浅草、深川、飛鳥山が東京で初の公園指定
1877	10	2	西南戦争
1878	11	2	伊豆七島、静岡県より東京府へ移管
1880	13	10	小笠原諸島、内務省より東京府へ移管
1882	15	3	上野動物園が博物館附属施設として開園
1883	16	11	鹿鳴館落成披露舞踏会
1888	21	4	市制、町村制公布（1889年4月1日施行）
		8	初の本格的都市計画、東京市区改正条例が公布
		10	宮殿が完成し、「皇居」を「宮城」と改称
1889	22	5	東京市誕生（従来の15区の範囲）
1893	26	4	三多摩地域、神奈川県より東京府に移管
1894	27	7	東京府庁舎新築落成（丸の内旧都庁舎の場所）
			日清戦争開戦
1898	31	10	市制特例廃止、東京市が一般市となる。（後にこの日を「自治記念日」と定める。現在は「都民の日」）
		12	東京市内で近代水道事業始まる
1903	36	6	日比谷公園開園
1904	37	2	日露戦争開戦
1905	38	9	日比谷焼打事件　日比谷公園の講和条約反対国民大会が暴動化
1909	42	6	両国回向院境内に最初の国技館が開館
1910	43	8	明治期最大の大洪水　荒川放水路開削の気運高まる
1911	44	4	現在の日本橋が架橋　橋名の揮毫は徳川慶喜

大正

西暦	和暦	月	事項
1913	2	2	神田大火
1914	3	8	第一次世界大戦に日本参戦
		12	東京駅開業
1920	9	10	初の国勢調査実施（国5596万人、東京府369万人）
		11	明治神宮創建
1922	11	3	三河島汚水処分場（現：三河島水再生センター）開設
1923	12	2	丸ノ内ビルヂング竣工
		9	関東大震災
1924	13	5	震災地区への集合住宅供給を目的とした財団法人同潤会設立
		6	荒川放水路（現：荒川）通水式
1925	14	1	歌舞伎座が復興、柿落し
		11	神田～秋葉原間開業　山手線環状運転開始
1926	15	10	明治神宮外苑竣功奉献式

昭和

西暦	和暦	月	事項
1927	12	3	金融恐慌
		12	日本最初の地下鉄　東京地下鉄道　上野～浅草間開業
1930	5	9	震災記念堂（現：東京都慰霊堂）創建
1931	6	9	満洲事変
		12	東京中央郵便局の新局舎竣工
1932	7	6	服部時計店ビル（現：銀座和光本館）竣工
		10	東京市、隣接5郡82町村を合併し35区となる。人口497万人、世界第2位の都市となる。
1935	10	2	中央卸売市場築地市場開設
1936	11	2	二・二六事件。戒厳令施行
		4	神田万世橋に鉄道博物館開館（のちの交通博物館）
		11	帝国議事堂（現：国会議事堂）竣工
1937	12	7	浅草国際劇場開場
			盧溝橋事件。日中全面武力衝突
		9	後楽園スタヂアム（球場）竣工
1938	13	7	「紀元二千六百年」に合わせて、1940年に開催予定だった東京オリンピックの返上と日本万国博覧会の無期延期決定
		11	東京高速鉄道　青山六丁目（現：表参道）～虎ノ門間開業
1940	15	6	隅田川に勝鬨橋竣工
1941	16	5	国際貿易港としての東京港が開港
		9	帝都高速度交通営団発足　地下鉄渋谷～浅草間（現：銀座線）を運営
		12	太平洋戦争始まる
1942	17	4	航空母艦を発進したB25による東京初空襲
1943	18	7	東京都制実施
		11	都の紋章告示
1944	19	7	サイパン島失陥　東京が米軍の空襲圏内に
1945	20	3	東京大空襲
			米軍、硫黄島占領
		5	山手地区最大の空襲
		8	太平洋戦争終わる
1946	21	9	第1次地方制度改革。区長公選となる
1947	22	3	22区制実施（8月に練馬区が独立、現在の23区が成立）
		4	安井誠一郎、初の民選都知事に当選
		5	日本国憲法、地方自治法施行
		9	カスリーン台風襲来　東京における昭和期最大の水害
1948	23	7	「宮城」を「皇居」と改称
1949	24	5	新宿御苑が国民公園として開放
		11	後楽園競輪場開設
1952	27	4	サンフランシスコ講和条約発効、占領が終わる
		7	羽田飛行場の一部が返還。東京国際空港として始動
		9	地方自治法改正（区長公選廃止）
		10	「都民の日」施行
1954	29	1	営団地下鉄丸ノ内線　池袋～御茶ノ水間開業
		10	東京駅八重洲口に大丸東京店オープン
1955	30	7	日本住宅公団設立
1957	32	2	都庁第一庁舎（丸の内）落成
1958	33	10	東京タワー竣工（公開は12月から）
1959	34	3	東京国際見本市会場（晴海）オープン
			営団地下鉄丸ノ内線　全線開業
		4	皇太子御成婚パレード　皇居～渋谷
			東龍太郎都知事に当選
		5	IOC総会で1964年オリンピック大会の東京開催決定
1960	35	6	安保闘争でデモ隊が国会議事堂を包囲
		12	都営地下鉄1号線（現：浅草線）押上～浅草橋間開業
1962	37	2	東京都の人口が1000万人を突破
		5	営団地下鉄日比谷線　北千住～南千住間、仲御徒町～人形町間開業
		12	首都高速道路　京橋～芝浦間開通
1964	39	3	落合水再生センター開設
		8	代々木のワシントンハイツ全面移転完了
			営団地下鉄日比谷線　東銀座～霞ヶ関延伸、全線開業
		9	東京モノレール開業
		10	東海道新幹線開業／オリンピック東京大会開催
		12	営団地下鉄東西線　高田馬場～九段下間開業
1965	40	3	淀橋浄水場廃止
		6	八重洲地下街開業（第一期）
1966	41	6	日本武道館でビートルズがコンサート
		9	新宿駅西口地下広場（現：通路）竣工
1967	42	4	美濃部亮吉都知事当選
		10	代々木公園開園
		12	第1次都電撤去（銀座線など12線区8系統廃止）
1968	43	2～3	第2次都電撤去（7線区廃止）

竹内正浩 たけうち まさひろ

　1963年、愛知県生まれ。JTBで旅行雑誌『旅』などの編集に携わり、各地を取材。退社後、地図や近代史研究をライフワークとするフリーライターに。東京をテーマにした著作が多い。

著書

『空から見える東京の道と街づくり』（実業之日本社）、『地図と愉しむ東京歴史散歩』『地図と愉しむ東京歴史散歩　都心の謎篇』『地図と愉しむ東京歴史散歩　地形篇』（以上、中央公論新社）、『明治・大正・昭和 東京時空散歩』（洋泉社）、『江戸・東京の「謎」を歩く』（祥伝社）、『地図で読み解く日本の戦争』『鉄道と日本軍』『軍事遺産を歩く』（以上、筑摩書房）、『地図だけが知っている日本100年の変貌』『地図で読み解く戦国合戦の真実』（以上、小学館）、『日本の珍地名』『地図もウソをつく』『戦争遺産探訪』『黄金世代の旅行術』（以上、文藝春秋）、『家系図で読みとく戦国名将物語』（講談社）など。

空中写真接合・加工・地図制作・DTP	株式会社千秋社
装丁・デザイン・DTP	道信勝彦＋田上史子（OMU）
企画・編集	磯部祥行

空から見る戦後の東京　60年のおもかげ

2014年8月1日　初版第1刷発行

著　者…竹内正浩
発行者…村山秀夫
発行所…実業之日本社
　　　　〒104-8233　東京都中央区京橋3-7-5 京橋スクエア
　　　　電話（編集）03-3535-2393
　　　　　　（販売）03-3535-4441
　　　　http://www.j-n.co.jp/
印刷所…大日本印刷株式会社
製本所…株式会社ブックアート

©Masahiro Takeuchi 2014,Printed in Japan
ISBN 978-4-408-11027-1（学芸）

- 落丁・乱丁は小社でお取り替えいたします。
- 実業之日本社のプライバシーポリシー（個人情報の取扱い）は上記ウェブサイトをご覧ください。
- 本書の一部あるいは全部を無断で複写・複製（コピー、スキャン、デジタル化等）・転載することは、法律で認められた場合を除き、禁じられています。また、購入者以外の第三者による本書のいかなる電子複製も一切認められておりません。